普通高等教育"十一五"国家级规划教材

汽车技术法规与法律服务

第3版

庄继德　编著

机械工业出版社

本书是普通高等教育"十一五"国家级规划教材。

全书主要包括五部分内容：第一部分较全面地解读了与汽车有关的法律及法规；第二部分较系统地诠释了汽车技术法规；第三部分对汽车产业发展的政策进行了较全面的探讨；第四部分较深入地分析了汽车产品出口贸易、车企国际化经营、国际贸易争端、汽车知识产权纠纷等以及汽车消费中有关的法律问题及应采取的对策；第五部分对如何建立与完善汽车法律法规体系进行了多方面的探讨。

本书通过典型案例的分析与通俗易懂的叙述给读者提供了较系统的汽车相关法律知识。

本书可作为高等院校车辆工程、汽车服务工程专业的教材，其他汽车类专业也可采用，还可作为汽车领域相关从业人员的培训教材或参考书。

本书配有PPT课件，可免费赠送给采用本书作为教材的教师，可登录 www.cmpedu.com 下载，或联系编辑（tian.lee9913@163.com）索取。

图书在版编目（CIP）数据

汽车技术法规与法律服务/庄继德编著. —3版. —北京：机械工业出版社，2018.8（2021.6重印）
普通高等教育"十三五"汽车类规划教材
ISBN 978-7-111-60159-3

Ⅰ.①汽… Ⅱ.①庄… Ⅲ.①汽车工业－工业法－中国－高等学校－教材②汽车管理－法规－中国－高等学校－教材　Ⅳ.①D922.290.1

中国版本图书馆CIP数据核字（2018）第124200号

机械工业出版社（北京市百万庄大街22号　邮政编码100037）
策划编辑：宋学敏　责任编辑：宋学敏　马碧娟　商红云
责任印制：孙　炜　责任校对：李锦莉　刘丽华
保定市中画美凯印刷有限公司印刷
2021年6月第3版·第4次印刷
184mm×260mm·18.5印张·452千字
标准书号：ISBN 978-7-111-60159-3
定价：48.00元

电话服务　　　　　　　　　　网络服务
客服电话：010-88361066　　机　工　官　网：www.cmpbook.com
　　　　　010-88379833　　机　工　官　博：weibo.com/cmp1952
　　　　　010-68326294　　金　书　网：www.golden-book.com
封底无防伪标均为盗版　　　　机工教育服务网：www.cmpedu.com

前　言

《汽车技术法规与法律服务》一书第2版出书已有6年多。近几年来我国汽车产业迅速发展，连续8年产销量居世界第一。如今，新能源汽车的保有量也是全球第一。我国能够取得这些成绩的一个重要原因是制定和实施了一系列适合国情的汽车政策，不断完善了汽车法律法规体系。就近6年的情况来看，这主要表现在以下几个方面：

（1）围绕10年内建成汽车强国的目标，在产业政策上进行了全面布局，促使汽车业转型升级。

（2）出台了越来越严格的汽车技术法规，促进汽车技术进步，提升汽车品牌竞争力。

（3）在汽车流通领域出台了《汽车销售管理办法》等重大政策法规，促使我国汽车流通业快速健康发展。

（4）为保障新能源汽车的创新发展进行了正确的政策法规导向。

（5）由于各级政府重视汽车消费领域和国际化经营中的法律对策，强化法律服务意识，近年来汽车消费投诉率降低，维权难题的解决率提升，国际化业务稳步发展。

此次修订主要是拓宽上述内容，在原书基础上增加了相应的章节。作者在叙述上力求对每项新的政策法规的出台背景、基本内涵、实施结果等进行全面论述，使读者不仅知其然，而且知其所以然，并且通过对一些事项来龙去脉的了解，提高学生分析问题和解决问题的能力。

本书在保持原有框架体系基本不变的情况下，进一步深化了汽车技术法规体系和汽车产业发展政策的内容。本书还对上版书在文字上做了一些必要的修订，尽量做到通俗易懂，让读者便于自学。

看来"汽车技术法规与法律服务"这一课程将在汽车类专业中长期存在。本书的正式出版，也只是汽车专业教材建设上的一个阶段性成果。衷心希望再过5年、10年，仍有后来者对本书进行再修订，以顺应时代，推陈出新，使本书成为汽车类专业教材中的一个精品。

本书在修订过程中参阅了有关著作和报刊上刊登的有关资料，特别是《中国汽车报》上登载的大量通讯报道和评论员文章，在此向所有作者一并表示感谢。

限于作者的水平，本书的一些内容和观点难免有错误或不当之处，恳请读者批评指正。

庄继德

目　录

前言

第一章　汽车业的发展与法律法规 …… 1
　第一节　法制化管理使汽车业更加繁荣 …… 1
　第二节　健全的法律体系保障汽车业健康发展 …… 4
　第三节　一些基本法或专项法也对汽车业造成重大影响 …… 5
　第四节　建立和谐汽车社会有赖于完善的汽车法律法规体系 …… 6
　第五节　提高汽车消费经济性需要法律服务 …… 7

第二章　汽车相关法律解读 …… 9
　第一节　针对道路车辆的专项法律 …… 9
　第二节　与汽车业关系密切的法律 …… 20
　第三节　非专门针对汽车业的有关法律 …… 22

第三章　与汽车政策配套的法规剖析 …… 25
　第一节　汽车贸易政策 …… 25
　第二节　汽车金融政策 …… 30
　第三节　汽车消费政策 …… 37
　第四节　道路运输政策 …… 45

第四章　汽车技术法规体系分析 …… 48
　第一节　汽车技术法规体系的内涵及特征 …… 48
　第二节　欧洲、美国、日本汽车技术法规体系比较 …… 50
　第三节　汽车技术法规及其产品认证制度 …… 53

第五章　汽车技术法规基本内容诠释 …… 58
　第一节　汽车安全法规 …… 58
　第二节　汽车排放法规 …… 67
　第三节　汽车噪声法规 …… 87
　第四节　汽车油耗法规 …… 90

第六章　汽车技术法规发展趋势 …… 94
　第一节　提出更严格的汽车技术法规 …… 94
　第二节　"环保""节能"和"安全"迫使汽车改进 …… 97
　第三节　新的法规性标准将影响未来汽车产业的发展 …… 102

第七章　汽车产业政策探讨 …… 105
　第一节　中国汽车产业政策解读 …… 105
　第二节　两次汽车产业政策剖析 …… 109
　第三节　借"救市"之机"落实完善"产业政策 …… 111
　第四节　汽车产业调整和振兴规划 …… 114
　第五节　《汽车产业中长期发展规划》出炉 …… 125
　第六节　汽车投资政策进行大幅调整 …… 130

第八章　汽车流通行业的政策调整 …… 134
　第一节　商务部出台《汽车销售管理办法》…… 135
　第二节　交通运输部推进汽修业转型升级 …… 136
　第三节　二手车《国八条》出台 …… 138
　第四节　修改《报废汽车回收管理办法》…… 139
　第五节　促进汽车平行进口的政策 …… 139
　第六节　赋予网约车合法地位，促进共享汽车模式发展 …… 141
　第七节　发展房车露营产业是汽车流通领域新的消费增长点 …… 142

第九章　发展新能源汽车的政策导向 …… 144
　第一节　设置准入门槛 …… 144
　第二节　调整补贴政策 …… 145

第三节	实行"双积分"管理办法 …… 147		第一节	我国汽车出口中存在的问题及面临
第四节	新能源车碳配额政策 …… 149			的挑战 …… 191
第五节	推广新能源汽车分时租赁政策 …… 149		第二节	汽车出口遭遇的非关税壁垒 …… 194
第六节	鼓励清洁能源汽车多路线发展的		第三节	海外设厂与跨国并购的法律
	政策 …… 151			问题 …… 204

第十章 汽车消费的法律对策 …… 152

第一节 按照有关规定申领驾驶证 …… 152
第二节 购车不忘法律,注意自我保护 …… 157
第三节 二手车交易,合同为先 …… 159
第四节 学习汽车保险知识,增强法律
意识 …… 162
第五节 防止汽车维修陷阱,别让霸王条
款侵害消费者权益 …… 164
第六节 从小事着眼,注意停车中的法律
问题 …… 167

第十一章 用法律保护汽车消费者的合
法权益 …… 170

第一节 汽车消费者享有的权利 …… 170
第二节 汽车消费者权益受到保护的法律
依据 …… 171
第三节 汽车消费者合法维权的手段 …… 175
第四节 汽车消费者的维权难及其法律
对策 …… 180
第五节 理智维权与公正执法 …… 185

第十二章 新形势下维权难题与投诉
特点 …… 188

第一节 汽车行业的维权难题 …… 188
第二节 汽车消费投诉特点 …… 190
第三节 重视央视"3·15"晚会的法律
服务功能 …… 190

第十三章 汽车出口贸易与跨国经营中
的法律问题 …… 191

第十四章 WTO法律规则与WTO
贸易争端解决机制 …… 211

第一节 WTO与中国汽车工业 …… 211
第二节 WTO的法律规则 …… 214
第三节 WTO的贸易争端解决机制 …… 219

第十五章 知识产权保护与产权纠纷
解决办法 …… 227

第一节 我国汽车企业知识产权现状 …… 227
第二节 自主品牌为何屡遭"诉讼门" …… 228
第三节 知识产权纠纷解决办法 …… 232
第四节 入世后我国汽车企业知识产权
保护对策 …… 234

第十六章 进一步完善汽车法律法规
体系 …… 237

第一节 我国汽车法律法规的现状 …… 237
第二节 在建立和完善汽车法律法规体系中
落实科学发展观 …… 238
第三节 进一步完善汽车法律法规体系的
对策 …… 248

附录 …… 257

附录A 《中华人民共和国消费者权益
保护法》 …… 257
附录B 《中华人民共和国合同法》
节录 …… 264
附录C 汽车产业发展政策 …… 278

参考文献 …… 288

第一章

汽车业的发展与法律法规

汽车业的发展，不仅取决于核心技术的掌握，还得依靠法律体系的支撑。美国、日本、韩国等国汽车工业的发展历史表明，制定和实施一系列适合国情的法律法规是汽车业持续发展的保证。

第一节 法制化管理使汽车业更加繁荣

我国汽车业现在需要加强法治建设，法制化应该是我国汽车业发展必须遵循的一项基本原则。

他山之石可以攻玉，发达国家的经验是值得我们认真借鉴的，如美国制定了五条汽车法律法规（Automobile Laws and Regulations），对汽车业进行法制化管理。

一、《美国联邦机动车辆安全法》（Federal Motor Vehicle Safety Standard，FMVSS，(U.S)）

20世纪60年代中期，美国的拉尔夫·内德发表了一份名为《在任何速度下行驶都是危险的》的报告，其中提出在减少汽车事故方面，与其用加强对驾驶人员教育、训练的方法，不如在机械、经济和行政法规方面改善汽车本身的安全性。内德的报告发表后，本来没有受到太大的重视，但是因为其内容涉及各大公司，有公司专门成立了一个小组，研究如何给内德"一个教训"，为了诋毁内德，雇了三名侦探跟踪内德。内德发现自己受到监视，立刻报警，两名侦探被警察扣押。第二天，这一消息上了报纸的头条，美国举国哗然。许多人开始认识到：交通安全包括人、汽车、环境三大因素，除对驾驶人员加强教育，加强交通管理外，还要改善汽车本身的安全性，于是开始制定机动车辆安全法规。

1965年，美国交通部根据议会通过的联邦交通安全法制定了一系列管理驾驶人、车辆、汽车公司的法规。

对驾驶人的管理主要是车速限制、禁止酒后驾车和实施安全带法。美国公路良好，但车速限额很低，从1974年1月2日开始执行了88km/h的速度限制。在限定车速的第一年，肇事车辆和伤亡人数即降低了一半。政府认为限速有理，就几十年坚持下来，美国警察抓超速、抓酒后开车都是抓在车祸发生之前，所以很有效。当你四顾无人，一开快车，哨声就从天而降。他们抓酒后开车是从饭店门口开始，当你步履蹒跚地迈进汽车，起动了发动机，就会有人请你向测酒器呼气。若酒精超标，就要你交出车钥匙。即使混过这关，在行驶中动作粗暴，也会叫你停车受检。

如果你酒后开车被抓到，连车带人带到警署，关进牢房，用一盆冷水泼你一身，给你醒酒，第二天才给你做酒后驾驶记录，第二年你的保险费马上加倍。严厉的处罚使人们认识到开车不可以随便。

对车辆进行管理的前提是汽车必须通过安全认证，通过安全认证才能领牌上路。从1979年起，美国交通部实施碰撞试验，将试验结果公布，供买车人参考。

二、《美国空气清洁法》（Marsky Law of U.S.）

世界上第一起汽车排气污染事件于20世纪40年代发生在美国。美国防止排气污染是从1970年美国环保署公布轿车、轻型车排气清洁法才开始的。这是全世界第一个管制汽车排气的法规；1986年美国又率先禁止使用含铅汽油。

美国环保署的环保法规推动了全球控制汽车污染技术的发展。目前几乎所有的工业国家都已颁布了排放法规，对新车的有害排放物进行限制，而其中以美国加利福尼亚州的排放法规最为严格。《美国空气清洁法》就是以此为基础制定的。任何不符合排放法规要求的汽车，不得制造、销售和使用。进口车及其部件装备也必须符合有关法规的要求，否则不得进口。

三、《美国企业平均油耗法》（Corporate Average Fuel Economy，CAFE（U.S.））

美国的油耗法也叫《企业（或轿车）平均油耗法》（CAFE）。国家不管汽车公司生产多少个档次的轿车，但其平均油耗必须符合国家规定。企业生产了高油耗的轿车，就必须生产低油耗的轿车来使平均油耗达到国家规定，否则就要受到处罚。根据美国现行油耗法规，按公司产量平均值计算，每辆轿车平均油耗必须达到27.5mile/gal⊖（8.55L/100km）。

由于油耗超过了美国限定的指标，2000年，几家欧洲车企受到罚款处理。宝马公司被罚1300万美元，戴姆勒-克莱斯勒公司被罚810万美元，保时捷公司被罚490万美元。罚款是这样计算的，凡达不到美国政府规定的每加仑燃油行驶里程数的部分，每少1mile罚款55美元，然后乘以全年进口量。例如，德国戴姆勒-克莱斯勒公司1999年向美国出口的车型，平均油耗为26.5mile/gal，低于美国政府规定的27.5mile/gal指标，每辆车罚款55美元，戴姆勒-克莱斯勒公司该年向美国出口了14.7万辆车，即折合罚款810万美元。

四、《美国汽车召回法》（Automobile Recall Law of U.S.）

这是一个和汽车公司有直接关系的法规，美国交通部有权下令召回已售出的有安全缺陷的汽车。汽车用户可以向民间的汽车安全中心和交通部所属的公路安全管理局告发影响安全的车型，经查证属实后，就责令汽车公司发出车辆召回通知。公路安全管理局还要分析每年几十万起车祸，从中发现汽车制造中的缺陷，而做出车辆是否召回的决定。法规还要求汽车公司在发现制造缺陷后5天内通知政府，然后送上一份包括通知买主、卖主的召回计划。1986—1991年，在美国共有1.47亿辆进口车和国产汽车被勒令召回，平均每年有上百种车型的600余万辆汽车要被召回。

最大的一次整车召回案发生在20世纪70年代的美国福特汽车公司，一辆品脱（Pinto）牌轿车后部被撞，后油箱漏油起火。烧死一位女车主。交通部命令福特公司将上市的100多

⊖ mile，英里，1mile=1609.344m；gal，加仑，此处为美制，1gal=3.785dm³。

万辆品脱牌轿车全部召回。由部件引起的最大一次召回发生在 1990 年，有 300 万个儿童座椅，由于不安全而被勒令全部召回。克莱斯勒汽车公司 1984—1994 年所生产的 400 万辆厢式车中，有的门锁在碰撞时突然发生开启，乘客被抛出车外，导致 25 人死亡，因而公司奉命全部召回。每个门锁价格为 50 美元，共值 2 亿美元，加上更换门锁所耗人工及各项费用，损失极大。

所以，汽车公司对车辆召回法无不谈虎色变。有时为了维护公司声誉，公司请求美国交通部不要下召回令，而由自己宣布召回。可以说，车辆召回法是美国政府为了保障人民生命安全而对汽车公司采取的措施。

五、《美国汽车保用法》(Lemon Law of U.S.)

在汽车厂商与用户这一对关系中，两者地位是不对等的。早先，为了应付用户对汽车质量问题引起的索赔投诉，财大气粗的美国汽车公司专门雇用了一大批律师同车主打官司。这使无论是资金，还是精力都严重不足的车主因为没有足够的费用，或赔不起打官司的时间，常打不赢官司，而无力与企业进行较量，无法获得合理的赔偿，但由此导致的结果却是再也没有用户买这些公司的汽车。事实证明，这种争斗最终的胜家不是厂家，也不是车主，却是其他国外厂家。这也就是随后日本汽车在美国得以畅销的重要原因之一。

最先认识到这一危机的就是美国商业部，它们认为这是美国汽车工业的重大危机，因此在 20 世纪 80 年代开始制定了汽车保用法。

依据汽车保用法，如果产品存在缺陷，责任人必须允许购买者选择退货或者更换。对于制造缺陷车的制造商给予三次修理缺陷的机会，如果超过三次仍不能修好将要受到惩罚。有的州的法律还规定，如果缺陷车涉及制动、转向等严重安全缺陷，制造商只有一次维修机会。

汽车保用法简称柠檬法。美国人形容买了一辆常出故障的汽车，就如同口含一枚酸柠檬，难受至极。

柠檬法的特点是将汽车质量的否决权交给车主，将质量不好带来的损失交给汽车公司。柠檬法规定：只要符合柠檬法的条件，车主不用上法庭，只要将汽车修理收据寄给州下属的消协机构，就可以根据车主要求换车或退款。

柠檬法的施行条件有三：

1）在新车保修期或一定行程内（各州规定不同，以一年或 19.2 万 km 到 38.4 万 km 不等）。

2）出现故障次数以修理店的收据为证（各州规定不同，有的州规定为同类故障的累计，有的州规定为所有故障的累计）。

3）由于故障或修理，使得该车停用的累计工作日数（各州规定不同，从 15 天到 45 天不等）。

如果情况属于 1）、2）条或 1）、3）条就有权申请退款、换车或索回支付的修理费。由于车祸、破坏、使用不当或疏忽造成的故障，不能得到柠檬法的保护。由经销商指定维修店以外的地方进行修理所造成的故障也不能得到柠檬法的保护。为了得到柠檬法的保护，车主每次送去经销商指定的修理部修车时，都要将记录有修理项目、零件费用、人工费用、停驶天数的修理单据妥善保管，并记下送修日期和取车日期。

纽约市的柠檬法是1983年开始实施的，至1990年，12家汽车制造商已向纽约市车主退款高达10亿美元，这引起汽车公司对质量的高度重视。

根据美国的汽车保用法，如果产品质量有问题或者性能达不到原来规定的标准，车主有权要求厂家赔偿。例如，马自达（美国）公司曾经宣传其美达车型的功率在美国49个州的排放测试设备上测得为115kW，但是在更严格的第50个州的排放测试设备上，它仅测得105kW。因此公司宣布，顾客可获得500美元的赔偿，并在3年保修期内获得免费保养；若顾客还不满意，则全额退款（含税费），由公司赎回该车。

韩国现代汽车公司曾虚报其在北美地区销售的130万辆汽车和货车的功率数据，该公司也对虚报过分的40万辆汽车的车主做出了赔偿。

有了法律法规作为比赛规则，美国政府就可以放手提供几百个国产车型和几百个外国车型实施竞争，让车主有足够的选择，所以美国2亿人口年销上千万辆轿车，这就是轿车消费政策的成就，也是美国汽车工业繁荣的根本原因所在。

如果中国汽车业也实施汽车保用法，那么假冒伪劣汽车产品就无立足之地，这样汽车消费者购车放心了，汽车市场秩序好了，中国汽车工业也将更加繁荣。

中国正在走中国特色社会主义市场经济道路，市场经济的基本特性是法制性、平等性、开放性、竞争性。有了完善的汽车法律法规，汽车业才能开放地、平等地进行竞争，有竞争才有进步。因此，我们现在最需要的是制定好汽车法律法规。

第二节 健全的法律体系保障汽车业健康发展

日本有比较完善的汽车管理法律体系，从而保证了其汽车业健康发展。

在日本诸多的汽车法律法规中，轻四轮车法是最引人注目的。轻四轮车法最早制定于1956年，当时日本的汽车工业刚刚起步，广大民众买不起轿车，轻四轮车法是在畅销的三轮车、两轮车需要接班车种时出台的，是按其国内需求制定的。当时轻四轮车的规格要求为：发动机的排量不大于360mL，车长不大于3000mm，车宽不大于1300mm。轻四轮车法规定，凡符合以上规格的汽车，不论是轿车、货车还是厢式车，都可以得到降税、降保险费的优惠，还可以简化申领驾照、上牌的手续，但是这种车不能在高速公路上行驶。当时11家日本汽车公司中，6家公司竞相生产轻四轮车。

1957年轻四轮车法进行第一次修订，将发动机排量上限由360mL提高到550mL，车长上限由3000mm增至3200mm，车宽改为不大于1400mm。

1990年第二次修订轻四轮车规格，发动机排量上限改为不大于660mL，车长改为不大于3300mm。

1990年，日本不生产轻四轮车的丰田公司和日产公司联名上书通产省说："轻四轮车法是日本还是穷国时制定的，如今日本已不是穷国了，建议取消轻四轮车法。"通产省的答复却是："轻四轮车耗能少、污染少、占地少、有社会效益，还应继续鼓励。"

目前，日本的轻四轮车的保有量已超过500万辆，占全轿车保有量的10%左右。

日本的轻四轮车实际上就是微型车。韩国人对微型车有一个爱称，叫"国民车"。目前排量在0.8L以下的微型汽车年销量达15万辆，占整个汽车销量的27.6%。

韩国政府认为，提高微型车的比例，有利于节约能源，提高道路利用率，减少废气排放，城市交通也将变得顺畅，是一项利国利民的政策，因此韩国政府对微型车制定了一系列优惠政策：在汽车消费税上，排气量2L以上汽车的消费税税率为总价的10%，0.8～2L的汽车为5%，不到0.8L的免缴消费税。此外，微型车还可以免缴5%的车辆登记税和驾照税等。

在韩国，微型车不仅可以在全国所有公路（包括高速公路和城市道路）上畅行无阻，而且可以减半缴纳全国所有收费道路的过路费和公营停车场的停车费。韩国南部的汽车城昌原市，是最先实行《微型车优待条例》的地区。该条例规定，在微型车上牌时，向车主发价值1万韩元的商品券；微型车在公营停车场停车两小时内免费。此外，该市还在公营停车场内指定微型车专用停车区，禁止其他车辆停放，并向私营停车场主建议实施相同的措施。目前，《微型车优待条例》已在韩国全面普及。韩国许多地方政府甚至规定，政府机关购买车辆时，微型车必须占到一定比例。

当前在诸多外国汽车法律法规中都鼓励发展节能环保型小型汽车，从而保证汽车业健康发展。

第三节 一些基本法或专项法也对汽车业造成重大影响

一些基本法或专项法虽然不是针对汽车业制定的，但是它们对汽车行业也能产生重大影响。

一、《反垄断法》影响汽车行业格局

我国第十届全国人大常委会第二十九次会议表决通过的《反垄断法》从2008年8月1日起施行。这部法律强化了最初在1993年颁布的一系列反垄断法规。据中美两国的法律专家称，中国反垄断法的颁布将使其成为全球反垄断监管领域与欧盟、美国势均力敌的第三支力量。该法确定了禁止垄断协议、禁止滥用市场支配地位和控制经营者集中的"三大绝招"。作为中国支柱产业之一的汽车行业自然不能置身事外。

尽管《反垄断法》并不是针对汽车行业的一部专项法律，但它制定的"游戏规则"，却有可能对汽车行业产生重大影响。限制跨区销售、设定最低价格、配件"专供管理"，这些存在多年的行业现状，将因为《反垄断法》的实施而改观。

由于厂家有了高度的销售控制权，把握了经销商发展的命脉，经销商的销售、售后服务都受到厂家的约束。其中部分政策是厂家参与制定的。但是经销商作为政策最直接的执行者，消费者有任何投诉，都先对准经销商，从而令经销商显得有些尴尬。

《反垄断法》出台后，经销商与汽车厂家之间的"不平等条约"面临巨大挑战。汽车销售行业存在的一些"潜规则"将受到冲击。

例如，潜规则一：最低限价。

涉嫌触犯《反垄断法》第十四条第二款："禁止经营者对交易相对人限定向第三人转售商品的最低价格。"

潜规则二：限制跨区销售。

涉嫌触犯《反垄断法》第十三条第三款："经营者禁止分割销售市场或者原材料采购市场。"

其他还有诸如强制采购本地汽车、制定限制竞争规定等问题存在。

上述几条潜规则在国内屡见不鲜。其中的一些地方保护政策对行业正常竞争产生了不利影响，如在地方采购中，对某些具体品牌、型号车辆实行优惠等。

有一位经济学家曾一针见血地指出：地方保护主义的这些政策，已完全违背了市场经济规律。这不仅严重损害了消费者的合法权益，而且引起普通民众的强烈反感，影响了地方政府的形象和信誉。

近年来，上述情况有所改善，但目前在汽车消费领域，地方保护的做法仍时有所闻。《反垄断法》的出台确实给汽车领域的地方保护和区域分割以巨大的冲击。

二、《物权法》引发汽车使用权争议

第十届全国人大第五次会议审议通过《物权法》后，在国内汽车界引起强烈反响。有业内人士认为，目前国内有关汽车消费政策方面的一些做法有悖于《物权法》这一基本法，如汽车强制报废、汽车限行等，从而在国内引发了一场有关汽车使用权的争议。

2007年，全国人大代表、广州汽车工业集团有限公司董事长曾某表示，我国执行的汽车强制报废制度就与《物权法》有抵触，必须修改现行汽车强制报废制度，建议对私车报废不做使用年限和行驶里程的规定。曾说，根据现行机动车强制报废标准规定，非营运轿车以里程数作为报废标准，行驶里程限制为60万km。但《物权法》规定，任何单位和个人负有不妨碍权利人行使物权的义务；所有权人对自己的不动产或者动产，依靠法律规定享有占有、使用、收益和处分的权利；妨碍行使物权的，权利人可以请求排除妨碍。随着《物权法》的审议通过，汽车强制报废制度即将失去法律依据，必须有所修改。因此，2012年我国发布了《机动车强制报废标准规定》。《机动车强制报废标准规定》中规定，小、微型非营运载客汽车以及大型非营运轿车均无使用年限限制。

第四节　建立和谐汽车社会有赖于完善的汽车法律法规体系

目前，中国已开始进入汽车社会。

在汽车社会到来的新时代，人人都与汽车密切相关，我们都已成为"汽车人"。

但是，汽车在给人们带来快捷、方便、舒适，并帮助大家创造了巨大经济利益的同时，造成的麻烦也很严重，如：难以忍受的道路拥堵、令人胆战心惊的交通安全、日益恶劣的大气环境、无处停车的烦恼等。

在这个汽车社会里，部分驾车者也变得越来越浮躁，违章抢行、超速、超载都是家常便饭；车不让人、人不让车、汽车与人挤、汽车与汽车挤、行人闯红灯都无所谓。不仅行人时刻提心吊胆，驾车者也感到很不安全。

由此可见，汽车与人的和谐，与社会的和谐，与自然的和谐，成了再也不能回避的问题。

汽车与社会不和谐还有一个很重要的原因，就是汽车的质量问题。国内市场上的汽车产品质量保障还不足，服务水准有待提高。部分汽车厂商利用自己的强势地位和相关法律法规及监管上的漏洞侵害消费者的权益。而当消费者因遭受侵害而试图维护自身权益时，维权成本的高昂，又常常迫使他们知难而退，自认倒霉。

上述种种不和谐因素严重影响着中国汽车业的可持续发展。无疑，"和谐"在一定意义上是针对诸多"不和谐"而来，要实现和谐的汽车社会就必须逐步解决中国汽车社会发展中开始凸显的这些不和谐问题。

从世界范围来说，实现和谐汽车社会是个长期而艰巨的任务，而在中国建设和谐汽车社会更是一项庞大而复杂的系统工程。

因为汽车的生产和消费具有很强的外部性，完全依靠厂商和消费者的自发行为，不能保证汽车生产和消费的可持续性，不能保证可以形成一个促进社会进步的和谐汽车社会。因此，政府运用法律、法规等手段，加以调控和引导是十分必要的，如国家出台《道路交通安全法》《消费者权益保护法》等法律以及汽车安全、排放、油耗等技术法规来协调人、车、环境以及企业和消费者之间的关系。

鉴于汽车法律法规对保障汽车社会和谐发展意义重大，故需要深入研究，出台一整套比较完善的汽车法律法规体系以及相应的监督措施。

但目前，一些新的法律或法规因涉及多个部门，出台速度会受到影响。

所以，制定和完善汽车法规体系是一件十分困难的事情。尽管难度很大，但为了振兴中国的汽车工业，这件事必须快做，并且一定要做好。

第五节　提高汽车消费经济性需要法律服务

一、买车经济性与用车经济性

汽车消费经济性实质上由两部分构成：买车经济性和用车经济性，影响消费者购买决策的主要是买车经济性，而购车费用的多寡决定了买车经济性。

我国的购车价格远高于国外，曾经有媒体对比分析了部分车型中国、美国售价。凯美瑞，中国官方售价17.98万～32.98万元，美国官方售价折算后为13.61万～16.93万元；宝马X3，中国官方售价52.3万～72.5万元，美国官方售价折算后为24.23万～27.35万元；奥迪Q7，中国官方售价为82.7万～133.9万元，即使销售时做出巨幅优惠，最低售价也在60万元以上，而在美国，官方售价折算后仅为28.64万～37.05万元。不管是进口车还是合资品牌车，越是中高端车型，在中国的售价相比国外就越高，在整个国际汽车圈里，中国汽车市场似乎都透露着一种"钱多、人傻"的信息。

面对这种情况，很多企业都会解释说，影响汽车价格的因素很多，成本、各种税费、流通费用……都是定价中的重要影响因素。客观因素不可避免，但差价却过分悬殊。中国消费者毕竟不会永远是"钱多、人傻"的冤大头，是政府该出面来解决这一问题的时候了。

而用车经济性决定于月均用车费用，除保险费、车船税、养护费及保养费等固定支出外，弹性支出还包括油费、停车费等。相关统计数据表明，社会各方面从汽车消费者身上获取的各种收费，大大超出全国汽车厂家等利润的总和，"买车容易，用车难"已经成为当前制约汽车消费的"瓶颈"。

二、用车经济性与用车环境

实践表明：用车经济性与用车环境息息相关。

用车环境的急剧变化，使油耗问题显得尤为突出。油价上涨使汽车消费者在年油耗费用支出方面大大增加。对于大多数的普通家庭用户来说，对油耗费用增加一般还承受得了，因为这项支出终归是有据可查，而消费者最怕的是维修费用负担不起。学文科出身的赵先生说："打开车盖，看着里面的零件我就发憷，今年春节前有一次到县里去，车坏在路上，只好拖到最近的修理点，送进去，维修工就说，得好好检查，鼓捣了一会儿就要1200元，说是得换件儿，我怕上当一直在边上看，可又看不懂，只好认了。回来问车友，他们说我当了'冤大头'"。

上述事实在一定程度上反映了当前我国汽车消费环境的一些问题。

三、汽车消费环境与法律服务

由于汽车消费环境恶劣，导致汽车消费经济性下降，最终结果是消费者对买车和用车丧失信心。其实消费信心的丧失，主要来源于法律服务的缺位。消费者买车遭欺诈、用车遇麻烦却得不到法律保护，他们当然不愿再去遭受买车、用车这份罪了。

目前一个不容回避的现实是：许多消费者对于汽车消费过程中需要哪些法律、法规不了解，遇到问题时往往根据自己的理解行事，从而导致发生纠纷或蒙受损失；有的甚至在自己的合法权益遭到侵害时，不知该如何依法维权；也有的消费者因为不懂法而违法，等等。

因此，为了繁荣中国的汽车工业，当前摆在法律工作者或相关机构面前的一项重要任务是通过各种方式给汽车消费者提供法律服务，帮助他们懂得依法消费，依法维权。

第二章

汽车相关法律解读

法律是法的形式的统称，在中国，专指由全国人民代表大会及其常务委员会制定的规范性文件，地位仅次于宪法。法律依据制定机关的不同可分为两大类：基本法律，由全国人民代表大会制定，如《刑法》《民法总则》等；基本法以外的其他法律，由全国人民代表大会常务委员会制定，如《公路法》《道路交通安全法》等。

第一节　针对道路车辆的专项法律

一、《公路法》

1.《公路法》的内容

《公路法》于1997年7月3日发布，并于1998年1月1日起施行。

《公路法》共9章88条，在公路规划、建设、养护、经营、使用和管理方面确立了一系列法律制度以及发展公路的基本原则和重要方针。作为新中国第一部公路建设和管理的交通法规，体现了我国交通管理及其配套管理在向法制化的方向转变。但由于公路运输法规要与铁路、水运等方面相配套的原因，《公路法》缺乏对公路运输等方面法规的制定。同时在《公路法》中，虽然对燃油附加费等公路养护费用做出了明文规定，但缺乏具体的操作实施条例，因此可以说，《公路法》的主要目的是为了适应公路事业发展的需要，是为了路政管理和建设的需要，而并非以整顿公路管理秩序、治理"乱收费"现象、减轻公路运输用户负担为根本目的。

《公路法》规定了收费公路制度，它首次以法规形式规范并明确认可了收费公路，规定符合国务院交通主管部门规定的技术等级和规模的公路，可依法收取车辆通行费。收费公路包括：县以上交通主管部门贷款或向企业和个人集资修的公路；国内外经济组织依法受让《公路法》中前一项收费权的公路；国内外经济组织依法投资建成的公路。同时明确了3种收费道路的收费期限。收费标准和收费站的建立应由省级人民政府审批，收费站的间距不得小于国务院交通主管部门的规定。

在《公路法》中，对车辆购置费（原用于公路建设）并无法律明文规定。

为了保证《公路法》的顺利实施，我国又陆续制定及公布了《公路法》的配套法规10余项，分别由全国人大、国务院和国务院交通主管部门制定。其中包括有关公路管理中机构调整的法规、有关公路两侧界限问题的法规和《公路法》与其他管理条例的接轨等问题的处理等；高速公路的建设、经营和管理的有关法规（包括国家对外管理方面的问题），公路车辆超限运输的管理办法等；有关公路技术方面的法规，包括《收费公路管理条例》等法规。

2.《公路法》的第一次修订

应该承认，我国的公路管理水平仍相对落后，存在一些乱收费现象。因此，加强税收征管，全面清理和规范收费，逐步推进"费改税"势在必行。1999年公路法修正案的通过，意味着"费改税"所面临的法律障碍已被清除，并将以道路和车辆收费改革为突破口，在中国启动。

交通税费改革的基本思路，简单而言，就是使税费管理从无序到有序，使社会负担从重到轻，使法令、政策从不利于环保到有利于环保。

第九届全国人大常委会在1998年10月的第五次会议和1999年4月的第九次会议上，两度审议了公路法修正草案。该草案有三点主要内容：

1) 不许靠收费筹资建路。原来《公路法》中规定，筹建公路建设资金，除财政拨款外，还可有两个渠道：依照法律或者国务院有关规定征收用于公路建设的费用，以及依法向国内外金融机构或者外国政府贷款。该草案只保留了后者的贷款建路，而删去了收费集资的内容。

2) "费改税"。原来《公路法》允许征收公路养路费，并要求将此收入用于公路的养护和改建。该草案则指出，国家采用征税的办法成立公路养护资金，具体办法由国务院规定。

3) 删去了原有不交费给予处罚的条款。

审议过程中，人大常委会组成人员普遍表示：修订《公路法》，治理乱收费、乱集资、乱摊派，得民心；"费改税"是大方向，大家都支持；"多用路，多出钱"是公平的。但也有一些委员对某些问题表示担心并提出疑问，例如，是否会加重农民负担？

1999年4月底，第九届全国人大常委会第九次会议就草案进行表决时，以一票之差未获通过。1999年10月25日，在京开幕的第九届全国人大常委会第十二次会议，又把审议公路法修正草案列为会议议程。

这次为期一周的会议，共有23项议程，是第九届全国人大常委会成立以来议程最多的一次会议。但是常委会仍然用了较多时间，分组审议公路法修正草案。1999年10月31日，第九届全国人大常委会第十二次会议表决通过了《关于修改〈中华人民共和国公路法〉的决定》。其中不仅肯定了国务院提出的公路法修订草案的主要内容，还进一步强调："国务院在制定将公路和车辆收费改为征税的实施办法时，应当取消各种不合理的收费，确定合理的征税幅度，并采取有效措施，防止增加农民负担；同时防止增加车辆用油以外的其他用油单位的负担。"

引人注目的《公路法》修订工作终于完成了。具有法律效力的《关于修改〈中华人民共和国公路法〉的决定》自公布之日起正式施行。这意味着民心所向的"费改税"在中国依法启动。

3."费改税"改革

自《关于修改〈中华人民共和国公路法〉的决定》公布以后，燃油税改革方案终于在2008年年底坠地。2008年10月18日，国务院印发了《关于实施成品油价格和税费改革的通知》（以下简称《通知》），自2009年1月1日起实施成品油税费改革。

《通知》明确将取消公路养路费等六项收费，将价内征收的汽油消费税单位税额每升提高0.8元，即由每升0.2元提高到1元。柴油消费税单位税额每升提高0.7元，即由每升0.1元提高到0.8元。其他成品油消费税单位税额相应提高，这宣告了经过十多年的讨论研究，燃油税终于出台了。

自1994年燃油税一词进入人们的视线以来，关于燃油税改革的呼声就一年高过一年，有关部门也一次又一次宣布将"择机"推出。促使这项旷日持久的税种突然在短期内出台的一个直接原因是：自2008年7月中旬以来，国际市场原油期货价格持续下跌。鉴于世界经济增长前景不佳，短期内油价很可能将持续保持在低位波动。因此，燃油税的出台不会导致油价上涨。正如有关部门负责人所言，"此时，或许就是燃油税出台的最佳时机。"

不过，从更深层次上看，如今出台的燃油税与人们当初热议的燃油税还是有一些不同的，最直观的感觉就是高速公路与主要交通要道的收费处依然存在，人们曾经憧憬的在全国各地的高速公路上自由飞驰的梦想依然没有实现。

改革后的燃油税已经从2009年1月1日起正式实施，燃油税的征收给中小排量车型以及柴油车型都带来了前所未有的发展空间，特别对于研制新能源汽车的企业，获得了一次难得的发展机遇。

目前，汽车行业的发展正朝着小排量和绿色新能源方向发展，燃油税的改革在一定程度上也能对其起到一定的促进作用。

燃油税在现有方案里是从量定额征收，但换算成税率实际上是浮动的，即油价越高，实际税率越低，油价越低，实际税率则越高。

由此看来政策是倾向发展小排量车的，可是对于运输业是不是也有利？业内人士表示，燃油税的实施将使过去依靠超载、逃避过路过桥费的不正规物流企业运营成本大幅提高，其过去所仰仗的低价竞争策略也将越来越难以维持。市场的优胜劣汰不仅会进一步规范物流市场，使其向着更健康的方向发展，而且将有利于大型物流公司兼并、收购实力较弱的企业，形成更大的规模效益。

相比之下，散户车主则对燃油税的实施并不欢迎。对于大多数散户车主来说，超载仍然是他们盈利的主要来源，而超载必然会带来车辆油耗的上升，燃油税多用多缴的特点，无疑给他们带来了更大的压力。将迫使其改变原有盈利模式。

4.《公路法》的再次修订

在1999年对《公路法》进行第一次修订后，我国又分别于2004年、2009年、2016年和2017年对《公路法》再次进行修订，修订后的《公路法》将更加成熟和完善。

二、《道路交通安全法》

2003年10月28日，全国人大常委会表决通过了《道路交通安全法》，并于2004年5月1日起实施。现对《道路交通安全法》的出台背景、主要内容和实施细则分述如下：

1. 出台背景

《法律与生活》杂志记者曾对《道路交通安全法》的出台背景做过详尽报道。

（1）酝酿十年，法律与现状的磨砺　1986年我国改革了道路交通管理体制，并相继颁布了《道路交通管理条例》《道路交通事故处理办法》等14个部门规章，各地也颁布了一大批地方性法规、规章。虽然这些规章为道路交通安全畅通提供了法律保障，但近几年来，我国道路交通的快速发展大大超出了公共管理部门的控制能力。

一直在呼吁交通行车文明的人士也不得不承认，现实生活中，道路交通参与者的交通安全意识和道路交通法制观念淡薄，交通违法现象十分严重，因此导致"道路交通事故频发",这样的现状也让公安道路交通管理部门感到头痛。

道路交通法制不健全和滞后是造成当前道路交通不畅和事故频发的根本问题。制定一部权威、高层次的交通法规,已迫在眉睫。

1997年,《道路交通安全法》列入国务院立法项目。

2001年12月,该法提交全国人大常委会审议后,立法部门将草案印刷了几千份,在全国征求意见。立法机构还到湖南、浙江、上海等地调研。路边的行人、农村的拖拉机手、交警、客运公司、政府部门都成为其倾听真实声音的对象。

历经四次审议、数易其稿,2003年10月28日,第十届全国人大常委会第五次会议对《道路交通安全法》进行表决,终获通过。2004年5月1日,该法律正式实施,现行的14个部门规章与法律不一致的已被修改或废止。

《道路交通安全法》一问世,便得到了社会方方面面的广泛赞誉,被称之为"亲民交通法"。然而,只有立法参与者才能体会到,这部法律的出台经历的诸多波折。

(2) 责任认定,"烫手的山芋" 媒体在对《道路交通安全法》的报道中,"四次审议"成为人们关注的词汇。一个社会,任何一个公共问题的解决,都面临复杂的权衡和取舍,涉及效益、公平和可持续发展。往往很多问题大家争执不下,需要在各个部门之间来来回回地协调。

2001年12月,立法者在第一次审议时就碰到了一个烫手的山芋——交通事故责任认定。

我国每年发生的交通事故约77万起,交通事故的处理成为困扰交警、机动车驾驶人和受害者的棘手问题。

面对一年需要处理约77万件道路交通事故的难题,公安部门希望对交通事故责任认定可以"撒手不管"。交警表示处理责任认定"很头痛",在处理、赔偿方面花费了大量的人力、物力和精力。有的案件处理几年都得不到根本解决,即使解决了双方当事人也不满意。

由于麻烦,公安机关交通管理部门希望交警只需填写事故成因报告书,但对于当事人的责任认定,希望由法院系统接手。

而最高人民法院表示,每年77万起交通事故,如果负责交通事故的"专业人员"——交警都对事故责任认定"撒手不管"的话,这些问题堆积到法院,会产生更多的连锁反应。

法院系统不仅因此要增加大量的人力、物力和经费,而且,法官也不可能跑到交通事故发生现场去进行责任认定。

交警要求"由当事人到法院举证"的提法也不现实。"交通事故发生后,当事人都撞晕了,甚至死亡,根本没有能力搜集证据,去法院打官司"。一位参与审议工作的人士如此表达了态度。

又是"麻烦",法院以同样的理由将"山芋"抛给公安机关交通管理部门,同时又加上了"便民"的筹码。

法律最后确定:"公安机关交通管理部门应当根据交通事故现场勘验、检查、调查情况和有关的检验、鉴定结论,及时制作交通事故认定书,作为处理交通事故的证据。"

为了法律的严密性,《道路交通安全法》专门规定:"交通事故认定书应当载明交通事故的基本事实、成因和当事人的责任。"明确了认定交通事故责任是交警的职责。

(3) 最大瓶颈,谁当农用车"管家" 从《道路交通安全法》出台伊始,舆论就没有对"农用车"给予过多的青睐，没人会想到，农用车管理问题会成为困扰《道路交通安全法》通过的最大瓶颈。

资料显示，目前我国有4500万户农机户，其中有3000万户既进行农业操作，又从事农产品短途运输。1986年以来，我国农用车的管理，基本上是由公安机关交通管理部门委托农业（农机）部门负责。

2001年12月，国务院首次提请审议的《道路交通安全法（草案）》规定，对机动车包括农用机动车的管理，由公安机关交通管理部门统一负责。

而农机部门却有着和公安机关交通管理部门相反的意见，希望维持1986年以来实行的管理体制，由农机部门负责。

虽然公安机关一直坚持由其管理农用机动车的意见，但在众多委员表示"难以支持"的压力下，有关部门最后选择了第三条道路。

经过修改，本次提请审议的法律草案对农用车的归口问题有了一个比较一致的意见：运输车将不分具体用途，其牌证发放均由公安机关交通管理部门统一负责；拖拉机牌证的发放则由农业（农机）部门负责，并接受公安机关交通管理部门监督；对农业（农机）部门在《道路交通安全法》施行前已经发放的机动车牌证，可继续使用，不必重新换发。这样，既确保道路交通安全，又充分考虑了农用车的管理现状，尽可能地方便农民，减轻农民的负担。

(4) 利益重重，权力与权利的博弈 一直以来，在道路交通管理的这场博弈中，交通管理部门、车主和行人之间就处于权利义务不均等状态。《道路交通安全法》的出台，从某种意义上说，是对交通管理部门、车主和行人利益的一次重新配置，这部法律体现了对生命的关爱，对民众利益的保护，对行政部门权力的制衡。

据悉，最后出台的《道路交通安全法》较公安部2001年12月提交的初稿变动很大。公安部门对于依法制约权力寻租的法条还是理解和接受的，但有些修改还是让公安部门有些不满意。

例如在处罚额度方面，《道路交通安全法》按照管住重点，方便民众的原则，对于一般违章行为仍然维持原来200元以下的罚款，而对于酒后驾车、超载等严重违法行为处以2000元甚至5000元罚款。这与公安部门开始的提案有所出入。

实际上，除了罚款问题，在"拖车不收费""发生车祸先救人""实行机动车第三者强制保险制度和设立道路交通事故救助基金""撞了白撞被否定"等许多的点滴法条中，该法都努力体现了全国人大一系列立法活动的"重权利"的共性。

对权利的重视，必然导致对权力的制衡。《道路交通安全法》中设定的保障交通警察依据法定的职权和程序实施道路交通安全管理，防止通过权力寻租牟取私利的十三条"高压线"充分体现了这一点。

2. 重要内容

《道路交通安全法》的重要内容有以下几点：

(1) "撞了白撞"未被采纳 1999年8月，某市出台的行人与机动车道路交通事故处理办法规定，行人横穿马路不走人行横道，与机动车发生交通事故，如果机动车无违章，行人负全部责任。这一"撞了白撞"的说法引起社会的普遍关注和争论。2003年10月28日通过的《道路交通安全法》没有采纳这一做法。对于机动车与非机动车驾驶者、行人之间发生交通事故的，法律规定由机动车一方承担责任。

但是，法律还规定，有证据证明非机动车驾驶者、行人违反道路交通安全法律、法规，机动车驾驶人已经采取必要处置措施的，减轻机动车一方的责任。

法律还规定了机动车一方唯一的免责条件：交通事故的损失是由非机动车驾驶者、行人故意造成的，机动车一方不承担责任。

(2) 机动车行经人行横道须减速 机动车行经人行横道时，应当减速行驶；遇行人正在通过人行横道，应当停车让行。

机动车行经没有交通信号的道路时，遇行人横过道路，应当避让。学校、幼儿园、医院、养老院门前的道路没有行人过街设施的，应当施划人行横道线，设置提示标志。

行人、乘车人、非机动车驾驶人违反道路交通、安全法律、法规关于道路通行规定的，处警告或者5元以上50元以下罚款；非机动车驾驶人拒绝接受罚款处罚的，可以扣留其非机动车。

(3) 高速公路限速120km/h 机动车行驶超过规定时速50%的，公安机关交管部门将处200元以上2000元以下罚款，可以并处吊销机动车驾驶证。

高速公路限速标志标明的最高时速不得超过120km。

行人、非机动车、拖拉机、轮式专用机械车、铰接式客车、全挂拖斗车以及其他设计最高时速低于70km的机动车，不得进入高速公路。任何单位、个人不得在高速公路上拦截、检查行驶的车辆，公安机关人民警察依法执行紧急公务时除外。

另外，法律草案曾规定，驾驶人取得机动车驾驶证不满一年的，不得在高速公路上驾驶机动车。由于这一规定不符合实际情况，全国人大法律委员会在四次审议后建议删去了这一款规定。

(4) 交通事故可以"私了" 在道路上发生交通事故，未造成人身伤亡，当事人对事实及成因无争议的，可以即行撤离现场，恢复交通，自行协商处理损害赔偿事宜。这意味着，一些小的交通事故可以由双方当事人协商"私了"，而不必通过公安机关交通管理部门处理。

在道路上发生交通事故，车辆驾驶人应当立即停车，保护现场；造成人身伤亡的，车辆驾驶人应当立即抢救受伤人员，并迅速报告值勤的交通警察或者公安机关交通管理部门。因抢救受伤人员变动现场的，应当标明位置。乘车人、过往车辆驾驶人、过往行人应当予以协助。

在道路上发生交通事故，仅造成轻微财产损失，并且基本事实清楚的，当事人应当先撤离现场再进行协商处理。

对交通事故损害赔偿的争议，当事人可以请求公安机关交通管理部门调解，也可以直接向人民法院提起民事诉讼。

(5) 拖车不得收取费用 公安机关交通管理部门拖车不得向当事人收取费用，并应当及时告知当事人停放的地点，因采取不正确的方法拖车造成机动车损坏的，应当依法承担补偿责任。

对违反道路交通安全法律、法规关于机动车停放、临时停车规定的，公安机关交通管理部门可以指出其违法行为，并予以口头警告，令其立即驶离。机动车驾驶人不在现场或者虽在现场但拒绝立即驶离，妨碍其他车辆、行人通行的，处20元以上200元以下罚款，并可

第二章 汽车相关法律解读

以将该机动车拖移至不妨碍交通的地点或者公安机关交通管理部门指定的地点停放。

(6) 肇事逃逸终身禁止驾车 如果机动车驾驶人在造成交通事故后逃逸，将被吊销驾照，且终身不得重新取得机动车驾驶证。

违反道路交通安全法律、法规的规定，发生重大交通事故，构成犯罪的，依法追究刑事责任，并由公安机关交通管理部门吊销机动车驾驶证。造成交通事故后逃逸的，由公安机关交通管理部门吊销机动车驾驶证，且终身不得重新取得机动车驾驶证。

车辆发生交通事故后逃逸的，事故现场目击人员和其他知情人员应当向公安机关交通管理部门或者交通警察举报。举报属实的，公安机关交通管理部门应当给予奖励。

对6个月内发生两次以上特大交通事故且负有主要责任或者全部责任的专业运输单位，由公安机关交通管理部门责令消除安全隐患，未消除安全隐患的机动车，禁止上道路行驶。

(7) 醉酒驾车将受严惩 饮酒后驾驶机动车的，处暂扣1个月以上3个月以下机动车驾驶证，并处200元以上500元以下罚款。醉酒后驾驶机动车的，由公安机关交通管理部门约束至酒醒，处15日以下拘留和暂扣3个月以上6个月以下机动车驾驶证，并处以500元以上2000元以下罚款。

对于驾驶公交、出租等营运机动车的，酒后驾车的法律处罚更加严厉；饮酒后驾车，处暂扣3个月机动车驾驶证，并处500元罚款；醉酒后驾车，由公安机关交管部门约束至酒醒，处15日以下拘留和暂扣6个月机动车驾驶证，并处2000元罚款。

如果一年内因醉酒后驾驶机动车，被处罚两次以上的，法律规定吊销机动车驾驶证，五年内不得驾驶、营运机动车。

除饮酒外，服用国家管制的精神药品或者麻醉药品，或者患有妨碍安全驾驶机动车的疾病，或者过度疲劳影响安全驾驶的，不得驾驶机动车。任何人不得强迫、指使、纵容驾驶人违反道路交通安全法律、法规和机动车安全驾驶要求驾驶机动车。

(8) 无照驾车可以拘留 未取得机动车驾驶证、机动车驾驶证被吊销或者机动车驾驶证被暂扣期间驾驶机动车的，由公安机关交通管理部门处200元以上2000元以下的罚款，还可并处15日以下拘留。

将机动车交由未取得机动车驾驶证或者机动车驾驶证被吊销、暂扣的人驾驶的；造成交通事故后逃逸，尚不构成犯罪的；机动车行驶超过规定时速50%的；强迫机动车驾驶人违反道路交通安全法律、法规和机动车安全驾驶要求驾驶机动车，造成交通事故，尚不构成犯罪的；违反交通管制的规定强行通行，不听劝阻的；故意损毁、移动、涂改交通设施，造成危害后果，尚不构成犯罪的；非法拦截、扣留机动车辆，不听劝阻，造成交通严重阻塞或者较大财产损失的，由公安机关交通管理部门处200元以上2000元以下的罚款，根据不同情节，还可并处吊销机动车驾驶证或15日以下拘留。

(9) 一年内记分为零，可延长驾驶审验期 在一年内无累积记分的机动车驾驶人，可以延长机动车驾驶证的审验期。

公安机关交通管理部门对累积记分达到规定分值的机动车驾驶人，扣留机动车驾驶证，对其进行道路交通安全法、法规教育，重新考试；考试合格的，发还其机动车驾驶证。

(10) 因道路违法施工受损可获赔偿 未经批准，擅自挖掘道路，占用道路施工或者从事其他影响道路交通安全活动的，道路主管部门责令其停止违法活动，并恢复原状，可以依法给予罚款；致使通行的人员、车辆及其他财产遭受损失的，依法承担赔偿责任。

道路施工作业或者道路出现损毁，未及时设置警示标志，未采取防护措施，或者应当设置交通信号灯、交通标志、交通标线而没有设置或者应当及时变更交通信号灯、交通标志、交通标线而没有及时变更，致使通行的人员、车辆及其他财产遭受损失的，负有相关职责的单位应当依法承担赔偿责任。

在道路两侧及隔离带上种植树木、其他植物或者设置广告牌、管线等，遮挡路灯、交通信号灯、交通标志、妨碍安全视距的，由公安机关交通管理部门责令行为人排除妨碍；拒不执行的，处200元以上2000元以下罚款，并强制其排除妨碍，所需费用由行为人负担。

（11）公车私用遮挡车号将被罚 每逢节假日总能遇到长长的婚礼车队，其中有一景就是车号牌用诸如"百年好合"之类的红字遮挡，其中有一部分可能是公车私用。《道路交通安全法》将对这种行为说"不"。

机动车号牌应当按照规定悬挂并保持清晰完整，不得故意遮挡、污损。故意遮挡、污损或者不按规定安装机动车号牌的，将处警告或者20元以上200元以下罚款。

机动车登记证书、号牌、行驶证的式样由国务院公安部门规定并监制。公安机关交通管理部门以外的任何单位或者个人不得发放机动车号牌或者要求机动车悬挂其他号牌（法律另有规定的除外）。任何单位和个人不得收缴、扣留机动车号牌。

（12）普遍实行机动车第三者责任强制保险 国家实行机动车第三者责任强制保险制度，设立道路交通事故社会救助基金。

国务院就此规定了具体的实施办法。第三者责任强制保险将是机动车定期安检需要查验的一项重要内容。法律还规定，机动车所有人、管理人未按照国家规定投保第三者责任强制保险的，由公安机关交管部门扣留车辆至依照规定投保后，并处依照规定投保最低责任限额应缴纳保险费的两倍罚款。罚款全部纳入道路交通事故社会救助基金。

机动车发生交通事故造成人身伤亡、财产损失的，由保险公司在机动车第三者责任强制保险责任限额范围内予以赔偿，超过责任限额的部分再由当事人承担赔偿责任。

医疗机构对交通事故中的受伤人员应当及时抢救，不得因抢救费用未及时支付而拖延救治。肇事车辆参加机动车第三者责任强制保险的，由保险公司在责任限额范围内支付抢救费用；抢救费用超过责任限额的，未参加机动车第三者责任强制保险或者肇事后逃逸的，由道路交通事故社会救助基金先行垫付全部抢救费用，道路交通事故社会救助基金管理机构有权向交通事故责任人追偿。

3. 实施细则

在全国人大常委会通过《道路交通安全法》之后，国务院随即制定了《道路交通安全法实施条例》（以下简称《实施条例》）对《道路交通安全法》予以了细化。目前《实施条例》与《道路交通安全法》已经同步施行，下面是对《实施条例》的解读。

（1）机动车强制报废的规定 《道路交通安全法》规定：国家实行机动车强制报废制度，根据机动车的安全技术状况和不同用途，规定不同的报废标准（第十四条）。按照现行报废规定，报废机动车需要先到公安交管部门办理机动车报废手续，领取《机动车报废证明》，将报废汽车交售给回收企业，再凭回收企业出具的《报废汽车回收证明》到交通管理部门办理机动车注销登记。《实施条例》从方便群众出发、对此做了修改；已注册登记的机动车达到国家规定的强制报废标准的，公安机关交通管理部门应当在报废期满的2个月前通知机动车所有人办理注销登记。机动车所有人应当在报废期满前将机动车交售给机动车回收企业，由机动车回收企业将报废的机动车登记证书、号牌、行驶证交公安机关交通管理部门注销。机动车所有人逾期不办理注销登记的，安全机关交通管理部门应当公告该机动车登记证书、号牌、行驶证作废（第九条）。

（2）安装使用行驶记录仪的规定 汽车行驶记录仪实时记录车辆运行和驾驶人驾驶活动的有关信息，将为事故分析鉴定提供原始数据。汽车行驶记录仪在欧盟、日本等地区和国家应用的成功经验表明：行驶记录仪的安装使用为国家相关部门保障道路交通安全、预防和处理道路交通事故提供了有效的工具，为广大运输企业提供了理想的营运管理工具，为驾驶人提供了其驾驶活动过程的真实反馈信息，在有效降低道路交通事故、规范驾驶行为、提高车辆行驶安全系数、保障道路交通安全和提高营运管理水平等方面取得了明显效果。因此，《实施条例》将安装使用记录仪作为维护道路交通安全的重要措施予以明确：用于公路营运的载客汽车、重型载货汽车、半挂牵引车应当安装、使用符合国家标准的行驶记录仪。安装实施步骤由国务院机动车产品主管部门会同有关部门规定（第十四条）。

（3）对上路的拖拉机的范围规定 根据《道路交通安全法》的规定，《实施条例》对上道路行驶的拖拉机做出了明确界定：本条例所称上道路行驶的拖拉机，是指手扶拖拉机等最高设计行驶速度不超过20km/h的轮式拖拉机和最高设计行驶速度不超过40km/h、牵引挂车方可从事道路运输的轮式拖拉机（第一百一十五条）。

（4）对机动车安检社会化的规定 《道路交通安全法》规定：机动车的安全技术检验实行社会化，具体办法由国务院规定（第十三条第二款）。据此，《实施条例》规定：由安全技术检验机构对机动车进行检验，并对检验结果承担法律责任；政府的质量技术监督部门负责对安全技术检验机构实行资格管理和计量认证，对设备进行检定，对国家标准的执行情况进行监督；安全技术检验的具体项目由国务院公安部门会同国务院质量技术监督部门规定（第十五条）。

（5）对机动车安检周期的规定 《道路交通安全法》规定：机动车的安全技术检验应当根据机动车用途、载客载货数量、使用年限等区别不同情况进行（第十三条第一款）。对此，为保障道路交通活动中的公共安全和预防、减少群死群伤道路交通事故的发生，《实施条例》区别不同情况规定了机动车的安全技术检验周期：一是营运载客汽车5年以内每年检验1次；超过5年的，每6个月检验1次。二是载货汽车和大型、中型非营运载客汽车10年以内每年检验1次。三是小型、微型非营运载客汽车6年以内每2年检验1次，超过6年的，每年检验1次，超过15年的，每6个月检验1次；四是摩托车4年以内每2年检验1次；超过4年的，每年检验1次；五是拖拉机和其他机动车每年检验1次（第十六条）。同时，《实施条例》还明确规定了营运机动车在规定检验期限内经安全技术检验合格的，不再重复进行安全技术检验。

另外，在《实施条例》之外，公安部还提出了6年以内的非营运轿车和其他小型、微型载客汽车（面包车、7座及7座以上车辆除外）免检制度的试行规定。

（6）对高速公路行车道的规定 《道路交通安全法》及《实施条例》在1994年《高速公路交通管理办法》以及相关文件规定的基础上，保留了低能见度气象条件下通行规则、高速公路上机动车驾驶人的禁止行为等合理的内容，改变了现行的高速公路施划专门超车道的做法，按照从左向右速度递减的办法具体规定车道的最低行驶速度：同方向有2条车道的，左侧车道的最低车速为100km/h；同方向有3条以上车道的，最左侧车道的最低车速为

110km/h，中间车道的最低车速为90km/h。同时也规定了高速公路的最高车速；在高速公路上行驶的小型载客汽车最高车速不得超过120km/h，其他机动车不得超过100km/h，摩托车不得超过80km/h（第七十八条）。

（7）对驾驶证审验制度与累积记分制度动态结合的规定 《道路交通安全法》规定：公安机关交通管理部门对机动车驾驶人违反道路交通安全法律、法规的行为，除依法给予行政处罚外，实行累积记分制度。公安交管部门对累积记分达到规定分值的机动车驾驶人，扣留驾驶证，对其进行交通安全法律、法规教育，重新考试；考试合格的，发还其机动车驾驶证。对遵守道路交通安全法律、法规，在一年内无累积记分的机动车驾驶人，可以延长机动车驾驶证的审验期。具体办法由国务院公安部门规定（第二十四条）。《实施条例》将驾驶证审验与累积记分制度结合起来，做了具体规定：公安机关交通管理部门对机动车驾驶人的交通安全违法行为除给予行政处罚外，实行交通安全违法行为累积记分（以下简称记分）制度，记分周期为12个月，对在一个记分周期内记分达到12分的，由公安机关交通管理部门扣留其机动车驾驶证，该机动车驾驶人应当按照规定参加道路交通安全法规的学习并接受考试。考试合格的，记分予以清除，发还机动车驾驶证；考试不合格的，继续参加学习和考试（第二十三条）。机动车驾驶人在一个记分周期内记分未达到12分，所处罚款已经缴纳的，记分予以清除；记分虽未达到12分，但尚有罚款未缴纳的，记分转入下一记分周期。机动车驾驶人在一个记分周期内记分2次以上达到12分的，除按照本条例第23条的规定被扣留驾驶证、参加学习、接受考试外，还应当接受驾驶技能考试。考试合格的，记分予以清除，发还机动车驾驶证；考试不合格的，继续参加学习和考试（第二十四条）。同时，对机动车驾驶人记分达到12分，拒不参加交通管理部门通知的学习，也不接受考试的，《实施条例》规定，由交通管理部门公告其机动车驾驶证停止使用（第二十五条）。

（8）相关政府部门维护道路通行条件职责的规定 《道路交通安全法》规定：道路出现损毁或者交通设施损毁、灭失的，道路、交通设施的养护部门或者管理部门应当设置警示标志并及时修复。公安机关交通管理部门发现上述情形应当及时采取安全措施并通知道路、交通设施的养护部门或者管理部门（第三十条）。《实施条例》规定：一是道路交叉路口和行人横过道路较为集中的路段应当设置人行横道、过街天桥或者地下通道。在盲人通行较集中的路段，人行道信号灯应设置声响提示装置（第三十二条）。二是开辟或调整公共汽车、长途汽车行驶路线或者车站，应当符合交通规划和安全、畅通的要求（第三十四条）。三是道路或者交通设施养护部门、管理部门应当在急弯、陡坡、临崖、临水等危险路段，按照国家标准设置警告、减速标志和安全防护设施（第三十六条）。四是道路交通标志、标线不规范，机动车驾驶人容易发生辨认错误的，交通标志、标线的主管部门应当及时予以改善。道路照明设施应当符合道路建设技术规范，保持照明功能完好（第三十七条）。

（9）对让行规则的规定 《道路交通安全法》将右侧通行、各行其道、按交通信号通行、优先通行作为通行的基本原则。《实施条例》细化了《道路交通安全法》关于机动车、非机动车、行人分道通行的规定，分别对有灯控路口和无灯控路口的通行规则做了详细规定。同时，《实施条例》将《道路交通管理条例》第四十三条的让行规则做了修改，删除了"支路车让干路车先行"的规定，将"相对方向同类车相遇，左转弯的车让直行或右转弯的车先行"，修改为"转弯的机动车让直行的车辆先行，相对方向行驶的右转弯的机动车让左转弯的车辆先行"（第五十二条）。

（10）对机动车载人载物的规定 客运机动车超载是造成群死群伤重特大交通事故的重要原因。《道路交通安全法》规定，机动车载物应符合核定的载质量，严禁超载；载物长、宽、高不得违反装载要求，不得遗洒、飘散载运物（第四十八条第一款）；机动车载人不得超过核定人数，客运机动车不得违反规定载货（第四十九条）。《实施条例》规定：公路载客汽车超过核定的载客人数的，公安机关交通管理部门应当扣留机动车，由驾驶人转运超载的乘客（第一百零六条）。机动车载物装载长度、宽度不得超出车厢，修改了现行《道路交通管理条例》允许货运汽车载物后端超过车身2m的规定。同时，《实施条例》还规定了车辆的装载高度（第五十四条），并相应规定了对超载的货运机动车扣车卸载的规定（第一百零六条）。

（11）对交通事故现场快速处理的规定 《道路交通安全法》规定：交通事故仅造成财产损失，当事人对事实及成因无争议的，可撤离现场自行协商损害赔偿事宜（第七十条）。《实施条例》规定：机动车与机动车、非机动车发生未造成人身伤亡的交通事故，当事人对事实及成因无争议的，可以在记录事故的时间、地点、对方当事人的姓名和联系方式、机动车牌号、驾驶证号、保险凭证号、碰撞部位，并共同签名后，撤离现场，自行协商损害赔偿事宜。当事人对事故事实及成因有争议的应迅速报警（第八十六条）。

（12）扣留机动车的处理规定 《道路交通安全法》第九二条、第九五条、第九六条规定了被扣留机动车的情形。《实施条例》规定：驾驶人或者所有人、管理人30日内没有提供被扣留机动车的合法证明，没有补办相应手续，或者不前来接受处理，经公安机关交通管理部门通知并且经公告3个月仍不前来接受处理的，由公安机关交通管理部门将该机动车送交有资格的拍卖机构拍卖，所得价款上缴国库；非法拼装的机动车予以拆除；达到报废标准的机动车予以报废；机动车涉及其他违法犯罪行为的，移交有关部门处理。

（13）对事故当事人责任确定的规定 《道路交通安全法》规定：公安机关交通管理部门应当根据事故现场勘验、鉴定结论，及时制作交通事故认定书，作为处理交通事故的证据。交通事故认定书应载明事故的基本事实、成因和当事人责任，并送达当事人（第七十三条）。《实施条例》规定：公安交管部门应当根据交通事故当事人的过错对发生交通事故所起的作用以及过错的严重程度，确定当事人的责任。交通事故当事人没有过错或者虽有过错但不属于发生交通事故原因的，当事人无责任（第九十六条）。

（14）外地车移交车辆登记地处罚 随着我国经济迅猛发展，物流、人流激增，人们出行的范围不断扩大，频率也大大加快，公安机关交通管理部门处理的非本辖区的机动车违法行为的数量也迅速增长。为保证违法行为得到迅速、及时处理，《实施条例》规定：公安机关交通管理部门对非本辖区机动车的道路交通安全违法行为没有当场处罚的，可以由机动车登记地的公安机关交通管理部门处罚（第一百零九条第二款）。

4.《道路交通安全法》的修订

全国人大常委会2007年10月24日开始审议道路交通安全法修正案草案，对现行法律第七十六条第一款第二项的规定进行了修改，修正案在维持过错推定原则的同时，进一步明确了非机动车驾驶人、行人有过错情况下机动车一方承担赔偿责任的比例。根据修改后的第七十六条，机动车与非机动车驾驶人、行人之间发生交通事故，有证据证明非机动车驾驶人、行人有过错的，应当负次要责任、同等责任、主要责任和全部责任的机动车一方分别承担不超过10%、40%、60和80%的赔偿责任。

2011年4月22日，第十一届全国人大常委会第二十次会议通过《全国人民代表大会常务委员会关于修改〈中华人民共和国道路交通安全法〉的决定》，自2011年5月1日起施行。

第二节　与汽车业关系密切的法律

一、《保险法》

《保险法》由第八届全国人大常委会第十四次会议于1995年6月30日通过，并自1995年10月1日起施行。

《保险法》中与汽车保险有关的内容有：

1）保险责任开始前，投保人要求解除合同的，应当向保险人支付手续费，保险人应当退还保险费。保险责任开始后，投保人要求解除合同的，保险人可以收取自保险责任开始之日起至合同解除之日止的保险费，剩余部分退还投保人（此处合同是财产保险合同的简称，即是以财产及其有关利益为保险标的的保险合同）。

2）保险标的的保险价值，可以由投保人和保险人约定并在合同中载明，也可以按照保险事故发生时保险标的的实际价值确定。保险金额不得超过保险价值；超过保险价值的，超过的部分无效。保险金额低于保险价值的，除合同另有约定外，保险人按照保险金额与保险价值的比例承担赔偿责任。

3）重复保险的投保人应当将重复保险的有关情况通知各保险人。重复保险的保险金额总和超过保险价值的，各保险人的赔偿金额的总和不得超过保险价值。除合同另有约定外，各保险人按照其保险金额与保险金额总和的比例承担赔偿责任。重复保险是指投保人对同一保险标的、保险利益或保险事故分别向两个以上保险人订立保险合同的保险。

4）保险事故发生时，被保险人有责任尽力采取必要的措施，防止或者减少损失。保险事故发生后，被保险人为防止或者减少保险标的的损失所支付的必要的、合理的费用，由保险人承担；保险人所承担的数额在保险标的损失赔偿金额以外另行计算，最高不超过保险金额的数额。

保险标的发生部分损失的，在保险人赔偿后30日内，投保人可以终止合同；除合同约定不得终止合同的以外，保险人也可以终止合同。保险人终止合同的，应当提前15日通知投保人，并将保险标的的未受损失部分的保险费，扣除自保险责任开始之日起至终止合同之日止的应收部分后，退还投保人。

保险事故发生后，保险人已支付了全部保险金额，并且保险金额等于保险价值的，受损保险标的的全部权利归于保险人；保险金额低于保险价值的，保险人按照保险金额与保险价值的比例取得受损保险标的的部分权利。

5）因第三者对保险标的的损害而造成保险事故的，保险人自向被保险人赔偿保险金之日起，在赔偿金额范围内代为行使被保险人对第三者请求赔偿的权利。前述规定的保险事故发生后，被保险人已经从第三者取得损害赔偿的，保险人赔偿保险金时，可以相应扣减被保险人从第三者已取得的赔偿金额。保险人依照上述规定行使代为请求赔偿的权利，不影响被保险人就未取得赔偿的部分向第三者请求赔偿的权利。

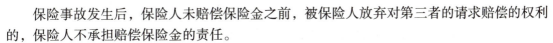

保险事故发生后,保险人未赔偿保险金之前,被保险人放弃对第三者的请求赔偿的权利的,保险人不承担赔偿保险金的责任。

保险人向被保险人赔偿保险金后,被保险人未经保险人同意放弃对第三者请求赔偿的权利的,该行为无效。由于被保险人的过错致使保险人不能行使代为请求赔偿的权利的,保险人可以相应扣减保险赔偿金。

保险人对责任保险的被保险人给第三者造成的损害,可以依照法律的规定或者合同的协定,直接向该第三者赔偿保险金。责任保险是指以被保险人对第三者依法应负的赔偿责任为保险标的的保险。

责任保险的被保险人因给第三者造成损害的保险事故而被提起仲裁或者诉讼的,除合同另有约定外,由被保险人支付的仲裁或者诉讼费用以及其他必要的、合同的费用,由保险人承担。

6)保险业的监督管理。商业保险的主要险种的基本保险条款和保险费率,由金融监督管理部门制定。保险公司拟定的其他险种的保险条款和保险费率,应当报金融监督管理部门备案。金融监督管理部门有权检查保险公司的业务状况、财务状况及资金运用状况,有权要求保险公司在规定的期限内提供有关的书面报告和资料。保险公司依法接受监督检查。

设立外资参股的保险公司,或者外国保险公司在中国境内设立分公司,适用本法规定,法律、行政法规另有规定的,适用其规定。

随着金融体制改革不断深化,市场机制的作用日益增强,尤其是加入世界贸易组织(WTO)以后,我国对外开放和与国际接轨的步伐进一步加快。客观形势的变化使得《保险法》的一些不足逐渐显露出来,如个别条文与我国加入世贸组织的承诺不符,一些条文已不适应加强保险监管、加快保险业改革和发展的要求。因此,2002年,我国对《保险法》进行了一些修改完善,从履行入世承诺、加强对被保险人利益的保护、强化保险监管、支持保险业的改革与发展以及促进保险业与国际接轨这五个方面做了一些修改和规定,并自2002年1月1日开始生效。主要修改内容有:

1)条文中的"金融监督管理部门"相应改为"保险监督管理机构"。

我国汽车保险是在中国保险监督管理委员会(以下简称保监会,现中国银行保险监督管理委员会)管理下,由各保险公司在《保险法》以及其他与汽车保险有关的政策法规规定的范围内进行业务的。

2)第一百零六条改为第一百零七条,内容修改为:"关系社会公众利益的保险险种、依法实行强制保险的险种和新开发的人寿保险险种等的保险条款和保险费率,应当报保险监督管理机构审批。保险监督管理机构审批时,遵循保护社会公众利益和防止不正当竞争的原则。审批的范围和具体办法,由保险监督管理机构制定。"

按此规定,我国《机动车辆保险条款》和保险费率是由中国保监会审批后颁布实施的。

2002年的《保险法》在2009年又经过修订,于2009年10月1日起正式实行。在新《保险法》关于汽车保险的内容中,增加了不少有利于被保险人的内容。

2009年的《保险法》于2014年和2015年经过了再次修订。

2009年修订的《保险法》第五十五条规定了投保人和保险公司约定保险标的的保险价值并在合同中载明的,保险标的发生损失时,以约定的保险价值为赔偿计算标准,这对车险投保人有利。

另外,《保险法》中与汽车保险有关的内容还有据以确定保险费率的有关情况发生变化,保险标的危险程度明显减少的,保险人应当降低保险费。

据此,保费的高低和前一年违规出现次数和理赔金额有着很大的关系,根据规定,只要车主在一年内没有任何违规记录、出现情况以及理赔事项,车主在第二年续交保费时会获得商业险、交强险保费的下调,同时还会被保险公司列为优质客户,享受车险优惠。

第二年车主应在汽车保险购买方式、险种选择上做出合理的足额投保,即不浪费冤枉钱,选择最适合的险种组合,为了让以后的行车生活有保障。

二、《消费者权益保护法》与《产品质量法》

1993年10月31日,由全国人大常委会通过,并自1994年1月1日起施行的《消费者权益保护法》第七条规定:"消费者在购买、使用商品和接受服务时享有人身、财产安全不受损害的权利。"

2013年10月25日,第十二届全国人大常委会第五次会议通过了《关于修改〈中华人民共和国消费者权益保护法〉的决定》,促生了最新版的《消费者权益保护法》。这部与消费者权益密切相关的法律,修订后对汽车消费产生了重大影响。新《消费者权益保护法》第二十三条规定"消费者自接受商品或者服务之日起六个月内发现瑕疵,发生争议的,由经营者承担有关瑕疵的举证责任。"举证倒置改变了汽车消费者在维权问题上的弱势地位。

由全国人大常委会通过实施的《产品质量法》第四十条规定:"售出的产品有下列情形之一的,销售者应当负责修理、更换、退货;给购买产品的消费者造成损失的,销售者应当赔偿损失:(一)不具备产品应当具备的使用性能而事先未做说明的;(二)不符合在产品或者其包装上注明采用的产品标准的;(三)不符合以产品说明、实物样品等方式表明的质量状况的。"

另外,《产品质量法》第四十一条规定:"因产品存在缺陷造成人身、缺陷产品以外的其他财产损害的,生产者应当承担赔偿责任。"

汽车属于科技含量较高的精密机械,因此在绝大多数汽车消费纠纷中,特别是针对产品质量和售后服务,其问题和责任的鉴定,区分和评估都比较复杂。另外,从现有的法律来看,《消费者权益保护法》和《产品质量法》等有关法律只是从原则上做了一些规定,还不是专门针对汽车产品的,所以在我国很有必要制定类似美国的《汽车召回法》和《汽车保用法》。

第三节 非专门针对汽车业的有关法律

全国人大常委会通过的有些法律,虽然并不是专门针对汽车行业制定的,但这些法律对汽车行业仍有很大的约束力,如《对外贸易法》。

2004年4月6日,第十届全国人大常委会第八次会议表决通过了修订后的《对外贸易法》,并于7月1日正式实施。该法的出台,是经济界的一件大事。

此次修订《对外贸易法》的目的有两个:

1) 与时俱进,中国从贸易大国成为贸易强国的需要。中国1994年出台的第一部《对外贸易法》本身有时效性和过渡性,当时处于短缺经济状态,中国经济的开放度、国际化程度都很低，内容上更多是原则性的东西，不具有可操作性。

20多年前外贸仅是一个国民经济的组成部分，没有像现在这样举足轻重。据海关统计，2017年我国进出口总额27.79万亿元人民币。其中，出口15.33万亿元，进口12.46万亿元。这与1994年不可同日而语，当时的进出口额是2366亿美元。

2）中国履行国际义务，与惯例接轨的需要。按照中国入世承诺，与过去的外贸法有冲突的地方，将转化为国内法，进而实施。

2016年《对外贸易法》再次进行了修订。修订了第十条中从事对外劳务合作单位的相关内容。

《对外贸易法》的亮点之一是将对外贸易经营的审批制转变为备案登记制，给企业法人、经济组织以及自然人以基本的经济权。从此以后，自然人、法人和其他组织依法登记后，都可以从事货物和技术的进出口贸易了。

在美国，最受重视的法律是《环保法》《外贸法》，因为它们与人们的生活质量水平密切相关。通过对外贸易，人们不出国就可以得到世界范围的产品与服务。因此，《对外贸易法》的出台，意味着外贸法从外贸口走到全民中间来了。

业内专家认为，在法律上与WTO规则保持一致之后，贸易能力成为中国入世后的重大挑战之一。所谓贸易能力建设，就是外贸法实施的能力建设，而且这种能力是系统的能力而不是个体的能力。这个系统包括政府、行业协会、中介组织、研究机构、企业以及自然人。中国的贸易能力取决于他们之间的充分协调能力，而不是某一角色单个的能力。

如美国商务部，它的职责之一是研究中国市场的需求情况、法律法规情况，并以此为其他部门服务；而行业协会则即时监测中国市场产品的价格；企业则以此为根据确定产量以及进行交易决策。各个角色协调一致构成了美国强大的对外贸易能力。

中国的《对外贸易法》通过后，越来越多的个人与企业将拥有进出口权。这要求个人、企业、行业、中介组织、协会、政府、研究机构必须加强互动协调，以应对可能遭到的反倾销等情况。否则，一旦遭受国外的非关税壁垒，比如绿色壁垒，易成为对方攻击诽谤的根据，其负面作用就会被国外媒体或民众不断放大，产生消极影响。

近几年，美国、日本、欧盟等对中国发起的贸易冲突不断，《对外贸易法》按照WTO规则，给出了贸易调查、贸易救济机制，从而使国内企业维护正当权利有法可依，反应更加迅速。

中国入世后，进、出口额一年上一个台阶，2001年居全球第六位，2002年第五位，2003年第四位，2004年中国进出口总额突破11000亿美元，成为世界第三贸易国，如今又成为仅次于美国的世界第二贸易大国，并正从贸易大国向贸易强国转变。

而现实情况并不乐观：进出口额量大了，但效益还不是很理想。这就引出了贸易效益如何衡量的问题。

目前的统计指标体系，局限于某一段时期进出口额比上一时段的增长比率，以及增加多少外汇收入，仅此而已。

国外已经开始发布贸易条件指标，比如净贸易条件。净贸易条件的含义是，上年出口一个单位产品的价格，换来多少单位的其他产品，如果今年换回同样产品的单位增多了，意味着贸易条件好转，说明出口产品的单位价值增加了，否则就是贸易条件恶化。

国外有一个概念叫贫困增长。贸易条件不断恶化情况下取得的增长就是贫困增长的表现之一。由于我国目前没有贸易条件的统计数据，故很难判断中国有没有贫困增长。但一个现象是，除去来自外资的进出口额，中国目前大多数产品价格上不去，只能实现数量增长。这种情况在汽车零部件行业尤其明显。因为技术含量低的零部件产品出口价格上不去，利润很低，只能用数量来弥补。

零部件企业也很清楚，品牌是应对微利时代的最好武器；但是走这条路并不容易，建立自有品牌需要投资。因为企业效益不好而没办法投资，没有投资就限制了自有品牌的建立，也没办法建立自有品牌所需要的销售渠道等，这又反过来迫使他们去追逐更低的利润，从而形成恶性循环。

另一个问题是国内小零部件厂商的生产和销售，基本上处于无序状态，这又使得本来已经严峻的出口贸易形势更是雪上加霜。因此，对类似的国内汽车零部件企业，在提供必要的外贸服务的同时，很有必要对其进行严格的监督管理，促使其出口经营秩序规范化。

据专家介绍，2004年修订后的《对外贸易法》已经充分考虑了目前国内广大低附加值、劳动密集型出口行业的尴尬处境。把商务部彻底推向服务与监管的角色，就是2004年《对外贸易法》修订前后的一个重要区别。商务部有关领导认为："原来的外贸法比较侧重于管理，比如体现在外贸经营权的审批上，以及配额、许可证管理方面；新法则强调监管与服务，并以建立统一、开放、有序的市场为目标。"

《对外贸易法》根据对外贸易管理出现的新情况、新问题，结合对外贸易管理的实际需要，补充、修改和完善了有关法律责任的规定。通过刑事处罚、行政处罚和从业禁止等多种手段，加大了对对外贸易违法行为以及对外贸易中侵犯知识产权行为的处罚力度。此外，《对外贸易法》还增加了维护进出口经营秩序、扶持和促进中小企业开展对外贸易、建立公共信息服务体系、对外贸易调查、对外贸易救济等内容。

这些内容都对我国汽车及零部件出口贸易管理提出了挑战。

第三章

与汽车政策配套的法规剖析

法规是指法律效力低于宪法和法律的一种法的形式，在我国指国务院制定的行政法规和地方国家权力机关制定的地方性法规，一般用条例、规定、规则、办法等称谓。

这里所说的法律效力是指法律规范所适用的范围和对象。最高国家权力机关所制定的法律除另有规定者外，适用于全国范围。此外，国务院制定的行政法规也在全国范围内适用，而国务院所属部门以及地方政府颁布的条例、规定、办法等就法律效力而言，具有一定的局限性。

国家在发布政策的同时一般都制定一些与之相配套的法规规章，以便政策的有效实施。

第一节 汽车贸易政策

汽车贸易政策应涵盖汽车销售、二手车流通、汽车配件流通、汽车报废与报废汽车回收和汽车对外贸易5个方面的内容，而商务部会同国务院有关部门制定的《汽车销售管理办法》《二手车流通管理办法》《报废汽车回收管理办法》是我国汽车贸易政策的三大重要板块。

一、汽车品牌销售管理实施办法

商务部，国家发改委、国家工商总局联合发布的《汽车品牌销售管理实施办法》（以下简称《办法》）规定，从2007年1月1日起，未经授权的汽车经销商将退出汽车销售市场。《办法》明确规定，从事汽车品牌销售必须先取得汽车生产企业或经其授权的汽车总经销商授权，获得授权的经销商才能到工商部门备案，未获授权的汽车经销商今后将无法开具销售发票。

《办法》同时规定，汽车供应商应当制订汽车品牌销售和服务网络规划；同一品牌的网络规划应当由唯一一家境内企业负责制订和实施。境内汽车生产企业可直接负责制订和实施网络规划，也可授权一家境内企业作为其汽车总经销商，负责制订和实施网络规划。境外汽车生产企业在境内销售汽车，需授权一家境内企业或按国家有关规定在境内设立一家企业作为其汽车总经销商，负责制订和实施网络规划，2006年12月11日以前，同一境外投资者在境内从事汽车分销和零售业务且累计开设店铺超过30家以上的，出资比例不得超过49%。

《办法》在汽车供应商的权利与义务中规定：汽车供应商要加强营销网络的管理，规范销售和售后服务；汽车供应商应当定期向社会公布其授权和取消授权的汽车品牌销售和服务企业名单，对未经汽车品牌销售授权或不具备经营条件的企业，不得提供汽车资源；汽车供应商应当合理布局汽车品牌销售和服务网点、汽车品牌销售和与其配套的配件供应、售后服务网点相距不得超过150km等。

《办法》还对汽车品牌经销商的权利与义务作出了规定,例如:汽车品牌经销商要遵守汽车供应商所确定的汽车品牌销售和服务网点建设标准;汽车品牌经销商应当在汽车供应商指定的市场经营区域内从事授权品牌汽车的销售及服务活动;汽车品牌经销商应当向消费者明示汽车质量保证及售后服务,并按汽车供应商授权经营合同的约定和服务规范要求,提供相应的售后服务等。

品牌销售政策实施后,厂家对经销商的控制将更为严格,部分经销商甚至被强势厂家淘汰出局。对于消费者而言,"品牌经营"政策将帮助厂家进一步控制经销商的车价优惠幅度,激烈的市场价格战或将有所减弱。业内人士表示,国家如此大力度地清退非授权汽车经销商,目的在于明确各方责任,增强汽车品牌销售经营主体的服务意识,便于实现责任追溯,维护消费者的权益。

据了解,《办法》实施以来,反对之声不断。2007~2008年,全国汽车有形市场联谊会通过全国工商联向"两会"提交了修改《办法》的议案,商务部也答复要拟定"补充规定"对《办法》予以完善,国家工商总局、商务部也曾就上述问题到汽车市场进行实地调研、召开座谈会,并认为《办法》存在许多实际问题,需要进行补充和完善。

二、二手车流通管理办法

2005年8月31日商务部、公安部、国家工商行政管理总局(以下简称工商总局,现国家市场监督管理总局)、国家税务总局(以下简称国税总局)联合发布了《二手车流通管理办法》(以下简称《办法》),《办法》自2005年10月1日起正式实施。

《办法》共5章37条,除总则和附则外,分别对设立条件和经营主体、行为规范、监督与管理做了规定,《办法》具有以下特点:

1)打破垄断格局,引入竞争机制,实现经营主体多样化。为进一步增强汽车市场活力,《办法》明确规定,符合相关条件的汽车品牌经销商等经营主体均可依法申请从事二手车经营。

2)从维护人民生命和财产安全、保障消费者的合法权益出发,进一步规范经营行为。

3)实施二手车交易统一发票,促进二手车流通规范化;规定二手车经销企业、拍卖企业、二手车交易市场经营者,应当按规定向买方开具税务机关监制的统一发票,作为二手车转移登记的凭据。

4)加强二手车鉴定评估业务的管理。

5)强化二手车信息建设。对建立和完善二手车档案制度和信息报送、公布制度做了相应规定。

据介绍,近年来我国二手车流通市场形成了一定规模。但作为新车流通的延伸,发展较为滞后,交易主体和交易市场功能单一,交易方式落后,交易行为不规范,鉴定评估随意性大,缺乏完善的市场信息网络系统等,使二手车流通发展滞后成为制约汽车市场发展的瓶颈。

业内人士提出:为了活跃二手车交易市场,降低二手车交易增值税是关键之一。

对于二手车增值税税收是按实际销售价格的2%计征,但由于税赋大于实际经营利润,使得绝大部分企业通过变通方式避开了增值税的征缴,其结果是二手车增值税近乎零征收。

第三章 与汽车政策配套的法规剖析

如果降低二手车增值税税率，将会提高广大二手车流通企业的积极性。

2017年，商务部在其官方网站公布了新的《二手车流通管理办法》（以下简称新《办法》）删去了旧《办法》中的一些条款，增加了一些新的内容。

新《办法》明确规定，外商将被允许投资设立二手车交易市场和二手车经营公司。除了规定"外商可投资设立二手车交易市场和经营主体"，新《办法》还降低了设立二手车交易市场的门槛，企业法人符合所在城市发展及城市商业发展的有关规定，能够为二手车经营提供固定场所和设施，能够为客户提供办理二手车鉴定评估、转移登记、保险等手续即可。同时规定二手车交易市场不得直接从事二手车经营活动，二手车交易由二手车经营公司完成，其中对二手车经营公司设立的要求也仅限于"有固定的经营场所；有收购、销售二手车能力等"。

三、汽车报废与报废汽车回收

汽车报废是指汽车在无法使用或失去使用价值时将其作为废品处理。

1. 汽车报废标准

2000年12月18日国家经贸委（现商务部）、国家计委（现国家发展和改革委员会）、公安部、国家环保局（现生态环境部）联合发出通知，将1997年制定的汽车报废标准中非营运载客汽车和旅游载客汽车的使用年限及办理延缓的报废标准调整如下：

1) 9座（含9座）以下非营运载客汽车（包括轿车，含越野车）使用15年。

2) 旅游载客汽车和9座以上非营运载客汽车使用10年。

3) 上述车辆达到报废年限后继续使用的，必须依据国家机动车安全、污染物排放有关规定进行严格检验，检验合格后可延长使用年限。但旅游载客汽车和9座以上非营运载客汽车可延长使用年限最长不超过10年。

4) 对延长使用年限的车辆，应当按照公安交通管理部门和环境保护部门的规定，增加检验次数，一个检验周期内连续三次检验不符合要求的，应注销登记，不允许再上路行驶。

5) 营运车辆转为非营运车辆或非营运车辆转为营运车辆，一律按营运车辆的规定报废。

6) 通知没有调整的内容和其他类型的汽车（包括右置转向盘汽车），仍按照原汽车报废标准执行。

7) 通知所称非营运载客汽车是指单位和个人不以获取运输利润为目的的自用载客汽车；旅游载客汽车是指经各级旅游主管部门批准的旅行社专门运载游客的自用载客汽车。

由于2000年发布的旧机动车报废标准已不适应发展要求，商务部出台了《机动车强制报废标准规定》，新标准弱化了汽车使用年限和行驶里程指标，非营运车辆只要通过安全技术检验就可以上路。但新标准对车辆的安全技术检验提出了更高要求，其中提出：小型、微型非营运载客汽车自注册登记后第21年起，专项作业车自注册登记后第16年起，其安全技术检验增加功率检验项目。小型、微型非营运载客汽车以及专项作业车在进行功率检验时，底盘输出功率不得低于发动机额定功率的60%或最大净功率的65%。同时，新标准提出，在一个检验周期内的车辆，安全不合格，环保不达标将强制报废。功率检验项目也将取代现有的油耗项目，以淘汰性能指标较差的车辆。

业内人士表示，《机动车强制报废标准规定》对促进二手车交易将会产生积极的影响和促进作用。以前，汽车的"年龄"，往往成为人们买二手车的主要标准之一。一辆也许性能不错的二手车，往往因其"年事"略高，令消费者望而却步，导致二手车市场只有中段价位的二手车，没有超低价的二手车，束缚了二手车的发展。随着新规定的实行，报废年限就不是必要的限制条件。

与此同时，也有人提出了这样的疑问，取消报废年限，旧车淘汰慢，更新换代的速度变缓，市场对新车的需求就变小了，是否会抑制新车的发展。专业人士表示不会影响新车市场。由于社会需求的不同，不同的车会流向不同的市场。汽车这一商品的整个生命周期的运作将得到更为完备的规范。

2. 报废汽车回收管理办法

国务院出台的《报废汽车回收管理办法》规定，报废汽车不得出售、赠予或以其他方式转让给非报废汽车回收企业或个人，不得自行拆解报废汽车。

除取得报废汽车回收企业资格认定的单位外，任何单位和个人不得从事报废汽车回收活动，报废汽车拥有单位或者个人应当及时将报废汽车交售给报废汽车回收企业。

禁止任何单位或者个人利用报废汽车"五大总成"以及其他零配件拼装汽车。

禁止报废汽车整车、"五大总成"和拼装车进入市场交易或者以其他任何方式交易。禁止拼装车和报废汽车上路行驶，如有包庇纵容者可追究刑事责任。

2016年国务院发布了《关于修改〈报废汽车回收管理办法〉的决定（征求意见稿）》。目前，《报废汽车回收管理办法》（以下简称新《办法》）修订完成并即将发布的信息引起社会广泛关注。2001年实施的《报废汽车回收管理办法》（以下简称老《办法》）是针对当时拼装车泛滥而制定的，实行了汽车报废行业的准入制度，同时也要求报废汽车的五大总成作为废金属回炉。这样做并不利于资源的再利用，且导致报废汽车残值低，回收价格低，回收利用率低的情况。据了解，新《办法》具有以下三大亮点：

一是取消了报废汽车企业的总量控制合理布局的要求，实行先制造后发证的制度，今后设立报废汽车回收企业的时候，要先到工商部门去注册，然后按照国家标准去建设报废拆解企业，之后由省级商务主管部门组织专家组进行验收，通过之后颁发经营许可证，就可以依法经营了。

二是允许旧件进入流通领域，开展绿色汽车消费，放开了五大总成的再创造、再利用，允许报废拆解企业将五大总成销售给具有再制造、再利用资格的企业，由他们进行再制造之后，销售给维修企业，这是一个极大的突破。

三是废除报废机动车的收购价格参照废旧金属价格计价的规定，改为市场主体自主协商定价，放开了报废汽车回收价格参照谱，今后报废汽车回收可能是一车一价，而不是现行简单地按照吨位数论价回收。

征求意见稿同时规定，申请报废汽车回收拆解资格，应当向所在地省、自治区、直辖市人民政府商务主管部门提出申请，并提交申请书以及证明符合本条例规定条件的材料。

3. 汽车以旧换新实施办法

2009年7月13日，国家财政部、商务部联合发布了《汽车以旧换新实施办法》（以下简称《办法》）。

《办法》规定四类车型享受以旧换新补贴，一是使用不到8年的老旧微型载货车，老旧中型出租载客车；二是使用不到12年的老旧中、轻型载货车；三是使用不到12年的老旧中型载客车（不含出租车）；四是与"汽车报废标准规定使用年限表"中规定的使用年限相比，提前报废的各类："黄标车"。"黄标车"是指污染物排放达不到国Ⅰ标准的汽油车和达不到国Ⅲ标准的柴油车。

《办法》规定，在2009年6月1日到2010年5月31日期间，老旧汽车、"黄标车"车主将符合条件的汽车交售给依法设立的指定报废汽车回收拆解企业并换购新车的，将给予补贴，补贴标准原则上不高于同类型车辆的单车车辆购置税金额。其中，报废中型载货车，每辆补贴6000元；报废轻型载货车或中型载客车，每辆补贴5000元；报废微型载货车或小型载客车，每辆补贴4000元；报废微型载客车，每辆补贴3000元；报废其他车型，每辆补贴6000元。提前报废"黄标车"并换购新车，新车已享受1.6L及以下乘用车减半征收车辆购置税政策的，不再享受补贴。

四、汽车配件流通

中国汽车配件产业是个不折不扣的大行业。商务部制定的《汽车贸易政策》强调对汽车配件流通全面放开，商务部还将出台有关汽车配件流通的具体管理办法。

据了解，为了改变目前汽车配件及维修市场混乱的局面，《汽车贸易政策》明确要求汽车配件经销商明示所销售的汽车配件及其他汽车用品的名称、生产厂家、价格等信息，并分别对原厂配件、经汽车生产企业认可的配件，报废汽车回用件及翻新件予以注明。业内人士表示，《汽车贸易政策》将对目前配件市场质量、价格混乱的局面形成冲击，而通过整顿和兼并重组，一大批小、乱、差的配件商将面临出局，最终形成健康、有序的配件市场。

五、汽车对外贸易

商务部发布的《汽车贸易政策》在汽车对外贸易方面有如下几条规定：

1）自2005年1月1日起，国家实施汽车自动进口许可管理，所有汽车进口口岸保税区不得存放以进入国内市场为目的的汽车。

2）国家禁止以任何贸易方式进口旧汽车及其总成、配件和右置转向盘汽车（用于开发出口产品的右置转向盘样车除外）。

3）进口汽车必须获得国家强制性产品认证证书，贴有认证标志，并须经检验检疫机构抽查检验合格，同时附有中文说明书。

4）禁止汽车及相关商品进口中的不公平贸易行为。国务院商务主管部门依法对汽车产业实施反倾销、反补贴和保障措施，组织有关行业协会建立和完善汽车产业损害预警系统，并开展汽车产业竞争力调查研究工作。汽车供应商和经销商有义务及时准确地向国务院有关部门提供相关信息。

5）鼓励发展汽车及相关商品的对外贸易，支持培育和发展国家汽车及零部件出口基地，引导有条件的汽车供应商和经销商采取多种方式在国外建立合资、合作、独资销售及服务网络，优化出口商品结构，加大开拓国际市场的力度。

6）利用中央外贸发展基金支持汽车及相关商品对外贸易发展。

7）汽车及相关商品的出口供应商和经销商应当根据出口地区相关法规建立必要的销售和服务体系。

8）加强政府间磋商，支持汽车及相关商品出口供应商参与反倾销，反补贴和保障措施的应诉；维护我国汽车及相关商品出口供应商的合法权益。

9）汽车行业组织要加强行业自律，建立竞争有序的汽车及相关商品对外贸易秩序。

根据《汽车贸易政策》提出的要求，为了规范汽车产品出口秩序，商务部、国家发展和改革委员会（以下简称国家发改委）、海关总署、国家质量监督检验检疫总局（以下简称国家质检总局，现国家市场监督管理总局）、中国国家认证认可监督管理委员会（以下简称国家认监委）于2006年12月31日联合发出《关于规范汽车出口秩序的通知》，决定从2007年3月1日起对汽车整车产品（包括乘用车、商用车、底盘及成套散件）出口实行许可证管理。

《通知》要求，申领汽车整车产品出口许可证的汽车生产企业必须列入国家发改委《车辆生产企业及产品公告》，通过国家强制性产品认证（CCC认证）且持续有效，具备与出口汽车保有量相适应的维修服务能力，在主要出口市场建立较完善的销售服务体系。

该政策实行后，如果汽车出口企业提供虚假资质证明材料，产品被相关部门认定为侵犯知识产权，伪造生产企业授权证明，出口非自产或非自授权企业产品，出口汽车在国外有重大质量事件并对我国出口汽车造成重大不良影响的，将被取消下一年度从事汽车整车产品出口资格。

2008年，国家发改委与商务部联合发布《国家汽车及零部件出口基地管理办法（试行）》，提出通过搭建技术研发、信息服务、产品认证、检验检测、人员培训五大公共服务平台，促进基地建设，增强汽车企业的国际竞争力。该办法在2012年进行了修订，从而使汽车及零部件出口基地的管理更趋完善。

2009年10月，国家发改委、商务部、工业和信息化部（以下简称工信部）、财政部、海关总署和国家质检总局发布《关于促进我国汽车产品出口持续健康发展的意见》（以下简称《意见》），首次明确表示我国汽车和零部件出口的发展战略目标。

《意见》指出，我国汽车产品出口目标将分阶段实施。其中，从2009年到2011年，汽车及零部件出口力争实现年均增长10%；到2015年，汽车和零部件出口额达到850亿美元，年均增长约20%；到2020年，实现我国汽车及零部件出口额占世界汽车产品贸易总额10%的战略目标。

在规定目标的同时，相关部门将着力推进汽车产品结构、市场结构、贸易结构、企业结构和售后服务主体结构的转变，改变粗放的增长方式，使企业在公平的竞争环境中不断提高竞争力，保证目标顺利实现。

第二节 汽车金融政策

加入WTO，为促进中国汽车金融的发展提供了一次良好的契机。根据入世时的有关承诺，我国已陆续出台了有关汽车金融领域的相关法规，这些法规主要有：

一、汽车贷款管理办法

为了推动个人消费信贷，我国1998年曾出台《汽车消费贷款管理办法》。办法颁布以后，我国汽车消费信贷余额呈现直线式增长趋势，但与此同时，由于个人信用系统缺失，带来的车贷风险增加。为了控制车贷风险，促进国内金融机构的汽车贷款业务，中国人民银行和中国银行业监督管理委员会于 2004 年 8 月 17 日联合颁布了《汽车贷款管理办法》，它不仅根据各类车贷可能引发的风险，为银行设置了不同的贷款门槛，并规定所有车贷期限不能超过 5 年。其中，二手车贷款期限（含展期）不得超过三年，经销商汽车贷款期限不得超过一年，规定贷款人发放自用车、商用车和二手车贷款的金额分别不得超过借款人所购汽车价格的 80%、70% 和 50%。此前的管理办法对此规定没有如此明确。

从银行角度而言，对风险很高的车贷业务采取遏制政策自然是对的，但也正是这一决策让汽车行业遭遇打击，成为了 2004 年后阻碍我国汽车金融渗透率快速提高的一个重要原因，不少业内人士对中国人民银行和中国银行业监督管理委员会（以下简称银监会，现中国银行保险监督管理委员会）2017 年联合发布的《关于修改〈汽车贷款管理办法〉的决定》（以下简称新办法）期待已久。

目前汽车消费金融渐成"风口"，而 14 年前发布的《汽车贷款管理办法》（以下简称老办法）却显得有些不合时宜，新办法修改了其中十条细则，多条都表现出放宽条件的"松绑"态势，例如，老办法第二十四条规定，贷款人发放汽车贷款，应要求借款人提供所购汽车抵押或其他有效担保。新办法在此基础上增加了"经贷款人审查、评估，确认借款人信用良好，确能偿还贷款的可以不提供担保"，意味着今后借款人只要通过贷款人审查，不提供担保也可以获得贷款。

另外，值得一提的是，新能源汽车在新办法中首次被提及，并对其做了定义。据了解，由于新能源汽车发展时间较短，二手车贬值迅速，行业内缺乏对其残值的定价标准，导致金融机构难以进行风险把控，因此市面上几乎没有针对新能源汽车的金融产品，这次的修改，释放了国家鼓励发展新能源汽车及其金融产品的积极信号。

此外，新办法对二手车放松了车贷最高发放比例。

此次"政策松绑"不仅进一步规范了车贷业务的管理，还将随着车贷门槛降低，通过率提高而促进汽车消费。

二、汽车保险条例

1. 机动车辆保险条款和保险费率

1998 年 11 月 18 日保监会成立。保监会于 2000 年 2 月 4 日颁布，并于同年 7 月 1 日实施了《机动车辆保险条款》。

机动车辆保险所承保的机动车辆是指汽车、电车、蓄电池车、摩托车、拖拉机、各种专用机械车、特种车。机动车保险主要分为两个主险种和三个附加险种；主险种分车辆损失险和第三者责任险。车辆损失险即车主向保险公司投保的预防车辆可能造成的损失的保险。《机动车辆保险条款》中对由于什么原因造成的保险车辆损失、保险人负责赔偿或不负责赔偿都有严格的责任界定（如保险车辆上的一切人员和财产，该险种是不负责赔偿的），第三者责任险是指被保险人允许的合格驾驶人员在使用保险车辆过程中发生意外事故，致使第三者遭受人身伤亡或财产的直接损毁，依法应当由被保险人支付赔偿金额，保险人依照保险合同的规定给予赔偿。投保时，被投保人可以自愿选择投保。关于第三者的赔偿数额，应由保险公司进行核定，被保险人不能自行承诺或支付赔偿金额。车辆损失险与第三者责任险的区别在于车辆损失险主要针对投保车辆本身的损坏，而第三者责任险是针对投保人使用保险车辆致使第三者遭受人身伤亡或财产损失，这两种保险有严格的区别，但均不包括驾驶人本身的保险。

附加险是以上两类主险的附加险,如全车盗抢险、车上责任险,不计免赔特约险等,投保了主险的车辆方可投保相应的附加险。各公司对附加险的规定和分类是不同的。

2007年4月1日开始实施的新版汽车保险条款进一步完善,盗抢险从附加险变为主险,酒后驾车成为免责条款。与旧版汽车保险条款最大的不同是2007版新汽车保险条款进一步扩大了覆盖范围,涵盖了车辆损失险、商业三者险、车上人员责任险、盗抢险、不计免赔率特约险,玻璃单独破碎险,车身划痕损失险和可选免赔额特约险等8个险种。

保监会于2003年1月1日开始实行汽车保险条款费率管理制度改革,汽车保险条款费率由保险公司制定,报保监会审批。

中国人民保险公司(以下简称中国人保)率先推行改革,并经保监会批准,于2003年1月1日起正式实施新的汽车保险条款费率。此次改革,中国人保根据客户的风险特征和实际承受能力制定不同条款,打破了原来的单一条款体系,按照市场和客户的不同需求,在新产品中增加了车身划痕损失险、特约救助险等附加险种,提供个性化服务,使消费者有了更广泛的选择空间。在价格体系上根据不同客户的不同风险程度核收保费。新条款中还首次规定了"保险人的义务",以更好地保障消费者权益。

2003年1月1日我国汽车保险管理制度改革实施后,汽车保险条款费率由原先的政府统一制定向市场化转变,保险公司可以根据自身经营管理水平、经营数据以及外部环境的变化等自主开发个性化产品。"绝对免赔额"就是在这段时期引入的,应该说是汽车保险产品进一步与国际接轨并与国内实际相结合的产物,是市场自发调节的结果。

由于汽车数量的猛增,与之相对的汽车保险市场也呈现出快速发展的态势。2001年中国汽车保险保费为421.70亿元,汽车保险行业首度扭亏为盈。自此,我国汽车保险保费收入逐年增加,2014年我国汽车保险行业实现保费收入4750亿元左右。

2012年3月8日,保监会发布《关于加强机动车辆商业保险条款费率管理的通知》(以下简称《通知》),再一次对汽车保险费率市场化改革做出了明确规定。同第一轮汽车保险费率市场化改革相比,此次改革的思路更趋合理和灵活。从改革的思路来看,先由中国保险行业协会制定一个行业参考条款,再由各家保险公司根据各自的综合成本率(赔付率+费用率)确定费率,而符合条件的优质公司(偿付能力水平及盈利水平达到规定标准)仍可独立开发条款和费率。这样的灵活放开意味着,2003年汽车保险费率市场化改革中出现的恶性竞争将在本次改革中得到遏制。

2015年6月,保监会在黑龙江等6地启动商业汽车保险改革首批试点;2016年6月,商业汽车保险改革在全国范围内实施。两年多来,随着条款创新通道、费率形成机制、产品与市场监管、技术基础支持这"四梁八柱"不断夯实,汽车保险改革极大地激发了行业活力,令广大车主受益。在条款方面,前期改革扩大了汽车保险综合示范条款保障范围,将"倒车镜车灯单独损失"等5个附加险责任、家庭成员人身伤害和台风冰雹等自然灾害责任并入主险责任范围,并配套实施了规范相关单证、简化理赔流程、增加车辆损失险代位追偿约定等措施。

2. 机动车辆强制保险条例

为配合已于2004年5月1日起生效的《道路交通安全法》的实施,2006年3月28日国务院正式发布了《机动车交通事故责任强制保险条例》(以下简称《条例》),并于2006

第三章 与汽车政策配套的法规剖析

年7月1日实施。

据了解，机动车交通事故责任强制保险（以下简称交强险）的前身是机动车第三者责任保险（以下简称三者险），从三者险到交强险，最重要的不同是"强制性"，显著的变化表现在赔偿原则、保障范围、经营原则、责任限额分项以及条款与基础费率等几个方面。

按照《条例》规定，从2006年7月1日起，全国1亿多辆机动车辆（包括汽车、摩托车和拖拉机），都应当在3个月内前往保监会指定的保险公司强制投保交强险。2006年7月1日后，全国实行统一的交强险专用保单，而购买了交强险的车辆，必须按要求贴上统一的交强险标志。

交强险的保险费率按不盈不亏的原则制定，具体要点包括：保险公司在制定交强险费率时，不加入"利润因子"，实行与其他保险业务分开管理，单独核算。费率将采取纯保费的形式，即事故出险率乘以每次损失赔付全额。

根据车型的不同，交强险的费率也将有所区别。出租车和私家车的费率当然有所不同，根据车型目前暂时分为42类。

另外，保监会将根据地域因素、经营情况，对交强险的费率进行差异化调整。例如，在机动车事故频发地区和事故发生率低的地区，费率将有所不同，而经营好的公司和经营差的公司间，费率也将有所差异。

实行保险费率与交通违章及交通事故挂钩的"奖优罚劣"浮动费率机制，是交强险的最大亮点。

《条例》第八条规定，被保险机动车没有发生道路交通安全违法行为和道路交通事故的，保险公司应当在下一年度降低其保险费率；被保险机动车发生道路交通安全违法行为或者道路交通事故的，保险公司应当在下一年度提高其保险费率；多次发生道路交通安全违法行为、道路交通事故，或者发生重大道路交通事故的，保险公司应更大幅度地提高其保险费率。

2007年7月11日，保监会会同公安部制定的《机动车交通事故责任强制保险费率浮动暂行办法》正式实行。该办法实现交强险费率水平与道路交通事故挂钩，以被保险机动车上一年度已赔付的交强险责任事故赔案为根据。上一个年度未发生有责任交通事故的，费率下浮比例为20%；上三个及三个以上年度未发生有责任道路交通事故的，下浮为30%；但上一个年度发生两次及两次以上有责任道路交通事故的，费率上浮10%；上一个年度发生有责任道路交通死亡事故的，费率上浮30%。

交强险制度在我国是一项全新的制度。不过交强险与消费者熟悉的商业第三者责任保险有着本质的不同，目前实行的商业机动车第三者责任保险，保险公司是根据被保险人在交通事故中所承担的事故责任来确定其赔偿责任。交强险实施后，无论被保险人是否在交通事故中负有责任，保险公司均将按照《条例》以及交强险条款的具体要求，在责任限额内予以赔偿。

2008年1月11日，保监会正式公布的交强险责任限额调整方案如下：

1）被保险机动车在道路交通事故中有责任的赔偿限额为：死亡伤残赔偿限额110000元人民币；医疗费用赔偿限额10000元人民币；财产损失赔偿限额2000元人民币。

2）被保险机动车在道路交通事故中无责任的赔偿限额为：死亡伤残赔偿限额11000元人民币；医疗费用赔偿限额1000元人民币；财产损失赔偿限额100元人民币。

2012年国务院对《机动车交通事故责任强制保险条例》进行了两次修改。第一次修订是将第五条第一款修改为:"保险公司经保监会批准,可以从事机动车交通事故责任强制保险业务。"第二次修订是增加一条,作为第四十三条:"挂车不投保机动车交通事故责任强制保险。发生道路交通事故造成人身伤亡、财产损失的,由牵引车投保的保险公司在机动车交通事故责任强制保险责任限额范围内予以赔偿;不足的部分,由牵引车方和挂车方依照法律规定承担赔偿责任。"

从事汽车保险研究的专家称,为获得保险保障,最好的投保组合是:交强险+商业三者险+车损险+盗抢险。他认为,交强险的强制性,要求机动车必须依法投保该险种。

根据《机动车交通事故责任强制保险条例》规定,交强险将由各家保险公司经营,而车险和交强险之间有直接连带关系,交强险属于法定保险业务,本身就是保险产品,在经营中不可能实现不盈不亏。因此,对于盈利的保险公司,保监会将会考虑降低保费,提高保额,反之则会考虑降低保额。此外,保监会将会取消那些出现问题的保险公司经营资格。

据介绍,交强险涉及全国1亿多辆机动车,即使实现100%的投保,交强险的保费也不会很高。

专家认为,机动车第三者责任强制保险制度对汽车保险市场将产生影响。因为部分车主可能在投保强制保险之后,不再投保其他商业性保险,比如不再继续加保商业性第三者责任保险,从而使整个机动车保险市场收入下降,因此如何开展个性化服务将成为各公司思考的重点。

必须指出,由于我国加入世贸组织时未承诺允许外资保险公司经营强制保险业务,因此,目前机动车交通事故责任强制保险暂时不对外资开放。

3. 汽车消费信贷保证保险

所谓汽车消费信贷保证保险(以下简称车贷险)是指购车人在向银行申请汽车贷款时,除将所购之车作为抵押物外,还向保险公司申请购买车贷保证保险。

此举的好处是,当分期借款人未能履行合同规定还款义务时,由保险公司通过理赔协议,替借款人偿还拖欠的贷款本息,简言之,保险公司在其中所起的作用就好像是担保人。

因为它将消费者、银行、保险公司、车商等相关主体连成一个完整的利益循环,起到了刺激汽车消费的作用,同时使其中的每个利益主体都能从中分享利益和方便。

正因如此,在2000年,车贷险大规模推出之始,所有的人都对它寄予厚望,因而在全国各地迅速发展。

(1)车贷险由盛到衰 据了解,国内财险公司在1998年首次推出车贷险。在此后5年多的时间里,车贷险一度以年均200%以上的速度飞速增长。截至2003年,附加车贷险的汽车消费贷款比例已超过90%。

但与此同时,出现了一股不可忽视的暗流,当时由于社会征信体系不健全、银行与财险公司的权利和义务划分不清,车险产品设计存在缺陷,导致汽车消费信贷中诈骗、挪用资金、恶意拖欠贷款等问题相当严重。这使得保险公司的赔付率居高不下,大多在130%以上,有的甚至高达400%,财险公司随之深陷亏损泥潭。

专家指出,开展车贷险需要承担极高的道德风险,而目前国内财险公司还没有建立一套完善的机制来防范风险。

为了规避风险,从2003年六七月份开始全国各大城市的保险公司相继暂停车贷险业务。针对此一情况,保监会在2004年1月发布了《关于规范汽车消费信贷保险业务有关问题的通知》(以下简称《通知》),其中指出了车贷险在保险责任界定、条款设计、经营管理方面存在的问题,说明车贷险的经营风险日益显现。各保险公司要根据《通知》要求重新制定车贷险条款费率。根据通知的要求,旧条款于2004年3月底废止。《通知》从四方面规范了车贷险业务:严格规范车贷险业务,规范保险保障的条件;要求保险公司修改和完善车贷险条款;保险公司建立完善风险控制机制,审慎开展车贷险业务;严格执行经保险监管部门备案的车贷险条款,严禁通过协议等形式变更或替代车贷险条款费率,将车贷险业务办成担保业务。这意味着,今后投保车贷险的门槛将大大提高。保险公司在今后的新车贷险条款中应明确:

1)贷款购车首付款不得低于净车价的30%。
2)各保险公司可根据投保人的风险状况确定承保期限,原则上不得超过3年。
3)保险责任生效必须以被保险人(银行)取得贷款购车人有效的抵(质)押物为前提。
4)车贷险应仅限于承保消费性车辆。
5)保险公司应有不低于10%的免赔率。

这显然提高了以前央行对车贷首付款不低于20%,期限不超过5年的规定门槛。可以预见的是:今后购车一次性付款的比例将会增加。新条款一出台,许多人都认为门槛提得太高,放贷条件苛刻。新车贷险出现的最初意义,就是为了方便消费者购车,使更多人买得起车。而现在,为了控制车贷的风险,提高银行放贷门槛,使购车贷款的手续变得烦琐复杂,一定意义上不能不说是与车贷险的初衷背离了。面对着高门槛的车贷和烦琐的手续,许多消费者只能望而却步了。

于是,车贷险逐渐从人们的视野中消失。

(2)车贷险重新复出 为了使从人们视野中引退的车贷险重新复出,保监会于2006年推出了车贷险实施弹性费率的政策。

新问世的车贷险全称为"车辆履约贷款保证保险"。如果购买该险种后,万一贷款人不能还贷款,保险公司要负责赔偿银行贷款。新车贷险业务承保期为3年以内(含3年),贷款首付比例需在30%以上。

某财产保险公司工作人员指出,新的车贷险费率实行弹性化。具体到个人,如果收入稳定资信好的客户,公司将给予大幅度的费率优惠,最高能到5‰。

新款车贷险在投保要求与承保责任方面做了重大调整。首先,保险公司的履约责任也由第一位降到第二位,即如出现被保险人逾期还款的现象,先由银行和汽车公司进行追偿,未果后再由保险公司赔偿。

其次,"原来的车贷险,只要被保险人逾期还款,保险公司就必须100%代其还款,而新条款则设定了10%的免赔额。"据悉,10%的绝对免赔条款将是这款新车贷险在各地的"通用条款",即当发生投保客户违约而导致保险公司必须赔付的情况发生时,保险公司最多赔付90%车贷款。该人士解释说,因为车贷险赔付率高,所以公司要有化解风险,进行风险控制的相应手段,而这点可能也是重新复出的车贷险最显著的一个变化。

(3)车贷险重出"江湖" 2009年6月初,保监会在官方网站上发布了《关于促进汽车消费贷款保证保险业务稳步发展的通知》(以下简称《通知》),其中要求各保险公司在风险可控的前提下,积极稳妥地发展汽车消费贷款保证保险业务,积极拓宽业务渠道,探索与汽车生产企业、银行等各方合作的新模式。

"从限制到鼓励，保监会在此时下发《通知》，扩大内需的意图相当明显。"有关专家还指出，"2009年年初，国家相继出台《汽车产业调整和振兴规划》《国务院办公厅关于当前金融促进经济发展的若干意见》等多个保增长、扩内需、调结构的政策，《通知》的目的是鼓励各财险公司积极发挥保险在汽车消费信贷中的作用，从而健康有力地刺激汽车消费。"

不过，车贷险究竟会对车市起到多大的刺激作用，专家认为这主要取决于保险公司对目前国内信用环境所作的评估。如果开展该业务的财险公司多，车贷险的渗透率自然比较高。银行也会相应提高汽车消费贷款的发放比例，从而刺激人们购车的积极性。"《通知》仅仅是保监会出台的一个导向性文件，不具有强制性。财险公司做不做，做多少，完全由其自己决定，因此车贷险的前景不甚乐观。不过目前可以预见的是，受政策影响，应该会有部分财险公司进军车贷险业务，但车贷险的规模不可能再现昔日辉煌。"

在《通知》中，保监会在鼓励开展车贷险前增加了一个条件，即"各财险公司应加强市场调查和研究力度，深入分析市场需求及其风险特征，吸取过去的教训，认真做好风险管控，加强汽车消费贷款保证保险业务及流程的管理，建立完善的风险管理体系，提高管控水平"，足见保监会对重启该项业务的态度极其谨慎。

业内专家表示：车贷险在我国虽然拥有一定的发展前景，但要想取得长远发展需要满足一些条件。首先需要政府加强征信体系的建设。其次，行业主管部门应加强监管，为财险公司、汽车金融公司、担保公司等竞争主体营造健康、有序的竞争环境。第三，国家司法等部门应加强对车贷险逾期客户追偿、处置等的法律支持。第四，财险公司应积极拓展与汽车生产企业、银行合作的新模式。

三、汽车租赁

汽车租赁是指在约定时间内租赁经营人将租赁汽车交付承租人使用，收取租赁费用，但不提供驾驶劳务的经营方式。

我国的汽车租赁公司诞生于1989年，当时成立的目的是为筹办亚运会服务，经营对象是机关团体。在随后的6年时间里，租赁完全针对公务用车。由于当时买公车要有"控办"证明，许多拿不到"控办"证明的公司经理人都通过租车解决了公务用车的问题。公务用车租期较长，一般都是以年为租赁单位。

在20世纪90年代初学车潮流的带动下，北京出现了相当数量的有本无车的人，但当时没有一家汽车租赁企业面向个人租车。1995年，今日新概念公司在北京开展了针对个人的汽车零租业务，成为北京乃至全国的第一家。公司开办之初只有10辆客货两用车，1996年中期达到了50辆。随后公司又和汽车生产厂家达成分期付款购车协议，突破了资金对于扩大业务的限制。1997年6月车辆已经达到了2000多辆。在北京示范作用的带动下，国内各大中城市中陆续出现了汽车租赁公司，并且在1997年和1998年有一个快速增长的时期。

1998年我国政府有关部门及时推出了《汽车租赁业管理暂行规定》，该规定是1998年4月1日开始实施的。其目的是为加强汽车租赁业管理，保护汽车租赁业经营人（以下简称"租赁经营人"），和使用租赁汽车的承租人（以下简称"承租人"）的合法权益，促进汽车租赁业的健康发展。但该规定已于2007年被《关于废止47件交通规章的决定》废止。2013年，交通运输部印发了《关于促进汽车租赁健康发展的通知》，对我国汽车租赁业进一步实

第三章 与汽车政策配套的法规剖析

施规范化管理，提出了相关政策和配套措施。

第三节 汽车消费政策

汽车消费政策包括控制汽车消费环节乱收费、扶持和鼓励小排量汽车、保证汽车维修质量以及缺陷汽车产品召回和汽车三包等。与这些政策相配套、政府有关部门制定了一系列法规。

一、控制汽车消费环节乱收费

在汽车消费中，税费过高、地方保护主义、乱收费等种种不合理的问题一直困惑和限制着我国汽车企业的发展，无法与国外成熟的汽车制造集团竞争和抗衡。

目前，国产轿车价格中有17%的增值税和3%～8%的消费税，消费者购车后还要缴10%的车辆购置税，加上车船税，粗略计算，把一辆车买到手，花费中间的30%～40%属于各种税费。

车辆购置税原称车辆购置附加费，费率偏高，甚至高于部分汽车生产企业的利润率。车辆购置税的征收有些不适应消费结构的变化，在私人购车为主体的消费结构下，占车价10%的车辆购置税在很大程度上成为影响汽车需求增长的障碍。

从2001年1月1日起，车辆购置附加费改为车辆购置税，税率仍为车辆价格的10%。

2007年1月1日起，我国开始实施《车船税暂行条例》（以下简称《条例》）。《条例》规定，载客汽车的年税额被规定在60元至660元。具体缴税标准由各地另行确定。此外，从事交强险的保险机构将负责代收代缴新车船税。

《条例》规定，今后载客汽车（包括电车）的年税额为每辆60元至660元；载货汽车的年税额为按自重每吨16元至120元；三轮汽车、低速载货汽车的年税额为按自重每吨24元至120元；摩托车的年税额为每辆36元至180元；船舶的年税额为每净吨3元至6元。包括私家车在内的各种车辆的具体缴税标准，则由各地省级政府另行确定。

在减免税方面，《条例》取消了对经营性车船（如工程船）、使用财政经费的单位（如国家机关、事业单位、人民团体）的自用车船免税的规定。另外，为保护环境、照顾低收入群体，该《条例》将非机动车辆（不包括非机动驳船）、拖拉机和捕捞、养殖渔船、全部列入免税范围，并授权省级政府可以对城乡公共交通车船给予定期减免税。

多年来，我国车船使用税征管难度一直较大。《条例》对此做出明确规定，从事机动车交通事故责任强制保险业务的保险机构为车船税的扣缴义务人，应当依法代收代缴车船税。

另外，除了国家统一规定的收费项目之外，各地还都"结合本地实际情况"规定了各种各样的收费。而对其中公路收费站过多过密，车主们意见较大，例如，2009年央视"3·15"晚会曝光了湖南浏阳当地国道收费站的收费情况。杨家收费站将与319国道并行的106国道拦腰截断，在106国道上建有两处路障，相距只有200m，把两边来往的车辆全部强行"引导"到收费站收取通行费，而"引导"带来的收益，仅2008年增收目标就高达1600万元，8年下来收取的费用之大可想而知。

很显然，杨家收费站这种乱收费现象绝非个别，只是全国公路乱收费的一个缩影。2008年燃油税改革方案公开征求意见伊始，短短1300字的方案，涉及的问题千头万绪，政策制定者依然在配套措施里用近一百字提醒：确保取消收费政策落到实处，严格禁止变相新增收费项目，乱收费。

按照国务院关于实施成品油价格税费改革的要求，2008年12月22日，财政部、国家发改委、交通运输部、监察部、审计署等五部门联合下发通知，明确了取消公路养路费等六项收费相关政策，主要内容为：

1）自2009年1月1日起，在全国范围内统一取消公路养路费，航道养护费、公路运输管理费、公路客货运附加费、水路运输管理费、水运客货运附加费。海南省征收的燃油附加费改为高等级公路车辆通行附加费，具体征收办法由海南省制定。

2）各地要逐步有序地取消政府还贷二级公路（含二级公路上的桥梁，隧道）车辆通行费，对确定取消的政府还贷二级公路车辆通行费收费站点，要及时向社会公布具体位置和名称，接受社会监督。

3）今后除国家法律、行政法规和国务院规定外，任何地方、部门和单位均不得设立新的与公路、水路、城市道路维护建设以及机动车辆，船舶管理有关的行政性收费和政府性基金项目。各地区、各有关部门违反国家行政事业性收费、政府性基金审批管理规定，越权出台与公路、水路、城市道路维护建设以及机动车辆、船舶管理有关的收费基金项目均一律取消。

通知要求，各地区、各有关部门和单位要认真落实公布取消的交通和车辆收费项目，不得以任何理由直接或变相拖延甚至拒绝执行。对不按规定取消或继续非法设立收费项目的要严肃查处，一律将其非法所得没收上缴中央国库，并追究有关人员的责任。

二、鼓励发展小排量汽车

过去许多地方政府以地方立法、红头文件和口头部署等多种行政干预手段，给小排量汽车设置政策壁垒。

据统计，全国曾有60多个城市限制小排量车通行。

2005年国务院办公厅转发了国家发改委等部门《关于鼓励发展节能环保型小排量汽车的意见》（以下简称《意见》），要求各地区、各部门取消一切针对小排量汽车的限制。

《意见》中指出：前些年，一些地方针对小排量经济型汽车、柴油汽车等废气和噪声污染大、安全性不高、外形不够美观等问题，在道路交通管理以及出租汽车车辆更新中，制定出台了一些限制性规定。目前，这些规定已不适应我国国情和建设节约型社会的要求，各地区、各有关部门要按照《节约能源法》《汽车产业发展政策》和《节能中长期专项规划》等有关法规和政策的要求，对现有规定进行一次全面清理，取消一切针对节能环保型小排量汽车在行驶线路和出租汽车运营等方面的限制，不得以缓解交通拥堵等为由，专门对节能环保型小排量汽车采取交通管理限制措施；更新出租汽车车辆时，要在满足乘用功能的基础上，积极鼓励选用节能环保型小排量汽车，不得出台专门限制小排量汽车的规定。不得采取任何形式的地方保护措施，清理有关限制性规定的工作必须在2006年3月底前完成。

《意见》还特别提出，有关部门要按照职责分工，明确责任和任务，尽快出台有关政策措施，各省、自治区、直辖市人民政府要结合本地区实际抓好落实。当前，各地要明确牵头部门，严明纪律，加强监督检查，突出抓好取消针对节能环保型小排量汽车的各种限制等工作并确保按期完成。有关进展情况要及时报国务院，同时抄送国家发改委，国家发改委要会

第三章 与汽车政策配套的法规剖析

同有关部门组织一次专项督查,加强督促和指导。

另外,国家还进行了汽车消费税改革,鼓励发展小排量汽车。

从2008年9月1日起执行新的汽车消费税政策,其中排量在3.0L与4.0L之间的车型,税率增加10%,而排量小于1.5L(含)的车型,税率从3%下调至1%,其他排量的车型税率保持不变。

从表3-1不难看出,此次调整的重点是大排量车型,尤其4.0L车型上调20%。在新费率实施后,很多厂商做出反应,上调了相关排量车型的售价,个别车型价格上涨数十万元。

这次费率调整在抑制大排量车的同时扶持小排量车型,1.5L车型及以下排量费率下调2%,这个排量集中了不少自主品牌企业。

一个值得注意的情况是,消费税将调整的消息传出后,部分经销商即开始囤积大排量进口车,想赚取政策实施前后的差价。这一现象说明,车商们对大排量进口车的销路显然并不担心。他们相信进口车的销售不会因为一个政策的调整而受打击。

究其原因,大排量汽车属于小群体消费,这一群体普遍具有良好的经济承受能力或特定的消费原因,不会因为车价的一时上浮而改变消费选择。首先,国产大排量轿车和SUV(运动型多用途车),其购买者主要是公务用车和商务用车,私人消费很少。国家提高大排量汽车消费税率,对国产汽车的产销影响不大。

表3-1 乘用车消费税税率

乘用车(含SUV)消费税税率			
车型排量	调整前	调整后	增幅
小于1.5L(含)	3%	1%	2%(下调)
1.5L以上至2.0L(含)	5%	5%	0
2.0L以上至2.5L(含)	9%	9%	0
2.5L以上至3.0L(含)	12%	12%	0
3.0L以上至4.0L(含)	15%	25%	10%
4.0L以上	20%	40%	20%

在进口车方面,大排量车特别是SUV一直高烧不退则有其市场深层原因。据统计,2008年上半年进口SUV同比增长高达91.3%,是国内汽车市场增幅最高的板块。这主要是由于高档SUV车型利润丰厚,很多车型一直保持进口,造成国产高端SUV车型少,销量基数低,进口量巨大。另外则是国内SUV市场尚有很大的需求空间。SUV销量在汽车总销量中的比重,在有些国家已经超过了30%,而中国只有5%~6%。

而进口大排量车的消费者大多为富裕人群,按目前的消费税改革,排量在3.0~4.0L之间的车型,税率从原来的15%调整至25%;排量在4.0L以上车型税率从原来的20%上调至40%,估计不足以影响到富裕人群的爱车之心。

三、加强汽车维修行业管理

我国汽车维修行业是在20世纪80年代初形成,目前全国约有汽车维修业户40万家,绝大多数是民营企业,未来产值将达4000亿元左右,汽车维修网络和市场格局基本形成,这些成绩的取得与政府有关部门在 20 世纪 80 年代中和 90 年代初先后发布的《汽车维修行业管理办法》和《汽车维修质量管理办法》这两个法规有很大的关系。2005 年这两项法规被《机动车维修管理规定》所替代，该规定明确提出，家用车整车修理 120 天内出问题应无偿返修，不同类型的车辆，不同的维修程度，保修期限将不同。此外，商用车、摩托车及其他机动车均享有不同时段的维修质量保证期。质量保证期中行驶里程和日期指标，以先达到者为准。质量保证期内，机动车因维修质量原因，造成机动车无法正常使用，修理方在 3 个月内不能或无法证明车辆"生病"尚有他因的，机动车维修经营者应当及时无偿返修。

1. 《汽车运输业车辆综合性能检测站管理办法》

《汽车运输业车辆综合性能检测站管理办法》是由国家交通部 1991 年发布，并于当年的 10 月 1 日起开始实施，用于加强车辆综合性能检测站的管理。

其主要内容有：

(1) 检测站的职责 对在用运输车辆的技术状况进行检测诊断；对汽车维修企业的维修车辆进行质量检测；接收委托、对车辆进行改装、改造、报废及其有关新工艺、新技术、新产品、科研成果等检测，提供检测结果；接受公安、环保、商检、计量和保险等部门的委托，为其进行有关项目的检测，提供检测结果。

(2) 检测站分级 根据检测站的职能，可分为 A、B、C 三级。A 级站能够承担上述所及的所有检测，即能检测车辆的制动、侧滑、灯光、转向、前轮定位、车速、车轮动平衡、底盘输出功率、燃料消耗、发动机功率和点火系状况及异响、磨损、变形、裂纹、噪声、废气排放等状况；B 级站能够承担在用车辆技术状况和车辆维修质量的检测，即能检测车辆的制动、侧滑、灯光、转向、车轮动平衡、燃料消耗、发动机功率和点火系状况及异响、变形、噪声、废气排放等状况；C 级站能够承担在用车辆技术状况的检测，即能检测车辆的制动、侧滑、灯光、转向、车轮动平衡、燃料消耗、发动机功率及异响、噪声、废气排放等状况。A 级站和 B 级站出具的检测结果证明，可以作为维修单位维修质量的凭证。

(3) 检测站基本条件

1) 设备：检测站根据相应的级别和承担的任务，配备相应的检测设备，也可配备具有相应功能的检测车。检测设备或检测车，由交通部汽车保修设备质量监督检验测试中心进行形式认定，定期公布。

2) 人员：检测站应配备站长、技术负责人、质量负责人和检测员。站长应具备大专以上文化水平或中级以上技术职称；技术、质量负责人应具有相应专业中级以上技术职称；检测员须经当地交通厅（局）组织的专门培训，考核，取得合格证后，方能上岗。

3) 场地：检测站车辆出口不得妨碍道路交通，检测间应宽敞、明亮、整洁、通风、排水、照明设备良好、工艺布局合理、安全防护措施齐全；检测站停车场地不得小于检测间面积。

4) 管理制度：检测站必须建立检测设备管理制度、检测设备操作规程、工作人员岗位责任制，工作人员守则和档案管理制度等与质量监督要求相适应的各种规章制度。

(4) 检测站的认定 检测站由交通厅（局）会同当地有关部门对申报站的装备设施、工艺布置、人员组成和管理制度进行审查认定，合格后，由交通厅（局）发给《检测许可证》。

第三章 与汽车政策配套的法规剖析

2.《汽车维修质量纠纷调解办法》

随着汽车保有量的增加,汽车维修行业出现鱼龙混杂的局面。由于一些汽车维修商的不正当行为引起了众多车主的不满,于是国内的汽车维修质量纠纷不断。在此背景下交通部适时推出了《汽车维修质量纠纷调解办法》。该办法由交通部依据国家有关规定和《汽车维修质量管理办法》及有关汽车维修行业管理法规制定,并于1998年发布,用于维护汽车维修业的正常秩序,保障承修双方当事人合法权益,规范汽车维修质量纠纷调解工作。

其主要内容有:纠纷调解申请的受理、技术分析和鉴定、责任认定、纠纷调解等。该办法同样适用于摩托车、特种车辆及其他机动车辆的维修质量纠纷。

3.《机动车维修管理规定》

我国加入WTO后,1986年颁布实施的《汽车维修行业管理暂行办法》已不适应要求,在此背景下,《机动车维修管理规定》已经出台。新规定明确提出,家用车整车120天内出问题应无偿返修。不同类型的车辆,不同的维修程度保修期限也不同。此外,商用车、摩托车及其他机动车均享有不同时段的维修质量保证期,质量保证期中行驶里程和日期指标,以先达到者为准。质量保证期内,机动车因维修质量原因造成机动车无法正常使用,修理方在3个月内又不能或无法证明车辆故障尚有他因,机动车维修经营者应当及时无偿返修。

四、停车管理要有法可依

停车管理,对于调节城市道路的交通流量,有着不可忽视的作用。

目前,国外城市的基本做法是加大城市中心地区停车管理的力度,包括增加中心地区的停车费用,严格控制在中心地区的停车数量和时间,以减少在中心地区使用汽车。

事实上,国外大城市的中心地区的确存在停车困难的问题。有时,往往半个小时也找不到一个停车位,即使找到,也要按小时付出昂贵的停车费。这样,许多在中心地区上班的人就放弃开汽车上班,改乘公共汽车。

在我国的上海等诸多大城市停车问题也相当严重。上海面临着人多、车多、道路少的巨大压力。统计资料显示:上海常住人口已达1700万人,加上300余万流动人口,人口总量已超过2000万人。上海一直在努力遏制人口膨胀,其目标是到2035年人口数量不超过2500万人。目前,上海的汽车保有量在250万辆上下,其中私家车在近3年间从区区几千辆一举突破20万辆。在寸土寸金的上海,停车难是让人头疼的大问题。停车位稀缺,直接导致公共停车库和住宅小区的停车费居高不下,并制约了汽车消费的增长和私人轿车市场的扩大。

不仅在上海,在西安等其他大城市,市民交不起停车费的现象也同样存在。

停车问题也一直是北京交通发展的瓶颈之一。目前,北京市停车位严重短缺,平均每辆机动车只有0.84个车位,27%的私家车和80%的出租车无自用车位,各类公共建筑配建车位只达到规划指标的40%左右,且有相当部分被挪作其他用途。据了解,北京市区高峰时违章占路停车达到35%左右,不分区域的统一停车位配建指标,在客观上鼓励了汽车的过度使用。

据北京市交通委员会介绍,为缓解北京交通拥堵现象,解决停车难问题,北京市将严格控制旧城区、CBD及中关村等交通拥挤地区的自备车位和配套公共车位的建设,并对在这些地区停泊的车辆实行弹性收费制;而在市区边缘,政府将结合大型公交枢纽建设,安排低价位或免费停车设施,鼓励换乘公交车进入市区。

这项政策还包括：对不同地区、不同时段实行不同的停车费率；车辆注册时实行"基本车位"审验制，使车主必须拥有专用车位；严格控制路内停车位的供给和使用，增加路外公共停车设施供给，鼓励使用地下停车库或停车楼等措施。

将来在条件成熟的时候，我国也应该像有些发达国家一样出台停车法。

据了解，日本涉及停车方面的法律就有五六部之多。根据日本法律规定，个人或单位在买车时都必须出具拥有固定车位的证明，这种固定车位既可是自有的也可以是长期租借的，车位必须在离单位或住所 500~2000m 的范围之内，否则交管部门将拒绝给新车上牌照。

五、出台《缺陷汽车产品召回管理规定》

"召回"是为了解决由于设计、制造等方面的原因，在某一批次、型号或类别的产品中普遍存在的同一缺陷。政府行政主管部门依照法律、行政法规和部门规章的规定，监督、管理产品的制造者，对其生产和销售的含有对人身和财产安全造成不合理危险的缺陷产品，通过通知有关消费者和有关责任方知晓，并通过采用修理等处理措施，纠正和消除该产品在设计、制造、销售等环节上产生的缺陷，消除缺陷产品对公共安全产生的威胁，保护消费者的合法权益。

西方国家汽车工业经过长期发展，形成了相对成熟的市场条件，即充分的市场竞争。在这种条件下，对产品质量、安全、环保等方面的共同追求，构成企业形象中的基本要素。因此，"召回"变成了一种营销手段，成为商家提升品牌形象的一种工具。

由于市场条件还不够成熟，我国的汽车召回制度出台较晚。历经 4 年、10 次研讨的《缺陷汽车产品召回管理规定》（以下简称《规定》）于 2004 年的"3·15"消费者权益日发布，并从同年 10 月 1 日起实施，召回对消费者一般是免费的，对于隐瞒缺陷的汽车制造商处以最高 3 万元的罚款。召回制度对国内外汽车一视同仁。

由国家质检总局、国家发改委、商务部和海关总署共同制定的此项《规定》共 8 章 46 条，其主要内容有：

1）叙述了制定产品召回管理规定的目的，即为加强对缺陷汽车产品召回事项的管理，消除缺陷汽车产品对使用者及公众人身、财产安全造成的不合理危害，维护公共安全、公众利益和社会经济秩序，根据《中华人民共和国产品质量法》等法律制定本规定。同时还对召回对象及范围进行了界定，即在中华人民共和国境内生产、进口、销售、租赁、修理汽车产品的制造商、进口商、销售商、租赁商、修理商，应当遵守本规定。

缺陷汽车产品召回是指按照规定程序，由缺陷汽车产品制造商（包括进口商）选择修理、更换、收回等方式消除其产品可能引起人身伤害、财产损失的缺陷的过程。汽车缺陷是指由于设计、制造等方面的原因而在某一批次、型号或类别的汽车产品中普遍存在的具有同一性的危及人身、财产安全的不合理危险，或者不符合有关汽车安全的国家标准的情形。

2）规定了召回管理制度，即国务院质量监督检验检疫部门为管理缺陷汽车召回的行政主管部门，按照管理部门的部署和要求开展与缺陷汽车召回的有关监督管理工作，主管部门还将对制造商进行的召回过程加以监督。

规定了缺陷汽车产品召回的期限，整车为自交付第一个车主起，至汽车制造商明示的安全使用期止；汽车制造商未明示安全使用期的，或明示的安全使用期不满 10 年的，自销售商将汽车产品交付第一个车主之日起 10 年止，汽车产品安全性零部件中的易损件，明示的使用期限为其召回时限；汽车轮胎的召回期限为自交付第一个车主之日起3年止。

实施召回的几种可能：经检验机构检验安全性能存在不符合有关汽车安全的国家标准、行业标准的；因缺陷已给车主或他人造成人身或财产损害的；虽未造成车主或他人人身与财产损害，但经检测、实验和论证，在特定条件下缺陷仍可能引发人身或财产损害的。

《规定》还对缺陷汽车产品召回的程序做了规定，可按照制造商主动召回和主管部门指令召回两种程序的规定进行。制造商自行发现，或者通过企业内部的信息系统，或者通过销售商、修理商和车主等相关各方关于其汽车产品缺陷的报告和投诉，或者通过主管部门的有关通知等方式获知缺陷存在，可以将召回计划在主管部门备案后，按照本规定中主动召回程序的规定，实施缺陷汽车产品召回。制造商获知缺陷存在而未采取主动召回行动的，或者制造商故意隐瞒产品缺陷的，或者以不当方式处理产品缺陷的，主管部门应当要求制造商按照指令召回程序的规定进行缺陷汽车产品召回。

3）规定了经营者及相关各方的义务。汽车产品的制造商对其生产的缺陷汽车产品需要履行召回义务，消费者有权报告缺陷，并向主管部门提出书面报告。

4）指出了汽车产品缺陷的报告、调查和确认，即汽车制造商如何向主管部门提交申请报告，以及如何对缺陷产品提出论证报告。

5）规定了缺陷汽车产品召回程序。

①缺陷汽车产品主动召回程序。制造商确认其生产且已售出的汽车产品存在缺陷决定实施主动召回的，应当向主管部门报告，并应当及时制定包括以下基本内容的召回计划，提交主管部门备案：

a）有效停止缺陷汽车产品继续生产的措施。
b）有效通知销售商停止批发和零售缺陷汽车产品的措施。
c）有效通知相关车主有关缺陷的具体内容和处理缺陷的时间、地点和方法等。
d）客观公正地预测召回效果。

境外制造商还应提交有效通知进口商停止缺陷汽车产品进口的措施。

制造商在向主管部门备案的同时，应立即将其汽车产品存在的缺陷，可能造成的损害及其预防措施、召回计划等，以有效方式通知有关进口商、销售商、租赁商、修理商和车主，并通知销售商停止销售有关汽车产品，进口商停止进口有关汽车产品，制造商须设置热线电话，解答各方询问，并在主管部门指定的网站上公布缺陷情况供公众查询。

②缺陷汽车产品指令召回程序。主管部门依规定经调查、检验、鉴定确认汽车产品存在缺陷，而制造商又拒不召回的，应当及时向制造商发出指令召回通知书。国家认证认可监督管理部门责令认证机构暂停或收回汽车产品强制性认证证书。对境外生产的汽车产品，主管部门会同商务部和海关总署发布对缺陷汽车产品暂停进口的公告，海关停止办理缺陷汽车产品的进口相关手续。在缺陷汽车产品暂停进口公告发布前，已经运往我国尚在途中的，或已到达我国尚未办理海关手续的缺陷汽车产品，应由进口商按海关有关规定办理退运手续。

主管部门根据缺陷的严重程度和消除缺陷的紧急程度，决定是否需要立即通报公众有关汽车产品存在的缺陷和避免发生损害的紧急处理方法及其他相关信息。

制造商应当在接到主管部门指令召回的通知书之日起5个工作日内，通知销售商停止销售该缺陷汽车产品，在10个工作日内向销售商、车主发出关于主管部门通知该汽车存在缺陷的信息。境外制造商还应在5个工作日内通知进口商停止进口该缺陷汽车产品。

6）指出了相关处罚手段，即对于拒不执行召回制度的厂商进行相应的处罚，以及有关专家做伪证、检验人员出具虚假检验报告，或捏造散布虚假信息的，取消其相应资格，造成损害的，承担赔偿责任；构成犯罪的，依法追究刑事责任。

从2004年10月1日起实施的《缺陷汽车产品召回管理规定》（以下简称《规定》）在实施过程中，有个别汽车制造厂商对涉嫌缺陷质量问题隐瞒不报，也有汽车制造厂商对涉嫌缺陷质量问题通过维修站私下处理，这使得缺陷汽车产品召回制度的施行打了折扣。

针对汽车质量投诉上升的现象，自愿召回已经不能解决汽车市场快速发展造成的问题，国务院在2012年发布了《缺陷汽车产品召回管理条例》（以下简称《条例》）以代替《缺陷汽车产品召回管理规定》。《条例》提出，对由于设计原因造成安全隐患的汽车缺陷产品实施强制召回。根据《条例》要求，目前质检部门已经和消协、汽车检测部门加强信息沟通，建立了汽车投诉系统和技术信息系统，为实施缺陷汽车产品强制召回创造条件。与《缺陷汽车产品召回管理规定》相比，《条例》将进口车和重要零部件纳入召回范围，召回处罚力度增大，汽车生产厂商如故意隐瞒汽车缺陷，则最高处罚金从3万元提高到产品货值全额的50%。

六、实行汽车产品"三包"制度

汽车产品的"三包"制度指的是家用汽车产品的修理、更换和退货责任规定，实行谁销售谁负责的"三包"原则。

2004年12月30日，国家质检总局宣布《家用汽车产品修理、更换、退货责任规定（草案）》（以下简称《汽车三包草案》）正式向社会公示征求意见。

《汽车三包草案》的主要条款包括：

1）汽车产品的三包有效期包括整车三包有效期、损耗件三包有效期。三包政策明确规定整车三包为2年或40000km，以先到达为准，损耗件的三包有效期应明示在三包凭证上。

2）在整车和损耗件三包有效期内，汽车产品出现质量问题，消费者凭三包凭证在指定的或者约定的修理者处办理修理。由三包凭证上明示的修理者负责为消费者免费修理。

3）在整车三包有效期内，同一严重安全性能故障累计修理两次仍未排除故障，或关键总成因质量累计更换两次后仍无法使用的，应负责为消费者退货。

4）在整车三包有效期内，关键零件同一总成因产品质量问题累计修理两次仍不能正常使用，或修理占用时间超过35个工作日或累计修理8次后仍不能正常工作的，为消费者调换同品牌同型号整车，其三包期重新计算。

5）因汽车产品质量问题不能正常行驶或不能行驶的，修理者应当提供现场修理，或者提供合理的拖运费。每次修理占用时间超过3个工作日的，修理者应负责为消费者提供备用车，或者由修理者与消费者协商后给予消费者合理的费用补偿。

6）按照本规定退货的，销售者应当负责为消费者免费按发票价格一次退清货款，贷款购车的，销售者应当按合同约定一次退清贷款，但应减去消费者使用该车产生的合理折旧。

免责规定如下：

1）整车产品用于出租、租赁或者其他经营目的的，自从事经营活动之日起丧失本规定的三包权利。

2）非产品质量原因发生交通事故而造成损坏的。

3）无有效发票和三包凭证，又不能证明其所购整车产品在三包有效期内的。

4）发生故障后，未征得销售者和修理者同意，自行处置致使损坏扩大的损失。

由于厂家、经销商等各方的利益博弈，《汽车三包草案》在公示后未能及时转正，并且一拖几近十年。

千呼万唤的《家用汽车产品修理、更换、退货责任规定》（以下简称《汽车三包规定》）于2013年10月1日才正式实施。

正式实施的《汽车三包规定》其基本内容，即为早期发布的《汽车三包草案》中的主要条款。

第四节　道路运输政策

道路运输系统是由人、车辆、道路、环境等四大要素构成的系统，道路运输政策法规体系是围绕这四大要素建立起来的，而《道路运输条例》则是道路运输管理方面最根本的法规。

国务院2004年4月30日颁布了《道路运输条例》（以下简称《条例》），并于2004年7月1日起施行。

《条例》共有7章83条。七章分别为总则，道路运输经营、道路运输相关业务，国际道路运输、执法监督、法律责任、附则。

《条例》指出，制定本条例的目的是为了维护道路运输市场秩序，保障道路运输安全，保护道路运输有关各方当事人的合法权益，促进道路运输业的健康发展。从事道路运输经营以及道路运输相关业务的应当遵守本条例。

《条例》规定，从事道路运输经营以及道路运输相关业务，应当依法经营，诚实信用、公平竞争。道路运输管理，应当公平、公正、公开和便民。任何单位和个人不得封锁或者垄断道路运输市场。

《条例》还专门强调了维护消费者合法权益。

《条例》在2012年和2016年进行了两次修订，一些条款虽然有所变动，但上述基本原则没有改变。

《条例》的主要条款如下：

1）3年内无重大以上交通责任事故才可担任客运驾驶员。

根据《条例》的规定，3年内无重大以上交通责任事故记录者，才可担任客运驾驶员。

《条例》规定，从事客运经营的驾驶人员，应当符合下列条件：一是取得相应的机动车驾驶证；二是年龄不超过60周岁；三是3年内无重大以上交通责任事故记录。

《条例》规定，申请从事客运经营的，应当具备下列条件：一是有与其经营业务相适应并经检测合格的车辆；二是有符合本条例规定条件的驾驶人员；三是有健全的安全生产管理制度。申请从事班线客运经营的，还应当有明确的线路和站点方案。

2）从事危险货物运输的司机必须取得上岗资格证。

《条例》规定，从事危险货物运输的司机，必须取得上岗资格证。

《条例》规定，申请从事危险货物运输经营的，应当特别具备下列条件：一是有5辆以上经检测合格的危险货物运输专用车辆、设备；二是有经所在地设区的市级人民政府交通主管部门考试合格，取得上岗资格证的驾驶人员、装卸管理人员、押运人员；三是危险货物运输专用车辆配有必要的通信工具；四是有健全的安全生产管理制度。

《条例》规定，运输危险货物应当采取必要措施，防止危险货物燃烧、爆炸、辐射、泄漏等。运输危险货物应当配备必要的押运人员，保证危险货物处于押运人员的监管之下，并悬挂明显的危险货物运输标志。

托运危险货物的，应当向货运经营者说明危险货物的品名、性质、应急处置方法等情况，并严格按照国家有关规定包装，设置明显标志。

3）擅自改装车辆将受严惩。

《条例》规定，车辆经营者擅自改装车辆将受到惩罚。这些规定，为从根本上治理超载提供了法律依据。

《条例》规定，违反本条例的规定，客运经营者、货运经营者擅自改装已取得车辆营运证的车辆的，由县级以上道路运输管理机构责令改正，处5000元以上2万元以下的罚款。

《条例》规定，违反本条例的规定，机动车维修经营者使用假冒伪劣配件维修机动车，承修已报废的机动车或者擅自改装机动车的，由县级以上道路运输管理机构责令改正；有违法所得的，没收违法所得，处违法所得2倍以上10倍以下的罚款；没有违法所得或者违法所得不足1万元的，处2万元以上5万元以下的罚款，没收假冒伪劣配件及报废车辆；情节严重的，由原许可机关吊销其经营许可；构成犯罪的，依法追究刑事责任。

4）同一客运线路有3个以上申请人时可招标。

同一客运线路有3个以上申请人时，可以通过招标的形式做出许可决定。这是《条例》做出的规定。

《条例》规定，从事县级行政区域内客运经营的，向县级道路运输管理机构提出申请，从事省、自治区、直辖市行政区域内跨两个县级以上行政区域客运经营的，向其共同的上一级道路运输管理机构提出申请；从事跨省、自治区、直辖市行政区域客运经营的，向所在地的省、自治区、直辖市道路运输管理机构提出申请。

收到申请的道路运输管理机构，应当自受理申请之日起20日内审查完毕，做出许可或者不予许可的决定。

客运经营者应当持道路运输经营许可证依法向工商行政管理机关办理有关登记手续。

《条例》规定，县级以上道路运输管理机构在审查客运申请时，应当考虑客运市场的供求状况，普遍服务和方便群众等因素。同一线路有3个以上申请人时，可以通过招标的形式做出许可决定。

我国交通运输部门出台的《道路运输车辆燃料消耗量检测和监督管理办法》（以下简称《办法》），也已于2009年11月1日起施行。

1. 不符合油耗标准不得营运

据介绍，2008年出台的《营运客车燃料消耗量限值及测量方法》和《营运货车燃料消耗量限值及测量方法》均是技术层面的标准，而《办法》则上升到部门规章，对道路运输车辆将起到监督和管理作用。

2008年先后出台的两个测量方法不具有强制性，在货、客车生产企业以及道路运输企业中均未得到足够的重视，专家认为，《办法》的出台，有望改变这种局面。

《办法》对油耗标准有了强制规定，根据《办法》要求，总质量超过3.5t以上的客、货运车辆，不符合油耗限值标准的将不得用于营运、汽油客车、柴油客车燃料消耗量分别不得高于每百公里 12L、11L。

《办法》第三十三条提出："道路运输管理机构自 2010 年 3 月 1 日起，在配发《道路运输证》时，应当将燃料消耗量作为必要指标，对照《燃料消耗量达标车型表》进行核查。而未列入《燃料消耗量达标车型表》产品，不得配发《道路运输证》。"

2. 之前油耗检测不再算数

只要打算进入道路运输市场，就得进行燃料消耗量的检测。《办法》要求，生产企业可以自愿选择经交通运输部公布的检测机构进行车辆油耗检测，然后向交通运输部汽车运输节能技术服务中心申请并提交相关材料，通过审查的车型，将以《燃料消耗量达标车型表》的形式向社会公布，该表至少每季度发布一次。

《办法》实施后，一切都要从头开始，之前货、客车企业做的油耗测试不再被认可，这就意味着，2009 年 11 月 1 日以后，企业除了在公告、3C 认证，环保目录外，还必须到相关检测机构进行燃料消耗量测试，而对于已投入运营的车辆。《办法》只提出"应当符合《营运车辆综合性能要求和检验方法》的有关要求"，并未要求它们必须去做检测。

为了减轻企业负担，减少企业的麻烦，《办法》允许《燃料消耗量达标车型表》的车型可与公告车型同时申请，即企业在申请公告时，可以同时去检测机构测油耗。

另外，对于同一企业生产不同型号的车型，《办法》规定，只要几大总成不变，速比不变，有一个车型通过了，相关车型可以一并审查发布。

第四章

汽车技术法规体系分析

第一节 汽车技术法规体系的内涵及特征

一、汽车技术法规体系的内涵

当今世界，汽车已成为人类生产和生活中不可缺少的工具。随着汽车工业的迅速发展，汽车技术的长足进步，汽车生产量、销售量和保有量的大幅度增长，汽车的普及和使用带来的交通安全事故、排气污染和噪声以及石油短缺等问题，也越来越被各国所重视。为了满足有关安全、环境保护和节约能源等方面的要求，世界各国的有关立法部门或国际组织制定了若干规定和法律，并以强制性的"法规"形式加以颁布和实施。技术法规是汽车制造者、销售者以及使用者必须遵守的守则，并已成为汽车设计和制造的准则、汽车认证和进出口商品检验的主要技术壁垒和障碍。

汽车技术法规主要包括安全、防公害（排放、噪声、电波干扰）和节约能源等三个方面。所谓技术法规体系是指在汽车技术法规的范围内，由于其内在联系所形成的有机整体。

各项技术法规的基本内容一般包括如下五个方面：
1) 目的、适用范围。
2) 定义、术语。
3) 要求（技术要求、性能要求或限值要求）。
4) 试验条件，试验程序。
5) 管理规定和认证要求。

有时技术法规中还包括法规制定过程、程序和各阶段的具体要求等内容。

二、汽车技术法规体系的特征

汽车技术法规体系具有下述特征：

1. 强制性

为了净化大气，要求汽车厂在车上设置废气控制系统，势必要加大汽车成本；另外，汽车上的废气控制系统使总质量增加，从而使汽车的油耗加大、功率降低。这些费用和损失都是要由汽车使用者来负担的，所以废气控制只能由政府公布法规来强制执行才能见效。

二十世纪八十年代初，美国政府要求汽车公司在汽车上装配安全带已有20余年了，但在这段时间内，美国仍只有3/10的乘员使用安全带。因此，1984年，美国国家公路交通安全管理局在制定联邦机动车安全法规时，不得不规定所有轿车必须装备自动安全带保护装置。美国机动车法规批准、颁布后，制造商、销售商、中间商、进口商及用户，对相关的法规项目必须自觉执行。如不执行，将依法惩处（罚款或监禁）。另外，要求通过安全和环境保护的强制性认证，在安全方面，汽车及其部件必须通过美国联邦运输部国家公路交通安全管理局的强制性认证。

按照安全法规进行的安全认证，即DOT认证。在环境保护方面，汽车及其有关装置必须通过美国联邦环境保护署（Environmental Protection Agency）按照环境保护法进行的环境保护认证，即EPA认证，否则不得制造、销售和使用。进口车及其部件装备，也必须符合有关法规的要求。进口时，必须填写符合法规的报告书及保证书，并提供确凿的证明（如认证报告和证书等），说明所进口的汽车及有关装备完全符合有关联邦机动车安全及环境保护法规，否则不得进口。

2. 地域性

汽车法规是受各国的国情、经济条件和政策要求等诸多因素影响的。可以说，汽车法规综合体现了国家、社会对汽车设计和制造的技术要求。因此，要制定好汽车法规，必须符合国情，才能规定得恰如其分，并能得以贯彻实施。即使在同一国度内，东西和南北的自然环境差异大，各地区的人口密度、车流密度和路况也有很大差异。为此，国家应允许部分地区和城市制定地方性的汽车技术法规。例如，人口密度和车流密度大的城市可以制定严于国家和行业标准的环境保护法规；人烟稀少地区则可以宽松些；车流密度大，混合交通严重的地区可以制定较严格的车辆防护和保护行人安全的安全法规；高速公路上行驶的车辆应强化安全装置，以满足更高的安全性要求等。但这些地方性汽车法规必须由国家有关部门统一按规定程序申请批准，不得擅自行事。美国各州结合当地具体情况制定本州汽车技术法规的做法值得各国借鉴。

3. 时间性

汽车技术法规是随着汽车制造技术的发展、社会对汽车要求的提高、交通管理和国际贸易等的发展而发展，而不是一成不变的。总的趋势是：随着时间的推移，技术法规制定得越来越严格。例如，1989年年初美国议会提出了几个企业平均油耗（CAFE）限值强化法案，其中规定，各厂家1996年度和2001年度的企业平均燃料经济性，必须以1988年水平为基准再分别提高20%和40%，并且每个厂家必须分别设定限值。此外，还决定1990年度轿车的CAFE限值为11.7km/L，同时，提出了1992～1994年型轻载货汽车的燃料经济性标准，其限值如下：1992年型车为8.6～8.9km/L，1993年型车为8.6～9.1km/L，1994年型车为8.6～9.4km/L。

4. 独立性

汽车的安全法规和环境保护法规一般都自成独立的体系。例如，美国安全法规是纯粹涉及车辆安全性的，是以联邦机动车安全标准的技术内容为核心的十分完善的体系。环境保护法规的体系也相当完整，其内容详尽，章条多而不乱，每一项都解决一大方面的问题。此外，世界各国的汽车技术法规体系都在汽车标准体系之外独立自成体系。

技术法规体系为什么要与标准体系分立，这要从标准和法规的定义、制定目的、批准的机构和法律效力诸方面的差别来分析。

所谓标准，是为了促进最佳秩序，由各方合作制定，标准化机构批准，而后推荐使用，只有在被法规引用时才强制执行。制定标准的目的是为了满足经济和技术发展的需要，克服因技术的不一致、不协调而产生的贸易技术壁垒，使各方均取得最佳经济效益。

法规则是包括立法、规定或行政规则在内的约束性文件，都是由法律权威机构发布并强制执行。其制定目的是强调人与自然的关系，维护社会生产、生活的正常秩序和公共利益，是强制执行以约束人类的行为规范。可见，标准与法规的概念不同，法律效力也不同，两者分属两个不同的体系。

以美国联邦机动车安全标准 FMVSS107（反射表面法规）为例，便可看出标准与法规的关系。FMVSS107 规定了驾驶人视野范围内机动车内部反射表面的要求，其目的是防止因车内反射表面（如刮水器臂、车内反射镜框等）眩目而发生车祸。FMVSS107 在定义视野范围时，引用了 SAE J941（机动车辆驾驶人视野范围）；在测定金属表面反射光泽时，引用了 ASTM D523 的 20°测量法。从前面介绍过的标准与法规的定义可以看出，FMVSS107 是引用了标准和技术规范的法规，而 SAE、ASTM 则是一般的推荐标准。FMVSS107 是按照 DOT（美国运输部）法规的要求，在推荐的标准（SAE、ASTM 等）之外，另搞一套自成体系的适于认证的技术法规或法规性（强制性）的安全标准。美国既没有因 FMVSS 中的技术内容完全引用了相应的推荐标准而废弃 FMVSS，也没有脱离继承性而另搞一套来废弃 SAE、ASTM。而且推荐性的 SAE 标准等一旦被 FMVSS 引用，就自然成为强制执行的了。由此可见，标准与技术法规是既有密切联系又有区别而自成体系的。

第二节　欧洲、美国、日本汽车技术法规体系比较

世界上国家的、双边的、多边的汽车技术法规体系有几十种，但最具代表性并对我国参考借鉴作用最大的是欧洲、美国、日本这三个技术法规体系。

一、欧洲汽车技术法规体系

联合国欧洲经济委员会（UN/ECE）以 1958 年签订的《关于采用统一条件批准机动车和部件互相承认批准的议定书》（《1958 年协定书》）为法律依据，通过下属的车辆制造专业组（WP29）及其下设的各专家工作组制定 ECE 法规。专家组共有 6 个，即一般安全专家组（GRSG）、被动安全专家组（GRSP）、灯光及光信号专家组（GRE）、制动与行驶专家组（GPRF）、污染与能源专家组（GRPE）以及噪声专家组（GRB），分别负责有关汽车安全、环保、节能领域内的法规制定和修订工作。

所制定的 ECE 法规全部为《1958 年协定书》的附件，法规本身从数字 1 开始按顺序排列，其中 R1 和 R2 合订在一起，作为《1958 年协定书》的第一个附件，其他每个 ECE 法规都单独作为《1958 年协定书》的一个附件。这样，到目前为止《1958 年协定书》共有 115 个附件，总计 ECE 法规 116 项，其中安全法规 94 项。

随着汽车工业的技术进步及政府对汽车的安全、环保和节能等要求的提高，ECE 不断推出新法规，已有 ECE 法规也不断被修改。如果修改内容不多，一般对原有法规印发增补件和勘误本；如果改动较大，或修改法规限值要求，则该法规制定修订本，都按数字顺序排列，对某一法规的修正工作进行到一定程度后，对该法规重新编印，将以往所有的修改内容都合并到法规新版本中，新版本称为法规的修订版，同样按顺序排列。

欧洲经济共同体（EEC）（现为欧洲联盟（EC））也制定了强制执行的汽车技术指令。欧洲联盟的 EC 技术指令是根据《罗马条约》，针对各种有关安全、环保、节能的产品制定

的。与 ECE 技术法规不同，EC 技术指令涉及国民经济的各行各业，有关车辆产品的 EC 技术指令只是其中的一部分。所有的 EC 技术指令全部按年度、按印发时间统一编号。第 1 次印发的 EC 技术指令为基础指令，以后对基础指令的所有修改本，都是单独的技术指令，独立编号。修改本一般都只是修改和补充的内容，不包括基本指令和以前修改本的内容。查阅某一 EC 技术指令修改本时，必须同时参阅基础指令以及以前的修改本内容，而且 EC 汽车技术指令在编号上批次之间没有关联。

欧洲联盟有 EC 汽车技术指令 56 项，摩托车技术指令 14 项。此外，欧盟还发布了 7 项与车辆产品有关的技术指令。

尽管 ECE 法规和 EC 技术指令由两个不同机构发布，但由于两大机构彼此之间有着极为密切的联系，几乎所有 EC 国家都是 ECE 的核心国，就两套法规技术内容而言，在 EC 技术指令中有关汽车项目 56 项中，完全等同采用 ECE 法规 59 项，其他许多项目也具有很大程度的相似性。1998 年 3 月 24 日起，EC 作为一个独立的缔约方加入《1958 年协定书》，被 EC 型式认证视为等同于 EC 指令的 ECE 法规越来越多。因此，可将两者归于一个体系。两者的主要区别在于 ECE 汽车法规在缔约国中是自愿采用的，而 EC 技术指令在成员国中是强制执行的。

二、美国汽车技术法规体系

美国汽车技术法规体系主要由联邦机动车安全标准（FMVSS）、联邦机动车环境保护法规（EPA 法规）、联邦汽车燃料经济性标准法规等组成。

在国家交通及机动车辆安全法的授权下，NHTSA（运输部国家公路交通安全管理局）制定与机动车辆结构及性能有关的联邦机动车安全标准（FMVSS），它们被收录在"联邦法规集"（CFR）第 49 篇第 571 部分。

FMVSS 由两部分组成：第一部分为导则，包括适用范围、术语、参考文献、适用性及有效期等。第二部分列出了总共 56 项有关法规，共分为 5 类：FMVSS100 系列（汽车主动安全），目前共计 26 项；FMVSS200 系列（汽车被动安全），目前共计 23 项；FMVSS300 系列（防止火灾），目前共计 5 项；FMVSS400 系列，目前共计 1 项；FMVSS500 系列，目前共计 1 项。

美国汽车安全法规的制定程序不同于欧洲，欧洲主要是以召开会议的形式，而美国则是以公报的形式向全社会公开征求意见来开展技术法规的制定修订工作。美国汽车安全法规可由政府各部门、各社会团体、企业或任何一个普通公民提出，在提案被 NHTSA 采纳后，即开始法规的制定程序。在每周发行的公告"联邦注册"中刊登所有有关的法规制定文本，使广大公众了解法规制定的有关信息，同时草案和文本还将发送美国汽车制造商协会、汽车工业协会及其他与汽车有关的协会，定期召开汽车工业界与政府部门之间的会议，向业界传达政府的意向和计划。一项法规从提出到制定完成，通常需要 3~4 年，新法规在实施上还需 2~3 年准备期。

除 FMVSS 汽车安全技术法规外，美国运输部还制定了一系列管理性技术法规，以保证 FMVSS 的制修订工作和有效的实施。这些法规同样都被收录在 CFR 第 49 篇中，其中比较重要的管理性技术法规包括信息收集权、申请制定有关法规及申请发布确定缺陷与不符的命令、法规制定程序、对 FMVSS 的暂时豁免、车辆识别代号（VIN）、制造商识别、认证、2

阶段和多阶段制造的车辆、消费者信息法规、记录的保持、里程表披露要求、保险杠标准、分阶段引入儿童约束固定系统的报告要求等。

美国环境保护署（EPA）负责制定汽车排放和噪声方面的技术法规，所制定的针对汽车排放控制的环保法规收录在 CFR 第 40 篇第 86 部分中。这些法规体系主要按照各种不同的车型及不同年型的车辆分为不同的法规部分。

美国汽车燃料经济性法规是美国运输部根据《机动车情报和成本节约法》的授权和规定而制定的，主要规定了制造厂商必须遵守的汽车平均燃料经济性指标。这部分内容被收录在 CFR 第 49 篇中。

美国除了有联邦法规外，各州根据自己的实际情况，还制定了州法规。美国各州的汽车法规一般不得与联邦法规相抵触，其指标一般都高于联邦法规，例如加利福尼亚州制定了比 EPA 法规更强化的环境保护法规。

三、日本汽车技术法规体系

日本道路运输车辆安全法和根据该法制定的日本道路运输车辆安全标准，形成了独特的日本汽车技术法规体系。日本汽车安全标准规定了汽车最低限度的构造、装置和性能标准共 78 条（包括摩托车）及 40 多项试验规程（TRIAS）和 26 项单项法规。

日本安全标准以汽车结构为序，从汽车标准体系中完全分列出来，形成了以结构为序，封闭的大配套的体系。为了便于仲裁，日本将规范化的试验方法和规程与安全标准的性能要求一一对应。哪怕与日本工业标准（JIS）、日本汽车法规组织（JASO）的完全重复，也另搞一套。日本安全标准的模式和结构特别适合东方人的逻辑思维习惯。

日本的排放法规为 10 工况和 11 工况，是世界上独有的，其排放限值与美国一样严厉。日本为了占领世界汽车市场，还主动按 FMVSS、ECE 和 EC 的要求检验汽车，并成立了日本汽车标准认证国际化研究中心（JISIC）。

日本汽车技术法规的制定和修订与美国比较类似。在法规的制定过程中，国土交通省广泛听取国内汽车工业界的意见，同时还要听取国外汽车工业界的意见，以充分保证法规制定和修订工作的透明度。法规制定的过程和文本都以政府公报的形式向全社会公开发布，使国民充分了解国家制定和修订法规的情况，并积极提出意见。

日本汽车技术法规体系充分借鉴和吸收了美国法规体系中的许多技术内容。为了提高本国汽车产品的国际化水平，日本于 1998 年 11 月加入了《1958 年协定书》，并积极开展本国车辆技术法规与 ECE 法规的协调工作。为此，国土交通省借鉴欧洲法规对日本车辆安全基准、技术标准、试验规程等进行了修订。同时制定了 ECE 的采用计划，到 2001 年共采用了 22 个项目。日本的汽车技术法规正逐步向 ECE 靠拢，因此，在法规的具体实施上，尽管日本具有与众不同的认定和指定制度，但实际上仍等同于欧洲的型式认证，日本汽车技术法规作为国际三大典型汽车技术法规体系的特点正在不断被弱化。

四、欧洲、美国、日本汽车技术法规体系的基本特点和全球技术法规协调

欧洲、美国、日本汽车法规体系都是由管理法规和技术法规两部分组成的。管理法规主要涉及政府如何对汽车产品实施管理等内容，一般根据各自国家的法规体系和政府管理体制及如何有效实施认证要求而制定；而技术法规部分主要围绕如何有效控制汽车对社会的危害

而制定，内容主要都涉及汽车安全、环保和节能方面，体现了政府以维护整个社会公众利益出发而对汽车产品实施强制控制的目的。欧洲和美国汽车技术法规项目基本一致，但具体内容有不同程度的差异。

随着世界经济发展，许多国家和地区开始认识到各自为政的技术法规体系严重地阻碍了汽车产品在全球范围内的自由流通。在这种情况下，WP29（或称世界车辆法规协商论坛）成为开展这种世界范围内汽车技术法规协调和统一工作的主要组织。通过开展大量的协调工作，1998 年推出了《全球性汽车技术法规协定书》（以下简称《1998 年协定书》），使得 ECE 法规逐渐走向全球。由于对汽车产品的管理上存在着"自我认证"和"强制认证"两种不同的认证制度，而许多发展中国家还没有形成国际惯例的汽车产品管理体制，因此，该协定书只考虑汽车技术法规的全球协调和统一，而将产品认证的相互承认推迟到今后考虑。全球技术法规在技术上充分考虑了发展中国家的实际情况，法规中除要求有较高的安全、环保、节能和防盗水准外，还规定了适合发展中国家实施的较低的要求。

美国、日本、加拿大以及我国等均为《1998 年协定书》的加入国，到目前为止共有 21 个正式缔约方。

据了解，WP29 及其管理委员会第 134 次会议，2005 年初在日内瓦的联合国总部召开。参加会议的有 WP29《1958 年协定书》、《1997 年协定书》、《1998 年协定书》缔约方政府代表，以及国际汽车制造商、消费者、标准化组织等非政府组织的代表，共计 119 人。越南首次派代表参加了此次会议。我国代表团由发改委、中国汽车技术研究中心的有关人员组成，共计 5 人。《关于车门锁及车门保持件的全球技术法规》被作为第一项全球统一汽车技术法规进行投票和表决，并在稍后召开的 WP29《1998 年协定书》缔约方大会上被表决通过。在此次 WP29 会议上，美国以会议非正式文件的形式，提出将重型公路用柴油发动机和车辆的排放、尾气排放和汽油硫含量、非道路用柴油发动机和柴油燃料三项美国汽车环保技术法规，列为候选全球性汽车技术法规。会议讨论后通过了上述 3 份非正式文件，并决定在下次 WP29 会议上将其上升为正式文件并予以投票表决。

同时，会议批准并正式发布了 5 项新的 ECE 法规：关于机动车辆防盗保护的统一技术规定、在滚动噪声方面批准轮胎的统一规定、用于某些类型机动车辆内部结构的材料的燃烧特性的统一技术规定、关于批准机动车辆转弯灯（弯道照明灯）的统一规定、关于就净功率的测量批准农林拖拉机和非道路机动机械装用的内燃机的统一规定。这 5 项法规的实施日期为 2005 年 4 月 6 日。

第三节 汽车技术法规及其产品认证制度

一、我国的汽车技术法规

我国至今还没有建立起完整的汽车技术法规体系，对汽车产品管理的技术依据主要有国家标准、中国机动车设计规则（CMVDR——China Motor Vehicle Design Rule）和政府行政管理文件。新的技术法规 CMVDR 是参照 ECE 法规起草的。CMVDR 与 GB（国家标准）同时存在，原则上内容一致，如图 3-1 所示。第一项是 CMVDR294《汽车正面碰撞乘员保护的设计规则》。1999 年 10 月 28 日由国家机械工业局（现工业和信息化部）颁布。

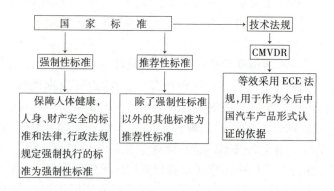

图 3-1　CMVDR 与 GB 的关系

必须指出，标准和技术法规在 WTO/TBT 协议中概念是不同的。标准是经公认机构批准的，对不需要强制执行的，供共同或重复使用的产品或有关工艺和生产方法的规则、指南或特性做出规定的文件。技术法规是强制执行的规定产品特性或其有关工艺和生产方法的，可以包括可适用性的行政（管理）规定在内的文件。目前，我国现行的标准体制计划经济色彩较强，标准化法律、法规不适应目前市场经济发展，标准的管理层次多、效率低，实施不规范。汽车技术法规必须由政府汽车产品主管部门依据法律、法规及职能按规范的立法程序建立并实施，且应包含管理措施。

技术法规对推动汽车工业技术进步的作用是不容置疑的。在我国汽车技术法规还没有建立之前，强制性标准目前仍具有不可替代的作用，同时需遵守 WTO/TBT 协议加强管理和建立通报制度。目前，在强制性标准方面的工作主要有：增加新的项目，减少空白，完善标准体系。根据技术发展，加快现有标准的修订工作。例如，在实施正面碰撞乘员保护要求的经验基础上，研究制定实施侧面碰撞、车辆防火、儿童约束系统、安全气囊标准。同时在标准的制定过程中，要加大研究力度，在标准中体现国情，以提高我国产品的竞争力，保障汽车工业的健康持续发展。

二、汽车技术法规与产品认证

目前，世界各国都对汽车产品采取统一的管理制度，即实施汽车产品的型式批准，其目的在于，实现政府对汽车产品在安全、环保、节能方面的有效控制。型式批准的技术依据，主要看汽车产品是否符合技术法规要求。

1. 汽车产品认证制度

据介绍，国际上主要有两种产品认证制度：第一种是以美国为代表的"自我认证制度"，企业新车上市不需要经过国家部门的强制审批，政府只是事后监督，发现缺陷将强制召回，并处以重罚；第二种是以欧洲诸国为代表的"型式认证制度"，有关部门对新车上市进行严格的审查，并对企业的生产一致性进行监督，一旦发现缺陷，主要由企业自愿召回。

型式认证是指汽车制造厂商和销售商提出的认证申请只适于同一型式的汽车或零部件，当其类别、用途、车身形状、发动机种类及主要构件（传动系统、行走系统、操纵装置、悬架、车架、车轴、制动系统等）不同时，即认为不是同一型式。对不同型式的汽车或零部件必须分别进行认证申请，不得任意扩大认证范围。

据了解，国外的产品认证制度有以下 8 种：

第一种认证制度——型式试验，是一种按规定的试验方法对产品进行全面试验的认证制度。类似于我国的汽车定型试验，是一种最简单和最受限制的产品独立认证制度。

第二种认证制度——型式试验再加上通过市场购买的样品的检查，进行事后监督。类似于我国汽车的定型试验加上部分质量定期检查试验（如抽查试验），这是较第一种认证制度更为完善的方法。

第三种认证制度——型式试验再加上对工厂的样品的核查试验，以进行事后监督。类似于定型试验再加上定期试验，与第二种制度基本相同，只是样品一个来自市场，一个来自工厂。

第四种认证制度——型式试验再加上通过对市场和工厂抽取的样品的核查，进行监督。这是第二和第三种认证制度的组合。

第五种认证制度——型式试验再加上对工厂的质量保证体系进行评定，并根据质量管理和从工厂以及市场抽样的核查，进行监督。它能够证实持续不断的生产过程是否合格，是一种可靠的、彻底的、适应性很强的办法，类似我国的定型试验、定期试验，再加上质量保证体系的评定。

第六种认证制度——只对制造厂的质量保证体系进行评定和认可。这种制度可以判断制造厂是否具有生产合格产品的能力。

第七种认证制度——批检，是对一批产品进行抽样检查、试验，并据此做出是否符合标准的判断。这相当于汽车定期试验。

第八种认证制度——全检，即 100% 检验。这种认证制度只适用于对已被认可的工厂有无能力生产合格产品的认证。

上述 8 种认证制度中，国际上通用的、推荐的则是第五种认证制度。因为这种方法最全面，实践证明这是一种特别适用于大量生产和连续生产的汽车产品的认证，而且是一种以最低费用来提高和保持汽车工业生产效率的最佳方法。

2. 汽车强制性标准体系

我国目前还没有国际通行的汽车技术法规，强制性标准是目前我国较为系统的技术法规的主要表现形式。汽车主管部门主要依据我国的汽车强制性标准，对汽车产品实施强制认证及公告管理。

1989 年，随着《标准化法》的实施，我国汽车标准化开始了重大改革。《标准化法》将国家标准、行业标准分为强制性和推荐性两类，强制性标准是依法强制执行的，推荐性标准为推荐实施。在这以后的标准制定中，汽车标准制定工作的重点放在了涉及安全、环保、节能和防盗的强制性标准的制定上。近年来，我国汽车行业已制定了一套比较合理、科学的汽车强制性国家标准体系。

汽车行业通过对国外主要汽车技术法规体系的研究，最后确定了以欧洲 ECE/EC 法规为基础的汽车强制性国家标准体系。

我国的汽车强制性标准体系总项目 99 项，其中主动安全 27 项，被动安全 26 项，一般安全 29 项，环保和节能项目 17 项。已经制定完成的 80 项中，主动安全 25 项，被动安全 19

项，一般安全22项，环保和节能14项，另有1项目前是以推荐性国家标准形式制定的。

据了解，我国的国家标准由国家标准化管理委员会（SAC）管理，全国汽车标准化技术委员会（SAC/TC114）负责制定和修订汽车国家和行业标准，是汽车标准的归口管理部门。国家标准制定完成后，由国家质检总局批准发布或与相关政府部门联合发布。强制性标准只有技术内容，无管理内容，因此虽然标准发布实施，但缺乏实施力度。1995年开始实施的强检项目，是汽车主管部门以红头文件引用强制性标准，才促使汽车强制性标准真正意义上的实施。2002年强制认证制度的开展，采用了强制性标准。

虽然我国强制性标准主要是参照欧洲ECE/EC法规体系建立的，但目前已完成的强制性标准的项目较欧洲ECE要少，而且实际列入强检项目并真正实施的标准项目还要少；由于标准的性质决定了强制性标准只有技术内容，缺乏管理内容。另外，我国标准的制定和修订程序也与ECE/EC技术法规不同，标准制定完成执行一定时间后，需要修订时提出标准修订计划，新的标准发布后替代老的标准，修订、发布周期较ECE/EC法规长。

目前在我国，强制性标准的实施仍存在不少困难，其中一个突出问题是检测能力建设滞后。

尽管国家质检总局指定的汽车检测机构全国已有16家，但由于缺乏法律上的支持，这些机构在检测方面都没有足够的权威性。

专家认为，有必要成立一个具有足够权威性的国家级汽车质量鉴定监督部门，并制定有关法规，使这个部门成为汽车质量鉴定的最终"裁判"。

3. 我国汽车新产品的强制性认证与公告管理

国家认监委（为质检总局下属机构）于2001年12月发布了CNCA—02C—023：2001《机动车辆类强制性认证实施规则——汽车产品》。国家认监委要求2002年5月1日开始实施，2003年5月1日所有汽车产品必须符合CCC认证要求并通过认证，未通过认证的产品不得生产和销售。

(1) CCC认证　CCC为中国强制性认证的英文缩写，CNCA—02C—023：2001要求对汽车产品实施第五种认证模式，即型式试验＋初始工厂审查＋获证后监督。型式试验共进行47个检测项目的检验，初始工厂审查按该规则附件4《汽车产品强制性认证工厂质量保证能力要求》进行，监督审查每年进行一次，四年覆盖全部10个要素，第五年进行全部要素审查。通过不断的监督审查维持认证证书的有效性。

(2) 汽车产品公告管理　为了加强对车辆安全、环保、节能、防盗性能的监控，提高企业生产一致性保证能力，建立科学、高效、规范的车辆管理制度，逐步实现与国际通行规则接轨，机械工业部（现工业和信息化部）等在汽车产品必须进行定型试验的基础上开始实施汽车产品强制性检查项目的检验。强检项目从1995年最初要求的12项逐步增加至目前的48项，国家经贸委2001年决定对目录管理制度进行改革，以发布《车辆生产企业及产品公告》的方式对车辆产品进行管理。2003年起，汽车产品公告由国家发改委进行管理，每月发布一次公告。

(3) CCC认证与汽车产品公告管理的差异　国家批准的企业生产的新产品只有通过可靠性考核及48项强检试验，并经过专家组的资料审查后，经国家发改委批准方可列入公告发布。进入公告的产品才能进行注册登记，公告及有关参数光盘免费发送给车检部门，车检部门按公告上牌照。

国家认监委要求车辆生产企业向中国质量认证中心（CQC）申请 CCC 认证，单元划分后由有关试验室确认试验报告并补做差异试验后，由 CQC 检查处派员进行工厂质量保证能力审查，通过后由 CQC 发放 CCC 认证证书，工厂可到国家认监委购买 CCC 标记。

公告管理与 CCC 认证的主要差异是：公告要求检验 48 项，实际合计为 52 项，CCC 要求检验 47 项，其中公告比 CCC 要求多 7 项少 3 项不同要求；公告有产品可靠性要求，CCC 认证不要求；CCC 认证有工厂检查及监督检查要求，公告无此要求，但公告管理正在逐步与准入管理办法结合，增加工厂检查及一致性监督检查要求；公安系统对国产车按公告上牌照，对进口车按 CCC 标记上牌照；CCC 认证发放 CCC 标记，公告不发放标记；收费存在一些差别；管理机构也不一样。

（4）汽车强制性产品认证改革 近年来，在国家供给侧结构性改革持续向纵深推进，简政放权措施力度不断加大的背景下，一系列由事前审批转为事中事后监管的政策、措施不断出台，也因此，体制改革给我国汽车制造业"松了绑"。

2017 年 1 月 5 日，国家认监委出台了《国家认监委关于进一步深化汽车强制性产品认证改革的公告》（以下简称《公告》），着力降低企业认证成本、服务供给侧结构性改革，促进产业转型升级。

根据国家认监委官方公布的《公告》显示，本次汽车产品 CCC 认证制度改革有三大转变：一是以简政放权，减轻企业负担为原则，从原先的事前审批，转变为采信生产企业检测结果；二是优化服务，扩大认证机构范围；三是以保障产品质量为基础，加强事中事后监管。

此次汽车产品 CCC 认证制度改革的最大亮点，可谓是采信企业检验检测结果，减轻企业负担。《公告》明确提出，充分利用生产企业检测资源，在符合相关法律法规和确保检验检测数据与结果一致性前提下，采信生产企业的检验检测结果，为企业节约检测成本。同时，还鼓励在产品的系列设计阶段参与标准符合性评价，降低产品安全风险及技术开发成本，缩短产品进入市场周期，提高认证效率。

业内专家表示，自 2002 年建立统一的 CCC 认证制度以来，CCC 认证为维护消费者权益和社会公共安全，保障产品质量安全，提升我国企业及其产品的竞争力发挥了基础性保障作用，但汽车行业有其特殊性，与其他工业产品不同，汽车产品除了 CCC 认证保障质量外，还有自身的一套产品公告管理，汽车行业现行的公告管理制度本身就已经将不具有生产资质的企业挡在"门外"。企业生产的不符合标准和要求的产品，也在公告管理下无法进入市场销售。在对汽车产品有了公告管理制度约束的情况下，不会因 CCC 认证制度的改革而降低对车企和产品的监管，相反，一系列汽车产品 CCC 认证改革措施的出台有助于企业降成本，提效率。

作为此次汽车产品 CCC 认证制度改革的三大转变之一，《公告》指出进一步改进获证后监管模式，加强事中事后监管，国家质检总局和国家认监委将要求指定认证，检测机构落实"双随机"抽查要求，加大获证产品市场抽查比例，改进专项监督方式，即汽车产品的质量监管，将由指定认证，检测机构的随机人员对随机产品进行抽查，并增加抽查范围和比例，而对于认证，检测机构的抽查和管理，则由国家质检总局负责。

第五章

汽车技术法规基本内容诠释

汽车不同于其他产品，它在给社会带来巨大进步和效益的同时，存在着巨大的安全隐患，还可能污染大气环境，消耗不可再生的能源，因此汽车工业不仅涉及一个产业的利益，还涉及整个社会的利益，需要用专门的法律、法规来进行制约和规范。为此，各国政府授权汽车安全、环保和节能的主管部门制定相应的技术法规，实现政府对汽车产品在安全、环保、节能方面的有效控制。

技术法规是汽车制造者、销售者以及使用者必须遵守的守则，并已成为汽车设计和制造的准则，也是汽车认证和进出口商品检验的主要技术壁垒和障碍。

汽车技术法规主要包括安全、防公害（排放、噪声、电磁干扰）和节约能源三个方面。

第一节 汽车安全法规

面对日益严峻的汽车交通事故，许多国家都制定了汽车安全法规。法规中比较有代表性的是美国的联邦机动车安全法规（Federal Motor Vehicle Safety Standards，FMVSS）和欧洲法规（ECE 和 EEC），其他国家如日本、加拿大、澳大利亚等国的法规基本上是参考美国和欧洲的法规制定的。我国汽车安全法规的制定工作起步比较晚，起点比较低，到目前对汽车实行了 38 项强制性汽车安全标准。特别是在 1999 年颁布了 CMVDR294《关于正面碰撞乘员保护的设计规则》，开始在我国实行车型认证制度，使我国汽车安全性法规的制定工作向前迈进了一大步。

一、美国的汽车安全法规

美国的汽车安全法规（FMVSS）是在美国《国家交通及机动车安全法》的授权下，由美国运输部国家公路安全管理局制定的与机动车辆结构及性能有关的机动车安全法规，从 1968 年 1 月 10 日实行以来，经过不断的修改，对各条款要求更加严格。

美国汽车安全法规将汽车的安全问题分为三大部分。第一部分是防车辆不安全事故发生的法规，即主动安全法规。这种技术法规对保证汽车安全行驶所需的条件加以规定，例如各种便于操纵和识别的标志及位置，使得驾驶人不致因标志及位置不清和操纵失误而造成不安全事故。此外对制动系统、灯具、轮胎及车身附件的性能有明确的规定。这些法规现有 29 项，皆属于 FMVSS 中 100 系列编号之内。第二部分中的技术法规是对撞车时的保护加以规定，即被动安全法规，它可以使乘客的伤亡减至最小。例如撞车时对乘员的防护，座椅及安全带、车门及门锁、风窗玻璃等部件在撞车时应对乘员起到保护作用。这些法规现有 22 项，属于 FMVSS 中 200 系列编号之内。第三部分中的法规是对撞车防止灾害性事故的发生而加以规定，即汽车防火安全法规，现有 4 项，属于 FMVSS 中 300 系列编号之内。

现行 FMVSS 一览表（1995 年）如表 5-1～表 5-3 所示。表 5-1 为主动安全法规，表 5-2 为被动安全法规，表 5-3 为汽车防火安全法规。

表 5-1　FMVSS 主动安全法规

法规序列号	主要内容	法规序列号	主要内容
101	控制器和显示器	115	汽车识别号的基本要求
102	变速杆顺序，起动机的互锁机构和变速器	116	汽车制动液
		117	翻新充气轮胎
103	风窗玻璃除雾和除霜系统	118	动力操纵风窗玻璃
104	风窗玻璃刮水和洗涤系统	119	汽车充气轮胎(不含轿车)
105	液压制动系统	120	汽车轮胎和轮辋的选择(不含轿车)
106	制动软管	121	气压制动系统
107	回复反射器	122	摩托车制动系统
108	灯具,恢复反射器和辅助设备	123	摩托车操纵和显示
109	新充气轮胎	124	加速器控制系统
110	轮胎选择及轮辋	125	警报装置
111	后视镜	126	载货汽车野营挂车载荷
112	前照灯隐蔽装置	129	新不充气轮胎
113	发动机罩锁	131	对学童车的要求
114	防盗装置	135	汽车制动系统

表 5-2　FMVSS 被动安全法规

法规序列号	主要内容	法规序列号	主要内容
201	乘员车内碰撞保护	212	风窗玻璃安装
202	头枕	213	儿童约束系统
203	减轻转向控制系统对驾驶人伤害的碰撞保护	214	侧门强度
		215	车外装置保护
204	转向控制装置的后移	216	车顶抗压强度
205	玻璃材料	217	大客车车窗的固定及松放
206	车门锁及车门固定件	218	摩托车头盔
207	座椅系统	219	风窗玻璃侵入范围
208	乘员碰撞保护	220	学童客车侧翻的防护
209	安全带总成	221	学童客车的车身连接强度
210	安全带固定点	222	学童客车乘员座椅及碰撞保护
211	车轮螺母、轮辐及轮毂盖		

表 5-3　FMVSS 汽车防火安全法规

法规序列号	主要内容	法规序列号	主要内容
301	燃料系统完整性	303	天然气汽车燃料系统完整性
302	内部材料的燃烧特性	304	天然气汽车燃料系统包容性

美国汽车安全法规较侧重于被动安全性，其技术要求普遍较严格。

在被动安全方面，FMVSS 首先规定了车辆与车辆的碰撞形态和试验条件，如图 5-1 所示。图 5-1 中，FMVSS208 与欧洲的 ECER94 和我国的 CMVDR294 两种安全法规进行了对比。

法规号	FMVSS208	ECE R94/00	ECE R94/01	CMVDR294
适用范围	轿车	轿车	轿车	轿车
碰撞形态	1. 30°左右斜碰 2. 正面碰撞	防滑装置 30°角驾驶员侧斜碰	吸能壁障 吸能壁障偏置40%碰撞	正面碰撞
碰撞速度	48.3km/h	50km/h	50, 55, 60, 64km/h	48～50km/h
安全带情况	佩带与不佩带	佩带	佩带	佩带

图 5-1　碰撞形态和主要试验条件对比

关于正面碰撞，美国 FMVSS208 要求汽车以 48.3km/h 的速度沿纵向向前行驶，撞击一个垂直于汽车行驶方向的固定障壁，或者撞击一个与汽车行驶方向垂直线成 ±30°角的固定障壁时，放在每一个制定的前排外侧座位上的假人的响应，应当满足相应的乘员保护要求。一般使用 0°、左 30°和右 30°三个碰撞试验来验证汽车的正面碰撞安全性。

在欧洲，偏正面碰撞试验受到了推崇。欧洲人认为，在道路上，偏正面碰撞比正面碰撞更普遍，故欧洲正面碰撞法规的试验方法采用的是与实际交通事故最接近的偏置变形障壁碰撞试验。现行的 ECER94/01 规定的正面碰撞试验为 56km/h 的 40% 重叠率的变形障壁碰撞试验。

侧面碰撞是继正面碰撞之后的第二种常见碰撞形态。FMVSS 规定的侧面碰撞试验法为静的侧门强度试验法。试验时把车身或车辆固定，依靠圆柱或半圆柱状的负载装置在侧门上施加静负荷，然后测量侧门变形和负荷重量，并以此来评定侧门静强度。

由于侧面碰撞更易致人死亡，美国政府又制定了新的侧撞标准。该标准规定了一种试验，模拟一辆以 24km/h 行驶的轿车受另一辆以 48km/h 行驶的汽车侧面撞击的情形。

FMVSS 规定乘员受碰撞而遭受伤害的程度可用 AIS 来评定。简明受伤分级（AIS）是由美国医学协会一个专门的委员会在 20 世纪 70 年代初为汽车安全性而制定的标准。这个标准在美国已应用多年，并经过若干次修订，许多国家也相继沿用这个标准。根据该标准，碰撞受害者身体的每一次受伤均用下列级别进行评价：

1——轻微

2——中等

3——较重（一般无生命危险）

4——严重（有生命危险，但可救治）

5——垂危（难以救治）

6——致死（在24小时内发生，无法救治）

在碰撞过程中人体各种组织和器官容忍撞击有一定的极限值。它一方面可通过对碰撞事故的现场调查观察和大量统计，从中找出规律，另一方面还可进行试验测定（例如可采用尸体进行撞击试验）。根据所得到的调查，统计和试验的结果，再与理论上的推导相结合，就可总结出符合实际情况的各种容忍极限值。

FMVSS 推荐的头部受伤极限（HIC）是一个系数，其计算公式为

$$HIC = \left\{ (t_2 - t_1) \left[\frac{1}{t_2 - t_1} \int_{t_1}^{t_2} a(t) \mathrm{d}t \right]^{2.5} \right\}_{max}$$

式中，$a(t)$ 是头部重心的合成加速度 a 随时间 t 的变化函数，a 用重力加速度 g 的倍数表示；t_1、t_2 分别是头部碰撞接触开始和终结的时间（s）。

式中方括号内实质上是头部接触时加速度的均值，乘方 2.5 是一个加权因数，然后再乘上头部碰撞的作用时间 $t_2 - t_1$。t_1、t_2 为加速度历程曲线上某两个瞬时，t_1、t_2 的选择应使 HIC 达最大值。HIC 推荐的极限是 1000，超过此值则认为是人体无法容忍的。例如，设加速度均值为 $60g$，作用时间为 30ms，计算得 HIC = 837（可容忍），若设加速度均值为 $80g$，作用时间为 20ms，则 HIC = 1145（不可忍受）。

试验表明，人体胸部的容忍极限是：在均布载荷 5.3~8.9kN 的范围内肋骨会产生骨折。另一推荐极限认为人体胸部可忍受 $60g$ 的减速度，持续至 100ms 的时间。遗憾的是，至今仍未找到描述人体腹部容忍极限的适当数值。至于下肢的容忍极限，FMVSS 推荐的数值为 6.2~7.6kN。表 5-4 为美国汽车安全法规 FMVSS208 要求的乘员保护指标（表中带 * 号为更严格的新法规）。

表 5-4 中的 ThpC 为胸部压缩量，它定义为躯干和肋骨之间的最大压缩量，表明了胸部骨折的情况。$60g$(3ms) 是指作用在上胸部重心处的线性加速度超过 $60g$ 的时间不超过 3ms。FPC 为腿骨轴向压缩力。颈部伤害指标为：向后弯曲力矩（N·m）、向前弯曲力矩（N·m）、轴向拉伸力（N）、轴向压缩力（N）和剪切力（N）具体要求在表 5-4 中未列出。伤害指标提出的依据是 AIS≤4。

二、欧洲汽车安全法规

欧洲各国开始实施各自的车辆法规及车型认证制度早于美国，制定统一的 EEC 指令和 ECE 法规则始于第二次世界大战后。欧洲经济委员会于 1958 年开始制定统一的汽车法规，分为 ECE 法规和 EEC 指令。前者由各成员国任意自选，是非强制性的；后者则作为成员国统一的法规，是强制性的。但 ECE 法规已被大多数成员国所接受，并引入本国的法律体系中。

目前，在 ECE 已颁布实施的 99 项法规中，关于汽车安全方面的法规占 81 项。其中，主动安全法规 55 项，被动安全法规 26 项。与美国联邦机动车安全法规不同的是，除了规定车辆正面碰撞、侧面碰撞、

表 5-4 乘员保护指标

伤害指标	FMVSS208
头	HIC≤1000
	$t_2 - t_1$≤36ms
	HIC≤700*
	$t_2 - t_1$≤15ms
胸	ThpC≤75mm
	ThpC≤63mm*
	$60g$(3ms)
腿	FPC≤10kN
颈	颈部指标*

翻车时车身强度及碰撞时防止火灾等要求外，ECE 法规还非常重视，灯光和信号装置的安全性。

EEC 指令是 1970 年开始制定的，其内容与 ECE 法规基本相同，在有关汽车安全项目的要求上也基本一致。到 1995 年底，EEC 指令共有 220 项，其中与汽车安全标准有关的指令约为 107 项（含修订部分）。

现行欧洲汽车安全法规（EEC 和 ECE）如表 5-5 所示。

表 5-5 现行欧洲汽车安全法规 EEC 和 ECE（摘录）

法规编号			项 目 名 称
ECE	EEC	EEC 修订号	
R1	76/761	89/517	前照灯
R6	76/759		转向信号灯
R11	70/387		车门锁及铰链
R12	74/297	91/662	防止转向机构对驾驶人的伤害
R14	76/115	81/757,82/318,90/629	安全带固定点
R16	77/541	90/628	安全带和约束系统
R17	74/408	81/577	座椅、座椅固定点和头枕
R21	74/60	78/632	内饰件
R25	78/932		头枕
R32			追尾碰撞车辆结构特性
R33			正面碰撞车辆结构特性
R34			防止发生碰撞火灾
R42			前后端保护装置
R43	92/22		安全玻璃材料
R44			儿童乘员约束装置
R93			前下部防护装置
R94			正面碰撞时乘员的保护
R95			侧面碰撞时乘员的保护
R97			碰撞后的车辆报警系统
	77/649		机动车驾驶人视野
	91/671		在 3.5t 以下车辆中强制使用安全带
	78/548		乘客舱暖气系统
	78/549		机动车护轮板
	95/28		内饰材料的燃烧特性

表 5-6 列出了 ECE 法规对整车碰撞安全性的各项规定。

表 5-6 ECE 法规对整车碰撞安全性的各项规定

编号	内容
12	防止转向机构对驾驶人伤害的认证规定
29	商用汽车驾驶室乘员保护认证规定
32	追尾碰撞中被撞机动车辆结构调整认证规定
33	正面碰撞中被撞机动车辆结构性能认证规定(不包括转向轮中心在全车长 1/4 内的汽车)
34	燃油系统完整性规定
94	正面撞乘员保护认证规定
95	侧撞乘员保护认证规定

因为欧洲的安全法规注重汽车的主动安全性，所以 ECER33 对正面碰撞中被撞机动车辆的结构性能做了规定，这些规定主要是针对车身结构的碰撞性能提出的，而美国的 FMVSS 仅对作为最终指标的乘员伤害指标等内容进行了规定，没有详细规定车身结构的碰撞性能。

ECER33 规定被测汽车以 48.3km/h 的速度与刚性墙进行 100%重叠率的正面碰撞，汽车结构应当满足如下要求：

1）碰撞后，通过座椅 R 点的横向平面与通过仪表板最后边投影线的横向平面间的距离不小于 450mm。确定平面位置时，不考虑按钮开关等的影响，并在通过座椅中心线的纵向平面每边的 150mm 范围内测量。

2）碰撞后，通过座椅 R 点的横向平面与通过制动踏板中心的横向平面间的距离不小于 650mm。

3）放脚位置空间的左右隔板间的距离不小于 250mm。

4）汽车地板与顶棚的距离减少量不超过 10%。

5）碰撞过程中车门不能被撞开。

6）碰撞后，侧门应能不使用工具被打开，无刚性顶棚的车除外。

三、日本道路运输车辆安全标准

日本早在 1951 年起就根据《道路运输车辆法》制定了道路运输车辆安全标准，后经 40 多次的修订，至今仍在执行。安全标准属于法规，不同于一般的工业标准，各汽车制造厂所生产的汽车如符合此标准，则政府将发给安全合格证书并定期进行检查。该标准（法规）的制定和修改除根据日本运输技术审议会的长期计划及汽车安全性（EVS）的研究成果外，还重点参考了欧洲经济共同体 EEC 汽车法规及美国联邦安全标准 FMVSS。同时也参考了英国、法国、德国等国的汽车安全标准或法规，已形成了自己的比较健全的道路车辆安全标准体系。日本特别重视汽车与行人、摩托车之间的安全，对汽车外部凸出物等的规定特别详细。

日本的道路车辆安全标准几经修订，现在已发布的有关汽车安全和排放标准 73 条，其中主动安全标准 43 条，被动安全 17 条，防火 2 条。此外，还设置了试验方法标准 88 条。由于日本的汽车工业以出口为主，因此日本生产汽车执行的标准法规大多为 FMVSS 和 ECE 等法规。日本道路车辆法律、法规及其管理制度与美国联邦机动车安全法规相比差距很小，做法基本一致。

现行日本道路车辆安全部分标准一览表如表 5-7 所示。

表 5-7　现行日本道路车辆安全标准（部分）

标准编号	标准名称	标准编号	标准名称
11-1	道路车辆安全标准	11-7-14	空气扰流器的结构标准
11-2	机动车检验规程	11-7-15	"空气扰流器的结构标准"使用细则
11-4-1	吸收冲击式转向装置	11-7-16	机动车顶部车顶栏杆的安装
11-4-2	缓冲式后视镜	11-7-18	机动车牌照安装架
11-4-3	乘用车灯刮水器、洗涤器	11-7-19	机动车行驶性能
11-4-4	制动液泄漏报警装置	11-7-22	车外后视镜的安装位置
11-4-5	防止碰撞时燃料泄漏	11-7-25	"车外后视镜的安装位置"的审查
11-4-6	仪表盘吸收冲击	11-7-26	数字式车速表的显示
11-4-7	遮阳板吸收冲击	11-7-31	吸收冲击式遮阳板技术标准的说明
11-4-8	座椅及固定装置	11-7-36	内饰材料的燃烧特性检查方法
11-4-9	座椅靠背背部吸收冲击	11-7-48	汽车车窗玻璃上粘贴物的规定
11-4-10	座椅安全带固定点	11-7-50	铰接车辆的行驶特性
11-4-11	座椅安全带	TRIAS1	机动车参数测量法
11-4-12	车门防开启装置	TRIAS2	机动车最大稳定倾角试验方法
11-4-13	缓冲式室内后视镜	TRIAS4	机动车加速试验方法
11-4-14	乘用车用塑料燃油箱	TRIAS6	机动车最高车速试验方法
11-4-15	乘用车用轻合金车轮	TRIAS9	机动车最小转弯半径试验方法
11-4-16	车外后视镜安装位置	TRIAS10	机动车前轮定位试验方法
11-4-17	头枕装置	TRIAS11	机动车紧急制动试验方法
11-4-21	车窗玻璃	TRIAS11-2	乘用车制动装置试验方法
11-4-22	后雾灯	TRIAS12	机动车制动能力试验方法
11-4-23	牌照灯	TRIAS13	机动车驻车制动能力试验方法
11-4-24	防抱死制动系统	TRIAS14	机动车制动部分失效试验方法
11-4-27	钻入防止装置(后下部保险杠)	TRIAS15	机动车制动储气罐试验方法
11-4-29	乘用车制动装置	TRIAS25	机动车操纵稳定性试验方法
11-4-30	正面碰撞乘员保护	TRIAS26	新型机动车试验方法通则
11-4-31	内饰材料的燃烧特性	TRIAS27	能量吸收式转向柱冲击试验方法
11-4-32	驾驶人安全带报警装置	TRIAS28	重型载货汽车及载货汽车洗涤器试验方法
11-4-33	除雾除霜装置	TRIAS28-2	乘用车刮水器、洗涤器试验方法
11-4-34	客车及货车洗涤器	TRIAS28-3	除雾除霜试验方法
11-4-37	前照灯技术标准	TRIAS29	后视镜缓和冲击试验方法
11-4-38	前雾灯技术标准	TRIAS30	机动车热损害试验方法
11-4-40	客车及载货车用轻合金车轮	TRIAS31	座椅安全带试验方法
11-5-4	大客车座椅安全带的安装	TRIAS32	头枕试验方法
11-7	机动车用轮胎的使用	TRIAS33	碰撞时防止燃油泄漏试验方法
11-7-7	机动车车体外形和尺寸	TRIAS34	仪表盘冲击试验方法

(续)

标准编号	标准名称	标准编号	标准名称
TRIAS35	座椅及固定装置试验方法	TRIAS43-2	载货汽车及大客车用轻合金车轮试验方法
TRIAS36	座椅靠背背部冲击试验方法	TRIAS44	摩托车用轻合金车轮试验方法
TRIAS37	安全带固定点试验方法	TRIAS45	防抱死制动系统试验方法
TRIAS38	车门防开启试验方法	TRIAS46	防碰撞装置试验方法
TRIAS39	内后视镜冲击试验方法	TRIAS47	正面碰撞乘员保护试验方法
TRIAS40	遮阳板冲击试验方法	TRIAS48	内饰材料燃烧特性试验方法
TRIAS42	乘用车用塑料燃油箱试验方法	TRIAS49	驾驶人不使用安全带报警器试验方法
TRIAS43	乘用车用轻合金车轮试验方法	TRIAS50	机动车辅助制动系统减速能力试验方法

四、我国现行强制性安全标准与汽车安全技术法规

我国现行的强制性标准，具有技术法规的某些性质，包含了法规的某些技术要求和规范，是政府部门管理汽车产品的准则，但不具备法规的全部属性，标准自身不带有管理规则。我国强制性汽车标准虽是法规性标准，但缺乏立法部门的批准和法规结构上的完整性。

自1993年第一批强制性标准发布以来，我国现在有关汽车安全方面的标准共有66项，其中主动安全23项，被动安全24项，一般安全19项，我国汽车强制性安全标准如表5-8所示。

表5-8 我国汽车强制性安全标准

序号	标准编号	标准名称
		主动安全
1	GB 4599	汽车前照灯配光性能
2	GB 4660	汽车前雾灯配光性能
3	GB 4785	汽车及挂车外部照明和信号装置的安装规定
4	GB 5920	汽车前、后位灯、示廓灯和制动灯配光性能
5	GB 5948	摩托车白炽丝光源前照灯配光性能
6	GB 11554	汽车及挂车后雾灯配光性能
7	GB 11564	机动车回复反射器
8	GB 15235	汽车倒车灯配光性能
9	GB 15766.1	道路机动车辆灯泡尺寸、光电性能要求
10	GB 17509	汽车和挂车转向信号灯配光性能
11	GB 17510	摩托车光信号装置配光性能
12	GB 18408	汽车及挂车后牌照板照明装置配光性能
13	GB 18409	汽车驻车灯配光性能
14	GB 18099	汽车及挂车侧标志灯配光性能
15	GB 18100	两轮摩托车及轻便摩托车照明和光信号装置的安装规定
16	GB 9743	轿车轮胎
17	GB 9744	载货汽车轮胎

（续）

序号	标准编号	标准名称
主动安全		
18	GB 12676	汽车制动系统结构、性能和试验方法
19	GB 16897	制动软管
20	GB 17355	摩托车和轻便摩托车制动性能指标限值
21	GB 17675	汽车转向系统基本要求
22	GB 5763	汽车用制动器衬片
23	GB 10830	机动车制动液使用技术条件
被动安全		
24	GB 11550	汽车座椅头枕性能要求和试验方法
25	GB 11552	轿车内部凸出物
26	GB 11566	轿车外部凸出物
27	GB 14166	汽车安全带性能要求和试验方法
28	GB 14167	汽车安全带安装固定点
29	GB 15083	汽车座椅系统强度要求及试验方法
30	GB 15086	汽车门锁及门铰链的性能要求和试验方法
31	GB 13057	客车座椅及其车辆固定件的强度
32	GB 7063	汽车护轮板
33	GB 9656	汽车用安全玻璃（可供认证用）
34	GB 11557	防止汽车转向机构对驾驶人伤害的规定
35	GB 11567	汽车及挂车侧面及后下部防护装置要求
36	GB 15743	轿车侧门强度
37	GB 17354	汽车前、后端保护装置
38	GB 17258	汽车用压缩天然气钢瓶
39	GB 17259	机动车用液化石油气钢瓶
40	GB 811	摩托车乘员头盔
41	GB 11551	采用车正面碰撞乘员保护
42	GB 200771	汽车侧面碰撞乘员保护
43		汽车前碰撞时后部结构要求
44		汽车后碰撞时后部结构要求
被动安全（防火）		
45	GB 8410	汽车内饰材料的燃烧特性
46	GB 11553	汽车正面碰撞时对燃油泄漏的规定
47	GB 18296	汽车燃油箱安全性能要求和试验方法

第五章　汽车技术法规基本内容诠释

(续)

序号	标准编号	标准名称
		一般安全
48	GB 11554	机动车和挂车用后雾灯配光性能
49	GB 11555	汽车风窗玻璃除霜系统的性能要求及试验办法
50	GB 11562	汽车驾驶人前方视野要求及测量方法
51	GB 15084	汽车后视镜的性能要求和安装要求
52	GB 15085	汽车风窗玻璃刮水器、洗涤器的性能要求及试验方法
53	GB 17352	摩托车和轻便摩托车后视镜及其安装要求
54	GB 4094	汽车操纵件、指示器及信号装置的标志
55	GB 15082	汽车用车速表
56	GB 15365	摩托车操纵件、指示器及信号装置的图形符号
57	GB 15741	汽车和挂车号牌板(架)及其位置
58	GB 15742	汽车电喇叭的性能要求及试验方法
59		摩托车号牌架
60	GB 1589	汽车外廓尺寸界限
61	GB 7258	机动车运行安全技术条件
62	GB 13094	客车结构安全要求
63	GB 15740	汽车防盗装置性能要求
64	GB 17353	摩托车和轻便摩托车转向锁止和防盗装置
65	GB 11568	汽车罩(盖)锁止装置
66	GB 11561	汽车加速器控制系统的技术要求

　　我国汽车技术法规体系（CMVDR）是参照 ECE 法规体系建立的。1999 年 10 月 28 日，国家机械工业局颁布了中国第一项汽车技术法规 CMVDR294（关于正面碰撞乘员保护的设计规则），到目前为止已经发布了 40 项 CMVDR。其中，涉及安全部件的有 12 项，包括 CMVDR11、217、225、258、273、346、635，以及待颁布的 CMVDR221、226、261、212，还缺少安全带的技术法规 CMVDR216，涉及整车碰撞的技术法规已颁布了正面碰撞乘员保护，即 CMVDR294。至于已经在 2006 年 7 月 1 日起实施的《汽车侧面碰撞的乘员保护》和《乘用车后碰撞燃油系统安全要求》是两大强制性标准，国内汽车厂家新上车型必须达到该强制性标准，才能列入发改委汽车产品公告。

　　CMVDR 现在还很不完善，应紧跟国际形势，并针对我国道路交通的具体实际情况，全面制定和实施更加系统和完善的汽车安全技术法规，将是我国汽车行业应加紧进行的工作。

第二节　汽车排放法规

　　汽油车的排放污染物主要是 CO、HC、NO_x、Pb；柴油车排气中主要有害物为 NO_x 和

PM（Particular Matter，微粒物质）、SO_2。大气所含 CO、HC、NO_x 污染物的 75%、50%、50% 分别来源于车辆排放。

空气污染不仅危害人类健康，而且破坏大自然的生态平衡。汽车排放气体中的 NO_x、HC 和 CO 在空气中积累到一定程度后，在太阳光线的作用下，氮氧化合物和碳氢化合物起反应，生成含有二氧化氮（NO_2）、臭氧（O_3）的光化学烟雾，是导致城镇居民死亡率增高的一个原因。1943 年，美国洛杉矶市被光化学烟雾笼罩一天，使几千人受害，400 人死亡。光化学烟雾刺激人眼和呼吸道，严重时造成呼吸困难。

汽车排出的 CO 非常容易与血液中的血红素（Hb）结合而成一氧化碳血红素（CO-Hb），CO 与血红素结合的亲和力比氧气与血红素结合的亲和力大 210 倍。血红素的功能是向身体各部分提供氧气，当一氧化碳血红素占人体内总血红素的 10% 时，会给人的学习和工作带来影响；占 20% 时人会感到头痛、头晕、出现中毒现象；占 60%~65% 时会使人死亡。

在柴油机的排出气体中含有 SO_2，它刺激黏膜，可以引起支气管炎和气喘等病症。柴油机排出的微粒物质（PM）是一种致癌物质，可引起支气管通气阻力增大等病症，比 SO_2 更厉害。

此外，铅化合物是从汽油中所加的一种抗爆剂四乙基铅而来，这种物质具有剧毒，燃烧后成为氧化铅等无机化合物排到大气中，无机铅对红细胞的生长有害，对肝、肾都会产生有害影响。铅中毒对消化系统，肌肉神经系统及大脑都有害。

目前，几乎所有的工业国家都已颁布了排放法规，对新车进行有害排放物的限制。有害排放物的限制量是规定以一定的试验工况和试验条件、一定的取样方法、一定的排气分析仪器为基准而设定的。

一、汽车排放试验方法

在试验室内进行排放试验时，被测汽车置于驱动的转鼓上，用相应的制动功率来模拟汽车的摩擦阻力、道路坡度、滚动阻力和空气阻力。用相当的惯性质量来模拟汽车质量，使汽车在转鼓上进行稳态或动态行驶与实际道路行驶条件很好地吻合。试车时需要的冷却，可在转鼓前置一个鼓风机，从汽车前方吹风。为了测定有代表性的有害排放物，要按一定的和准确的规定程序进行试验，并在一定时间内将排出气体收集起来进行分析。这种方法可以近似地再现实际汽车行驶工况，其所用的行驶程序，目前各国并不一致，都是按本国汽车使用条件与需要自行规定的。试验取样方法自 1982 年后在世界范围内已得到一定的统一，一般只用定容稀释法（CVS 法）。图 5-2 所示为汽车排放试验装置。

二、汽车排放试验规范

1. 美国的排放试验规范

美国自 1975 年开始实施 FTP_{75} 联邦行驶循环（图 5-3），它是在 FTP_{72} 联邦行驶循环上发展起来的试验规范。其中 FTP_{72} 行驶曲线分为两段，第一段 0~505s 是瞬时过程，第二段 505~1372s 是稳定过程。试验开始前，应置试验车在 20~30℃ 环境中停放 12h 后，再起动汽车。FTP_{75} 行驶曲线在上述第二段行驶过程后，即将发动机停车。待停车 10min 后，发动机再重新起动进行第三段热工况运行，也历时 505s 结束，其汽车速度变化与第一段瞬时过程相同。按此试验循环运行，最高车速 91.2km/h，平均车速为 34.1km/h，全程为 17.86km。其中急速运行占 17.9%。

第五章 汽车技术法规基本内容诠释

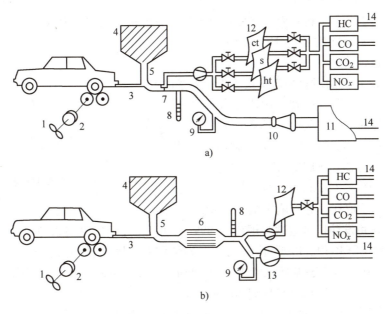

图 5-2　汽车排放试验装置

a）美国联邦试验使用　b）欧洲联盟、日本等国试验使用

1—排放测功器　2—惯性质量　3—排气　4—空气滤清器　5—稀释空气
6—冷却器　7—文氏喷油器　8—温度计　9—压力表　10—喷管
11—鼓风机　12—试样袋　13—旋转活塞泵　14—出口

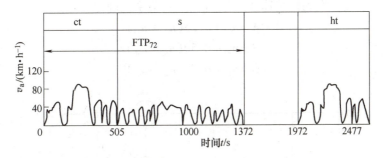

图 5-3　美国联邦 FIP_{75} 的试验行驶循环

在整个循环共取样三袋，第一次取样在冷起动开始至头一个505s减速结束，由"瞬变取样袋"ct 采集；第二次取样由505s稳定运转开始至1372s结束期间由"稳定取样袋"S 采集；第三次取样时间自热起动开始至第二次505s减速结束，由"瞬时取样袋"ht 采集热试样。试验结束后，对这三个袋中的排气取样进行分析，用不同的加权系数相乘后即得试验结果。三个袋的加权系数分别为 ct=0.43，S=1.0，ht=0.57。

2. 欧盟的排放试验规范

（1）轻型汽车排放试验规范　欧盟对轻型汽车实施的是15工况4循环行驶模型，该程序通过统计再现了欧洲城市内交通的行驶工况。图5-4表示的欧盟国家的试验行驶循环，与FTP美联邦循环相比，在急速时间与最高车速方面有很大不同。循环一次历时195s，行驶里程1.013km，最高车速50km/h，平均车速18.7km/h，急速运行比例占31%。试验时，汽车冷起动后经40s运行，就开始行驶程序试验，中间没有间断。每次试验的排放物按CVS法取样，全部收集于一个塑料袋内，然后通过排气成分分析，测得各有害成分的排放量，试验结果用 g/test 表示，同时还将 HC 与 NO_x 排放量加在一起表示。

欧盟从 1993 年开始对轻型汽车实施更严格的 MVEG—1 法规，行驶工况做了相应的变更，冷起动后 40s 怠速（不测量），在原来的 ECE15 工况（图 5-4）4 个循环后增加了 1 个郊外高速 EUDC 工况，共行驶 1220s，最高车速 120km/h，行驶距离 19.44km，用 CVC 取样，分析确定试验结果。

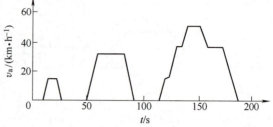

图 5-4 欧盟国家的试验行驶循环

（2）重型车用发动机排放试验规范 1999 年 10 月前，欧盟的重型车用发动机使用稳态发动机试验循环 ECER-49。1999 年 10 月，开始使用欧洲固定循环试验 ESC（European Stationary Cycle）、欧洲的瞬态循环试验 ETC（European Transient Cycle）和用于烟度测量的加载响应循环试验 ELR（European Load Response）。

1）欧洲固定循环试验规范 ESC。ESC 为 13 模式稳态试验，发动机在测功器上的稳定工况顺序如图 5-5 和表 5-9 所示，它的转速为 3 个（A、B、C），发动机必须在每个工况下按规定的时间运转，并应在最初的 20s 内使发动机达到规定的转速和负荷。转速和负荷的调整误差不超过 ±50r/min 和最大转矩的 ±2%，每个工况的权重系数（Weighting Factors）在表 5-9 和图 5-5 中已标出。最高转速 n_{hi} 为 70% 的发动机最大功率点转速，最低转速 n_{io} 为 50% 的发动机最大功率点转速。发动机转速 A、B、C 由下列关系式确定：

$$A = n_{io} + 0.25(n_{hi} - n_{io})$$
$$B = n_{io} + 0.50(n_{hi} - n_{io})$$
$$C = n_{io} + 0.75(n_{hi} - n_{io})$$

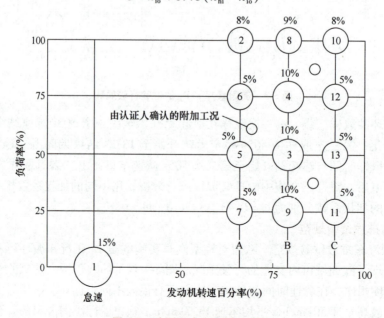

图 5-5 欧洲固定工况循环 ESC

表 5-9　ESC 试验模式（Test Modes）

模式	发动机转速	负荷率(%)	权重系数(%)	时间/s
1	低急速	0	15	4
2	A	100	8	2
3	B	50	10	2
4	B	75	10	2
5	A	50	5	2
6	A	75	5	2
7	A	25	5	2
8	B	100	9	2
9	B	25	10	2
10	C	100	8	2
11	C	25	5	2
12	C	75	5	2
13	C	50	5	2

2）欧洲瞬态循环 ETC。ETC 用于重型柴油发动机排放认证试验。汽车的瞬态速度曲线如图 5-6 所示。

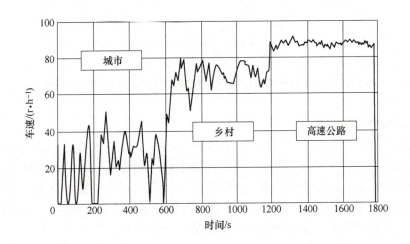

图 5-6　欧洲瞬态循环 ETC 的车速随时间的变化曲线

ETC 循环由 3 个代表城市、乡村和高速公路的不同运转工况部分组成，每个部分运转 600s，整个循环的运转时间为 1800s。代表城市运转的工况最高车速为 50km/h，特点是具有频繁的起动、停止和急速；代表乡村运转工况的平均车速为 72km/h，包括较多的加速部分；代表高速公路的平均车速为 87km/h。ETC 可以在底盘测功器上进行，也可以在发动机台架上进行。图 5-7 和图 5-8 表示了发动机的转速和转矩随时间的变化曲线。

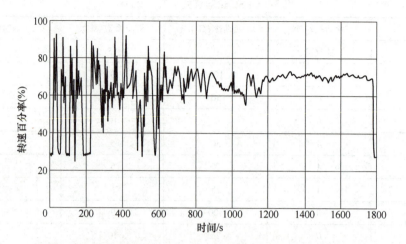

图 5-7 欧洲瞬态循环 ETC 的发动机转速百分率随时间的变化曲线

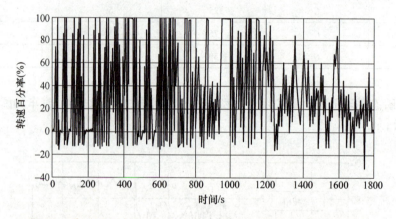

图 5-8 欧洲瞬态循环 ETC 的发动机转矩百分率随时间的变化曲线

3. 日本的排放试验规范

日本的试验循环有 10·15 工况循环（Mode Cycle）、11 工况循环，13 工况循环 3 种。10·15 工况循环试验用于模拟汽车在城市道路的平均行驶状况。11 工况循环用于模拟汽车冷起动后由郊外向市中心前进的平均行驶模式。13 工况循环用于重型汽油、柴油及液化石油气货车及客车的排放值测量，其中，用于重型汽油及液化石油气车辆的试验循环称为 G13 工况循环，用于重型柴油车的试验循环称之为 D13 工况循环。

（1）10·15 工况循环 该试验规范自 1991 年 11 月 1 日生效，对进口车自 1993 年 4 月 1 日生效。进行 10·15 工况热起动试验时，预处理以 60km/h 运行 5min，接着进行怠速工况排放试验，然后再从 60km/h 运行 15min 并进行一个 15 工况循环，预处理后接着开始 10·15 工况试验，即 10 工况循环 3 次，加 15 工况 1 次，同时测量排放。

每次试验循环次数为 1 次，总试验时间为 660s，总里程为 4.16km，平均车速为 22.7km/h（不包括怠速时 33.1km/h），最高车速 70km/h，怠速时间占总试验时间 31.4%。日本 10·15 工况循环的车速变化如图 5-9 所示。

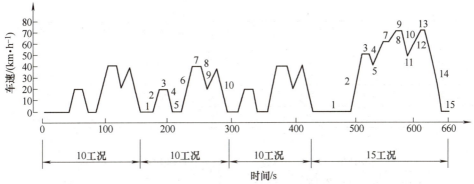

图5-9 日本10·15工况循环的车速变化

(2) **11工况循环** 11工况（图5-10）冷起动试验：11工况循环需运行4次，4个循环全部计算，冷起动后怠速26s，对3档和4档变速器使用指定的档位，对特殊变速器使用的变速比需单独规定，如为自动变速器则只能选择D位。排放分析使用CVS系统。

试验每循环里程为1.021km，每次试验循环次数为4次，总里程为4.084km，总试验时间为505s，每循环持续时间为120s，平均车速为30.6km/h（不包括怠速为39.1km/h）。最高车速为60km/h，怠速时间占总试验时间的21.7%。

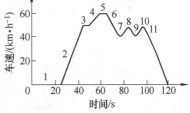

图5-10 日本11工况循环的车速变化

(3) **日本的13工况试验规范** 日本1994年4月以后采用限制排放率[g/kW·h]的汽车排放标准，把汽车分为汽油车和柴油车两类。对汽油车、LPG车[GVW（总质量）大于2500kg的货车、公共汽车]的有害排放物的限制有HC、CO、NO_x等；对柴油车[GVW（总质量）大于2500kg的货车、公共汽车]有害排放物的限制有HC、CO、NO_x、PM等。日本13工况试验规范如图5-11和表5-10所示，其测试转速有额定功率转速的20%、40%、60%三个转速。图5-11中也给出了各个工况点的负荷率及每个工况的权重系数（Weighting Factor，即圆圈右上方的数字）。13个工况点的运行顺序应按图中圆圈内的数字进行。

表5-10 日本柴油机13工况循环

工况序号	转速（标定转速）百分率（%）	负荷率（%）	权重系数
1	怠速	—	0.410/2
2	40	20	0.037
3	40	40	0.027
4	怠速	—	0.410/2
5	60	20	0.029
6	60	40	0.064
7	80	40	0.041
8	80	60	0.032
9	60	60	0.077

（续）

工况序号	转速(标定转速)百分率(%)	负荷率(%)	权重系数
10	60	80	0.055
11	60	95	0.049
12	80	80	0.037
13	60	5	0.142

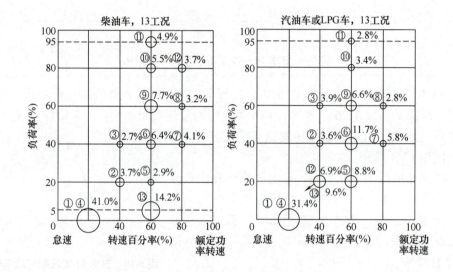

图 5-11　日本 13 工况试验规范

4. 我国的排放试验规范

（1）轻型汽车排放试验规范　由于种种原因，我国没有自己的轻型汽车排放试验规范，目前使用的是 ECE-15 + EUDC 循环。

1）ECE-15 规范。ECE-15 试验循环如图 5-12 和表 5-11 所示。

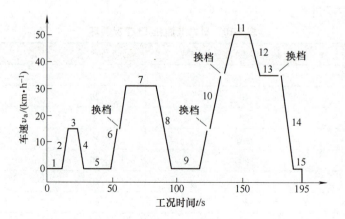

图 5-12　ECE-15 试验循环

表5-11 ECE-15试验运转循环

工况序号	操作及序号	加速度/(m·s⁻²)	车速/(km·h⁻¹)	每次时间 运行/s	工况/s	累计时间/s	手动变速器使用档位
1	1 怠速	—	—	11	11	11	6sPM+5sK₁
2	2 加速	1.04	0→15	4	4	15	1
3	3 等速	—	15	8	8	23	1
4	4 减速	-0.69	15→10	2	5	25	1
	5 减速,离合器脱开	-0.92	10→0	3		28	K₁
5	6 怠速	—	—	21	21	49	16sPM+5sK₁
6	7 加速	0.83	0→15	5	12	54	1
	8 换档			2		56	2
	9 加速	0.94	15→32	5		61	2
7	10 等速	—	32	24	24	85	2
8	11 减速	-0.75	32→10	8	11	93	2
	12 减速,离合器脱开	-0.92	10→0	3		96	K₂
9	13 怠速	—	—	21	21	117	16sPM+5sK₁
10	14 加速	0.83	0→15	5	26	122	1
	15 换档			2		124	
	16 加速	0.62	15→35	9		133	2
	17 换档			2		135	
	18 加速	0.52	35→50	8		143	3
11	19 等速	—	50	12	12	155	3
12	20 减速	-0.52	50→35	8	8	163	3
13	21 等速	—	35	13	13	176	3
14	22 换档			2		178	
	23 减速	-0.86	32→10	7		185	2
	24 减速离合器脱开	-0.92	10→0	3		188	K₂
15	25 怠速	—	—	7	7	195	7sPM

注：1. PM—变速器在空档，离合器接合；6sMP—变速器在空档，离合器接合时间为6s，余类推。
2. K_1，K_2—变速器依次为一档、二档，离合器脱开；5sK_1—变速器为一档，离合器脱开时间为5s。

2）EUDC规范。现行的轻型汽车排放试验规范由1部（市区循环ECE-15）和2部（市郊运转循环EUDC，Extra Urban Driving Cycle）组成，1部运行工况即ECE-15规范。2部的组成工况如表5-12和表5-13所示。表5-13为低功率发动机用运转循环组成工况，适用于最大车速达不到120km/h的车辆。

EUDC的运行曲线如图5-13所示。

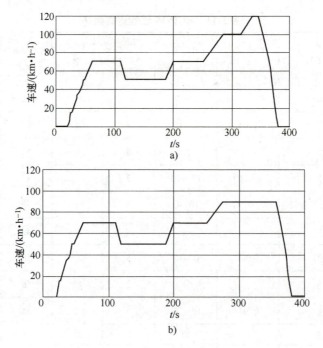

图 5-13 EUDC 的运行曲线

a) EUDC 试验循环 b) 低功率车辆的 EUDC 试验循环

表 5-12 市效运转循环组成工况（2 部）

操作序号	运转状态	工况	加速度/(m·s^{-2})	车速/(km·h^{-1})	每次时间 操作/s	每次时间 工况/s	累计时间/s	手动换档时使用的档位
1	急速	1			20	20	20	$K_1$①
2	加速		0.83	0→15	5		25	1
3	换档				2		27	—
4	加速		0.62	15→35	9		36	2
5	换档	2			2	41	38	—
6	加速		0.52	35~50	8		46	3
7	换档				2		48	—
8	加速		0.43	50→70	13		61	4
9	等速	3		70	50	50	111	5
10	减速	4	-0.69	70→50	8	8	119	4s·5+4s·4
11	等速	5		50	69	69	188	4
12	加速	6	0.43	50→70	13	13	201	4
13	等速	7		70	50	50	251	5
14	加速	8	0.24	70→100	35	35	286	5
15	等速	9		100	30	30	316	5②
16	加速	10	0.28	100→120	20	20	336	5②
17	等速	11		120	10	10	346	5②

(续)

操作序号	运转状态	工况	加速度/(m·s⁻²)	车速/(km·h⁻¹)	每次时间 操作/s	每次时间 工况/s	累计时间/s	手动换档时使用的档位
18	减速	12	-0.69	120→80	16	34	362	5②
19	减速		-1.04	80→0	8		370	5②
20	减速、离合器脱开		-1.39	50→0	10		380	K₅①
21	怠速	13			20	20	400	PM③

① 变速器置 1 档或 5 档，离合器脱开。
② 如果车辆装有多于 5 档的变速器，使用附加档时应与制造厂推荐的相一致。
③ 变速器置空档，离合器接合。

表 5-13　Ⅰ型试验市郊运转循环（低功率发动机）组成工况（2 部）

操作序号	运转状态	工况	加速度/(m·s⁻²)	车速/(km·h⁻¹)	每次时间 操作/s	每次时间 工况/s	累计时间/s	手动换档时使用的档位
1	怠速	1			20	20	20	K₁①
2	加速	2	0.83	0→15	5	41	25	1
3	换档				2		27	—
4	加速		0.62	15→35	9		36	2
5	换档				2		38	—
6	加速		0.52	35→50	8		46	3
7	换档				2		48	—
8	加速		0.43	50→70	13		61	4
9	等速	3		70	50	50	111	5
10	减速	4	-0.69	70→50	8	8	119	4s·5+4s·4
11	等速	5		50	69	69	188	4
12	加速	6	0.43	50→70	13	13	201	4
13	等速	7		70	50	50	251	5
14	加速	8	0.24	70→90	24	24	275	5
15	等速	9		90	83	83	358	5
16	减速	10	-0.69	90→80	4	22	362	5
17	减速		-1.04	80→50	8		370	5
18	减速		-1.39	50→0	10		380	K₅①
19	怠速	11			20	20	400	PM②

① 变速器置 1 档或 5 档，离合器脱开。
② 变速器置空档，离合器接合。

(2) 柴油机排放试验规范　我国目前执行的是 13 工况循环，如表 5-14 所示。

表 5-14 我国汽车及工程机械用柴油机 13 工况循环[①]

工况序号	转速/(r·min^{-1})	负荷率(%)	权重系数
1	急速	0	0.25/3
2	中间转速[②]	10	0.08
3	中间转速	25	0.08
4	中间转速	50	0.08
5	中间转速	75	0.08
6	中间转速	100	0.25
7	急速	0	0.25/3
8	标定转速	100	0.1
9	标定转速	75	0.02
10	标定转速	50	0.02
11	标定转速	25	0.02
12	标定转速	10	0.02
13	急速	0	0.25/3

① 本试验规范用直接取样法取样,用 NDIR 分析 CO、HFID 分析 HC 和 CLD 分析 NO_x。
② 中间转速取标定转速的 60%。

三、汽车排放标准

1. 欧盟的排放标准

欧洲经济委员会（Economic Commission for Europe，ECE）于 1974 年开始实行汽车排放标准,最初的标准只限制 HC 和 CO,于 1977 年的 ECE-15/02 法规中开始限制 NO_x 的排放。从 ECER15/04 法规开始(即 1984 年以后的标准中)对 NO_x 和 HC 的限制采用此二者之和 $NO_x + HC$。目前我国的国家标准及北京地方标准也采用了类似的方法。现将欧盟的轻型汽车和重型汽车用发动机的排放标准分述如下:

(1) 欧盟(EU)的轻型汽车排放标准 1992 年以后欧盟轻型汽车开始实行的四个标准分别称之为欧Ⅰ、欧Ⅱ、欧Ⅲ、欧Ⅳ标准。其限值如表 5-15 和表 5-16 所示,对各种轻型乘用汽车统一于一个排放限值的标准。表中的生效日期指用于新型产品的日期。

表 5-15 EU 乘用汽车(Passenger Cars)排放标准 (单位：g/km)

名称		时间	CO	HC	HC + NO_x	NO_x	PM
柴油机	Euro Ⅰ	1992	2.72	—	0.97	—	0.14
	Euro Ⅱ—IDI	1996	1.0	—	0.7	—	0.08
	Euro Ⅱ—DI	1999	1.0	—	0.9	—	0.10
	Euro Ⅲ	2000.01	0.64	—	0.56	0.50	0.05
	Euro Ⅳ	2005.01	0.50	—	0.30	0.25	0.025
汽油机	Euro Ⅰ	1992	2.72	—	0.97	—	—
	Euro Ⅱ	1996	1.0	—	0.7	—	—
	Euro Ⅲ	2000.01	2.30	0.20	—	0.15	—
	Euro Ⅳ	2005.01	1.0	0.10	—	0.08	—

注：试验规范为：IDI 表示非直喷；DI 表示直喷。

表 5-16　EU 轻型商用车（Commercial Vehicles）排放标准　　（单位：g/km）

种类		标准名称	时间	CO	HC	HC + NO$_x$	NO$_x$	PM
柴油机	N1 < 1305kg	Euro Ⅰ	1994.10	2.72	—	0.97	—	0.14
		Euro Ⅱ	1998.01	1.0	—	0.60	—	0.10
		Euro Ⅲ	2000.01	0.64	—	0.56	0.50	0.05
		Euro Ⅳ	2005.01	0.50	—	0.30	0.25	0.025
	N2 1305～1760kg	Euro Ⅰ	1994.10	5.17	—	1.40	—	0.19
		Euro Ⅱ	1998.01	1.2	—	1.1	—	0.15
		Euro Ⅲ	2002.01	0.80	—	0.72	0.65	0.07
		Euro Ⅳ	2006.01	0.63	—	0.39	0.33	0.04
	N3 > 1760kg	Euro Ⅰ	1994.10	6.90	—	1.70	—	0.25
		Euro Ⅱ	1998.01	1.35	—	1.3	—	0.20
		Euro Ⅲ	2002.01	0.95	—	0.86	0.78	0.10
		Euro Ⅳ	2006.01	0.74	—	0.46	0.39	0.06
汽油机	N1 < 1305kg	Euro Ⅰ	1994.10	2.72	—	0.97	—	—
		Euro Ⅱ	1998.01	2.2	—	0.50	—	—
		Euro Ⅲ	2000.01	2.3	0.20	—	0.15	—
		Euro Ⅳ	2005.01	1.0	0.1	—	0.08	—
	N2 1305～1760kg	Euro Ⅰ	1994.10	5.17	—	1.40	—	—
		Euro Ⅱ	1998.01	4.0	—	0.65	—	—
		Euro Ⅲ	2002.01	4.17	0.25	—	0.18	—
		Euro Ⅳ	2006.01	1.81	0.13	—	0.10	—
	N3 > 1760kg	Euro Ⅰ	1994.10	6.90	—	1.70	—	—
		Euro Ⅱ	1998.01	5.0	—	0.80	—	—
		Euro Ⅲ	2002.01	5.22	0.29	—	0.21	—
		Euro Ⅳ	2006.01	2.27	0.16	—	0.11	—

注：1. N1（<1250kg），N2（1250～1700kg），N3（>1700kg）的车使用标准的1/2。
　　2. N1 指厂定最大总质量不超过 3.5t 的货车。
　　3. N2 指厂定最大总质量超过 3.5t 而不超过 12t 的货车。
　　4. N3 指厂定最大总质量超过 12t 的货车。

（2）欧盟的重型车用发动机排放标准　　1992 年以来欧盟的柴油机和重型汽油、气体发动机的排放标准如表 5-17 和表 5-18 所示。

表 5-17　EU 的重型柴油机排放标准　　[单位：g/(kW·h)]

名称	时间和种类	试验循环	CO	HC	NO$_x$	PM	烟度/m^{-1}
Euro Ⅰ	1992, <85kW	ECE R-49	4.5	1.1	8.0	0.612	
	1992, >85kW		4.5	1.1	8.0	0.36	
Euro Ⅱ	1996,10		4.0	1.1	7.0	0.25	
	1998,10		4.0	1.1	7.0	0.15	

(续)

名称	时间和种类	试验循环	CO	HC	NO_x	PM	烟度/m^{-1}
Euro Ⅲ	1999,10,仅对 EEVs	ESC&ELR	1.5	0.25	2.0	0.02	0.15
	2000,10		2.1	0.66	5.0	0.10 0.13①	0.8
Euro Ⅳ	2005,10		1.5	0.46	3.5	0.02	0.5
Euro Ⅴ	2008,10		1.5	0.46	2.0	0.02	0.5

① 使用于每个气缸的净体积小于 0.75dm^3 和额定功率点转速高于 3000r/min。

表 5-18 EU 的柴油机和重型汽油及气体发动机的排放标准

[单位：g/(kW·h)]

名称	时间和种类	试验循环	CO	NMHC⑤	$CH_4$①	NO_x	PM②
Euro Ⅲ	1999,10,仅对 EEVS④	ETC	3.0	0.40	0.65	2.0	0.02
	2000,10	ETC	5.45	0.78	1.6	5.0	0.16 0.21③
Euro Ⅳ	2005,10		4.0	0.55	1.1	3.5	0.03
Euro Ⅴ	2008,10		4.0	0.55	1.1	2.0	0.03

① 仅适合于天然气发动机。
② 不适用于 2000~2005 年的气体燃料发动机。
③ 使用于每个气缸的净体积小于 0.75dm^3 和额定功率点转速高于 3000r/min。
④ EEVS（Enhanced Environmentally Friendly Vehicles）：超环境友好车。
⑤ NMHC，非甲烷碳氢。

欧盟在 2005 年 1 月 1 日刚刚推行了欧Ⅳ排放标准之后，又制定了更加严格的欧Ⅴ和欧Ⅵ排放标准。位于布鲁塞尔的欧洲议会于 2007 年 2 月通过了欧Ⅴ、欧Ⅵ汽车排放标准。

欧Ⅴ标准主要针对柴油和汽油轿车及轻型商用卡车，而欧Ⅵ标准单独针对柴油轿车。欧Ⅴ和欧Ⅵ排放标准大幅度提高了对轿车和客车在粉尘颗粒及氮氧化合物排放量方面的要求。

按照欧Ⅴ排放标准，柴油轿车的颗粒物排放量将减少 80%，而实行欧Ⅵ标准后，柴油轿车的氮氧化合物排放量将比欧Ⅳ标准减少 68%。欧Ⅴ标准要求从 2009 年 9 月起实行，所有在欧洲销售的柴油车必须加装颗粒物过滤器，欧Ⅵ标准则于 2014 年起实行。

相对于欧Ⅳ标准对面包车较为宽松的要求，欧盟新的排放标准逐步收紧对多人客车的要求，尤其是对越野车和 7 座以上的客车。而近年来流行的 SUV（运动型多功能车）从 2012 年 9 月 1 日起，面临更加严格的排放要求。

欧盟预测：到 2020 年，氮氧化合物的排放量将比单纯执行欧Ⅴ标准减少 24%，由于环境改善而产生的公共卫生效益将比单纯执行欧Ⅴ标准提高 60%~90%。

2. 美国的排放标准

(1) 美国乘用车和轻型货车的排放标准 美国 1990 年的"空气净化行动修改"（Clear Air Act Amendments，CAAA）确定了轻型货车（Light-Duty Vehicles，LDV）的两个标准——Tier1 和 Tier2。1991 年 6 月公布的美国乘用车（Passenger Cars）和轻型货车（Light-Duty）的排放标准 Tier1，于 1997 年执行；Tier2 于 1999 年 12 月通过，部分于 2004 年执行。美国乘用车和轻型货车的排放标准 Tier1、Tier2 分别见表 5-19 和表 5-20。Tier1 标准的适用范围

第五章 汽车技术法规基本内容诠释

为 GVWR＜3856kg 的车辆。Tier2 适用于所有车辆。表 5-20 中增加了 3856kg＜GVWR＜4536kg 的中型乘用车（Medium-Duty Passenger Vehicles，MDPV），MDPV 主要包括多功能运动车（Sport Utility Vehicles，SUV）和轻型客车。GVWR＞3856kg 的商用汽车发动机的认定标准为重型车用发动机标准。表 5-20 共有 8 个级别的永久性限值。其中 NO_x 为车队的平均值限值。汽车制造商可以选择级别中的某个进行认证，但销售的所有车的 NO_x 必须满足限值 0.043496g/km。表 5-20 中标准于 2004～2009 年实施，对于新乘用车和 LDT（Light-Duty Trucks）车，Tier2 标准 2004 年开始部分实施，2007 年全部实施，对于重轻型车 HLDT 和 MDPV 车，Tier2 标准 2008 年开始部分实施，2009 年全部实施。

表 5-19 美国乘用车和轻型货车的排放标准 Tier1　　（单位：g/km）

种类	8046.7km 或 5 年						160934.4km 或 10 年[①]					
	THC[②]	NMHC[③]	CO	NO_x 柴油车	NO_x 汽油车	PM	THC	NMHC	CO	NO_x 柴油车	NO_x 汽油车	PM
乘用车	0.2548	0.1553	2.113	0.621	0.249	0.4971	—	0.193	2.61	0.777	0.373	0.062
LLDT、LVW＜1701kg	—	0.1553	2.113	0.621	0.249	0.4971	0.4971	0.193	2.61	0.777	0.373	0.062
LLDT、LVW＞1701kg	—	0.1988	2.734	—	0.435	0.4971	0.4971	0.249	3.418	0.603	0.603	0.062
HLDT、ALVW＜2608.2kg	0.1988	—	2.734	—	0.435	—	0.4971	0.286	3.977	0.609	0.609	0.062
HLDT、ALVW＞2608.2kg	0.2423	—	3.107	—	0.684	—	0.4971	0.348	4.536	0.951	0.951	0.075

LVW——基准质量（Loaded Vehicle Weight）。
ALVW——校正的基准质量（Adjusted LVW）。
LLDT——轻轻型货车（Light Light-Duty Truck；GVWR＜2722kg）。
HLDT——重轻型货车（Heavy Light-Duty Truck；GVWR≥2722kg）。

① 使用寿命（193121km 或 11 年）适用于所有 HLDT 标准和 THC 限值适用于 LDT；试验方法：FTP75；执行时间：1997 年开始。
② THC——总碳氢。
③ NMHC——非甲烷碳氢。

表 5-20 美国乘用车和轻型货车的排放标准 Tier2　　（单位：g/km）

类别		8046.7km				160934.4km				
		NMOG	CO	NO_x	PM	HCHO	NMOG[⑧]	CO	NO_x[①]	PM	HCHO[⑧]
临时级别	MDPV[④]						0.174	4.536	0.559	0.075	0.0199
	10[②,③,⑤,⑦]	0.078 (0.099)	2.113 (2.734)	0.249	—	0.009 (0.011)	0.097 (0.143)	2.61 (3.977)	0.373	0.05	0.0112 (0.0168)
	9[②,③,⑥]	0.0466 (0.087)	2.113	0.124	—	0.009	0.056 (0.112)	2.61	0.186	0.037	0.0112

（续）

类别		8046.7km					160934.4km				
		NMOG	CO	NO_x	PM	HCHO	NMOG[⑧]	CO	NO_x[①]	PM	HCHO[⑧]
永久级别	8[③]	0.0621 (0.0777)	2.113	0.087	—	0.0093	0.0777 (0.0969)	2.61	0.124	0.012	0.11
	7	0.0466	2.113	0.068	—	0.0093	0.056	2.61	0.093	0.012	0.011
	6	0.0466	2.113	0.05	—	0.0093	0.056	2.61	0.062	0.006	0.011
	5	0.0466	2.113	0.031	—	0.0093	0.056	2.61	0.043	0.006	0.011
	4						0.043	1.305	0.025	0.006	0.007
	3						0.034	1.305	0.019	0.006	0.007
	2						0.006	1.305	0.012	0.006	0.002
	1	—	—	—	—	—	0.000	0.0	0.00	0.00	0.000

① 制造商的车队平均（Average Manufacturer Fleet）NO_x 标准为 0.043g/km。
② 到 2006 年年底结束，对重轻型车（HLDT）到 2008 年。
③ 较高的 NMOG、CO 和 HCHO 限值只适用于重轻型车（HLDT），到 2008 年为止。
④ 一个追加的临时限制中型乘用车 MDPV（Medium-Duty Passenger Vehicles）的级别，到 2008 年为止。
⑤ 0.121g/km（耐久 80467km）和 0.174g/km（耐久 193121km）为适用于资格认证的 LDT4s 和 MDPVs 的任意选择的 NMOG 标准。
⑥ 0.062g/km（80467km）和 0.081g/km（193121km）为适用于资格认证的 LDT2s 任意选择的 NMOG 标准。
⑦ 级别 10 为对于柴油车认证的任意选择的 80467km 标准，试验方法：FTP75。
⑧ NMOG 为非甲烷有机气体；HCHO 为甲醛。

（2）美国的重型柴油车和客车发动机排放标准 美国的重型柴油机（Heavy-Duty Diesel Engines）和城市客车发动机（Urban Bus Engines）排放标准如表 5-21 所示。表 5-21 为联邦 2003 年以前的标准，规定发动机的有效寿命（Light Heavy-Duty Diesel Engines，LHDDE：3856kg ＜ GVWR ＜ 8845kg）为 177027.8km/8 年，MHDDE（Medium Heavy-Duty Diesel Engines：8845kg ＜ GVWR ≤ 14969kg）为 297728.6km/8 年；HHDDE（Heavy Heavy-Duty Diesel Engines（Including Urban Bus）GVWR ＞ 14969kg）为 700064.6km/13 年。重型车用发动机的认证试验为瞬态联邦发动机台架循环试验（Transient FTP Engine Dynamometer Cycle）。测试结果的计量单位为 g/(kW·h)。

表 5-21 美国的重型柴油机和城市客车发动机的排放标准

[单位：g/(kW·h)]

种类	时间	HC	CO	NO_x	PM
重型货车柴油机	1988	1.74	20.78	14.35	0.80
	1990	1.74	20.78	80.5	0.80
	1991	1.74	20.78	6.71	0.34
	1994	1.74	20.78	6.71	0.13
	1998	1.74	20.78	5.36	0.13

（续）

种类	时间	HC	CO	NO_x	PM
城市公交车发动机	1991	1.74	20.78	6.71	0.34
	1993	1.74	20.78	6.71	0.13
	1994	1.74	20.78	6.71	0.09
	1996	1.74	20.78	6.71	0.07[①]
	1998	1.74	20.78	5.36	0.07[①]

① 在用车标准 PM 为 0.09g/(kW·h)。

（3）加州标准 美国的加利福尼亚州（加州）制定有过渡低污染排放法规（CO：2.13g/km，HC：0.078g/km，NO_x：0.25g/km）、低污染排放法规（CO：1.06g/km，HC：0.025g/km，NO_x：0.125g/km）和零污染排放法规（规定到1998年各汽车厂在该州销售的新车中必须有3%的汽车排放为零，即无公害汽车，到2003年将提高到10%），还限制苯和甲醛的排放。

美国政府在排放法规中规定：1994年10%的汽车要达到加利福尼亚州（加州）过渡污染排放法规的要求，1997年要有25%的汽车达到加州低污染排放法规的要求，1998年要有2%的汽车达到加州零污染排放法规要求，2000年要有98%的汽车达到加州低污染排放法规要求。

美国加州空气资源委员会在1990年首次通过零废气排放汽车条例，规定汽车制造商2003年生产的汽车，至少有10%属于零废气排放车型，但这一条例的实施一直受到拖延。

加州空气资源委员会有意要求汽车制造商生产更多油电混合动力车、废气排放量较低的汽车及氢气燃料电池汽车。该委员会建议修改条例要求，包括在2008年前制造250辆燃料电池车，在2005年前生产2.2万辆节能汽车，并逐年增产，到2009年前生产11.75万辆节能汽车，在2012年前生产340万辆低废气排放汽车，在2008年前成立专家小组，审核燃料电池及汽车电池技术的进程。

3. 日本的排放标准

日本汽油及液化石油气乘用车、汽油及液化石油气货车及客车、柴油乘用车、柴油货车及客车的排放标准如表5-22～表5-25所示。汽油、液化石油气、柴油货车及客车分为轻型车（GVW≤1.7t）、中型车（1.7t＜GVW≤2.5t）和重型车（GVW＞2.5t）三类。

表5-22 日本汽油及液化石油气乘用车排放标准

发动机种类	试验规范	污染物	标准值（平均值）			备注
			标准年度	标准值	单位	
4冲程及2冲程	10·15工况	CO	2000年	0.67	g/km	2冲程车已不生产
		HC	2000年	0.08		
		NO_x	2000年	0.08		
	11工况	CO	2000年	19.0	g/试验	
		HC	2000年	2.20		
		NO_x	2000年	1.40		

表 5-23 日本汽油及液化石油气货车及客车排放标准

车辆种类	试验规范	污染物	标准值(平均值)				单位	备注
			标准年度	标准值	标准年度	标准值		
4冲程轻型汽车	10·15工况	CO	1998年	6.50	2002年	3.30	g/km	标准开始生效时间2002.10.1
		HC	1998年	0.25	2002年	0.13		
		NO_x	1998年	0.25	2002年	0.13		
	11工况	CO	1998年	76.00	2002年	38.0	g/试验	
		HC	1998年	7.00	2002年	3.50		
		NO_x	1998年	4.40	2002年	2.20		
2冲程轻型汽车	10·15工况	CO	1975年	13.00			g/km	已不生产
		HC	1975年	12.00				
		NO_x	1975年	0.30				
	11工况	CO	1975年	100.00			g/试验	
		HC	1975年	50.00				
		NO_x	1975年	2.50				
轻型车(GVW≤1.7t)	10·15工况	CO	2000年	0.67			g/km	
		HC	2000年	0.08				
		NO_x	2000年	0.08				
	11工况	CO	2000年	19.00			g/试验	
		HC	2000年	2.20				
		NO_x	2000年	1.40				
中型车(1.7t<GVW≤2.5t)	10·15工况	CO	1998年	6.50	2001年	2.10	g/km	2001年用质量区分
		HC	1998年	0.25	2001年	0.08		
		NO_x	1994年	0.40	2001年	0.13		
	11工况	CO	1998年	76.00	2001年	24.0	g/试验	
		HC	1998年	7.0	2001年	2.20		
		NO_x	1994年	5.00	2001年	1.60		
重型车(GVW>2.5t)	G13工况	CO	1998年	51.00	2001年	16.0	g/(kW·h)	
		HC	1998年	1.80	2001年	0.58		
		NO_x	1995年	4.50	2001年	1.40		

表 5-24 日本柴油乘用车排放标准

试验规范	污染物		标准值(平均值)				单位	备注
			标准年度	标准值	标准年度	标准值		
10·15工况	CO		1986年	2.10	2002年	0.63	g/km	
	HC		1986年	0.40	2002年	0.12		
	NO_x	小型	1997年	0.40	2002年	0.28		
		中型	1998年	0.40	2002年	0.30		
	PM	小型	1997年	0.08	2002年	0.052		
		中型	1998年	0.08	2002年	0.056		

第五章 汽车技术法规基本内容诠释

表 5-25 日本柴油货车及客车排放标准

车辆种类	试验规范	污染物	标准值(平均值)				单位	备 注
			标准年度	标准值	标准年度	标准值		
轻型车 (GVW≤1.7t)	10·15 工况	CO	1998 年	2.10	2002 年	0.63	g/km	
		HC	1988 年	0.40	2002 年	0.12		
		NO_x	1997 年	0.40	2002 年	0.28		
		PM	1997 年	0.08	2002 年	0.052		
中型车 (1.7t<GVW ≤2.5t)	10·15 工况	CO	1993 年	2.10	2003 年	0.63	g/km	1997 年手动变速器车 1998 年自动变速器车
		HC	1993 年	0.40	2003 年	0.12		
		NO_x	1997、1998 年	0.70	2003 年	0.49		
		PM	1997、1998 年	0.09	2003 年	0.06		
重型车 (GVW<2.5t)	D13 工况	CO	1994 年	7.40	2003、2004 年	2.22	g/(kW·h)	1997 年: 2.5t<GVW≤3.5t 1998 年: 3.5t<GVW≤12t 1999 年:12t<GVW 2003 年: 2.5t<GVW≤12t 2004 年:12t<GVW
		HC	1994 年	2.90	2003、2004 年	0.87		
		NO_x	1997~1999 年	4.50	2003、2004 年	3.38		
		PM	1997~1999 年	0.25	2003、2004 年	0.18		

4. 我国的排放标准

同发达国家相比,我国的汽车尾气排放控制起步较晚,从 1980 年起,我国才开始着手制定适合我国国情的排放法规。国家环保局和国家质量监督检验局于 2001 年 4 月 16 日颁布了 GB 18352.1—2001《轻型汽车污染物排放限值及测量方法(Ⅰ)》,GB 18352.2—2001《轻型汽车污染物排放限值及测量方法(Ⅱ)》,标准等效采用了欧洲经济委员会的排放法规和欧洲联盟关于防止汽车排放污染大气的法律的全部技术内容。明确标准的限值和测试方法等同于欧Ⅱ法规,使我国的排放标准体系实现了与国际接轨。标准适用于无铅汽油(铅浓度小于 5mg/L)的点燃式发动机的 M1 类、M2 类、N1 类、N2 类的各种车辆。

GB 18352.1—2001 和 GB 18352.2—2001 规定了我国轻型汽车的排放标准限值和执行日期,如表 5-26 和表 5-27 所示。GB 17691—2001 规定了我国车用压燃式发动机排气污染物排放限值,并于 2005 年进行了修订,发布 GB 17691—2005,适用于国Ⅲ、Ⅳ、Ⅴ阶段,见表 5-28。

表 5-26 我国轻型汽车排放标准限值(GB 18352.1—2001) (单位:g/km)

车辆类型	基准质量 RM/kg	限 值						执行时间
		一氧化碳 (CO)L_2		碳氢化合物+氮氧化物		颗粒物[①] (PM)L_2		
		点燃式 发动机	压燃式 发动机	点燃式 发动机	非直喷 压燃式 发动机	直喷 压燃式 发动机	非直喷 压燃式 发动机	直喷 压燃式 发动机	
第一类车	全部	2.72(3.16)[④]		0.97 (1.13)	1.36[②] (1.58)		0.14 (0.18)	0.20[②] (0.25)	2000.1.1 (2000.7.1)

(续)

车辆类型	基准质量 RM/kg	限值						执行时间
		一氧化碳 (CO)L_2		碳氢化合物+氮氧化物			颗粒物① (PM)L_2	
		点燃式发动机	压燃式发动机	点燃式发动机	非直喷压燃式发动机	直喷压燃式发动机	非直喷压燃式发动机	直喷压燃式发动机	
第二类车	RM≤1250	2.72(3.16)		0.97(1.13)	1.36②(1.58)	0.14(0.18)	0.20②(0.25)	2001.1.1 (2001.10.1)
	1250<RM≥1700	5.17(6.00)		1.40(1.60)	1.96③(2.24)	0.19(0.22)	0.27③(0.31)	
	RM≥1700	6.90(8.00)		1.70(2.00)	2.38③(2.80)	0.25(0.29)	0.35③(0.41)	

① 只适用于装用压燃式发动机的车辆。
② 表中所列的以直喷式柴油机为动力的车辆的排放限值的有效期为2年。
③ 表中所列的以直喷式柴油机为动力的车辆的排放限值的有效期为1年。
④ 括号外数据和时间为认证试验限值和执行时间，括号内数据和时间为一致性检查限值和执行时间。

表 5-27 我国轻型汽车污染物排放限值（GB 18352.2—2001） （单位：g/km）

车辆类型	基准质量 RM/kg	限值						执行时间
		一氧化碳 (CO)L_2		碳氢化合物+氮氧化物			颗粒物① (PM)L_2	
		点燃式发动机	压燃式发动机	点燃式发动机	非直喷压燃式发动机	直喷压燃式发动机	非直喷压燃式发动机	直喷压燃式发动机	
第一类车	全部	2.2	1.0	0.5	0.7	0.9	0.08	0.10	2004.7.1 2005.7.1①
第二类车	RM≤1250	2.2	1.0	0.5	0.7	0.9	0.08	0.10	2005.7.1 2006.7.1①
	1250<RM≥1700	4.0	1.25	0.6	1.0	1.3	1.12	0.14	
	RM≥1700	5.0	1.5	0.7	1.2	1.6	0.17	0.20	

① 括号内为产品一致性检查执行时间。

表 5-28 我国车用压燃式发动机排气污染物排放限值（GB 17691—2005）

[单位：g/(kW·h)]

项目	实施阶段	实施日期	一氧化碳 (CO)	碳氢化合物 (HC)	氮氧化合物 (NO_x)	颗粒物	
						≤85kW	>85kW
形式认证	1	2000.9.1	4.5	1.1	8.0	0.61	0.36
	2	2003.9.1	4.0	1.1	7.0	0.15	0.15

中国自2008年8月1日起，全面实施轻型汽车Ⅲ号排放标准。国Ⅳ排放标准原定自

2011 年起实施。

国际经验表明，汽车从欧Ⅰ标准提高到欧Ⅱ标准，技术上没有质的变化，产品改进不复杂，对汽车结构的变动也不大。

实行国Ⅲ排放标准，对汽车的整体性能提出了更高的要求，如提高发动机技术，增加专门监测排放控制系统工作状态的车载诊断系统（简称 OBD），将三元催化转化器由一个增加到两个。

但要从欧Ⅲ再提高到欧Ⅳ标准则是脱胎换骨的事情。国Ⅳ除了要对现有的燃油进一步提纯，以使其中硫化物含量更低以外，对汽车发动机和尾气处理也提出了更高的要求，单纯的尾气催化净化处理已经比较难以满足要求，必须要将电控燃油喷射系统重新匹配，以及对催化器配方重新标定，加入贵金属元素才行。同时配以缸内汽油直接喷射、可变进气系统（VVT）和多气门结构等发动机新技术。

2008 年 3 月 1 日，北京已先于全国正式实施轻型车国Ⅳ排放标准。据测算，提前实施机动车"国Ⅳ标准"后，轻型汽车单车污染物排放将进一步降低 50% 左右，中型汽车单车排放可进一步降低 30% 左右，颗粒物排放更可降低 80% 以上，对减少机动车污染排放，改善空气环境质量将起到显著作用。

与欧Ⅴ标准类似的国家五阶段机动车排放标准（以下简称国Ⅴ标准），原计划于 2012 年全面实施。

2009 年 9 月 1 日起，欧盟国家正式实施最新的欧Ⅴ标准，欧Ⅴ要比欧Ⅳ严格得多，并且其尾气的清洁度也要远远高于欧Ⅳ汽车的排放。

如前所指，北京、上海等地区已经开始提前实施国Ⅳ标准，从 2010 年 7 月 1 日起，未满足国家四阶段机动车排放标准（以下简称国Ⅳ标准）的新车已经无法进入工信部的新车目录，也就是说从 2011 年 7 月 1 日起，全国销售的乘用车等轻型车辆必须符合国Ⅳ标准，届时，中国车市将全面进入国Ⅳ时代。

第三节　汽车噪声法规

噪声即吵闹之声，或嘈杂之声，是所有不愉快的声音的统称。噪声也是一种使人感到痛苦与伤害耳朵的声响，噪声甚至会对人的神经产生影响。据美国的调查，当噪声达到 95 dB 时对大约 10% 的人的神经产生严重影响，甚至会使有的人得精神病。

总之，噪声是影响面最广的一种环境污染，它对人们的心理和生理都有不良的影响和危害。从产生噪声污染的声源来看，噪声源主要有工业噪声、交通噪声、建筑噪声和生活噪声四类。随着现代交通运输的飞速发展，交通噪声特别是汽车噪声已成为现代城市环境中最主要的噪声来源。国外研究表明，城市环境噪声的 70% 来自汽车噪声。此外，在当今广泛兴建的高速公路上，由于公路路面抬高，车辆行驶速度加快，汽车噪声能传播到一向安静的郊外和农村，致使其影响遍及各个地区。

汽车的噪声属于综合噪声。汽车所产生的这种综合噪声的声源主要包括：发动机的机械噪声、燃烧噪声、进排气噪声和风扇噪声，底盘的机械噪声、传动噪声和轮胎噪声，车厢振动噪声，货物撞击噪声，喇叭噪声和转向、倒车时的蜂鸣声，汽车防盗器的误鸣等。

一、噪声限值标准

噪声对人体的危害是多方面的，长期暴露在强噪声环境中，会诱发各种疾病。噪声对中枢神经系统、心血管系统、消化系统的影响表现在多种症状上，如头痛、头晕、脑涨、耳鸣、多梦、失眠、记忆力衰退等，也有出现心律不齐、血压变化、心电图 T 波升高等现象。

鉴于噪声对人们的不良影响，许多国家都制定了汽车噪声限制标准，但严格程度各不相同。例如，日本早在 1967 年就制定颁布了《公害对策基本法》，并于 1968 年颁布实施了《噪声限制法规》。在这些法规中都规定了汽车噪声限制标准（表 5-29），并且这些法规不断得到修改和补充，其要求也日益严格。

表 5-30 列出了 EEC 汽车噪声排放的限值和公差。

表 5-29 日本汽车噪声限制（新车）标准　　　　　　　　　　　　　　［单位:dB(A)］

项目 年代 汽车种类		正常行驶噪声	接近排气噪声	加速行驶噪声								
		1971	1986	1971	1976	1977	1979	1982	1983	1984	1985	1986	1987
载货汽车	最大质量 3.5t 以上，最大功率 148kW 以上	80	107	92	89	89	86	86	86	83	83	83	83
大客车	最大质量 3.5t 以上，最大功率 148kW 以下	78	105	89	87	87	86	86	83	83	83	83	83
汽车	最大质量 3.5t 以下	74	103	85	85	83	81	81	81	78	78	78	78
轿车		70	103	84	84	82	81	78	78	78	78	78	78

表 5-30 EEC 汽车噪声排放的限值和公差　　　　　　　　　　　　　　［单位:dB(A)］

汽车类别		92/97/EEC 自 1995 年 10 月
轿车	火花塞点火或柴油发动机	74 +1
	—直接喷射柴油发动机	75 +1
货车和大客车	允许总质量 2t 以下	76 +1
	—直接喷射柴油发动机	77 +1
	允许总质量 2～3.5t	76 +1
	—直接喷射柴油发动机	77 +1
大客车	允许总质量 3.5t 以上 —发动机输出功率≤150kW	78 +1
	—发动机输出功率＞150kW	80 +1
货车	允许总质量 2～3.5t	76 +1
	—直接喷射柴油发动机	77 +1
	允许总质量 3.5t 以上（FMVSS/CUR:2.8t 以上） —发动机输出功率≤75kW	77 +1
	—发动机输出功率≤150kW	78 +1
	—发动机输出功率＞150kW	80 +1

注：高限值适用于越野车和四轮驱动车。补充噪声限值用于发动机制动和气压装置。

我国在 2001 年前执行的汽车噪声限值为 GB 1495—1979《机动车辆允许噪声》。该标准由国家标准总局发布，1979 年 7 月 1 日试行，该标准规定了各类机动车辆加速行驶时，车外最大允许噪声级。现行的为 GB 1495—2002《汽车加速行驶车外噪声限值及测量方法》，如表 5-31 所示。

表 5-31　我国汽车加速行驶车外噪声限值

汽车分类	噪声限值/dB(A)	
	第一阶段 2002.10.1～2004.12.30 期间生产的汽车	第二阶段 2005.1.1 以后 生产的汽车
M1	77	74
M2（GVM①≤3.5t），或 N1（GVM≤3.5t）： GVM≤2t 2t＜GVM≤3.5t	78 79	76 77
M2（3.5t＜GVM≤5.5t），或 N3（GVM＞5t）： $P^{②}$＜150kW P≥150kW	82 85	80 83
N2（3.5t＜GVM≤12t），或 N3（GVM＞12t） P＜75kW 75kW≤P＜150kW P≥150kW	83 86 88	81 83 84

注：1. M1，M2（GVM≤3.5t）和 N1 类汽车装用直喷式柴油机时，其限值增加 1dB(A)。
　　2. 对于越野汽车，其 GVM＞2t 时：
　　　　如果 P＜150kW，其限值增加 1dB(A)；
　　　　如果 P≥150kW，其限值增加 2dB(A)。
　　3. M1 类汽车，若其变速器前进位档数多于 4 个，P＞140kW，P/GVM 之比大于 75kW/t，并且用第三档测试时其尾端出线的速度大于 61km/h，其限值增加 1dB(A)。
① GVM 为最大总质量。
② P 为发动机额定功率。

该标准规定了汽车加速行驶车外噪声限值，表 5-31 中的 GVM（最大总质量）是指汽车制造厂规定的技术上允许的车辆最大质量，P 为发动机额定功率。

国家环境保护总局与国家质量监督检验检疫总局于 2002 年 1 月联合发布：第一阶段噪声限值于 2002 年 10 月 1 日开始实施，第二阶段噪声限值于 2005 年 1 月 1 日开始实施，标准要求所有已定型的新生产汽车和拟新定型的汽车应达到标准规定的限值。

二、噪声测量方法

1. 测量场地

车外噪声测量场地布置示意图如图 5-14 所示，AA' 和 BB' 以内 20m 的区域为测量区，在测量区中心线两侧 7.5m 处放置拾音传声器，传声器离地高度为 1.2m。测量场地为半径 50m 以上的开阔地，其内不得有较大反射物，如建筑物墙壁等。测量场地内应有 20m 以上的平直、干燥的沥青路面或混凝土路面，坡度不超过0.5%的跑道。测量区域内的环境噪声（含风噪声）应至少低于车辆噪声10dB(A)。

2. 加速行驶车外噪声测量

车辆以稳定速度行驶，当其前端驶抵AA'线时，应立即全开节气门，车辆加速驶过测量区段。当车辆后端驶离BB'线时，迅速关闭节气门，读出两侧声级值。为使测量结果具有可比性和重复性，各种车辆前端抵达AA'线时的档位或稳定车速规定如下：

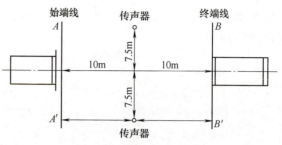

图 5-14 车外噪声测量场地布置

1）档位。前进档有4个档以上的车辆用第3档。前进位档数为4个或4个以下者用第2档。自动换档车辆使用在测量区段中加速最快的档位。

2）发动机转速。为发动机标定转速的3/4，如果此时车速超过50km/h，则车辆应以50km/h的稳定初速驶过始端线AA'。

测量时要求在后半测量区段（10m）内发动机被加速到标定转速，如果车辆达不到此要求，可将后半测量区的10m延长到15m，如仍达不到此要求，可将档位降低一档。相反，如果在后半测量段发动机转速超过了标定转速，可适当降低驶抵起始线的初速度。

测量往返进行一次，同侧的两次测量结果之差不得超过2dB(A)，取每侧两次声级平均值中较大者作为测量结果。

3. 正常行驶车外噪声测量

测量场地要求同上，车辆以常用档位、50km/h的稳定车速驶过测量区段，读取车辆驶过测量区段的声级最大值。同样，往返各进行一次测量，同侧两次结果之差不得超过2dB(A)，取每侧两次平均值中较大者作为正常行驶车外噪声测量结果。

第四节 汽车油耗法规

一、日本汽车的油耗规定

1993年日本规定了汽油乘用车2000年度燃料消耗标准为13.5km/L(7.4L/100km)。

关于日本汽车2000年以后的油耗标准，1998年被规定，按照车辆重量区分，把1995年油耗最低车实际值设定为基准，设定了2010年度汽油轿车油耗标准。

例如，日本汽油轿车1995年度的实际油耗平均值为12.3km/L(8.13L/100km)，对应的2010年规定平均值为15.1km/L(6.62L/100km)，规定提高率为22.8%。车辆载质量2.5t以下的轻型货车1995年实际油耗平均值为14.4km/L(6.94L/100km)，对应的规定值为16.3km/L(6.13L/100km)，提高率为13.2%，以上全部的平均实际值为12.6km/L(7.94L/100km)，规定基准值为15.3km/L(6.54L/100km)，提高率为21.4%。

除此之外的柴油汽车，同样按照1995年的实际值基准，确定了2010年按重量划分的标准值。1995年实际油耗平均值为10.7km/L(9.9L/100km)，与此对应的2010年目标平均值为12.1km/L(8.62L/100km) 平均提高率为13.1%。

二、美国汽车的油耗标准

在美国,自第二次石油危机后的1978年,政府制定企业平均燃料经济法规(Corporate Average Fuel Economy,CAFE),汽车厂商在美国所销售车的油耗平均值因乘用车、轻型货车等的车种不同而定,没有达到规定值时,每差0.1mile/gal(0.04km/L),每年每销售1辆罚款5美元。关于乘用车的油耗规定值,1978年为18.0mile/gal(7.65km/L),后来稍稍有些变化,到1990年以后,一直采用27.5mile/gal(11.7km/L)的标准(表5-32)。

表5-32 美国各不同汽车厂商油耗规定值的变化

年份	油耗/(mile·gal^{-1})	油耗/(km·L^{-1})	油耗/[L·(100km)$^{-1}$]	年份	油耗/(mile·gal^{-1})	油耗/(km·L^{-1})	油耗/[L·(100km)$^{-1}$]
1978	18.0	7.65	13.07	1985	27.5	11.69	8.55
1979	19.0	8.08	12.38	1986	26.0	11.05	9.05
1980	20.0	8.50	11.76	1987	26.0	11.05	9.05
1981	22.0	9.35	10.69	1988	26.0	11.05	9.05
1982	24.0	10.20	9.80	1989	26.5	11.27	8.88
1983	26.0	11.05	9.05	1990	27.5	11.69	8.55
1984	27.0	11.48	8.71	1991~	↑	↑	↑

日本汽车厂商并不反对这个规定,戴姆勒-奔驰公司等高级车厂商曾经反对过,后来戴姆勒-奔驰公司开始响应这个规定,竭力减少耗油率,增加了耗油少的小型A类车的生产。

美国对耗油量特别大的,规定在22.5mile/gal(9.56km/L)以下的汽车,根据耗油程度的轻重相应课以1000美元~7700美元的汽油消费税(Gas Guzzler Tax)(表5-33)。

表5-33 美国的汽油消费税与油耗的关系

油耗/(mile·gal^{-1})	汽车消费税/美元	油耗/(mile·gal^{-1})	汽车消费税/美元
~<12.5	7700	17.5≤~<18.5	2600
12.5≤~<13.5	6400	18.5≤~<19.5	2100
13.5≤~<14.5	5400	19.5≤~<20.5	1700
14.5≤~<15.5	4500	20.5≤~<21.5	1300
15.5≤~<16.5	3700	21.5≤~<22.5	1000
16.5≤~<17.5	3000	22.5≤~	0

从表5-33可明显地看到,CAFE是鼓励美国国产车向低耗油量方向发展的一项政策。1981年的尾气制度强化时,其耗油量稍微有增加的趋势,但后来随着油价的上涨,耗油量又渐渐降低,最终达到了规定的标准值。

三、欧盟(EU)汽车的油耗目标值

1998年,EU议会对汽车油耗提出了目标值,就是:2005年汽油汽车为5.1L/100km(19.6km/L)、柴油汽车 4.5L/100km(22.2km/L),2010 年汽油汽车为 3.8L/100km

（26.3km/L）、柴油汽车 3.4L/100km（28.4km/L）。

生产高级车的戴姆勒-克莱斯勒公司开始将小型 A 类车投入市场，竭力降低平均油耗。尽快缩短和 EU 平均的差距，2 人座 Mini 车在子公司生产，但计入戴姆勒-克莱斯勒公司的生产，有助于减少平均耗油量。

四、我国的燃料消耗量限值

由国家质检总局和国家标准化管理委员会联合发布的中国汽车行业首个油耗强制性国家标准《乘用车燃料消耗量限值》（GB 19578—2004）于 2004 年 10 月 28 日出台。该标准按照整车整备质量对乘用车燃料消耗量的限值提出了要求，具体要求如表 5-34 所示。比如一辆整车整备质量为 1t 的乘用车在第一阶段的燃料消耗限值是 8.3L/100km，第二阶段是 7.5L/100km。

表 5-34　整车整备质量对乘用车燃料消耗量的限值及执行阶段的对应关系

（单位：L/100km）

整车整备质量(CM)/kg	第一阶段	第二阶段
$CM \leq 750$	7.2	6.2
$750 < CM \leq 865$	7.2	6.5
$865 < CM \leq 980$	7.7	7.0
$980 < CM \leq 1090$	8.3	7.5
$1090 < CM \leq 1205$	8.9	8.1
$1205 < CM \leq 1320$	9.5	8.6
$1320 < CM \leq 1430$	10.1	9.2
$1430 < CM \leq 1540$	10.7	9.7
$1540 < CM \leq 1660$	11.3	10.2
$1660 < CM \leq 1770$	11.9	10.7
$1770 < CM \leq 1880$	12.4	11.1
$1880 < CM \leq 2000$	12.8	11.5
$2000 < CM \leq 2110$	13.2	11.9
$2110 < CM \leq 2280$	13.7	12.3
$2280 < CM \leq 2510$	14.6	13.1
$2510 < CM$	15.5	13.9

该标准分两个阶段实施，对于新开发车型，第一阶段的执行日期为 2005 年 7 月 1 日，第二阶段的执行日期为 2008 年 1 月 1 日；正在生产的车型分别比新开发车型推迟一年实施，第一阶段的执行日期为 2006 年 7 月 1 日，第二阶段的执行日期为 2009 年 1 月 1 日。届时没有达到标准的车辆将被禁止生产和销售。

五、我国油耗法规与国际对接

按我国《乘用车燃料消耗量限值》国家标准，第二阶段限值是在第一阶段限值基础上加严约 10%，但依然落后于 2007 年世界各国轿车的平均油耗水平。2007 年的统计数据表明，当年中国汽车的平均油耗大约为 8.06L/100km，而当年欧洲的这个数据是 7.05L/100km，日本的数据是 5.04L/100km。

在第一、第二阶段，我国的限定标准与美国标准有多种差别和差距：一是美国的标准针对的是企业所有车辆的平均油耗（CAFE），而我国的油耗限值是针对具体的车辆；二是虽然美国实行的是每加仑汽油能跑的英里数，而我国实行的是百公里油耗，存在测试方法的细节问题，但我国的油耗标准和美国折算后的油耗标准差距还是明显的。

为了缩短差距，我国《第三阶段乘用车燃料消耗量评价方法及指标》标准规定，到2015年全国乘用车平均燃料消耗量降为6.9L/100km，与美国的油耗新标准基本相当。

美国政府在2010年4月初公布的汽车燃油经济性（CAFE）新标准，规定在美国销售的2016款轻型车（包括轿车、SUV、皮卡及小型厢式车）平均燃油经济性由2011年款车型的27.3mile/gal（约合8.6L/100km），提升为35.5mile/gal（约合6.6L/100km），与我国工信部规定的2016年车企平均燃料消耗量目标值6.7L/100km相差无几。

值得关注的是，我国的第三阶段油耗标准已经考虑到与国际对接的因素，对"车型燃料消耗量目标值"将以企业作为标准评价的对象，在实施上也采取车企逐年改善的灵活方式，这与美国的做法比较类似，两者的区别在于：美国的方法是统计一家整车厂一年中在美国境内所售出的全部轻型车数量，按车型权重计算出平均油耗，而在国产车领域第三阶段标准采用的是汽车企业的产量而非销量来计算平均油耗。

第六章

汽车技术法规发展趋势

第一节 提出更严格的汽车技术法规

目前全球汽车业的发展趋势是：提出更严格的汽车技术法规（节能、环保、安全）。新的法规性标准成了汽车产业竞争的主要内容。

据了解，美国一直在降低汽车燃油消耗，早在2007年年底，美国众议院就通过了自1975年以来的首个能源法案，以提高汽车燃油效率，降低燃油消耗，时任美国总统布什签署了《美国新能源法》，要求美国汽车行业在2020年前把汽车燃油效率提高40%，并大幅增加乙醇等生物燃料的添加比例。如果实现这一目标，到2030年美国进口的原油每年将减少400万桶，1年就减少2亿多t，相当于当时美国进口原油的2/5。

2012年8月，在奥巴马任总统期间，美国政府出台了《企业平均燃油经济性法（CAFE）》按照新标准，美国市场上2022~2025款新车的燃油经济性平均值应当达到50mil/gal，约合百公里4.7L油耗。

另外，2009年，美国轿车、轻型车开始强制推行汽车碰撞新标准。发生汽车侧面碰撞事故，有可能造成汽车漏油而引发大火，造成人身伤亡。为了减少这种危险，美国政府制定了新的汽车安全标准，要求乘用车必须通过严格的碰撞试验，例如，后面碰撞试验速度从30km/h提高到50km/h，改变后面碰撞角，以更准确地反映真实情况。侧面碰撞试验速度也从20km/h提高到33.5km/h。发生碰撞时燃油泄漏不能超过28g/min，发生碰撞后5min内不能超过140g/min，之后25min内燃油泄漏都不能超过28g/min。虽然发生大火的可能性不大，但一旦发生，其后果非常严重，据美国政府部门统计，每年约1.5万人在汽车大火中受伤或死亡，当然，并不完全是由于后面碰撞引起的。

这次法规更新迫使汽车制造商花费几年时间对燃油系统或其他结构进行重新设计，更新费用每年超过4000万美元。

据媒体报道，日本施行了严格的汽车废气排放标准，2008年7月时任日本首相福田康夫代表日本政府宣布：与2005年相比，日本的CO_2排放量将在2020年之前减少14%；在2050年之前减少60%~80%。

2007年2月，欧洲议会通过了有关新的汽车排放标准——欧V和欧Ⅵ标准，进一步提高对于汽车排放量的限制，尤其是粉尘颗粒和氮氧化合物的排放。按照欧V排放标准，柴油轿车的颗粒物排放量减少了80%，而实行欧Ⅵ标准后，柴油轿车的氮氧化物排放量将再减少68%。

由此可见，美国、欧洲、日本等国家和地区排放和油耗法规越来越严格，我国也将推出新的更严格的油耗和排放法规，争取到2020年，我国汽车排放和油耗标准达到国际先进

第六章 汽车技术法规发展趋势

水平。

1. 排放法规升级

如前所指，中国自 2007 年 7 月 1 日起全面实施轻型汽车国三排放标准。按照 GB 17691—2005 的规定，国四排放标准应从 2010 年 7 月 1 日起实施。

另外，根据环境保护部（以下简称环保部）2012 年 1 月发布的《关于实施国家第四阶段车用压燃式发动机与汽车污染物排放标准的公告》的规定，国四标准从 2013 年 7 月 1 日起实施，从 2013 年 7 月 1 日起，所有生产、进口、销售和注册登记的车用压燃式发动机（主要指重型柴油发动机），必须符合国四标准。

2013 年 7 月 1 日之后，北京、上海、广州以及蚌埠、泉州、湛江等全国约 1/3 的地区宣布如期实施该标准，但就全国范围来说，由于种种原因，其实施时间一再被拖延。

由于排放升级已是汽车企业当务之急，环保部规定重型柴油车于 2017 年 1 月 1 日起正式实施与欧 V 标准类似的国家五阶段机动车排放标准（以下简称国五排放标准），轻型柴油车也于 2018 年 1 月 1 日起实施国五排放标准。

2016 年进入寒冬，雾霾肆虐中国大部分地区，其中 2016 年 12 月 16 日到 21 日的雾霾覆盖近 1/5 的国土，包括北京在内的 20 余个城市启动红色预警，100 多个城市的空气质量日均值达重度以上污染。

上述雾霾范围广、污染程度重，加剧了公众对空气质量的焦虑。在此背景下，2016 年 12 月 23 日环保部发布《轻型汽车污染物排放限值及测量方法（中国第六阶段）》（以下简称轻型汽车国六标准），自 2020 年 7 月 1 日起所有销售和注册登记的轻型汽车应符合本标准 6a 限值要求；自 2023 年 7 月 1 日起所有销售和注册登记的轻型汽车应符合本标准 6b 限值要求。

轻型汽车国六标准基于全球技术法规基础，引入欧洲标准和美国标准的先进内容，考虑了我国的环境质量改善要求，形成了一个全新的自主技术标准。

与国五标准相比，轻型汽车国六标准采用了更高的技术路线，仅从限值水平来看，国六 a 阶段限值略严于欧洲第六阶段排放标准限值水平，比美国 Tier 3 排放标准限值的要求宽松；国六 b 阶段限值基本相当于美国 Tier 3 排放标准中规定的 2020 年年末平均限值。如果考虑到测试程序的不同等，可以说轻型汽车国六标准是目前世界上最严格的排放标准之一。

此次出台的轻型汽车国六标准适用于最大总质量不超过 3500kg 的 M1 类、M2 类和 N1 类汽车。因燃料类型不同，轻型汽车包括轻型汽油车、轻型燃气车、轻型柴油车和轻型两用燃料汽车。

与国四、国五标准相比，轻型汽车国六标准在技术上又加大了提升幅度。据悉，轻型汽车国六标准主要改进催化转化器中的催化剂，改进燃油系统及密封性等。

相比国五标准，轻型汽车国六标准限值要求加严了 40%～50% 左右。而且根据燃料中立原则，对汽、柴油车采用相同的要求，实施国六标准后，汽车燃油供油系统需升级，以往的机械泵必须切换成高压共轨系统。机械泵一般喷射压力最高也才 1600bar，而国六喷射压力必须达到 2200bar 以上。除了能够轻松达到喷射压力要求，高压共轨系统的喷射次数和喷射精度也远远高于机械泵，这也是柴油汽车单车升级大幅度增加成本的重要因素之一，有专家估计，实施轻型汽车国六标准，轻型汽油车单车升级成本约需 1200 元，轻型柴油车单车升级成本约需 4000 元。

轻型汽车国六标准加严蒸发排放控制要求，国五排放标准要求，估测汽油车单车年均油气挥发 8.8kg 左右，而国六排放标准对汽油蒸发排放控制提出了严格要求，同时还要求车辆安装 ORVR（油气在线回收装置），增加对加油过程的油气控制。此外，实施轻型汽车国六标准后车辆都要加入车载诊断系统（OBD），全面提升对车辆排放状态的实时监控能力。OBD 系统一旦发现燃油系统排放不达标，第一步会减少燃油的供应，如果不加以纠正的话，就停止燃油供应从而导致汽车无法工作。

可见，排放标准的加速升级，在某种程度上也在倒逼我国汽车技术的进步。

2. 逐步降低平均燃料消耗量

2013 年 3 月，工信部、发改委、商务部、海关总署和国家质检总局联合发布的《国务院关于印发节能与新能源汽车产业发展规划（2012～2020 年）的通知》中指出：为进一步完善汽车节能管理制度，逐步降低我国乘用车产品平均消耗量，要实现 2015 年和 2020 年，我国乘用车产品平均燃料消耗量降至 6.9L/100km 和 5.0L/100km 的目标。

考虑到企业降耗任务较重，工信部发布的油耗新规为企业设定了每年油耗达标值，目标由松至紧——从 2016 年到 2020 年，工信部为当年生产乘用车设立的平均油耗目标分别为百公里 6.7L、6.4L、6L、5.5L 和 5L，然而，即使油耗限值的推进过程是循序渐进的，但从 2015 年平均燃料消耗量实际值的上升情况来看，各车企面临的现实状况仍然艰巨。

根据工信部公布的数据显示，2015 年度行业平均燃料消耗量实际值高于国家规定目标值（6.9L/100km）要求的 15.5%。从企业层面统计，在 116 家车企中，仅有 30 家车企的平均燃料消耗量实际值低于 6.9L/100km，其中合资车企占 10 家，自主车企占 20 家，进口车企"全军覆没"。

对于这一结果，全国乘用车市场信息联席会秘书长崔东树并未感到意外，他表示，SUV 仍然处于火热期，企业的生产结构也以 SUV 为主，这势必导致企业燃油消耗量水平上升。

2014 年 10 月，工信部、发改委、海关总署和国家质检总局联合发布了《关于加强乘用车企业平均燃料消耗量管理的通知》对乘用车平均燃料消耗量不达标的车企将采取包括公开通报、暂停受理不达标新产品申报、暂停生产项目的新建扩建审批等惩罚措施。崔东树表示，从 2015 年的情况来看，若严格按照燃油消耗量目标界定，接近 3/4 的企业都应受到相应惩罚。

为达到 2020 年乘用车平均燃料消耗量 5L/100km 的整体目标，我国已从 2016 年起正式实施第四阶段燃油消耗标准，2016 年的乘用车平均油耗目标为百公里 6.7L。值得欣喜的是：若以当年乘用车平均油耗目标值画线，及格的车企比例 2015 年仅有 30 家，占比约为 25.9%；而 2016 年，企业平均燃料消耗量实际值低于目标值 6.7L/100km 的企业扩大至 48 家，占比提升至 39.3%，但是仍有 60% 左右车企的平均燃料消耗量实际值没有达到目标值，可见我国车企节能的任务还十分艰巨。

3. 制定更严格的安全标准

国家强制推行的汽车安全标准只是一个行业性的准入门槛，它只能定性衡量车辆是否合格，而不能定量说明哪个车更安全。

能够定量分析车辆安全的是一个叫作 NCAP（新车评估计划）的评价标准，其规定的实车碰撞速度比政府制定的安全法规规定的碰撞速度更高，在更严重的碰撞环境下对车内乘员的伤害程度进行评价，并据此对试验车的安全性分级，五星最高，一星及格；星级为零最

第六章 汽车技术法规发展趋势

差,当然属于不及格范围。

NCAP 不是政府强制性标准,但它因组织公开,直接面向消费者公布试验结果,而更被接受,国际上很多保险公司也将 NCAP 结论作为制定不同车辆保费的主要依据。

据悉,NCAP 最早出现在美国,欧洲和日本等国家和地区随后制定了相关的 NCAP。其中,欧洲的叫作 Euro-NCAP,拉丁美洲的称为拉美 NCAP。目前中国自己的新车评价标准 C-NCAP 也早已正式"出炉"。C-NCAP 是将在市场上购买的新车型,按比我国现有强制性标准更严格、更全面的要求进行碰撞安全性能测试,按星级划分评价结果并公开发布的汽车安全标准。

在我国,由中国汽车技术研究中心进行国内最权威的汽车安全碰撞测试,而在国外都由新车安全评鉴协会进行这项测试。例如,2016 年春,在拉丁美洲新车安全评鉴协会进行的新车碰撞测试(拉美 NCAP 测试)中通用雪佛兰赛欧所得星级为零,此事引发多方议论,为此通用汽车宣布,该公司计划耗资 50 亿美元,为其全球范围内销售的车辆提升安全标准,加装安全气囊及其他安全设备,没有安全气囊等安全设备的车辆将在 2019 年之前被逐步淘汰。

拉丁美洲新车评价协会是一家独立测试机构,类似于美国公路安全保险协会。

据悉,通用雪佛兰赛欧是拉丁美洲新车测试中表现较差的车型之一,目前在一些新兴市场销售,起售价低于 1 万美元。

赛欧一事并非偶然,全球 NCAP 透露,每年在全球销售的大量新车不符合国际标准,尤其是在增长强劲的新兴市场,新车安全系数之低更是令人堪忧,例如 2015 年春未配备安全气囊的日产骐达低配版本在拉丁美洲 NCAP 测试中所得星级为零,这促使日产骐达停止销售无安全气囊的车型,并为新车加装安全气囊和安全带。此外,来自中国的某品牌汽车在 2015 年夏季拉丁美洲 NCAP 的测试中所得星级同样为零,为中国汽车品牌敲响了警钟,它提醒中国自主车企要关注一下汽车安全问题,而不能一味强调低价。

同济大学汽车学院汽车安全技术研究所教授朱西产认为汽车安全是汽车行业发展中一直备受关注的领域,从原来的被动安全逐渐成为标配到现在智能主动安全系统的日益普及,反映出行业消费者对生命财产的重视。朱西产说:"被动安全做不到汽车'零事故',但从某个角度讲,主动安全做得到。"

他所说的主动安全就是高级驾驶辅助系统(ADAS),ADAS 是利用安装在车上的各类传感器,在汽车行驶过程中感应环境,收售数据,进行静态、动态体物辨识,侦测与追踪,并结合导航仪地图数据,进行运算分析,预先让驾驶者感知可能发生的危险,从而有效增强汽车驾驶的舒适性和安全性。目前,ADAS 系统部分功能已经在高档乘用车上装配,但对于普通档次级别的乘用车,装配 ADAS 系统的车型还比较少,但这种状况有望很快得到改观。据 2018 版 C-NCAP 评分项目细则显示,所有参试车辆都需要进行主动安全测试,包括 AEB(自动制动系统)在内的追尾和行人避让项目,对于没有装配主动安全的车辆,在 2018 版 C-NCAP 测试中将不会得到 5 星评价,这将对主动安全配置向更多车型普及起到推动作用。

第二节 "环保""节能"和"安全"迫使汽车改进

自 1908 年美国的亨利·福特推出"T"型福特以来,时间已经流逝了一百多年。在此期间,汽车虽然在安全性、环保、节约能源等方面获得了巨大的进步,但从利用汽油发动机

（或柴油发动机）驱动这一点来看，汽车没有发生本质上的改变。

但是时至今日，包括驱动方式从内燃机向电动方式转变，控制手段从机械向软件的转变在内，汽车开始了本质性变革。汽车在经历百年之后，目前正迎来面向下一个百年的发展新阶段。而促使汽车发展和进化的是以全球变暖为中心的环保问题，以及实现交通事故零死亡率和节约能源的社会需求。

一、汽车安全要求控制电子化

欧盟不久前发表的交通安全白皮书，提出通过推广主动驾驶安全系统将交通死亡人数减少50%的目标。日本也出台了类似的政策。欧洲、日本与美国的多项关于主动安全系统的独立研究均证明：电子稳定程序（ESP）能提高道路安全系数。据此，美国国家高速公路交通安全委员会（NHTSA）于2007年6月正式公布强制性安装ESP的立法。该立法规定在2011年9月所有总重量达到4.5t的车辆必须强制性安装ESP。

高技术给汽车安全驾驶保驾护航。本田欧洲版"雅阁"配备的新开发的"Motion Adaptive EPS"能综合控制ESC（防侧滑装置）和ESP。当车辆在弯道和颠簸路面上行驶不稳时，通过控制各轮的制动和EPS，使行驶趋于平稳。如驾驶人转向操纵方向不同于系统的最佳判断，那么EPS的电动机将对转向盘施加反作用力，协助驾驶人掌控正确的方向。丰田汽车也通过VDIM实现了这种性能。新款皇冠全部标配的综合控制系统"VDIM"，通过协调控制转向、制动和发动机，在弯道和颠簸路面上也能够平稳行驶。

资料显示，随着汽车科技的发展，越来越多的电子辅助驾驶设备被装配在汽车上，它们不仅可以大大减轻驾驶者的负担，让驾驶变得更为放松，同时更可以辅助减少违章行为的发生，使汽车驾驶变得更加安全。

（1）让汽车会"条件反射" 碰撞前的每一秒钟都极其重要。为此，汽车工程师们希望汽车能够更早、更精确地预知将要发生事故的更具体的信息，如车辆即将遇到的是怎样的事故？另一辆车将从哪个方向碰撞过来？碰撞时车速是多少？有关数据都可以借助雷达传感器技术得到。

以雷克萨斯的车型为例，最新配备的预碰撞安全系统（PCS）能够利用微波雷达自动探测前方障碍物，并在必要时进行预警及干预，最大限度地帮助驾驶者避免碰撞或者降低碰撞速度；自适应雷达巡航控制系统（ACC）在传统定速巡航模式的基础上增加了车距控制模式，自动调整车速与前车保持预设距离。当前车变道或加速时，系统会控制车辆恢复到初始巡航速度。当车辆行驶在高速路段或者长途驾驶过程中，ACC系统能够为驾驶者带来更加安全舒适的体验。

奔驰的预防性安全系统通过安装在车前保险杠和隔栅上的雷达系统对即将发生的危险做出迅速判断。当系统判定即将发生危险的时候，车辆安全带会迅速收紧，前排座椅迅速调整至最佳位置，充气座椅迅速膨胀，把驾驶人和副驾驶尽可能地固定在座椅上，并增大与仪表板的距离，在发生事故时减小前排乘客的前向运动。增强型制动辅助系统（BASPLUS）能利用远距和短距雷达进行监控，在驾驶人踩制动踏板时，可以根据路面情况计算出完全制动所必需的制动力。在驾驶模拟器和实践中进行了大量的试验之后，最新的奔驰S级和CL级车型已经开始提供BASPLUS系统的选装。

（2）让汽车具有夜视功能 夜间是事故高发时段，照明系统是否可靠直接关系到汽车驾驶者的生命安全。现在一些车辆拥有多种不同的照明功能,宝马、奔驰等车型上还拥有弯道照明功能,主动式弯道照明的系统模块可以跟踪驾驶者的转向盘转向,快速地转向侧面,它能在转弯时使驾驶者可以看到传统车灯技术无法照亮的路面。

最新的夜视辅助系统则可以让驾驶者在夜间提前看清近光灯照不到的交通标牌、弯道、行人、汽车、障碍物或者道路上其他可能造成危险的事物。配备了夜视辅助系统的车辆装有两个额外的红外线前照灯,可以照到前方大约200m的距离。在风窗玻璃内侧,一个专门研制的小型红外线摄像机可以记录车辆前方的驾驶环境,减弱干扰的耀眼光,提高其他物体的显示亮度,并将其显示在驾驶舱仪表板上的显示屏上。

(3) 让汽车自己看路 循迹辅助系统是利用摄像机完成工作的。它可以在汽车无意间离开原车道时提醒驾驶人,并且把即将面临突发事故危险的汽车自动地引导回原车道,以避免严重事故发生。数据显示,这类事故在交通死亡事故中占了1/3。循迹辅助系统可以"看出"路面上的交通标志的明暗反差并对其进行分析,从而识别汽车前面的分道线。同时,汽车的运行线路走向和驾驶人的操作也被纳入到监控之中。另外,系统只是在驾驶人无意让车离开车道的情况下才会采取措施。如果驾驶人是有意超车,那么循迹辅助系统将不会做出反应。路上辅助系统能"看见"前面运动的物体并进行追踪。根据这个观察过程,它甚至能准确地预测它们的运动方向。

交通标志识别系统会识别红绿灯信号、停车标志、优先权标志和其他交通标志。在行驶过程中,摄像头会自动跟踪周围的警示牌,一旦警示牌进入可视范围之内,摄像头将警示牌内容拍摄下来,并通过识别软件系统内置的数据库进行匹配、过滤和解读,然后将内容显示在仪表盘中央的显示屏上。这样驾驶人只需从仪表盘上就可以了解到前方道路上的警示内容,从而大大降低了犯错误的可能性。

通过前沿电子技术的引入,将来驾驶汽车会变得更加轻松和安全。未来汽车的安全系统将更加个性化,可以根据车内人的身高、体重、性别以及其他参数来匹配。驾驶人、副驾驶和后排乘客可以在汽车开动之前把个人信息输入到车上计算机里,这样在发生事故时安全气囊的充气与排气方式、安全带收紧器的力度、安全带拉力限制器的松紧或者转向柱的位置可以根据实际情况进行相应的调整,让行车更无后顾之忧。

上述的例子充分表明:在保护汽车驾乘人员的安全方面,电子产品扮演的角色日益重要,目前汽车技术的发展趋势是电子控制当上了汽车主角。

根据统计,现在电子装备占汽车总成本的比例在高级车和混合动力车中已经分别达到了30%和60%左右。

电子比重之所以上升,原因是为了达到越来越严格的汽车安全、排放和油耗标准,需要大量采用电子装置,例如从20世纪70年代开始,就以限制尾气排放为主要目的,开始将电子装置引入到发动机控制之中。

如果把底盘系统控制的电子化称为汽车的"神经"革命,那么传动系统的电动化就应该称为"肌肉"革命。汽车节能和环保推动了电动汽车的研究开发。

二、环保、节能推动汽车电动化

到目前为止,汽车的电动化正在以混合动力车和电动汽车的形式发展,但由于电驱动车辆价格高于普通汽车,目前尚无法摆脱少数派的地位。不过随着环境问题和能源问题所受关注度的提升，电动汽车的社会地位正在逐步发生改变。以日本为例，鉴于汽车排放污染对人类所造成的严重影响以及汽车废气排放标准的日趋严格，日产汽车一举改变了态度。此前，该公司认为混合动力车的成本高，普及的可能性有限，放弃了投产计划。但是，2008 年 5 月，在日产发布的"日产 GT 2012"——2008～2012 财年新经营计划中，做出了"成为零排放车领军企业"的承诺，表示将从 2010 财年开始，投产电动汽车。

GS 汤浅、三菱商事、三菱汽车于 2007 年 12 月合资成立的 Lithium Energy Japan 已从 2009 年起量产锂离子充电电池。该公司第一年生产了相当于 20 万个电池单元的锂离子充电电池，把其中一半供应给了三菱汽车在 2009 年上市的电动汽车"iMiEV"，其余部分面向产业用途销售。

全球最大数字产品用小型锂离子充电电池生产商三洋电机，除了在 2009 年 3 月之前导入了混合动力车用锂离子充电电池量产生产线外，还在 2015 年之前累计投资 800 亿日元、把生产能力提高至月产 1000 万个锂离子充电电池。

另外，东芝已于 2008 年 3 月启动了能够快速充放电的锂离子充电电池"SCiB"的量产，并且扩大产业用途和车载用途，使业务规模在 2015 年达到 1000 亿日元。

在各公司纷纷表示将全力开发锂离子充电电池的情况下，率先投产混合动力车的丰田也采取了行动。该公司在 2008 年 6 月举办的"丰田环境论坛"上宣布了 3 项计划：①从 2010 年开始，面向车队销售配备锂离子充电电池的插电式混合动力车；②于 2008 年 6 月新建"电池研究部"，研究开发性能超越锂离子充电电池的新一代电池；③从 2009 年，在丰田和松下电器产业集团的合资公司松下电动车能源（Panasonic EV Energy）开始少量投产锂离子充电电池，并从 2010 年开始转入正式大规模生产。

本田虽然对于本公司参与锂离子充电电池生产持消极态度，但强化了对混合动力车和燃料电池车的投入力度。除了 2009 年年初在日本、美国、欧洲上市的"新型混合动力专用车"在全球获得 20 万辆的年销量外，该公司还增加小型混合动力车的种类，在 21 世纪 10 年代初，使年销量增至 50 万辆左右。

另外，在燃料电池车方面，该公司于 2008 年 6 月后启动了新型燃料电池车"FCX Clarity"的生产。产量虽然仅为 3 年 200 辆，但该车的专用底盘和车身为全新开发，采用了只有燃料电池车才能实现的以低、短发动机罩为特征的设计，以及在行驶中能发挥低转速高转矩的发动机特性，这是一款追求燃料电池车独特魅力的汽车。

由上述可见，在日本，环保和节能正在迫使汽车进化，推进汽车向电动化转型。

三、油耗新规对汽车设计产生重大影响

美国三大汽车公司在汽车设计方面必须进行三十多年来最大一次集体革新，想在美国卖车的其他国家车企也应对此有新考虑，原因在于美联邦政府 2009 年 5 月出台的车辆燃油经济性新标准（以下简称 CAFE 新标准），提高了对车辆油耗和排放的要求。这是该标准自 1975 年以来，首次进行大幅度调整。

1. 在满足用户需求基础上降油耗

如前所指，CAFE 新标准规定，到 2016 年，各汽车企业在美国销售轿车和轻型载货汽车（包括 SUV、MPV 及小型厢式车）的平均燃油经济性要达 35.5mile/gal（约 6.6L/100km）。

第六章　汽车技术法规发展趋势

汽车制造商都清楚，CAFE 新标准实施后，产品革新不可避免。同时，油价起伏进一步推动企业快速行动。2008 年，当美国汽油价格冲破 4 \$/gal（1gal 约为 3.785L）时，福特宣布改建几座位于北美的工厂，使其能生产该公司最初针对欧洲市场的体积更小、燃油经济性较高的轿车和混型车。通用汽车也调整了产品规划，在北美市场推出更多小型车。克莱斯勒与菲亚特合作后，也在美国生产、销售了更多小型车。

这次汽车设计变革与 20 世纪 70 年代有所不同，第一次石油危机之后，美国联邦政府决定强力推行 CAFE 标准，对当时美国"三大"汽车公司产生重大影响。随后，三家企业生产的车明显变小，很多是紧凑型且采用前轮驱动模式。但那次只是简单地把车辆尺寸变小而已。美国 2953 咨询公司分析师吉米·霍尔说："这回只缩小汽车尺寸不足以达到 CAFE 新标准要求，在汽车内部设计方面也要有变化。"福特全球产品发展部门负责人戴瑞克·库泽克与霍尔持同样观点，他认为，虽然市场对小型车的需求不断增长，但消费者依然追求大型车的空间和舒适，不满足于较小的车内空间或动力，库泽克说："我们在使车辆小型化的同时，尽量维持现有内部空间大小，即在发扬车辆现有优点基础上，使其具备更高的燃油经济性。"

2. 发动机排量降低但不牺牲动力

美国"三大"汽车公司已经开始在汽车设计方面下功夫，以期达到 CAFE 新标准要求。据悉，今后大排量 V8 发动机有可能只配装在一些美国小众车型上。随着直喷和涡轮增压等技术的广泛应用，发动机在不牺牲动力的前提下，排量得以降低。"在发动机领域，能让车辆燃油经济性提高的有效办法是降低发动机排量。"福特动力工程部门副总裁巴德·萨马泽驰说："我们在 Eco Boost 系列发动机上同时应用直喷和涡轮增压技术，排量降低的同时，车辆燃油经济性得以提高。"

长期以来，由于美国油价偏低，大排量 V8 发动机广泛配装在美国"三大"汽车公司的车型上。福特是个例外，由于一直参与欧洲市场竞争，且拥有全系列 4 缸发动机，该公司是美国"三大"汽车公司中第一个承诺在所有美国产乘用车上配装 4 缸发动机的车企。不仅如此，萨马泽驰还宣布，公司计划在更小车型上配装 3 缸发动机。通用汽车和其他厂商也已采取类似手段。通用汽车负责全球产品规划的副总裁乔恩·劳克纳指出，使用更小排量发动机只是个开始，一些节能技术比如使发动机在急速状态时停止运转的"起—停"系统也将得到更广泛应用。

3. 多方下手解决问题

"为达到 CAFE 新标准要求，技术革新是我们必须要做的。"劳克纳说："我们已从多处下手，不会只依赖一种解决方案。"

除改进动力系统外，为降低车辆油耗，车企不但要应用高强度钢、铝和合金材料，而且要设计更先进的动力系统和其他零部件。美国"三大"汽车公司的工程师致力于改进车辆的动力系统，对现有变速器进行升级，使 6 档变速器成为标配，采用更先进的双离合器，使自动变速器能像手动变速器那样，既能相对快速地反应又使车辆省油。

工程师还试图对底盘进行一体化包装，采取类似在发动机上加装发动机罩那样的方法，使底盘外表面更光滑，以求获得更好的空气动力性能。这些改进都为了达到同一个目的，即在降低车辆油耗的同时，给消费者提供毫不逊色的驾乘享受。"这是工程师的愿望。"萨马泽驰说。

这种系统地降低车辆油耗的方法，在福特概念车 Explorer America 上体现得淋漓尽致。

这款 SUV 概念车改良车辆外形设计；配装 Eco Boost 发动机和 6 档自动变速器；选用更多由轻质材料制造的悬架和底盘部件以降低车重；应用新研发的电动助力转向系统（EPAS）等辅助设备，在内部空间没有缩小的情况下，燃油经济性较各款车提升 20%~30%。

归纳起来，为提高车辆燃油经济性，美国"三大"汽车公司采取如下一些措施来改良汽车设计：

（1）车身

1）应用更轻的高强度钢和铝等材料以降低车重。

2）让大车变苗条，但不牺牲内部空间。

（2）动力系统

1）在小排量高效发动机上采用直喷和涡轮增压等技术，提供大排量发动机的动力。

2）越来越多的电动汽车和混合动力车出现。

3）越来越多地使用 6 档变速器和双离合变速器。

（3）底盘

1）对底盘进行一体化包装（类似于在发动机上加装发动机罩设计），以求获得更好的空气动力性能。

2）配装可以减少摩擦阻力的新型轮胎。

（4）前格栅 配装自动格栅，能在外界温度降低时自动合拢，在温度高时打开，以求得到最佳空气动力性能。

第三节 新的法规性标准将影响未来汽车产业的发展

一、有关环境保护的法规将成为汽车产业竞争的重要内容

由于排放法规越来越严格，全球各大汽车巨头承受的成本压力大增，例如，2012 年 120g/km 的 CO_2 排放限值被欧盟采纳后，每辆汽车的平均成本就上升了，小型轿车上升 4000 美元，中型轿车上升 4800 美元，而豪华轿车上升 6600 美元。

分析人士认为：越来越严格的排放法规将促使全球汽车巨头对竞争策略做出重大调整，并可能逐步将汽车产业的环保成本计入企业的财务报表，如果把满足排放法规新标准的支出作为金融统计项目列入成本，将直接影响企业的利润。

为满足不断加严的排放法规、柴油发动机的成本不断增加。

据了解，欧Ⅵ标准对于柴油发动机的要求更为严苛，规定柴油车每公里碳烟排放低于 5mg，一氧化氮排放低于 80mg，分别为欧Ⅳ标准的 1/5 和 1/4。对于柴油车来说，如果采用 EGR 废气循环系统，将部分尾气与空气一道重新导入燃烧室，可以降低一氧化氮，但会产生更多的颗粒物。如果采用高压共轨技术，虽然能降低颗粒物的排放，但却会产生更多的一氧化氮。所以，如何满足欧Ⅵ标准对颗粒物与氮氧化物的要求是柴油发动机的最大难关，要增加的成本会非常大。因此，为满足法规要求而导致成本上升，使得车用柴油发动机企业面临严峻的挑战。

业内有专家曾这样表示，柴油发动机会在明天或不久的将来消失吗？或许不会。但从发展成本角度出发，我们已经可以预见一个由于排放导致的衰败前景。

另外，美国世界资源研究所高级经济学家邓肯·奥斯汀表示，有关环境保护的法规将成为 10 年后汽车产业竞争的重要内容。

就目前而言，汽车产业竞争的焦点是，既要采用排放法规新标准，又不使企业的利润下降。

二、油耗与安全法规将对 SUV 行业的未来发展产生影响

除了排放法规外，油耗与安全法规也对汽车企业的未来发展产生重大影响，这里可以举 SUV 行业的例子。

众所周知，近年来在我国的汽车市场 SUV 大红，汽车企业为取得竞争优势，纷纷上马 SUV 车型，其实这是个不正常的现象，因为无论从油耗法规还是安全法规来看，SUV 在中国的劲销势头都应给予一定的控制。

据了解，2016 年我国 SUV 在自主品牌乘用车销量中占比接近 50%（44.59%）。SUV 热销确实与如今越来越严格的汽车技术法规很不协调。一是 SUV 的体重要比轿车大，在 2015 年上市的新车中，紧凑型 SUV 的平均整备质量要比紧凑型轿车重 229kg，中型 SUV 要比中型轿车重 329kg，这样在实际使用过程中，自主品牌 SUV 的油耗肯定比较大；二是材质不高级，这是因为自主品牌 SUV 基本被挤压在 7 万~15 万元这个价格区间，所以只能用价格便宜的低档材料，甚至在车身骨架等关键部位也不用先进的高强度钢，这样的 SUV 其碰撞安全性肯定就差。

所以，就整体而论，在级别和动力系统相同的前提下，SUV 要比轿车费油，安全性也差，因此，要想为节能环保减压、为提高汽车安全性做出应有的贡献，有必要控制一下 SUV 在中国的劲销势头。

国内的情况表明，在燃料消耗方面，大多数 SUV 厂家的企业平均燃料消耗量都超过了油耗法规指标限值。这是因为大多 SUV 车体沉重，油耗量比一般的私家车高出一倍。

所以越来越严格的油耗新标准将推动 SUV 行业洗牌。业内人士预测，国内生产大批量 SUV 的企业，或者排量虽不大但油耗高的 SUV 生产厂家均将面临产品滞销的危机。

据权威人士估计，中国市场上 SUV 的销售量，在未来几年将以 30% 的速度增长，远远高出一般私家车的增长率。这是因为在车辆日益增多，公路越来越危险的时代，新兴的中产阶层纷纷开始用 SUV 替换已有的普通私家车，因为他们相信 SUV 庞大坚固的车身，将能在车祸中保护车内人员的安全。

但是，如果 SUV 劲销的势头不被止住，这一车型将给中国老百姓的日常生活甚至国家安全带来严重的威胁，这并非耸人听闻。事实上，SUV 在美国早已受到公众的口诛笔伐。2002 年，前纽约时报底特律记者站主任凯斯·布拉德希尔（Keith Bradsher）出版了《SU-Vs——世界最危险的车型》（SUVs——The World Most Dangerous Vehicles and How They Got that Way）一书。著名的媒体评论家阿里安娜·赫芬顿（Arianna Huffington）发起了声势浩大的反 SUV 运动，并打出惊世骇俗的广告："开 SUV 等于支持恐怖分子。"引起了全美的大辩论。

为什么 SUV 成了众矢之的？请看一个简单的事实：

根据美国交通部的统计数字，2002 年美国高速公路车祸导致死亡的人数达到 12 年来的最高水平，其中 SUV 翻车事故导致的死亡率是轿车翻车事故死亡率的 8 倍。

2002年,全世界SUV因翻车事故造成的死亡人数达到2400人,比上一年增加了14%。在所有关于SUV的不同类型的车祸中,翻车事故占了61%,这是由于SUV底盘高、重心高,翻车率比一般私家车高出3倍。而SUV的车顶没有特别的加固,在翻车事故中对车内人员缺乏保护,一旦翻车,沉重的底盘对脆弱的车顶就形成泰山压顶之势,车内人员很难幸存。

另外,两车相撞,SUV凭借其坚固的车体,固然占了些便宜,但这种安全是以别人付出成倍的生命为代价的。据统计,在撞车事故中,SUV每保护一个车内人员的生命,就得同时杀死对方车中5个人的生命。在美国,因开SUV而翻车死亡的人员每年高达200人,而这些人如果坐在一般私家车上,基本都可以免于一死。因此,从安全的角度考虑,SUV在中国的劲销势头应给予一定的控制。

三、噪声限值标准对商用车企业的影响

山东泰安一位专用车厂的总工程师说:"从2005年年初到现在,我们的新产品没有一个上公告,要是再这样下去,企业的生存就会成问题。"上不了公告的原因,是他们所采用的底盘,不符合第二阶段汽车噪声限值标准的要求。

2005年1月1日,是第二阶段噪声限值标准开始生效的日子。这个日子也是让泰安专用车企业开始头疼的日子。因为噪声不达标,专用车厂的产品就不能上公告。调查发现,企业产品噪声不达标的情况很普遍,商用车成了重灾区。

从产品类别来看,专用车、改装车采用国产底盘的产品通不过限值要求的最多。商用车中,虽然新产品达标问题不大,但数量众多的老产品以及用老产品改型的产品可就一筹莫展了。老产品中,轻卡最为严重,其次是重型车。"补丁"捂不住噪声,面对严峻局面,企业正在想各种方法降噪,一位技术人员称,以前企业对老产品的噪声处理,在需要投入的时候没有投入太多的力量。现在要达到第二阶段标准要求,只能采取一些屏蔽、分装等补救措施,就好像是在"打补丁",效果很有限。

要说最有效的办法,就是对主噪声源即发动机进行改造,但这需要对产品设计及工装设备动大手术,其投资规模相当于重新开发投产一款新发动机的投入量,对老产品如此兴师动众,不如把资金投入到新产品的开发上。因此,对老产品"打补丁"是多数企业的做法。"补丁"就是"补丁","补丁"不但不能彻底解决问题,还容易产生副作用,在短时间内可能对噪声值略有改善,但仍难以解决根本问题。另一方面,一些"打过补丁"送检合格的产品,往往也只是样车合格。真正进入量产阶段,难以经受生产一致性的检验。那时,就会出现新的问题。

摆在企业面前的难题是,对老产品"打补丁"不能彻底解决问题,送检通不过上不了公告,企业的生产经营就会受影响;要想彻底解决问题,对过不了几年就要淘汰的老产品动大手术,投巨额资金又不值得。产品要拿到市场上去卖,产生利润企业才能维持运转,而产品不达标,又如何实现这一目标呢?另一方面,国家公布的标准现在又不能不认真对待。要达标,往前走,现在开发新产品,远水不解近渴,来不及了。而退回去靠老产品,眼前又难以过关,即使对老产品动大手术达标了,将提高的成本摊到老产品上,也会使产品涨价,消费者很难接受。这在竞争日益激烈、车价不断下降的市场环境下,企业将举步维艰。

面对如此进退两难的尴尬处境,汽车技术法规标准把国内一些商用车企业推向了"生死存亡"的边缘。

第七章

汽车产业政策探讨

政策是行政机关在其职能、职责或管辖事务范围内所作出的指导、劝告、建议等意思的表示。行政指导本身不具有国家强制力。它的执行多半来自与之相对应法律法规的强制执行力。但我国的汽车产业政策与一般的政策有所不同。1994 年的《汽车工业产业政策》是由国务院颁布实施的，因此具有权威性。另外，1994 年的《汽车工业产业政策》和 2004 年的《汽车产业发展政策》都规定生产整车和发动机产品的中外合资、合作企业的中方所占股份比例不得低于 50%。此股份比例规定具有强制性。汽车产业发展政策还禁止汽车企业买卖卖卖，建立退出机制，并且把汽车项目投资门槛拔高到 20 亿元，这些规定也都具有法律效力，所以国内的法学专家认为，我国国务院颁布的汽车产业政策在一定程度上具有国家强制执行力，故应该属于法律范围之内。

第一节 中国汽车产业政策解读

1953 年 7 月 15 日，由毛泽东主席亲笔题名的第一汽车制造厂在长春市动工兴建，从此拉开了新中国汽车工业的帷幕。

50 多年来，中国汽车工业走过了一条艰辛的路，今天的中国汽车工业发展已进入了"快车道"，汽车产量已名列世界第一。在用了近 40 年形成第一个百万辆汽车规模后，只用了 8 年就形成第二个百万辆规模，接着形成第三个百万辆规模仅仅用了两年多时间，而后形成第四个、第五个百万辆规模都缩短至一年。中国已成为全球极具吸引力的发展最快的汽车市场。

中国汽车工业所以能快速发展主要原因之一就是我国的汽车工业有好的产业政策，是产业政策引领中国汽车业快速崛起。

一、1994 年的《汽车工业产业政策》

在所有加工制造业中，1994 年的《汽车工业产业政策》是当时国家推出的唯一一个产业政策。

1994 年的《汽车工业产业政策》出台背景比较复杂。当时，我国面临的第一个问题就是要不要发展，还有没有机会发展汽车工业，从当时国内情况看，发展汽车业面临很多困难：汽车投资过热导致资源紧张、通货膨胀，合资产品的本土化率太低，进口轿车比例过大，外资如何进入问题尚未解决。1992 年，邓小平同志南方谈话把我国经济体制改革和对外开放推向了一个新的历史阶段，国内市场对汽车的需求量增大。在这种情况下，国务院意识到，有必要根据汽车工业发展的客观规律，制定一个比较全面稳定的政策，从根本上改变我国汽车工业发展的被动局面。

从 1994—2004 年,《汽车工业产业政策》实施十年,取得了丰硕的成果。汽车产量、汽车工业总产值的翻番,汽车产业的支柱产业地位得以确立,市场化机制基本形成。汽车产业的生产集中度和技术水平进一步提高,零部件配套体系初步建立,国内消费者购买本土产轿车的信心也有增强。

业内人士的评价是:1994 年的产业政策,为我国汽车工业自主发展奠定了基础。

专家认为,这一政策解决过去我国汽车工业面临的许多问题,提高了我国汽车工业的整体水平,终结了 20 世纪 90 年代初国内汽车企业的"羊群时代",使几头"骆驼"脱颖而出。

二、2004 年的《汽车产业发展政策》

2004 年出台的产业政策名为《汽车产业发展政策》,政策名称中出现了"发展"二字,这两个字意味着我国汽车工业进入真正的自主发展阶段。

1. 汽车产业发展政策出台背景

1994 年产业政策制定出台之后,对汽车行业影响最大的变数是中国加入 WTO。当年为了保护国内产业,汽车工业产业政策在投资、技术、服务、贸易等多个领域限制国外企业的进入。

因此,WTO 的条款与 1994 年产业政策形成了强烈的冲突,冲突的焦点在于市场准入。大势所趋,冲突焦点必须缓和。缓和的办法就是改变现行产业政策,兑现承诺。

其次,1994 年产业政策没有合理的进入和退出机制,同时对企业各方面掣肘甚多。为了防止盲目投资、重复建设,产业政策对汽车整车生产审批的限制相当严格。

此外,1994 年的汽车产业政策之中没有具体可行的消费政策也被各方诟病。

2003 年政府下决心颁布新的产业政策。新政策的目标除了继续解决国内汽车工业散乱、重复建设问题,还鼓励提高研发能力,增强企业的国际竞争力。

2. 新政策制定的原则和特点

经国务院批准,国家发改委于 2004 年 6 月 1 日正式颁布实施《汽车产业发展政策》。

新颁布实施的《汽车产业发展政策》共 13 章 78 条,主要包括政策目标、发展规划、技术政策、结构调整、准入管理、商标品牌、产品开发、零部件及相关产业、营销网络、投资管理、进口管理、汽车消费等方面的内容。

制定该政策所遵循的原则是:坚持对外开放和自主发展相结合,扩大企业自主决策权与加强宏观调控相结合,国内外两个市场发展相结合,坚持全面协调和可持续发展。通过完善准入规则和相应的税收措施,鼓励汽车制造业发展,促进产品本地化制造,兑现我国加入世界贸易组织的承诺,为我国汽车工业发展营造公平竞争的市场环境,并努力做到管理制度公开透明。

与 1994 年的《汽车工业产业政策》相比,新颁布的《汽车产业发展政策》具有 7 个方面的特点:

一是取消了与世贸组织规则和我国加入世贸组织所做承诺不一致的内容,如取消了外汇平衡、国产化比例和出口实绩等要求。

二是大幅度减少行政审批,该放的放开,该管的管住,依靠法规和技术标准,引导产业健康发展。

三是提出了品牌战略，鼓励开发具有自主知识产权的产品，为汽车工业自主发展明确政策导向。

四是引导现有汽车生产企业兼并、重组，促进国内汽车企业集团做大做强。

五是要求汽车生产企业重视建立品牌销售和服务体系，消除消费者的后顾之忧。

六是引导和鼓励发展节能环保型汽车和新型燃料汽车。

七是对创造更好的消费环境提出了指导性意见。

3.《汽车产业发展政策》要点

《汽车产业发展政策》对汽车产业的发展和消费都给出了相应的规范性和指导性意见。

相比1994年出台、历时10年的"老"汽车产业政策，《汽车产业发展政策》至少有15个大"要点"引起了业内震动。

（1）鼓励提高市场集中度　首次鼓励企业跨入世界500强企业。新政策规定推动汽车产业结构调整和重组，扩大企业规模效益，提高市场集中度，引导汽车工业避免散、乱、低水平重复建设。鼓励通过市场竞争形成几家具有国际竞争能力的大型汽车企业集团，力争到2010年跨入世界500强企业之列。

（2）鼓励自主品牌开发　2010年前形成若干驰名品牌。新政策的目标中包括：培育一批比较有优势的零部件企业实现规模生产并进入国际零部件采购体系，积极参与国际竞争。激励汽车生产企业提高研发能力和技术创新能力，积极开发具有自主知识产权的产品，实施品牌经营战略。2010年汽车生产企业要形成若干驰名的汽车、摩托车和零部件产品品牌。

（3）鼓励形成新的大型汽车集团　10%是底线。1994年的《汽车工业产业政策》给予传统的三大汽车集团"垄断"资源的局面将被打破。新政策对新的大型汽车集团的建立已经设立了明确的底线，换句话说传统三大汽车集团要是低于这个指标将可能面临调整。

新政策鼓励战略联盟尽快形成以资产为纽带的经济实体。国内市场占有率达到10%以上的企业联盟，其合作发展方案经国家发展和改革委员会核准后由企业自行实施。

国家鼓励汽车企业集团化发展，形成新的竞争格局。在市场竞争和宏观调控相结合的基础上，通过企业间的战略重组，实现汽车产业的结构优化和升级。

（4）整车企业中方仍必须控股　整车企业中方必须控股仍然被视做保护国内汽车工业的最大保障，新产业政策在这点上立场依然有非常大的延续性。

新政策仍规定汽车整车、专用汽车、农用运输车和摩托车中外合资企业的中方股份比例不得低于50%。股票上市的汽车整车、专用汽车、农用运输车和摩托车股份公司对外出售法人股份时，中方法人之一必须相对控股且大于外资法人股之和。

（5）鼓励跨国收购外资汽车企业　新政策鼓励汽车、摩托车生产企业开展国际合作，发挥产品优势，参与国际产业分工，支持大型汽车企业集团与国外汽车集团联合兼并重组国内外汽车生产企业，扩大市场经营范围，适应汽车生产全球化趋势。

（6）汽车企业禁止买壳卖壳　建立退出机制。中国汽车当时仍缺乏明确的市场退出机制，目录制管理使得很多经营不善的汽车公司仍成为昂贵的"壳资源"，新汽车产业政策鼓励加大对此的监管。

新政策规定建立汽车整车和摩托车生产企业退出机制，对不能维持正常生产经营的汽车生产企业（含现有改装车生产企业）实行特别公示。该类企业不得向非汽车、摩托车生产企业及个人转让汽车、摩托车生产资格。

(7) 新能源、小排量汽车获鼓励 在国内大部分大中城市仍受到歧视的小排量汽车将面临历史的转机,新汽车产业政策鼓励发展环保型小排量汽车。这将较大改变当时国内汽车产业的格局。长安、昌河、哈飞等各大微型车制造企业直接获益。

新政策规定国家引导和鼓励发展节能环保型小排量汽车。汽车产业要结合国家能源结构调整战略,积极开展电动汽车、车用动力电池等新型动力的研究和产业化,重点发展混合动力技术。

重申培育以私人消费为主体的汽车市场,改善汽车使用环境,维护汽车消费者权益。引导汽车消费者购买和使用低能耗、低污染、小排量、新能源、新动力的汽车,加强环境保护。

(8) 鼓励提高汽车燃油经济性 全球能源价格的上涨使汽车消费成本日益提高,提高汽车燃油经济性在新产业政策中被提上日程。

新政策规定:汽车产业及相关产业要注重发展和应用新技术,提高汽车燃油经济性。2010年前,乘用车平均油耗比2003年降低15%以上。要依据有关节能方面的技术法规,建立汽车产品油耗公示制度。

(9) 汽车项目投资门槛提高到20亿元 新政策规定:新建汽车生产企业的投资项目,项目投资总额不得低于20亿元人民币,其中自有资金不得低于8亿元人民币,要建立产品研究开发机构,且投资不得低于5亿元人民币。新建乘用车、重型载货车生产企业投资项目应包括为整车配套的发动机生产。

(10) 2005年起保税区禁止开展进口车保税业务 新政策在进口车管理方面,2005年开始进口车"落地"即将征税,保税区部分功能将被取消。新政策规定:国家指定大连新港、天津新港、上海港、黄埔港四个沿海港口和满洲里、深圳(皇岗)两个陆地口岸,以及新疆阿拉山口口岸(进口新疆维吾尔族自治区自用,原产地为独联体国家的汽车整车)为汽车整车进口口岸。进口汽车整车必须通过以上口岸进口。2005年起,所有进口口岸保税区不得再开展进口汽车保税仓储、展示(销)业务。

(11) 鼓励私人投资停车场 国内城市道路交通的现状正逐渐制约汽车产业的发展,新政策鼓励多元资本进入包括停车场建设等改善城市交通状况的领域。新政策规定:各城市人民政府应根据本市经济发展状况,以保障交通通畅、方便停车和促进汽车消费为原则,积极搞好停车场所及设施规划和建设。制定停车场所用地政策和投资鼓励政策,鼓励个人、集体、外资建设停车场设施。

(12) 鼓励二手车流通 新政策规定:国家将鼓励二手车流通,培育和发展二手车市场。

二手车流通当时仍以交易市场为主,业内人士认为以后的方向将会是多渠道并存,在鼓励发展二手车市场之外,二手车专卖店将有望获批。

(13) 鼓励汽车信用消费 新政策规定:国家支持发展汽车信用消费。在确保信贷安全的前提下,允许消费者以所购汽车作为抵押获取汽车消费贷款。经核准,符合条件的企业可设立专业服务于汽车销售的非银行金融机构,外资可开展汽车消费信贷、租赁等业务。

(14) 本土产汽车首次明确要标注产地 新政策规定:2005年起,所有国产汽车和总成部件要标示本企业的注册商品商标,在国内市场销售的整车产品要在车身外部显著位置标明生产企业商品商标或本企业名称和商品产地。

第七章 汽车产业政策探讨

(15) **新增行政事业性收费将禁止** 新汽车产业政策规定，国家统一制定和公布针对汽车的所有行政事业性收费和政府基金性的收费项目和标准，规范汽车注册登记环节和使用过程中的政府各项收费。各地在汽车购买、登记和使用环节上，不得新增行政事业性收费和政府基金性的收费项目和金额。

第二节 两次汽车产业政策剖析

尽管上述两个产业政策对我国汽车工业的发展起到了重大推动作用，但是它们仍然免不了带有一定的历史局限性。

有专家分析认为：中国的两次汽车产业政策出台，都是跟当年宏观经济调控密不可分的——1994年3月12日，改革开放以来的第四次宏观调控正如火如荼地进行着的时候，国务院颁布了《汽车工业产业政策》；2004年4月9日，时任国务院总理温家宝主持召开国务院常务会议拉开了第五次宏观调控的序幕，一个半月后，2004年《汽车产业发展政策》出台。

汽车产业政策深深印上了宏观调控的烙印，致使一些人士认为，两次产业政策的推出，并不是完全为了适应汽车产业本身发展环境，而是为了配合宏观经济的整体发展而推出的。

一、调控背景影响产业政策

1994年产业政策出台之时，改革开放以来的第四次宏观调控已经持续了一年多，零售物价涨幅达到21.7%，为了整顿金融秩序，治理通货膨胀，政府实行紧缩的财政和货币政策。

在这一形势下，多年来投资分散，企业规模过小的汽车产业，在"双紧"政策下被迫面临调整。为了鼓励汽车企业利用外资发展我国的汽车工业，当年出台的我国第一部《汽车工业产业政策》确认了中国通过引进技术、利用外资的方式发展汽车产业的战略选择，使得跨国公司在中国成立合资公司有章可循，更多合资汽车企业在此后三四年间相继挂牌。

与此同时，中国正处于恢复关贸总协定合法地位的谈判关键时刻，美国、欧洲已经开始要求中国政府开放汽车市场。因此，1994年的产业政策，很多内容都涉及如何保护中国汽车产业，比如不得以全套CKD和SKD组装汽车；必须要实现国产化、外汇平衡；汽车整车和发动机合资项目的中方股份比例不得低于50%等。

业内人士认为："这些政策确实十分有效地保护了当时还十分弱小的中国汽车产业。"两个汽车产业政策最成功之处，就是坚持了50:50的合资企业股份比例。

虽然在合资企业里，中方可能没有50%的话语权，但如果没有股份比例这个底线，那么中国可能早就成为了跨国汽车公司的组装厂。而且这个股份比例限制确实给中国企业带来了很大利益，起码企业分红是各占一半。

由于中国仍未完成向市场经济的转型，1994年的产业政策也有一定的计划经济色彩，比如"汽车工业企业根据市场需求自行确定其生产的民用汽车产品价格，但对小轿车暂时实行国家指导性价格。"

2004年，房地产、钢铁、电解铝等三个行业被列入国家发改委宏观调控名单，此前呼声很高的汽车产业，最后并没有被列入调控范围。国家发改委当时对此提出的理由是，"在抑制投资过快增长的同时，更加注重扩大消费需求"。汽车消费恰好顺应了"更加注重扩大消费需求"的要求。

但为了配合当时的宏观调控,新产业政策后来还是大大提高了汽车行业准入门槛——新建汽车生产企业项目投资总额不得低于 20 亿元人民币,其中自有资金不得低于 8 亿元人民币,要建立产品研究开发机构,且投资不得低于 5 亿元人民币;新建乘用车、重型载货车生产企业投资项目应包括为整车配套的发动机生产。这样一来,中、小资本很难再进入汽车制造业。

当时汽车产业政策的背景是,中国要兑现加入 WTO 时的承诺,取消原产业政策与 WTO 规则和中国承诺相违背的内容,例如外汇平衡、国产化比例和出口要求等。另外,加入 WTO 后,中国将全面开放汽车市场,跨国公司的进入将对本土企业形成很大压力,必须要提高本土企业的竞争力。

2004 年汽车产业政策提出"坚持引进技术和自主开发相结合的原则"。在一定程度上修正了原来较侧重引进技术、利用外资的方向,将自主开发和引进技术提升到同一高度。另外,为了应对汽车数量增加带来的社会和环境问题,新政策增加了大量有关汽车消费的内容。

二、保护较多留下后遗症

新政策更像是一个纯粹的行业准入管理和投资管理政策。

1994 年时,民营企业不能进入汽车行业,奇瑞与吉利获得生产许可后,新产业政策在鼓励民间资本进入方面有了一定程度的进步,但程度仍可提高。

2006 年 12 月,国家发改委再次出台《关于汽车工业结构调整意见的通知》,再次以行政力量对汽车企业的投资和产能规划进行调控,同时,限制部分非乘用车企业生产轿车。

专家表示,投资体制管理是与当时中国的整个经济环境息息相关的,过去投资都是由政府进行投资,也由政府进行监管,我国投资体制的改革本身就慢一些,而汽车业的投资体制改革又慢于国家投资体制的改革。但汽车作为一个充分竞争的行业,其投资体制应该更为灵活一些。

准入管理上的不平等不仅体现在汽车生产领域,在汽车金融领域也是如此。银监会起初批准的 9 家汽车金融公司都是外资公司。直到 2008 年 6 月,奇瑞和徽商银行合资成立的汽车金融公司才获准成立。

早在 2000 年 4 月,原国家科委的专职委员陈祖涛就给中央领导人写信建议"既然放开对外资进入中国汽车工业的限制,对中国的民营、私营企业和民间资金进入汽车工业就不必限制了。"

实际上包括陈祖涛在内,企业和学术界一直有这样一种看法——即便是投资过度,投资效益下降,国家并没有损失,比起在极具竞争力的进口车直接冲击下,中国汽车工业可能面临的无还手之力、丧失市场的后果好得多。

说白了就是,只有过剩才能有竞争力,这在之前的家电行业已得到了证实。《中国汽车要闻》主编钟师表示,一些政府部门之所以热衷于投资准入管理,除了认识上的问题以外,最主要的还有大型国有汽车企业,一直反对主管部门对产业放开,导致对国有汽车集团带来直接冲击。

第七章　汽车产业政策探讨

三、重提退出机制

两次汽车产业政策调整始终没有放弃"通过调控和重组，扶持三大汽车集团"的方针。1994年产业政策提出：支持2~3家汽车生产企业（企业集团）迅速成长为具有相当实力的大型企业；6~7家汽车生产企业（企业集团）成为国内的骨干企业；在2010年以前形成3~4家具有一定国际竞争力的大型汽车企业集团等。

当2004年再次提出"通过市场竞争形成几家具有国际竞争力的大型汽车企业集团，力争到2010年跨入世界500强企业之列"的政策时，已经从一个侧面反映——这十年产业升级和结构调整实在太慢了。

在这十年期间，除了一汽重组天汽、上汽合并南汽，这两起通过政府行政手段整合的案例之外，鲜有大型企业之间的重组案例。而且上汽与南汽合作的例子还表明，考虑到汽车企业背后的地方政府利益，行政力量主导汽车企业的兼并重组将可能发挥比市场因素更大的作用。

早在2001年中国入世前，全国共有103家汽车企业，经过近20年竞争后，汽车企业总数并没有明显减少，而且每期产品公告中都有企业的产销记录为零。专家对此的解释是，"关键问题是准入制度不完善，只有准入门槛，没有退出门槛。"

四、考验新一轮政策调整

中国的汽车产业政策对如何培育企业的自主开发能力和汽车产业的可持续发展重视不足，而是把重点放在了投资准入和规模调控上。

这种政策导向导致企业对自身实力是否因为兼并重组得到了提升重视不够。

我国目前虽然出现了几个百万辆级的大企业集团，可以说是产业政策的目标部分达到了，但是到目前为止，我国"三大"汽车企业集团的自主开发能力和产品都有待提高。国内汽车界有识之士认为："接下来，产业政策应该把主要精力放在如何激励企业进行自主开发，帮助企业开发核心技术平台，发展成熟的零部件配套体系等事项上来。"

第三节　借"救市"之机"落实完善"产业政策

一、"落实完善"产业政策

一些批评者认为，2004年的《汽车产业发展政策》很多规定都没有具体实施细则，或者难以实施。

2009年CSM Worldwide大中华区汽车市场预测总监张豫认为，2004年的《汽车产业发展政策》实施以来，国内外汽车行业已经发生了巨大变化。发达国家的汽车市场处于萎缩态势；另外，混合动力等新能源汽车逐渐开始向商业化发展；自主品牌在过去5年虽然取得了很大发展，但是也开始遇到了一些瓶颈；中国汽车市场正处于一种过度竞争的状态，未来两三年内，将有一些中小型企业（以各种方式）退出。

在这种情况下，2004年的《汽车产业发展政策》又面临新的严峻考验。对此，主管汽车行业的工业和信息化部（以下简称"工信部"）产业政策司的有关人士表示："工信部不会制定一部新的《汽车产业政策》，而是在原政策基础上'落实和完善'。"为了这个目的，2009年2月9日工信部发布一个公告，为落实和完善《汽车产业发展政策》公开向社会征求意见。

公开向社会征求意见，似乎表明工信部打算改变对于汽车行业传统的管理方式。

有分析认为，工信部拟通过对《汽车产业发展政策》的落实和完善确立自身对汽车行业的管理地位，同时，在一些可操作的领域制订具体的实施计划，比如支持本土企业发展自主创新能力、研发新能源汽车核心技术等。至于产业结构调整这个老大难问题，突破较难。一方面，中国汽车产业布局分散，企业众多，各地方政府都有发展本地汽车产业的计划；另外一方面，中国当时面临的国际政治、经济环境较为严峻，国内产业政策制定也要考虑WTO的有关规定。

在征求意见过程中，中国汽车工业协会（以下简称中汽协）一位分析人士提出，原来的《汽车产业发展政策》中首当其冲的是必须尽快落实和完善自主品牌汽车发展与自主创新能力建设的政策，可以采取的措施包括落实对本土企业在研发资金方面的投入；完善对国有汽车企业集团管理层的奖惩措施；在产品开发方面，督促汽车企业加快技术创新步伐，制定专门针对自主品牌的优惠政策，扩大政府采购范围。

至于产业结构调整，有分析人士认为，工信部在落实和完善汽车产业发展政策可能也会提到这部分内容，但可能很难有效推动这项工作，因为这牵涉到国务院国资委、各地方政府等诸多方面，也有专家认为，既然无法推动现有企业之间的重组，那么在这方面可以做的工作是完善退出机制，加快推进一些无法生存的企业的退出。根据中汽协统计，截至2008年年底，国内汽车企业共130家，其中有10家产量为零。

二、车市下滑与"救市"政策

受国际金融危机及国内宏观经济环境发生变化等影响，2008年中国车市明显下滑，市场呈现危机。

2008年中国汽车产销突破1000万辆，这个年初曾振奋人心的宏伟目标，在一季度时整体销量也还是不错的，这让众多厂商对于2008年充满信心。但从4、5月份开始，整个车市却偏离了原来高速增长的轨道，开始接连下滑，多数汽车厂家的日子都变得不好过了。

随着2009年的到来，很多厂商公开宣布无法完成年初所制定的销量目标。2008年中国汽车产销呈现10年来最差的形势；在金融海啸冲击下，中国车市连续9年保持两位数高速增长的势头，在2008年被迫终结。中汽协发布的2008年国产汽车产销统计表明，2008年中国汽车产销增长下降到个位数，年产销千万辆的目标没有能够实现。

另外，有数据表明，2008年1～12月中国汽车工业重点企业（集团）经济运行增速呈逐渐减缓走势，各月工业经济效益综合指数均低于上年同期水平，全汽车业重点企业（集团）工业经济效益综合指数与上年相比下降43.46，大幅低于上年水平。

此外，在19家重点企业（集团）中有8家企业增长率为负。

另据海关统计显示，2008年中国有汽车整车出口记录的企业比上年同期减少45家。业内人士分析指出，中国汽车出口由连续五年的"井喷式"增长到2008年开始出现大幅回落，中国汽车整车出口企业正面临着"洗牌"。

为应对世界金融危机，避免中国车市继续下滑，国家工信部提出了"救市"政策，并

第七章 汽车产业政策探讨

借"救市"之机进一步"落实完善"汽车产业政策。

三、汽车产业发展政策的补充和延续

拯救中国车市的实质性步骤是2009年1月14日时任国务院总理温家宝主持召开国务院常务会议，审议并原则通过《汽车产业调整和振兴规划》。

会议认为，汽车产业是国民经济重要支柱产业，涉及面广、关联度高、消费拉动大。制定实施《汽车产业调整和振兴规划》，对于推进汽车产业结构优化升级，增强企业素质和国际竞争力，促进相关产业和国民经济平稳较快发展，都具有重要意义。

会议强调，加快汽车产业调整和振兴，必须实施积极的消费政策，稳定和扩大汽车消费需求，以结构调整为主线，推进企业联合重组，以新能源汽车为突破口，加强自主创新，形成新的竞争优势。一要培育汽车消费市场。从2009年1月20日至12月31日，对1.6L及以下排量乘用车按5%征收车辆购置税。从2009年3月1日至12月31日，国家安排50亿元，对农民报废三轮汽车和低速货车换购轻型载货车以及购买1.3L以下排量的微型客车，给予一次性财政补贴，增加老旧汽车报废更新补贴资金，并清理取消限购汽车的不合理规定。二要推进汽车产业重组，支持大型汽车企业集团进行兼并重组，支持汽车零部件骨干企业通过兼并重组扩大规模。三要支持企业自主创新和技术改造。往后三年中央安排100亿元专项资金，重点支持企业技术创新、技术改造和新能源汽车及零部件发展。四要实施新能源汽车战略，推动电动汽车及其关键零部件产业化。中央财政安排补贴资金，支持节能和新能源汽车在大中城市示范推广。五要支持汽车生产企业发展自主品牌，加快汽车及零部件出口基地建设，发展现代汽车服务业，完善汽车消费信贷。

应当指出，这次出台的汽车产业调整振兴规划中共有五个方面内容，关于提振汽车消费市场的内容只占一个方面，所以对规划的期望也不应该仅局限在"能拉动多少消费"这么简单。

在这剩下的四方面内容中，虽然没有直接降低税率或财政补贴那样直观，但是仍然值得我们关注。毕竟针对产业的"调整+振兴"的规划，"振兴"有时仅体现对"产销量"、"增长率"等指标进行快速有效提升；而"调整"则意味要在更深的层次解决矛盾。

而中国虽是"汽车大国"却不是"汽车强国"的原因，正是汽车产业内存在的一些深层次矛盾没有解决。

长期以来，中国经济高速运行。虽然在增长量上创造了奇迹，但也遗留下诸多问题，汽车业也不例外。在经历长达五年的高速发展后，缺乏有国际影响力的自主品牌，缺乏能与国际巨头抗衡的汽车制造商，缺乏创造和设计开发能力，缺乏关键核心技术，缺乏在未来新能源领域的核心技术与竞争力等矛盾也同时显露。如果这些问题不解决，中国汽车产业最终还是可能会沦为国外汽车企业的生产车间，在汽车业新技术的国际竞争中也只能永远存在"引进—消化—吸收—落后—再引进"的死循环状态。这样即便救市，也是在帮外资汽车品牌救市，给那些掌握着关键核心技术的国外企业"派红包"。

对此，调整和振兴规划中的后四条内容刚好切中要害——推进产业重组，支持自主创新和技术改造，实施新能源汽车战略，发展自主品牌应该被视为调整振兴规划中更为重要的内容。

业内人士认为《汽车产业调整和振兴规划》的真实意义远比它在2009年刺激了车市增

长更为重要。

其实，政府的"救市"，并非刺激消费的权宜之计（应对国际金融风暴扩大内需拉动汽车消费），而是希望借"救市"完善汽车产业政策，来鼓励汽车企业的节能环保和可循环制造，引导汽车行业健康、可持续发展。

对此，国家发改委有关领导说：《汽车产业调整和振兴规划》是一个有目标、有重点、有措施的行动方案，是对 2004 年产业政策的落实和具体化。

中国机械工业联合会执行副会长张小虞也认为，《规划》是 2004 年产业政策的补充和延续。

第四节 汽车产业调整和振兴规划

一、《汽车产业调整和振兴规划》全文

2009 年 1 月 14 日国务院常务会议审议并原则通过调整振兴汽车产业规划后，国家发改委会同有关部门紧张工作，对规划进行完善，并于 2 月上旬全部完成，随即国务院印发了关于调整振兴汽车产业规划的通知，全文如下：

汽车产业调整和振兴规划

汽车产业是国民经济重要的支柱产业，产业链长、关联度高、就业面广、消费拉动大，在国民经济和社会发展中发挥着重要作用。

为应对国际金融危机的影响，落实党中央、国务院保增长、扩内需、调结构的总体要求，稳定汽车消费，加快结构调整，增强自主创新能力，推动产业升级，促进我国汽车产业持续、健康、稳定发展，特制定本规划，作为汽车产业综合性应对措施的行动方案，规划期为 2009～2011 年。

（一）汽车产业现状及面临的形势

进入 21 世纪以来，我国汽车产业高速发展，形成了多品种、全系列的各类整车和零部件生产及配套体系，产业集中度不断提高，产品技术水平明显提升，已经成为世界汽车生产大国。但是，产业结构不合理、技术水平不高、自主开发能力薄弱、消费政策不完善等问题依然突出，能源、环保、城市交通等制约日益显现。2008 年下半年以来，随着国际金融危机的蔓延、加深和国际汽车市场的严重萎缩，国内汽车市场受到严重冲击，导致全行业产销负增长，重点企业经济效益下滑，自主品牌轿车发展乏力，我国汽车产业发展形势严峻。

应该看到，结构调整是产业进一步发展的必然要求。汽车产业在经历了多年的高速增长后，必然要进行一次大的调整，以解决内部结构和外部环境积累的诸多矛盾，国际金融危机只是引发了结构调整期的提前到来。目前，我国汽车市场正处在增长期，城乡市场需求潜力巨大，汽车产业发展的基本面没有改变，为积极应对国际金融危机，保持经济平稳较快发展，必须加快产业调整和振兴。

（二）指导思想、基本原则和目标

1. 指导思想

全面贯彻落实党的十七大精神，以邓小平理论和"三个代表"重要思想为指导，深入

贯彻落实科学发展观，通过实施积极的消费政策，开拓城乡市场，稳定和扩大汽车消费需求；以结构调整为主线，推进汽车企业兼并重组，加强关键技术研发，加快技术改造，提升企业素质；以新能源汽车为突破口，加强自主创新，培育自主品牌，形成新的竞争优势，促进汽车产业持续、健康、稳定发展。

2. **基本原则**

坚持扩大内需，注重财税政策激励与消费环境改善相结合。既要立足当前，采取财政激励措施，扩大国内汽车市场需求，确保经济增长；又要着眼长远，完善消费政策，培育消费市场。

坚持结构调整，注重发挥市场作用与加强政府引导相结合。利用市场机制和宏观调控手段，推动企业兼并重组，整合要素资源，提高产业集中度，实现汽车产业组织结构优化升级。

坚持自主创新，注重改造传统产品与推广新能源汽车相结合。加强技术改造，提高研发水平，加快产品升级换代和结构调整，着力培育自主品牌，积极发展节能环保的新能源汽车。

坚持产业升级，注重工业发展与服务增值相结合。汽车生产企业既要增强制造实力，又要拓展汽车金融业务和产品售后服务，强化生产与服务的纽带联系，促进相互支撑，实现汽车制造业和汽车服务业协调发展。

（三）规划目标

1）汽车产销实现稳定增长。2009年汽车产销量力争超过1000万辆，三年平均增长率达到10%。

2）汽车消费环境明显改善。建立完整的汽车消费政策法规框架体系、科学合理的汽车税费制度、现代化的汽车服务体系和智能交通管理系统，建立电动汽车基础设施配套体系，为汽车市场稳定发展提供保障。

3）市场需求结构得到优化。1.5L以下排量乘用车市场份额达到40%以上，其中1.0L以下小排量车市场份额达到15%以上。重型货车占载货车的比例达到25%以上。

4）兼并重组取得重大进展。通过兼并重组，形成2~3家产销规模超过200万辆的大型汽车企业集团，4~5家产销规模超过100万辆的汽车企业集团，产销规模占市场份额90%以上的汽车企业集团数量由目前的14家减少到10家以内。

5）自主品牌汽车市场比例扩大，自主品牌乘用车国内市场份额超过40%，其中轿车超过30%。自主品牌汽车出口占产销量的比例接近10%。

6）电动汽车产销形成规模。改造现有生产能力，形成50万辆纯电动、充电式混合动力和普通型混合动力等新能源汽车产能，新能源汽车销量占乘用车销售总量的5%左右。主要乘用车生产企业应具有通过认证的新能源汽车产品。

7）整车研发水平大幅提高。自主研发整车产品尤其小排量轿车的节能、环保和安全指标力争达到国际先进水平。主要轿车产品满足发达国家法规要求，重型货车、大型客车的安全性和舒适性接近国际水平，新能源汽车整体技术达到国际先进水平。

8）关键零部件技术实现自主化。发动机、变速器、转向系统、制动系统、传动系统、悬挂系统、汽车总线控制系统中的关键零部件技术实现自主化、新能源汽车专用零部件技术达到国际先进水平。

(四)产业调整和振兴的主要任务

1. 培育汽车消费市场

采取有力措施,遏制汽车产销下滑势头,确保 2009 年稳定增长。在汽车购买、使用、报废更新等环节,调整和出台鼓励汽车消费、恢复市场信心的政策措施。清理取消各种不利于小排量汽车发展的规定,通过税收等经济手段引导增加小排量汽车消费。

2. 推进汽车产业重组

鼓励一汽、东风、上汽、长安等大型汽车企业在全国范围内实施兼并重组。支持北汽、广汽、奇瑞、重汽等汽车企业实施区域性兼并重组。支持汽车零部件骨干企业通过兼并重组扩大规模,提高国内外汽车配套市场份额。

3. 支持企业自主创新

以企业为主体,加强产品开发能力建设。一是建立整车设计开发流程,掌握车身、底盘开发技术及整车、发动机、变速器的匹配技术和排气净化技术;突破碰撞安全性、NVH(振动、噪声、平顺性)等关键技术;控制新能源汽车的设计和制造成本。二是提高传统乘用车的节能、环保和安全技术水平。重点支持排量 1.5L 以下,满足国Ⅳ排放标准的车用直喷汽油机和排量 3L 以下,升功率达到 45kW 以上柴油机的研制。突破重型商用车底盘集成关键技术,提高整车驾驶舒适性和操控稳定性。重点支持大功率柴油机及其高压燃油喷射电控系统、后处理系统和商用车自动换档机械变速器(AMT)等关键技术研发。三是建立汽车产业战略联盟,形成产、学、研长效合作机制。

4. 实施技术改造专项

制定《汽车产业技术进步和技术改造项目及产品目录》,支持汽车产业技术进步和结构调整,加大技术改造力度。重点支持新能源汽车动力模块产业化、内燃机技术升级、先进变速器产业化,关键零部件产业化以及独立公共检测机构和"产、学、研"相结合的汽车关键零部件技术中心建设。

发展提升整车性能的关键零部件、重点支持研发车身稳定、悬架控制、驱动防滑控制、电子液压制动、车身总线、数字化仪表等电子控制系统,以及六档以上的手动和自动变速器、双离合器式自动变速器和无级自动变速器、商用车自动控制机械变速器等产品。

5. 实施新能源汽车战略

推动纯电动汽车、充电式混合动力汽车及其关键零部件的产业化。掌握新能源汽车的专用发动机和动力模块(电机、电池及管理系统等)的优化设计技术、规模生产工艺和成本控制技术,建立动力模块生产体系,形成 10 亿安时(A·h)车用高性能单体动力电池生产能力。发展普通型混合动力汽车和新燃料汽车专用部件。

6. 实施自主品牌战略

在技术开发、政府采购、融资渠道等方面制定相应政策,引导汽车生产企业将发展自主品牌作为企业战略重点,支持汽车生产企业通过自主开发、联合开发、国内外并购等多种方式发展自主品牌。

7. 实施汽车产品出口战略

加快国家汽车及零部件出口基地建设。建设汽车出口信息、产品认证、共性技术研发、试验检测、培训等公共服务平台。

第七章 汽车产业政策探讨

8. 发展现代汽车服务业

加快发展汽车研发，生产性物流、汽车零售和售后服务、汽车租赁、二手车交易、汽车保险、消费信贷、停车服务、报废回收等服务业，完善相关的法规、规章和管理制度。支持骨干汽车生产企业加快建立汽车金融公司，开展汽车消费信贷等业务。

（五）政策措施

1. 减征乘用车购置税

自 2009 年 1 月 20 日至 12 月 31 日，对 1.6L 及以下小排量乘用车减按 5% 征收车辆购置税。

2. 开展"汽车下乡"

在新增中央投资中安排 30 亿元资金，自 2009 年 3 月 1 日至 12 月 31 日，对农民购买 1.3L 及以下排量的微型客车，以及将三轮汽车或低速货车报废换购轻型载货车的，给予一次性财政补贴。

3. 加快老旧汽车报废更新

调整老旧汽车报废更新财政补贴政策，加大补贴支持力度，提高补贴标准，加快淘汰老旧汽车。2009 年老旧汽车报废更新补贴资金总额由 2008 年的 6 亿元增加到 10 亿元。

4. 清理取消限购汽车的不合理规定

各地区、各部门要认真清理取消现行限制汽车购置的不合理规定，包括牌照注册数量、车型限制、各种区域市场保护措施、各类行政事业性收费、外地汽车进城收费，以及其他直接或间接影响汽车购置的措施，并于 2009 年 3 月底前将清理情况报国家发展改革委。对确需继续保留的限购规定，自 2009 年 4 月 1 日至 12 月 31 日应暂停执行，不能暂停执行的，应予 2009 年 3 月 10 日之前报国务院批准。

5. 促进和规范汽车消费信贷

修改和完善汽车消费信贷制度，抓紧制订汽车消费信贷管理条例，使资信调查、信贷办理、车辆抵押、贷款担保、违约处置等汽车消费信贷全过程实现规范化、法制化。

支持符合条件的国内骨干汽车生产企业建立汽车金融公司，促进汽车消费信贷模式的多元化，推动信贷资产证券化规范发展，支持汽车金融公司发行金融债券等。

6. 规范和促进二手车市场发展

建立二手车评估国家标准和临时产权登记制度，调整二手车交易的增值税征收方式。大力发展专业的二手车经销企业，倡导汽车品牌经销商开展以旧换新，以旧换旧等汽车置换业务。取消二手车交易市场的不合理收费，降低交易成本。

加强二手车市场监管、严格经营主体市场准入，规范二手车交易行为，维护市场秩序。积极推广二手车交易合同示范文本，保护消费者合法权益，充分发挥行业组织作用，加强行业自律，促进企业诚信经营。

7. 加快城市道路交通体系建设

发展现代化城市综合交通运输体系，提高综合管理效率和现代化水平。实施交通畅通工程，鼓励加快城市轨道交通设施建设。各城市人民政府要采取积极措施推动停车场建设，规范停车收费。交通换乘枢纽应建设大型停车场所，方便换乘公共交通工具，减轻交通拥堵压力。

8. 完善汽车企业重组政策

制定支持汽车企业重组的政策措施，妥善解决富余人员安置、企业资产划转、债务核定与处置、财税利益分配等问题，支持汽车生产企业通过兼并重组整合产品资源，开发新产品，鼓励汽车生产企业联合开发和制造《汽车产业技术进步和技术改造项目及产品目录》内的汽车新产品和关键总成。新建汽车生产企业和异地设立分厂，必须在兼并现有汽车生产企业的基础上进行。

9. 加大技术进步和技术改造投资力度

今后三年在新增中央投资中安排 100 亿元作为技术进步、技术改造专项资金，重点支持汽车生产企业进行产品升级，提高节能、环保、安全等关键技术水平，开发填补国内空白的关键总成产品；建设汽车及零部件共性技术研制和检测平台，发展新能源汽车及专用零部件。

10. 推广使用节能和新能源汽车

启动国家节能和新能源汽车示范工程，由中央财政安排资金给予补贴，支持大中城市示范推广混合动力汽车、纯电动汽车、燃料电池汽车等节能和新能源汽车。县级以上城市人民政府要制订规划，优先在城市公交、出租、公务、环卫、邮政、机场等领域推广使用新能源汽车；建立电动汽车快速充电网络，加快停车场等公共场所公用充电设施建设。

11. 落实和完善《汽车产业发展政策》

抓紧制定道路机动车辆管理条例，完善机动车辆管理法规体系，启动对产业有重要提升和保护作用的标准的研究制定工作，抓紧制修订新能源汽车产品标准、试验方法。落实汽车整车（含摩托车、三轮汽车、低速货车）生产企业退出机制，制定新能源汽车关键总成的准入标准。研究制定三轮汽车和低速货车生产企业向相关产业转型的鼓励办法。

（六）规划实施

国务院各有关部门要按照《汽车产业调整和振兴规划》的工作分工，加强沟通协商，密切配合，尽快制定和完善各项配套政策措施，确保实现汽车产业调整和振兴三年目标。要建立部门联合发布信息制度，适时向社会发布产业调整和振兴的有关信息。有关部门要适时开展《汽车产业调整和振兴规划》的后评价工作，及时提出评价意见。

各地区要按照《汽车产业调整和振兴规划》确定的目标、任务和政策措施，结合当地实际抓紧制定具体落实方案，确保取得实效，各省（区、市）要将具体工作方案和实施过程中出现的新情况、新问题及时报送国家发改委。

二、与汽车产业调整和振兴规划配套的实施细则

为配合《汽车产业调整和振兴规划》的实施，国务院有关部门先后发布了一些有关实施细则。

（一）促进汽车消费

2009 年 3 月 30 日商务部、工信部等八部委联合下发《关于促进汽车消费的意见》，全文如下：

汽车消费作为扩大内需的主要内容，对妥善应对国际金融危机的冲击，推动汽车产业健康发展，缓解就业压力，维护社会稳定，保持国民经济平稳增长，具有重要作用。为贯彻落实《国务院办公厅关于搞活流通扩大消费的意见》（国办发〔2008〕134 号）和《汽车产业

调整和振兴规划》精神,保持汽车市场稳定增长,现就促进汽车消费提出如下意见:

1. 积极促进汽车销售

1)推动汽车市场健康有序发展。尽快修订《汽车品牌销售管理实施办法》引导汽车流通业合理布局,鼓励汽车品牌销售采取多种经营模式,努力构建节约型汽车营销网络;推动建立平等和谐的工商关系,调动汽车供应商和品牌经销商两方面的积极性;进一步规范汽车经营行为,维护良好的市场秩序和交易环境,促进汽车市场稳定增长。

2)进一步提高汽车营销和服务水平,支持有条件的汽车流通企业通过跨地区兼并重组,发展连锁经营,做强做大,引导和鼓励企业建立便捷高效的汽车营销和服务体系,健全网络,完善功能,加快创建自主服务品牌,在大型汽车交易市场设置机动车登记服务站,建立和完善经销商代办机动车牌证制度,努力为消费者提供更加优质的服务。

3)鼓励购置节能环保型小排量汽车,贯彻落实汽车消费税调整政策和1.6L及以下排量乘用车减半征收购置税的政策,引导汽车企业提高产品质量,增加产品品种,保证相关商品货源充足,做到价格公开透明,防止以收取提车费等名目变相加价,确保消费者真正受益。

2. 大力培育和规范二手车市场

1)鼓励发展二手车流通,积极发展专业二手车经销企业,倡导汽车品牌经销商开展"以旧换新""以旧换旧"等二手车置换业务,清理和取消各地对二手车经销方面不合理的限制,引导交易形式多样化,简化二手车交易手续,取消交易市场不合理的收费,降低交易成本,促进二手车市场繁荣。

2)提高交易质量和功能。建立全国性和重点地区的二手车市场公共信息服务平台,实施二手车交易市场升级改造示范工程,支持二手车交易市场进行以完善交易服务功能、建设信息服务系统为重点的技术改造,着力解决交易信息不对称的问题。尽快形成二手车信息服务网络,保证车辆信息公开透明,增强消费者信心。

3)切实改善市场消费环境。积极推广二手车交易合同示范文本,抓紧制定《二手车流通企业设立条件》《二手车鉴定评估规范》等标准,进一步规范二手车市场主体秩序和经营行为,加强市场监管,严厉打击交易欺诈行为,充分发挥行业协会作用,积极推进诚信体系建设,倡导行业自律发展,引导企业诚信守信,合法经营,营造良好的消费环境,促进安全消费。

3. 加快老旧汽车报废更新

1)完善报废汽车管理制度。加快建立报废汽车回收拆解与安全、环保和资源再利用相衔接的管理制度,推动《机动车强制报废标准规定》出台,严格汽车强制报废规定,防止报废汽车流向社会,逐步形成老旧汽车报废更新的良性循环。

2)培育报废汽车回收拆解骨干企业,以贯彻落实《报废汽车回收拆解企业技术规范》为契机,引导报废汽车回收拆解企业升级改造,鼓励有条件的地区集中建立报废汽车破碎中心,逐步解决报废汽车破碎工艺分散、规模小、水平低的矛盾,支持有条件的回收拆解企业进行以清洁环保,安全生产和资源利用为重点的技术改造,提高回收拆解水平,发挥示范和带动效应,鼓励和引导有条件的汽车生产企业通过参股、并购回收拆解企业等方式开展报废汽车回收拆解业务,推动行业技术进步。

3)积极引导老旧汽车报废更新,及时调整鼓励老旧汽车报废更新政策,加大报废更新资金补贴支持力度，提高补贴标准，增加补贴范围，加快淘汰老旧公交车和农村客运车辆，积极研究对提前报废老旧乘用车并购买符合条件的节能环保型小排量汽车车主的鼓励政策，加快汽车消费更新换代。

4. 努力开拓农村汽车市场

1）逐步建立农村汽车流通网络，正确处理城市与农村汽车市场发展的关系，积极研究培育和发展农村汽车市场的政策和措施，探索适合农村地区发展的汽车经营模式，引导企业开发和生产适合农村地区使用的低价位节能型汽车，建立和完善农村地区汽车销售服务和回收网络，为农村居民消费创造良好条件。

2）促进农村汽车消费和升级换代。积极开展汽车下乡工作，加强组织领导，加大宣传力度，强化监督管理，确保汽车下乡产品质量和售后服务，严厉打击坑农害农，虚假开具报废汽车回收证明等违法行为，切实把汽车下乡政策落到实处，扩大农村地区汽车消费。

5. 加大信贷支持力度

1）支持发展汽车信贷消费，推进汽车消费信贷管理条例制定工作，完善个人征信管理，鼓励金融机构开展新车和二手车消费信贷业务，创新信贷产品，简化信贷手续，根据借款人还款能力、资信状况等风险因素确定个人贷款利率，不断扩大汽车信贷消费。

2）加大对流通企业的信贷支持，推动金融机构根据信贷原则和汽车流通企业的特点，制定差别化授信条件，创新担保方式，加大信贷支持力度，满足汽车流通企业的合理信贷需求。

3）加强汽车金融服务配套制度建设，稳步发展汽车消费贷款保证保险业务，推动保险机构与汽车消费信贷机构进一步加强合作，促进汽车消费市场平稳发展。

另外，财政部等还专门颁发了《促进汽车金融发展的政策措施》，主要包括：修改和完善汽车消费信贷制度，抓紧制定汽车消费信贷管理条例，使资信调查、信贷办理、车辆抵押贷款担保、违约处置等汽车消费信贷全过程实现规范化、法制化，支持符合条件的国内骨干汽车生产企业建立汽车金融公司。促进汽车消费信贷模式的多元化，推动信贷资产证券化规模发展，支持汽车金融公司发行金融债券等。

（二）促进汽车出口

针对当时中国汽车产业发展的现状和面对的经济形势，政府有关部门出台了一系列鼓励汽车出口的政策。首先是出口退税率提高、实施增值税转型等政策。国家全面实施增值税转型，可减轻企业因固定投资形成的 1200 亿元税负。其次是拓展中央外资发展资金的使用范围，为汽车及零部件企业搭建共性的基础平台，2008 年投入资金为 3 亿元。2009 年的支持力度更大。再次，中央鼓励企业积极与国内外商业银行合作，采取多种方式，减少海外订单缓付款给汽车企业带来的风险。

此外，商务部还出台了促进汽车出口的 8 项措施，包括尽快出台一些符合 WTO 规则、促进我国汽车零部件出口持续健康发展的政策；进一步完善汽车出口自治管理办法；解决远洋运输船不足问题，推动建造中国汽车出口船队；提供汽车出口重点市场的信息服务；推动我国与主要出口目的国汽车产品的相互认证等内容。

业内人士表示，抵御出口风险的关键是出口产品结构的调整，其中重要的部分就是产品升级。中国汽车企业正在或开始经历包括产品升级在内的结构调整，只有这种升级继续下去并顺利完成，维护汽车出口增长的目标才能成功实现。

许多汽车出口企业已经意识到"价格战"的危害，认为不能过分强调价格竞争。因而在出口产品结构上，力争由低端产品向高端产品倾斜，呈现乘用车出口小型化、商用车出口重型化、客车出口大型化的格局、产品附加值不断提高。

例如，从奇瑞汽车出口车型结构来看，具有高附加值的中高端车型已占全部出口产品的50%以上。丰富的车型体系在直接提升奇瑞出口量的同时，也提升了奇瑞汽车的抗风险能力，又如在商用车方面，东风商用车公司的高档重型载货汽车系列也已成为拉动东风汽车出口的重要支撑。

(三) 百亿元专项资金

《汽车产业调整和振兴规划》中关于100亿元专项资金如何落实的内容，主要体现为《技术进步与技术改造项目与产品目录》（以下简称《产品目录》）中的项目。

据了解，《产品目录》的制定本着具体、可操作原则，项目的选择要契合国家确定的战略发展方向。此次的100亿元专项资金，针对的是能促进产业创新的产品及与之相关的技术改造。已经明确的有：新能源汽车关键零部件、1.5L以下直喷国Ⅳ汽油发动机，3L以下升功率45kW的柴油机，双离合变速器等。

实际上，事关中国汽车产业健康发展方向的产品技术路线，在国家出台的各种政策中早有体现。汽车界一位资深人士称，《中国汽车产业"十一五"发展规划纲要》草案中的第二章——促进高新技术发展的内容，应该是《产品目录》基本的选项要义。另一个值得注意的环节是，科技部、财政部、国家税务总局在2006年年底发布的《中国高新技术产品目录2006》文件。该文件中涉及十几项新型汽车关键零部件，其中的部分项目会在《产品目录》中出现。该人士同时指出，100亿元专项资金的归属，引导作用大于实际意义，其更重要的意义在于表明中央支持企业自主创新的决心和方向。

其实，在国务院办公厅发布《汽车产业调整和振兴规划》具体措施的前后，围绕企业自主创新的政策就已相继出台。2008年年底，国家税务总局下发了《企业研究开发费用税前扣除管理办法（试行）》文件，规定8种研发费用可享受税前优惠。2009年1月19日，国家发改委公布了《关于促进自主创新成果产业化的若干政策》。文件指出，各级人民政府要根据财力的增长情况，继续增加投入，主要通过无偿资助、贷款贴息、补助（引导）资金、保费补贴和创业风险投资等方式，加大对自主创新成果产业化的支持，加快自主创新成果的推广应用，提高自主创新成果产业化水平。

(四) 减征车辆购置税

经国务院批准，财政部、国家税务总局下发了《关于减征1.6升及以下排量乘用车车辆购置税的通知》（财税〔2009〕12号），减征部分乘用车车辆购置税。

这次政策调整的主要内容是：

1) 自2009年1月20日至2009年12月31日购置的1.6L及以下排量的乘用车，暂减按5%税率征收车辆购置税，执行时间是指车辆的购置日期，而并非纳税申报日期。购置日期的确定、按照机动车销售统一发票或海关关税专用缴款书等其他有效凭证的开具日期确定。

2) 减征车辆购置税的乘用车是指在设计和技术特性上主要用于载用乘客及其随身行李和（或）临时物品，含驾驶员座位在内最多不超过9个座位的汽车，具体包括：

①国产轿车："中华人民共和国机动车整车出厂合格证"（以下简称合格证）中"车辆

型号"项的车辆类型代号为"7","排量和功率（mL/kW）"项中排量不超过1600mL。

②国产客车：合格证中"车辆型号"项的车辆类型代号为"6"、"排量和功率（mL/kW）"项中排量不超过1600mL"额定载客（人）"项不超过9人，"额定载质量（kg）"项小于额定载客人数和65kg的乘积。

③进口乘用车：参照国产同类车型技术参数认定。

国家税务总局相关负责人指出，在国际金融危机的冲击下，全球汽车市场面临着严峻的形势，我国车市也同样受到了国际环境的影响。为振兴汽车产业，国务院决定，减征部分乘用车车辆购置税税率。减税政策的出台，对于培育汽车消费市场，有效拉动汽车消费，扩大国内需求，促进国内汽车产业的稳定较快发展具有重要意义。

这次减征购置税，有三个方面与百姓所期待的有所偏差，一是购置税减征额度仅仅减征5%；二是能够得到减免的仅仅是1.6L及以下排量乘用车；三是减征时间段仅仅是1年。

基于此，业内人士认为，购置税减半征收虽然对汽车消费有一定的促进作用，但减免不够彻底，如果从节能环保，可持续发展战略出发，购置税的征收应进一步细分。

减免5%的购置税是什么概念呢？规划出台之前执行的车辆购置税税率为10%，其计税价格为车辆不含增值税的价格，以购买一辆排量在1.6L及以下，价格为10万的车辆为例计算，消费者在购车环节应缴纳的汽车购置税为10万元÷(1+17%)×10%=8547元，而按照规划调整后的税率，它的购置税比原来节省一半，将为4274元。10万元购车款就只能减少4000余元。

上述减征5%车辆购置税的政策随后有了变化，从2010年开始，1.6L以下排量乘用车只能减免2.5%的购置税，而到2011年车辆购置税已不再减免。

（五）新能源汽车补贴政策

2009年2月5日，财政部下发了《关于开展节能与新能源汽车示范推广试点工作的通知》（以下简称《通知》），出台了新能源汽车消费层面的补贴细则。

财政部、科技部决定，在北京、上海、重庆、长春、大连、杭州、济南、武汉、深圳、合肥、长沙、昆明、南昌等13个城市开展节能与新能源汽车示范推广试点工作，以财政政策鼓励在公交、出租、公务、环卫和邮政等公共服务领域率先推广使用节能与新能源汽车，对推广使用单位购买节能与新能源汽车给予补助。其中，中央财政重点对购置节能与新能源汽车给予补助，地方财政重点对相关配套设施建设及维护保养给予补助。

《通知》规定，在混合动力汽车、纯电动汽车和燃料电池汽车三个品类中，按照新能源汽车节油率和最大电功率比两项指标考量，其中节油率在40%以上，最大电功率比在30%~100%这一范围的新能源汽车，可获得5万元/台的购车补贴；纯电动汽车的补贴是6万元/台；燃料电池汽车补贴则为25万元/台。

业内人士分析认为，政府此番出台政策直接拉动新能源汽车的终端消费，对于调整汽车市场的产品结构，加速新能源汽车的市场化进程，产业实现跨越式发展意义重大，新能源汽车发展凸显新机。

业内普遍认为，汽车产业未来的出路在于新能源汽车。一方面，传统能源日渐稀缺，环境问题日益加剧，汽车行业需要未雨绸缪，加以应对，提前做好技术储备；另一方面，这也是汽车业目前面临的危机与调整带给新能源汽车的机遇。

在长期需求预期与短期利好刺激的双重因素作用下，新能源汽车产业迎来了历史性发展

第七章　汽车产业政策探讨

机遇。

《通知》对新能源汽车消费的补贴主要体现在集体购车方面，而且力度较大，在购买和使用上均有相关补贴投入。《通知》还强调，在公共服务领域率先推广使用新能源汽车，其目的自然是在社会上起到示范作用，树立发展方向。

但是，《通知》没有提及对个人购买新能源汽车的价格补贴问题，这也从侧面体现了新能源汽车离个人消费、实现大规模市场化运行等尚有距离。

2010年6月1日，财政部等部委联合发布了《私人购买新能源汽车试点财政补助资金管理暂行办法》以及《关于扩大公共服务领域节能与新能源汽车示范推广有关工作的通知》。

如此，行业热盼的私人购买新能源汽车补贴政策终于出台，确定在上海、长春、深圳、杭州、合肥5个城市启动私人购买新能源汽车补贴试点工作。此项补贴只针对插电式混合动力乘用车和纯电动乘用车，插电式混合动力车最高补5万元，纯电动车最高补6万元。补贴资金拨付给汽车生产企业，按其扣除补贴后的价格将新能源汽车销售给私人用户。

同时，在公共服务领域，"十城千辆"示范行动的城市由13个正式扩大到20个。

（六）"汽车下乡"

2009年3月13日，由财政部会同有关部门制定的《汽车摩托车下乡实施方案》下发实施。由此，备受汽车业界和农村消费者关注的"汽车下乡"补贴细则正式出台。从2009年3月1日至12月31日，农民购买轻型载货车和微型客车，将可获车价10%的经济补贴，最高补贴5000元。市场人士认为该项政策将有力地拉动农村市场，并将惠及生产相关车型的厂家。

1. 补贴款最多为5000元

《汽车摩托车下乡实施方案》（以下简称《方案》）规定，2009年3月1日至12月31日，对农民将三轮汽车或低速货车报废并换购轻型载货车的，按换购轻型载货车销售价格10%给予补贴，换购轻型载货车单价5万元以上的，实行定额补贴，每辆补贴5000元。同时，对报废三轮汽车或低速货车实行定额补贴。报废三轮汽车每辆给予补贴2000元，报废低速货车每辆给予补贴3000元。

对农民购买微型客车，按销售价格10%给予补贴，购买微型客车单价5万元以上的，实行定额补贴，每辆补贴5000元。对购买摩托车，按销售价格13%给予补贴，购买摩托车单价5000元以上的，实行定额补贴，每辆补贴650元。

对于车辆的限购数量，《方案》规定，每户农民限购一辆享受补贴的换购轻型载货车或微型客车，两年内不得过户。此外，每户农民限购两辆享受补贴的摩托车。

方案对于车型也有了具体说明。其中，三轮汽车指原三轮农用车；低速货车指原四轮农用车；轻型载货车指总质量大于1.8t但不超过6t的载货汽车；微型客车指发动机排量在1.3L以下的载客汽车。

2. 补贴资金直接发放给消费者

《方案》对于此次"汽车下乡"政策的具体实施细则也做了明确的规定。《方案》指出，将三轮汽车或低速货车报废并换购轻型货车的农民，向户口所在地乡镇财政部门申报补贴资金，申报时需提供以下材料：已报废车辆的报废汽车回收证明，机动车注销证明，新购车辆的机动车销售发票，公安交通管理部门出具的机动车行驶证或者机动车登记证书，购买人本人的居民身份证、户口簿或公安部门出具的户籍证明，购买人储蓄存折（可以用粮食直补专用存折）。

购买微型客车、摩托车的农民，向户口所在地乡镇财政部门申报补贴资金，申报时需提供材料：公安交通管理部门出具的机动车行驶证或机动车登记证书、机动车销售发票，购买人本人的居民身份证、户口簿或公安部门出具的户籍证明，购买人储蓄存折（可用粮食直补专用存折）。

补贴资金实行"乡级审核、乡级兑付"或"乡级审核、县级兑付"。乡镇财政部门对农民申报材料进行审核后，符合补贴要求的，应当在购买人提出申请的15个工作日内将补贴资金直接拨付到购买人储蓄存折账户，不符合补贴要求的，应在购买人申报时立即告知当事人。

3. 下乡的车型要"过硬"

国家对"汽车下乡"有明确要求，不仅产品上要规范，同时销售渠道上也要有专门系统的批准，以防止"假货"坑农。业内人士还认为，要让农民相信，实惠是实实在在的，经销商不会变相加价，因此，经销商应从价格上取信于农；另外，"下乡"车型要选择适合农民需求，农民更关注汽车的价格、实用性和质量。

4. 自主品牌"下乡"占优势

因为农民所需多为货车和微型车，对汽车的科技含量要求并不高，而物美价廉的自主品牌则成了农村市场消费者的首先。

借助这次政策机遇，自主车企更加重视满足农村市场的切实需求，为农民朋友提供买得起，用得好的"低成本，高价值"的微车产品。

5. 配套服务要及时跟上

《方案》提出畅通的道路、稳定的油价、良好的售后、驾驶技术提高……只有完善的体系，才能使农民买车无后顾之忧。业内人士称，只有油价平稳地保持在一个水平，农民买车后才不会有心理压力。同时，由于目前许多农村道路问题严重，尤其是苏北一带，部分乡村的道路仅有一米多宽的土路，这都将成为制约"汽车下乡"的硬伤。

三、把一些临时性应对政策上升到条例和法规层面建立起长效机制

除了上面列举的这些实施细则外，为实施《汽车产业调整和振兴规划》还有一些细则也陆续出台，而有的政策如减征车辆购置税和对新能源汽车补贴政策等在2010年之后都已有了修正和补充。可见围绕汽车产业调整和振兴规划出台的一些实施细则实际上很多是临时性应对措施。因此目前迫切需要把汽车市场实施的一些临时性应对政策上升到条例和法规层面，建立起长效机制。

举例来说，最近中国汽车流通协会向有关部门建议重新启动新一轮汽车下乡政策，8年前实施过的刺激政策，如今是否有必要重启，这就牵涉到建立长效机制问题。对此，2017年3月20日《中国汽车报》发表了一篇评论员文章《重启汽车下乡政策有必要吗？》

文章作者万仁美曾参加过多年的全国百强县市汽车巡展，亲身感受到2009年汽车下乡对三、四级市场汽车消费的拉动。当年，国家对1.6L及以下排量乘用车按5%税率征收车辆购置税，对农民报废三轮汽车和低速货车换购轻型载货车及购买1.3L以下排量微型客车的，给予一次性财政补贴，农村市场很大，汽车消费需求多种多样，汽车下乡政策让一部分

人怦然心动,从"泥腿子"变成了有车族;也让一部分有车族下决心升级换代。

正是在2009年,我国新车产销量跃居世界第一,其中汽车下乡政策的作用不可不提,2008年受全球金融危机影响,我国经济发展受到冲击,许多行业受到严峻挑战。在这样的大背景下,汽车下乡拉动了国内消费市场,在很大程度上化解了车企遇到的困难。

2017年上半年,虽然我国汽车产销量较2016年同期仍处于增长态势,但受小排量车购置税优惠政策退坡影响,业内人士普遍认为2017年车市增幅将明显回落,不少车企和经销商希望借汽车下乡等刺激政策维持以往的产销两旺。然而万仁美认为:如今的市场形势已发生了很大变化。

第一,宏观经济环境与2009年有很大不同。2009年,我国经济仍保持高速增长,陡然的市场低迷给各行各业造成了巨大冲击,汽车下乡政策拉动了市场消费,让经济发展重新驶入正常轨道。而今,我国经济已全面进入转型升级阶段,市场条件也随之改变,由普遍的供不应求转向供大于求,产能过剩尤其是结构性过剩凸显。同时,要素成本条件也发生了巨大变化,劳动力成本、资源成本等都在上涨,为了应对市场竞争,大多数车企不敢用涨价的方式消化成本上升。

第二,在2009年之前,大多数车企的销售渠道尚未下沉到三四线城市,汽车下乡政策促使车企加快渠道下沉的步伐。经过这些年的布局,车企的销售网络基本已覆盖三、四级市场,有的甚至推进到城镇市场。在这种形势下,用汽车下乡促进销售只不过是透支未来的消费。

第三,随着汽车进入寻常百姓家,很多三四线城市甚至县城已出现交通拥堵现象。同时,汽车尾气亦是大气环境恶化的原因之一。面对汽车造成的负效应,不能一味追求产销量增长。

万仁美表示:转型升级是我国经济发展的当务之急,汽车产业也要顺应这一形势,不能片面地盯着产销量。在新的市场环境中,车企遇到的困难不能用短期的汽车下乡来化解,而需借助长效机制。其中,培养汽车文化便是有效手段之一,它既包括汽车本身代表的文化含义,也包括衍生出来的休闲娱乐活动。

当前我国车企还没有形成系统、完整的汽车文化,新车上市仍以强调性价比为主,这也使得经销商难以借助汽车文化促进销售。

汽车运动也是汽车文化的一种方式。虽然国内车企的技术水平还难以达到参加顶级赛事的标准,但不妨根据自身实力参与到合适的汽车运动之中。事实上,已有企业认识到汽车运动对品牌形象塑造的意义,并通过赛事展示性能从而带动销量提升。比如,比亚迪的新能源汽车之所以销量排在前列,与它们积极参加中国汽车拉力赛也有一定关系,让消费者了解并信服其新能源汽车的实力。

汽车下乡虽可以在短期内拉动汽车消费,解一时之急,但会透支消费,只有找到长效解决办法,才能更好地促进汽车市场繁荣发展。

第五节 《汽车产业中长期发展规划》出炉

如前所指,《汽车产业调整和振兴规划》的实施过程其实也就是汽车产业政策落实和完善的过程,但是业内人士认为:为推动中国汽车产业可持续发展,长治久安,2004年版的

《汽车产业发展政策》还是需要进行重新修订，并且重点围绕"做强"来做文章。

从2009年至今围绕2004年出台的《汽车产业发展政策》将修改的传闻此起彼伏，但时隔将近10年，新版汽车产业政策仍未出台，而一项绘制汽车产业未来发展蓝图的重磅政策《汽车产业中长期发展规划》却在2017年4月25日出炉。

众所周知，我国早已是汽车大国，汽车产销量连续多年蝉联世界第一，遗憾的是我国汽车产业大而不强，实现我国汽车产业由大变强，一直是国人和整个产业的梦想，不过如何实现这个汽车强国梦，此前一直停留在讨论阶段，并未有清晰的规划。2017年，工信部、国家发改委、科技部联合发布了《汽车产业中长期发展规划》（以下简称《规划》），至此，汽车强国梦，终于有了明确的行动纲领。

至于为什么要在现在发布《规划》？据《中国汽车报》报道，工信部装备工业司负责人对此的解释是：汽车产业是推动新一轮科技革命和产业变革的重要力量，是建设制造强国的重要支撑，是国民经济的重要支柱。一方面，进入新世纪以来，我国汽车产业快速发展，自2009年起已连续8年位居全球第一；新能源汽车发展取得重大进展，2016年产销量超过50万辆，累计推广量超过100万辆，全球占比均超过50%。在智能网联汽车方面，部分企业主动布局；具备辅助驾驶功能和网联化特征的汽车产品规模化进入市场。另一方面，汽车产业大而不强的问题仍然存在，比如创新能力不强、部分关键核心技术缺失等。随着经济下行压力持续加大和汽车保有量大幅增加，一些深层次问题逐渐呈现。当前，新一代信息通信、新能源、新材料等技术与汽车产业加快融合，产业生态深刻变革，竞争格局全面重塑。我国在新能源汽车领域成绩显著，支撑汽车智能化、网联化发展的信息技术产业实力不断增强，这两个方向有望成为抢占先机、发展赶超的突破口。未来一个时期，我国汽车市场将保持平稳增长，加之差异化、多元化的消费需求，将为中国品牌汽车发展提供巨大空间。此外，制造强国战略实施和"一带一路"建设也为汽车产业发展提供了重要支撑和海外发展机遇。综合来看，世界汽车产业发展出现深刻变化，我国汽车产业转型升级、由大变强面临难得的历史机遇，因此，《规划》是为推进汽车产业由大到强发展提供指导。

工信部部长苗圩指出：《规划》提出了汽车产业未来10年的发展目标、重点任务和政策措施，核心要义是做大做强中国品牌汽车，培育具有国际竞争力的企业集团；路线上要以新能源汽车和智能网联汽车为突破口，引领整个产业转型升级；措施上要优化产业发展环境，推动行业内外协同创新。

《规划》的核心可归结为：一个总目标，六个细分目标；六项重点任务和八个重点工程，六项保障措施。

在《规划》中，除了提出"力争经过十年持续努力，迈入世界汽车强国行列"的总目标外，还对自主品牌提出了明确目标，即到2020年打造若干个世界知名汽车品牌；到2025年，若干自主品牌车企产销量进入世界前10；到2020年，自主品牌汽车逐步实现向发达国家出口；到2025年，自主品牌汽车在全球影响力得到进一步提升。

六个细分目标与总目标息息相关，即关键技术取得重大突破，令产业链实现安全可控，中国汽车品牌全面发展，新型产业生态基本形成，国际发展能力明显提升，绿色发展水平大幅提高。

业内专家认为：我国汽车工业要在10年左右时间里实现《规划》制定的目标，面临着严峻挑战，与发达国家相比较，我国汽车工业还存在诸多弱点和不足。

（1）关键技术和关键零部件薄弱　在传统汽车领域，虽然我国汽车企业及科研单位近年来在发动机、变速器等关键技术，关键零部件方面取得了突破，但与发达国家先进水平相比仍有很大差距。

在新能源技术领域，我国汽车工业及相关行业在电池、电机及电控系统方面取得了很大进步，但与美国、欧洲、日本等国家和地区的汽车企业相关产品相比，依然有较大差距。在动力电池方面，差距尤其明显。与日韩动力电池相比，我国的产品成本高、能量密度低、生产工艺和自动化水平落后，一致性保障能力差。在下一代先进电池系统和材料开发方面，我国与国际先进水平的差距更加明显。而在燃料电池产业化方面，我国与国际水平的差距也是显而易见的。

（2）全产业链安全可控较差　由于关键技术和关键零部件比较薄弱，这就导致我国汽车工业在开发汽车时，缺乏全产业链安全可控能力。

在传统汽车领域，近年来出现了可喜变化，自主开发的轿车陆续上市，并且取得了不俗的成绩，开始向中端轿车市场发起冲击。但必须认识到，这些成绩的取得，在很大程度上是借助外国汽车设计开发公司或外国专家的能力。在整车设计、调校方面，中国汽车企业仍然缺乏核心竞争力。

在新能源汽车领域，某些关键零部件、原材料仍然依赖跨国公司。虽然我国企业掌握了部分新技术，但产业化迟滞，这也导致近年来产业化进程中实际装车的电池等零部件仍大量使用外资企业的产品。

（3）中国品牌有待全面突破　诚然，如《规划》中所指出的，经过多年的努力，"中国品牌迅速成长，国际化发展能力逐步提升。特别是近年来在商用车和运动型多用途乘用车等细分市场形成了一定的竞争优势"。然而，我国汽车品牌在某些领域开始显露出一定国际竞争力的同时，在轿车尤其是中高档轿车领域，自主品牌仍处于艰难突破阶段，实现品牌突破并非易事。即使在国内市场上，我国自主开发的轿车产品，想要获得美誉度，也需付出巨大努力。

（4）新型产业生态有待形成　新技术革命背景下，汽车产业生态的重组、形成，是一个巨变过程。在这一过程中，不仅汽车工业要及时做出回应，相关产业也要协同动作，才能占据竞争制高点。目前，我国在汽车产业之外的技术创新部分活跃而凌乱，缺乏协同。以技术标准为例，在新能源汽车、智能网联领域，都存在着"九龙治水"、行业分割的现象。比如，由于互不协调、政策衔接不够，新能源汽车的电池"退役"后的再利用问题，至今进展缓慢。可以说，能否及时推动这一工作，已经成为影响新能源汽车发展的关键问题。

（5）国际发展能力薄弱　我国整车出口从 100 万辆的峰值回落后，至今没有突破，这显示出我国汽车企业国际竞争力薄弱的问题。当然，近年来我国车企对外投资建厂有较大进展，但在很大程度上是为了绕开关税壁垒，在国外建设 CKD 组装厂。汽车工业发展的历史表明，凡是汽车工业强国，必然是汽车出口大国；凡是全球性汽车企业，必然是全球布局、全球销售。我国汽车工业在这方面仍然任重道远。

（6）绿色发展水平有待提高　我国汽车工业近年来在绿色发展、注重环境友好方面取得了不俗的进展。在生产过程中，节能减排进展迅速。但是，在废旧汽车产品及零部件的回收利用方面进展不大。在新能源汽车领域，回收利用旧产品才刚刚开始规划。从汽车产品的全生命周期来看，在报废回收利用环节，我国汽车工业绿色发展还远远不够。

以上问题，与《规划》中提出的六个细分目标一一对应，可见《规划》抓住了未来我国汽车工业努力的主要方向。

为达到《规划》的目标，提出了六项重点任务：一是完善创新体系，增强自主发展动力；二是强化基础能力，贯通产业链条体系；三是突破重点领域，推动产业结构升级；四是加速跨界融合，构建新型产业生态；五是提升质量品牌，打造国际领军企业；六是深化开放合作，提高国际发展能力。

做强中国品牌汽车，实现汽车强国，离不开创新发展，也离不开技术路线、产业融合和国际化发展。苗圩对此进行了重点解读：第一，把创新作为建设汽车强国的主引擎，充分发挥企业主体作用，加大研发投入，完善创新体系建设；第二，提高节能与新能源汽车发展水平，加大节能汽车的研发和推广力度；第三，加快汽车与新一代信息通信技术融合发展，大力推进汽车、信息、通信、电子和互联网行业跨界协同攻关；第四，提高国际化发展能力，坚持走开放发展之路，深化国际合作，鼓励企业抓住"一带一路"等重大战略机遇"抱团出海"。

《规划》提出的八大重点工程是：

（1）创新中心建设工程　制定节能汽车、纯电动汽车和插电式混合动力汽车、氢能燃料电池汽车、智能网联汽车、汽车动力电池、汽车轻量化、汽车制造等技术路线图，引导汽车及相关行业开展前沿技术和共性关键技术的研发，推动技术成果转移、扩散和首次商业化，面向行业、企业提供公共技术服务。

（2）新能源汽车研发和推广应用工程　提升新能源汽车整车集成控制水平和正向开发能力，鼓励企业开发先进适用的新能源汽车产品，建设便利、高效、适度超前的新能源使用保障体系，完善新能源汽车推广应用扶持政策体系。

（3）智能联网汽车推进工程　推进智能网联汽车技术创新，组织开展应用试点和示范，完善测试评价体系、法律法规体系建设。

（4）先进节能环保汽车技术提升工程　重点攻克乘用车节能环保技术和商用车节能环保技术。通过节能汽车车船税优惠，汽车消费税等税收改革，引导、鼓励小排量节能型乘用车消费。

（5）"汽车+"跨界融合工程　推进智能化、数字化技术在企业研发设计、生产制造、物流仓储、经营管理、售后服务等关键环节的深度应用，推动建立充分互联协作的智能制造体系，推动汽车企业向生产服务型转变，进而构建绿色制造体系。

（6）汽车质量品牌建设工程　建立和完善中国汽车质量品牌培育和发展机制，建立和推广中国汽车品牌评价标准体系，鼓励优势企业通过收购国际知名汽车品牌和企业，实施品牌培育的跨越发展。

（7）海外发展工程　鼓励重点企业深化国际合作，在重点国家布局汽车产业园和开展国际产能合作，推动中国品牌商用车与国际工程项目"协同出海"，引导和组建汽车产业对外合作联盟，提升汽车企业海外发展服务能力。

（8）零部件重点工程

1）夯实零部件配套体系：集中优势资源优先发展自动变速器、发动机电控系统等核心关键零部件，重点突破通用化、模块化等瓶颈问题，引导行业优势骨干企业联合科研院所、高校等组建产业技术创新联盟，加快培育零部件平台研发、先进制造和信息化支撑能力，引导零部件企业高端化、集团化、国际化发展，推动自愿性产品认证，鼓励零部件创新型产业集群发展，打造安全可控的零部件配套体系。

2）发展先进车用材料及制造装备：依托国家科技计划（专项、基金等）引导汽车行业加强与原材料等相关行业合作，协同开展高强度钢、铝合金高真空压铸，半固态及粉末冶金成型零件产业化及批量应用研究，加快镁合金、稀土镁（铝）合金应用，扩展高性能工程塑料、复合材料应用范围，鼓励行业企业加强轻质车身、关键总成及其零部件、电机和电驱动系统等关键零部件制造技术攻关，开展汽车整车工艺，关键总成和零部件等先进制造装备的集成创新和工艺应用。加快3D打印、虚拟与增强现实，物联网、大数据、云计算、机器人及其应用系统等智能制造支撑技术在汽车制造装备的深化应用。

3）推进全产业链协同高效发展：构建新型"整车——零部件"合作关系，探索和优化产业技术创新联盟成本共担、利益共享合作机制，鼓励整车骨干企业与优势零部件企业在研发、采购等层面的深度合作，建立安全可控的关键零部件配套体系。推动完善国家科技计划（专项、基金等）项目遴选取向，建立关键零部件产业化及"整车——零部件"配套项目考核指标，鼓励整车和零部件企业协同发展，开展关键零部件联合攻关，推进企业智能化改造提升，促进全产业链协同发展。

另外，《规划》提出的六项保障措施是：①深化体制机制改革。②加大财税金融支持。③强化标准体系建设。④加强人才队伍保障。⑤完善产业发展环境。⑥发挥行业组织作用。

对于《规划》提及的深化体制机制改革，加大财税金融支持，强化标准体系建设这三项保障措施，其落实和执行到位需要重点关注。

在深化体制机制改革中，提到要建立健全适合我国国情和产业发展规律的法制化、集约化、国际化管理制度，其中包括惩罚性赔偿制度、企业退出机制，车辆产品随机抽查抽检制度、投资管理制度等，涉及汽车行业的全产业链。当前，相关的制度并不完善，落实得也不太理想，因此亟待加快制度建设的步伐，并加大监管力度，确保制度落实到位，以助力汽车强国建设。

加大财税金融支持，是给行业和企业发展提供经济支持，无疑会受到企业的欢迎，但在配套政策的出台上，如何避免出现类似新能源汽车骗补事件非常关键。业内专家认为，这需要相关部门严密设计、强化监管、杜绝虚假，保证把钱花在刀刃上。

关于强化标准体系建设，业内人士觉得有关部门和机构应当紧贴实际，加快标准更新速度，切实把标准促进产品结构升级，进而促进产业结构升级的巨大威力发挥出来。当前，乘用车的安全性国标早就落后于市场实际，却迟迟没有更新到位；而商用车的情况恰恰相反，国标对安全性的要求本来就不算很高，即便如此，很多企业在利益驱使下也不愿遵从，这从不久前公安部交管局公布的一大串违规生产名单可略见一斑。所以，强化标准建设很有必要，强化标准执行力度更加必要，甚至可以说是最关键的环节，违者必惩须成为必然选择。

中国社会科学院工业经济研究所研究员赵英认为，《规划》将是在未来10年内引导中国汽车工业转型发展的指导性文件。

最主要的是，《规划》对我国汽车工业转型、发展的指导思想做出了明确阐述，概括起来就是"创新驱动、重点突破、协同发展，合作共赢，市场主导，政府引导，开放包容，竞合发展。"这四条原则是政府针对我国汽车工业目前的发展状况以及国内外环境提出的，对于在技术革命的大背景下制定汽车工业产业政策、引导技术创新，进一步改革开放，都具有指导意义。

另外,《规划》对如何实现由汽车大国向汽车强国的转变提出了具体的技术路线,即以新能源汽车和智能网联汽车为突破口,引导产业转型升级。

《规划》全面考虑了未来技术革命可能产生的巨大变化,对未来可能遇到的挑战提出了具体的技术路径,有许多新观点和新提法。例如,首次提出了智能网联汽车的推进步骤,如到 2020 年,汽车 DA(驾驶辅助)、PA(部分自动驾驶)、CA(有条件自动驾驶)系统新车装配率超过 50%,网联式驾驶辅助系统装配率达到 10%,满足智慧交通城市建设需求。到 2025 年,汽车 DA、PA、CA 新车装配率达 80%,其中 PA、CA 级新车装配率达 25%,高度和完全自动驾驶汽车开始进入市场。

赵英认为,上述观点值得我国汽车工业乃至全球汽车工业予以高度关注。

据介绍,NHTSA(美国高速公路安全管理局)和 SAE(美国汽车工程师学会)的自动驾驶分级已受到全球汽车工业普遍认可,较权威的 SAE 根据智能化等级将自动驾驶分为 5 级:DA(L1:ABS、定速巡航等基础辅助)、PA(L2:转向、加速、制动等驾驶辅助)、CA(L3:有条件的自动驾驶,驾驶员随时接管)、HA(L4:多数情况下无人驾驶实现)、和 FA(L5:所有情况下完全自动化)。欧盟和日本均计划到 2020 年实现 CA(L3),并进行商业化应用。

目前国内实现自动驾驶的情况是:2015 年 4 月,一汽发布了"挚途"战略。目前"挚途"2.0 可实现拥堵跟车,自主驾驶等功能,预计在 2020 年进入"挚途"3.0 时代,实现高速代驾、街景导航、人机共驾、状态感知等功能。长安则提出"654"发展战略,目前已在结构化道路上实现了有条件自动驾驶,预计在 2020 年完成全工况的高度自动驾驶。百度自 2013 年开启无人驾驶汽车项目后,一直在加快自动驾驶领域的布局,计划 2020 年左右实现量产无人驾驶汽车。总体上看,我国从国家到企业的自动驾驶发展规划相比国际先进水平在时间节点上并不落后,但相关的政策法规亟须制定。

其实,国家早先推出的《中国制造 2025》就已将智能网联汽车作为汽车产业重点发展方向之一,明确提出到 2020 年,掌握智能辅助驾驶总体技术及各项关键技术,初步建立智能网联汽车自主研发体系及生产配套体系;到 2025 年,掌握自动驾驶总体技术及各项关键技术,建立较完善的智能网联汽车自主研发体系、生产配套体系及产业集群,基本完成汽车产业转型升级。

第六节 汽车投资政策进行大幅调整

尽管新版汽车产业发展政策并未出台,但近来,仍有一些重大的政策调整陆续发布。例如,2017 年 6 月 12 日,国家发改委和工信部联合印发了《关于完善汽车投资项目管理的意见》(以下简称《意见》),这是在 2004 年《汽车产业发展政策》实施十余年后,对汽车投资政策进行的大幅调整。《意见》是《国务院关于发布政府核准的投资项目目录(2016 年本)的通知》有关要求的具体落实。此次政策调整的核心思路是强化汽车产能调控,引导企业发展新能源汽车,规范新能源汽车发展秩序,推动产业加快转型升级。

产能利用率是反映制造类企业生产经营状况的重要指标,近年来,随着市场增速放缓,汽车行业出现结构性产能过剩问题。

从国家发改委最近发布的调查数据来看，汽车行业结构性产能过剩具体表现在以下三个方面：

一是部分车型产能过剩问题突出。2015 年，37 家主要汽车企业（集团）（当年产量占全行业 98% 以上）的整车产能总计为 3122 万辆。其中，乘用车产能利用率为 81%，产能利用较为充分；商用车产能利用率仅为 52%，存在明显过剩。

二是部分企业产能利用水平较低，在 2015 年产能调查范围内，独立法人企业超过 150 家。其中，约 20 家企业产能利用率在 95% 以上，产能比较紧张，超过半数企业产能利用率不足 60%，产能过剩较为明显。就整体情况来看，自主品牌企业的产能利用率明显低于中外合资汽车企业。

三是各地区产能分布和利用水平差异较大。2015 年，列入调查的 37 家主要汽车企业（集团）的产能分布在 26 个省（自治区、直辖市）、排名前十的省份汽车产能占全国的 2/3 左右，产能地区分布差异明显，各地区的产能利用率也存在较大差异。

未来几年我国汽车产能过剩问题或将更加突出。据调查，2015 年年底在建产能超过 600 万辆，预计 2020 年总产能或将超过 4500 万辆。若不加以调控和引导，产能高速增长与市场增速放缓的矛盾将愈发突出，传统燃油汽车产能过剩问题将更加严峻，并直接影响产业转型升级和汽车强国建设。

至于为何产能出现结构性过剩？中国汽车技术中心政策研究中心的专家们认为：

一是很多企业对市场预期过于乐观，快速扩张产能。在市场需求及政策激励等多方面因素驱动下，我国汽车产销规模持续多年快速增长，导致部分企业对市场预期过于乐观，令行业产能快速增长。据中国汽车工业协会统计，2010—2015 年我国汽车产量由 1826 万辆增长到了 2450 万辆，年均增长率约 6%；而根据国家发改委的调查 2010~2015 年主要汽车企业（集团）的产能总量年均增长率超过 10%，大幅高于市场需求的增长速度。

二是不少地方盲目吸引汽车产业投资。由于汽车产业对地方的经济增长、税收及就业等方面带动作用明显，很多甚至不具备条件的地方，通过各种优惠政策吸引汽车企业投资。这在一定程度上助长了企业的盲目投资和产能扩充，导致不少企业和地区汽车产能配置不合理，利用水平较低。

三是有关投资管理规定已经不适应当前产业发展的需要。十多年来，我国汽车投资管理主要依据 2004 年发布实施的《汽车产业发展政策》，该政策主要针对传统燃油汽车，且行政管理和政策保护色彩较浓，已经不适应当前汽车强国建设要求和产业电动化、智能化转型趋势以及国家改革开放的新形势。

针对我国汽车产能过剩问题的发展趋势，《国务院关于发布政府核准的投资项目目录（2016 年本）的通知》（以下简称《通知》）提出了"严格控制新增传统燃油汽车产业，原则上不再核准新建传统燃油汽车企业产能"等方面要求。《意见》的发布就在于具体落实《通知》的有关要求，并主要体现在以下五点：

1）明确了国务院"原则上不再核准新建传统燃油汽车生产企业"的具体范围。《意见》指出，"新建传统燃油汽车企业投资项目"不仅包括新建独立法人传统燃油汽车整车企业投资项目，还包括现有汽车整车企业跨乘用车、商用车类别投资项目，以及不能维持正常生产经营企业（僵尸车企）的跨省迁址新建项目。这就排除了个别企业"钻空子"的可能，也在一定程度上限制了倒卖"壳资源"的行为。

2)将产能利用率作为传统燃油汽车扩能项目的重要条件,引导企业提高经营质量。一方面,对产能投资地区产能利用率提出要求,新增传统燃油汽车产能应建设在上两个年度汽车产能利用率均高于全行业平均水平的省份,这就遏制了产能过剩地区上马传统燃油汽车投资项目,引导产能利用率低的地区和企业加大兼并重组力度,不断提高已有产能利用水平。另一方面,对现有企业扩大传统燃油车生产能力提出产能利用率要求,以此引导企业理性投资,避免盲目扩散,不断提高经营质量。

3)将新能源汽车生产比例、研发投入、产品出口、平均燃料消耗量达标作为传统燃油汽车扩能的重要条件,这一方面提高了传统燃油汽车扩能的难度,达到"严格控制新增传统燃油汽车产能"的目的;另一方面也有利于倒逼传统燃油汽车企业加快发展新能源汽车,强化自主研发能力建设,不断提高产品技术水平,并积极开拓国际市场。

4)鼓励汽车企业做优做强,加快转型和提升发展质量。①引导企业积极发展新能源汽车,要求企业掌握新能源汽车核心技术,并不断扩大产销规模。②引导企业加大研发投入,提高研发能力,以及扩大产品出口,推动企业更加重视研发创新和品牌建设。③支持汽车企业强化内部资源共享,鼓励汽车企业之间在资本、技术和产能等方面开展深度合作,支持企业兼并重组和战略合作。④支持企业开展国际合作,鼓励企业充分利用国际技术、资本、人才等资源提升国内新能源汽车产业化水平。

5)优化政府服务,加强产业指导和监管。一方面,有关部门将建立年度汽车产能核查和信息发布工作机制,加强产能发布和预警分析,并及时发布汽车产能变动信息,引导企业和社会资本合理投资。另一方面,将加强部门协调配合,建立投资项目管理和汽车生产准入管理的协调联动机制,并健全行业退出机制,加强事中、事后监管。

《意见》中另一重大政策调整是汽车产业的合资策略,长期以来,我国对外商投资汽车制造业实施严格的合资企业数量和股权比例限制。尽管该政策在一定程度上维护了合资企业中方相对平等的谈判地位和分得利润的权利,但对促进合资企业自主研发的作用有限,多数合资企业目前仍以引进加工为主,对中方自主品牌建设的作用也未达到预期效果。电动化是全球汽车发展的重要趋势,发展新能源汽车是我国从汽车大国迈向汽车强国的必由之路。《意见》明确放开对纯电动汽车领域同一外商在华设立合资企业的数量限制,反映了国家对汽车产业合资策略的重大转变。《意见》重申新建纯电动汽车企业要符合《新建纯电动乘用车企业管理规定》等要求,意在引导建立自主发展型的中外合资纯电动汽车企业,鼓励中方企业充分利用国际技术、资本、人才等资源提升核心竞争力。

业内人士认为:《意见》是对江淮-大众合资的认可。2017年6月1日,在中德总理的见证下,江淮汽车与大众汽车集团在德国柏林签订了《合资合同》,双方拟共同出资成立江淮大众汽车有限公司,这意味着大众在华新增一家合资公司,打破了我国原先汽车产业政策关于"两家上限"的规定。

根据江淮汽车发布的公告显示,合资公司投资总额达60亿元,双方各占50%,注册资本总额为20亿元。合资公司成立后,将立即着手准备规划全新新能源汽车工厂的建设,年产能目标达36万辆规模。

与此前的合资模式不同,按照《合资合同》规定,将充分利用合资双方资源,不断提升研发能力,设立全新自有品牌和商标,创新技术合作和商业模式,拓展国内和国际市场。这表明,双方的合资已经不再是"市场换技术",也不再是外资品牌的"中国代工厂",而

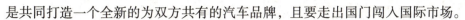

第七章 汽车产业政策探讨

是共同打造一个全新的为双方共有的汽车品牌,且要走出国门闯入国际市场。

从上述例子可见,《意见》的发布,对指导我国汽车产业发展,具有很强的现实意义。

在业内人士看来,《意见》,在一定程度上可谓是第三版产业发展政策,其精准调控的特点突出。适当超前,抓住关键,精准调控,或将是今后国务院各部门对汽车行业发展指向。在详尽调查产能的基础上,国家发改委和工信部设立了产能利用率、新能源汽车生产比例、研发投入、产品出口,平均燃料消耗量达标等五个新门槛。这些门槛抓住了要害,剩下的就看有关部门能否严格执行力求成效了。

第八章

汽车流通行业的政策调整

汽车流通行业包括汽车生产厂家的销售部门（供应商）、新车销售（含进口汽车）和二手车业务部门（经销商）以及售后服务，包括汽车维修和零配件流通部门（售后服务商）。另外，报废汽车回收企业和出租车行业也应包括在内，其中经销商是汽车流通行业的主流部门。

目前，互联网已经改变了美国汽车流通行业，在新车销售环节，经销商潜在的利润要比过去更少。需要强调的是二手车业务很重要，二手车部门在美国经销商的日常经营中是很重要的组成部分。另外，服务业也很重要，在美国通过维修及零配件销售带来的增长利润，特别是通过服务方面获得的利润占经销商整个收入的50%左右，这就意味着要通过服务或者维修来实现盈利。

与大多数国家不同的是，德国除了有专门的汽车经销商之外，厂家也负责直接销售。在德国，一家典型的汽车经销商有三个核心部门：一是新车销售部门；二是二手车业务部门；三是售后服务部门，包括零配件销售服务部门。整个销售的业绩来自车辆销售，包括新车和二手车，新车销售目前占60%左右，二手车大约占23%，但是23%的毛利来自于零配件的销售，所以在德国，汽车销售很大程度上是依赖售后服务，而不完全纯粹依赖车辆的销售本身。

据了解，欧盟、日本、美国等国家和地区在汽车流通领域已颁布实施了多部法律法规，从而形成了各自比较完善的汽车流通法规体系，有效规范了汽车流通市场的秩序。反垄断法是欧盟、日本制定汽车流通法规时的主要依据，而保障消费者的合法权益是其立法宗旨。

在我国，汽车流通领域，也正进行着由配角到主角的蜕变。

千呼万唤的《汽车销售管理办法》终于在2017年4月尘埃落定，汽车"三包"也早于2013年10月1日正式实施，尽管还不完善，但基本框架已经搭建起来。此外已于2014年3月15日颁布的新《消费者权益保护法》对汽车流通行业的影响比汽车"三包"还大，新《消费者权益保护法》规定商品在购买6个月内发生瑕疵或争议，由经营者举证，举证责任的倒置对汽车经销商提出了更严格的要求。

政策调整能为市场健康发展带来帮助是业界的共同期盼。在现实中，我国的汽车流通领域仍有很多政策有待完善，比如行业标准有所缺失，汽车维修服务质量不高，二手车受限迁等政策制约流通不畅，汽车报废更新力度不强，重生产轻报废的思想并未得到根本扭转，另外汽车进口行业价格垄断等，都成为在压力面前，汽车流通领域亟待突破的问题。因此，在这样的背景下调整政策是我国汽车流通行业实现转型升级的必要条件。

第八章 汽车流通行业的政策调整

第一节 商务部出台《汽车销售管理办法》

2005年出台的《汽车品牌销售管理实施办法》在业内普遍遭到诟病，认为其中要害是：跨国公司利用此办法滥用市场支配地位，从而垄断中国汽车市场，并严重损害消费者的利益，其主要表现可列举如下：

一是跨国公司规定的销售店建立条件苛刻，要求奢华，4S店的造价动辄数千万元，甚至上亿元，这些昂贵的投资全部由中国经销商负担。

二是恶意转嫁经营风险，跨国公司采取征收高额保证金、压库、搭售等不平等手段，将风险转嫁给经销商。

三是跨国公司纵向与横向垄断，规定汽车销售价格，限制销售地区。

四是剥夺国内经销商独立的自主经营权与自主管理权，在产品销售上，经销商每年销售车的数量、车型等全部由跨国公司决定，经销商无权按照市场的实际需求进行确定和调整。

五是损害中国消费者利益，在产品质量问题上，不是要求国内经销商保护消费者权益，而是要求其首先维护其自身利益，如规定，任何由产品引发的事故及其延伸产生的责任，经销商都需与厂商一起对任何索赔加以"抗辩"。

如此种种，说明该办法已到了非改不可的地步，该办法的修改应以法律为依据。

我国第十届全国人大常委会第二十九次会议表决通过的《反垄断法》从2008年8月1日起施行。尽管《反垄断法》并不是针对汽车行业的一部专项法律，但它制定的"游戏规则"却有可能对汽车行业产生重大影响，限制跨区销售，设计最低价格、配件"专供管理"这些存在多年的汽车流通行业状态，将因《反垄断法》的实施而改观。

2014年3月15日，新修订的《消费者权益保护法》（以下简称新《消法》）正式颁布实施。

新《消法》第九条规定："消费者在自主选择商品或服务时，有权进行比较、鉴别和挑选。"这也意味着，今后即使车主不在4S店保养，厂家也要承担质量担保的责任。

另外，新《消法》要求经营者对产品的争议问题进行举证，一改过去消费者举证的模式，这将抬高经销商的成本，从而倒逼厂家加大对产品质量的控制力度。

有关法律专家认为，《汽车品牌销售管理实施办法》的要害在于其中的某些内容违反了《反垄断法》和《消费者权益保护法》的基本法则。就法理而言，由全国人大常委会通过并实施的《反垄断法》《消费者权益保护法》属于宪法之下的部门法，是上位法，而《汽车品牌销售管理实施办法》属于部门规章，是下位法。依据"下位法服从上位法"的基本法理，对《汽车品牌销售管理实施办法》进行及时修订是十分必要的，必须把《汽车品牌销售管理实施办法》中不符合《反垄断法》《消费者权益保护法》的一些条款统统去掉。

为此，国家工商总局在2015年8月1日发布《关于停止实施汽车总经销商和汽车品牌授权经销商备案工作的公告》，宣布从2015年10月1日起，停止实施汽车总经销商和汽车品牌授权经销商的备案工作。

此次取消备案，使得汽车销售的准入放开了，会给汽车销售渠道产生重大影响，特别是对汽车有形市场将是巨大利好，比如一家4S店以后可以卖多个品牌的汽车。"汽车超市"、"汽车卖场+综合维修厂"等新的销售模式将成为新兴发展方向。另外，由于对进口车总经销商停止实施授权备案制，为多渠道组织经营进口车创造了重要的市场环境。

但是该公告的发布并不是为了厘清汽车厂家和经销商之间的关系，改变整车一家独大的局面，而汽车经销商迫切需要的是彻底修改《汽车品牌销售管理实施办法》。

2014年12月，在汽车经销商的企盼之下，商务部下发了《汽车销售管理办法（征求意见稿）》。

据介绍，对比《汽车品牌销售管理实施办法》，该征求意见稿带来了如下一些变化：
1）弱化而非取消品牌授权。
2）授权期限变一年为五年一期。
3）总经销商制度不再。
4）不得再对经销商有歧视性政策。

但是《汽车销售管理办法》的出台牵涉盘根错节的多方利益，涉及各大汽车厂商、经销商、八个政府部门、五个行业协会，并不是一件容易的事，所以原定2015年年初出台的《汽车销售管理办法》并未如约而至。为慎重起见，2016年1月商务部公示了经修改后的《汽车销售管理办法（征求意见稿）》，再次向社会征求意见。

继2016年向社会广泛征求意见，经历了多年利益博弈，屡屡箭在弦上又频频爽约，《汽车销售管理办法》终于在2017年4月尘埃落定。

2017年4月5日商务部正式发布《汽车销售管理办法》，并于7月1日起施行，这标志着2005年出台的《汽车品牌销售管理实施办法》将退出历史舞台，汽车流通业将进入一个新时代。

正式出台的《汽车销售管理办法》指出了四大改革方向：

第一，改变单一品牌授权模式，鼓励多种模式共同发展。

第二，推动建立新型市场主体关系，推动供应商、经销商在更加公平合理的环境下开展合作。

第三，突出加强消费者权益保护，让消费者明白选择，自由消费。

第四，加快转变政府管理方式，取消品牌授权备案制。

《汽车销售管理办法》不仅要改善汽车销售中的问题，还要对售后服务进行优化，比如明确规定，允许销售和售后分开，允许原厂配件在后市场流通等规定，势必会推动独立售后维修市场迅速发展壮大，从而提高行业服务效率。但也应注意到，售后只是销售的衍生业务，后市场企业，如汽修业、二手车服务业、进口汽车销售业和报废汽车回收行业等还应各自出台相应的政策。

第二节　交通运输部推进汽修业转型升级

经过多年发展，我国汽车维修业取得了一定成绩，但与经济社会发展需要、深化改革要求和人民群众期望相比，还存在不小的差距。交通运输部有关领导表示，当前我国汽修行业整体发展质量效益不高，市场秩序不够规范，维修服务不透明、不诚信，维修前诊断检测不足，维修中偷项漏项，配件以假充真、以次充好，维修救援服务不规范，未形成体系，长期以来，汽车生产企业对维修技术信息和维修配件施行"授权"经营，造成了汽车维修市场不公平竞争。

第八章 汽车流通行业的政策调整

为了促使维修市场更加开放、竞争更加充分，2014年9月18日，交通运输部、国家发改委、教育部、公安部、环保部、住房和城乡建设部、商务部、国家工商总局、国家质检总局、保监会等十部门联合印发《关于促进汽车维修业转型升级、提升服务质量的指导意见》（以下简称《指导意见》），从破除配件垄断、规范维修市场、提升维修服务等方面进行了详细部署。《指导意见》不仅是汽车维修行业今后发展的纲领性文件，还将对整车企业以及汽车经销商产生重大影响。

《指导意见》的要点如下：

（1）维修信息必须公开 "修车价格高，猫腻儿多"一直是汽车维修行业的顽疾，也是消费者抱怨最多的。造成这种现象的一个重要原因是整车厂维修技术信息不公开，4S店垄断原厂配件。

为彻底根除这一顽疾，《指导意见》在保障措施部分的第一条（全文第十七条）提出，建立实施汽车维修技术信息公开制度。

《指导意见》明确要求，自2015年1月1日起，汽车生产企业（包括从中国境外进口汽车产品到境内销售的企业）要在新车上市时，以可用的信息形式、便利的信息途径，合理的信息价格，无歧视、无延迟地向授权维修企业和独立经营者（包括独立维修企业、维修设备制造企业、维修技术信息出版单位、维修技术培训机构等）公开汽车维修技术资料，新车型上市3个月未能有效公开车型维修技术信息的将撤销该车型有关公告和3C认证。

（2）坚决破除配件垄断 《指导意见》第十八条指出，促进汽车维修配件供应渠道开放和多渠道流通，按照市场主体权利平等、机会平等、规则平等的原则，打破维修配件渠道垄断，鼓励原厂配件生产企业向汽车售后市场提供原厂配件和具有自主商标的独立售后配件。

《指导意见》规定，允许授权配件经销企业，授权维修企业向非授权维修企业或终端用户转售原厂配件，推动建立高品质维修配件社会化流通网络。这意味着，曾经没有渠道拿到原厂配件的社会维修厂也可以销售原厂配件了。同时，合格的副厂配件也将得到合格的身份，即"质量同等件"。

为保证配件质量，规范市场秩序，《指导意见》提出，建立汽车维修配件追溯体系，保证配件供应渠道公开、透明，实现汽车维修配件可溯源、可追踪，消费者合法权益受到损害时可追偿、可追责，要制定实施汽车维修配件分类及编码规则、汽车维修配件流通规范等技术标准。2014年9月17日，中国汽车维修行业协会与中国物品编码中心已经签约，将采用国际标准，来统一汽车配件编码。

（3）鼓励连锁经营 《指导意见》指出：鼓励维修行业向连锁化、规模化、专业化、品牌化方向发展。

交通运输部提出，要大力发展维修连锁，专业化经营，鼓励发展事故汽车、变速器、钣喷、汽车排放性能治理等专业化的维修，加强新能源汽车维修服务能力建设，加强行业诚信和品牌建设的力度。

此外，由交通运输部等八部委联合制定的《机动车维修管理规定》于2015年9月底正式发布，自2016年1月1日起正式实施，该规定废除了"车辆在质保期内必须在4S店维修保养"的霸王条款，这意味着消费者今后不用再受限于经销商，可以完全自主地选择维修店，4S店不能再强制消费者购买原厂配件，车主可以自己购买配件进行更换，且4S店或厂家不能以此为借口推卸责任。

而同日落地的《汽车维修技术信息公开实施管理办法》，则要求"自2016年1月1日，明确汽车生产者应采用网上信息公开方式，公开所售车型的维修技术信息。"

第三节 二手车《国八条》出台

近年来，中国二手车市场销量基本保持两位数的稳步增长。受营改增等多重经济政策利好刺激，2016年我国二手车交易量为1039万辆，预计到2020年，中国二手车交易规模将达到2000万辆。

未来中国的二手车市场规模能有多大？这可从美国市场的数据中寻找答案。根据美国最大的二手车拍卖商Manheim（曼海姆）出具的报告显示，由于美国汽车产业起步较早，目前能够看到的最早数据是早在1976年之前，美国的二手车交易量已经达到2500万辆，是同期新车销量1300万辆的近两倍，这一比例在2012年时已达到3∶1。而目前中国二手乘用车的年销量仅是新车的1/3，因此从中长期来看，中国的二手车未来仍有10倍以上的增长空间。根据中国二手车平均车价5万元，美国二手车平均车价1万美元计算，该市场规模将高达每年2万亿人民币，巨大的市场规模自然吸引了众多经销商投向二手车业务。

据报道，近年来伴随汽车产业结构性产能过剩，一方面行业发展重心正由前端的新车市场逐步向二手车、汽车金融为主的后市场方向转移。另一方面，后市场多年积累的问题与弊端也日益浮出水面，尤其是二手车领域，由于地区限迁以及金融渠道不畅通等一系列问题影响了整个二手车产业发展。

2016年全国两会期间，李克强总理在政府工作报告中明确提出了"活跃二手车市场"，随后国务院办公厅迅速出台了《关于促进二手车便利交易的若干意见》（以下简称《国八条》），并且相关的政府部门也紧随其后制定了细则，落实文件精神，这足以见得国家对二手车行业的重视。而地方政府也响应号召，尽快落实政策细则，例如广东省率先打破二手车限迁，颁布了《关于落实广东省活跃二手车市场，促进二手车交易便利的建议》（以下简称《建议》）。

广东省出台的《建议》提出在广州、深圳、珠海、佛山、江门、肇庆、惠州、东莞、中山等9座城市范围内允许二手车有条件互通，比如仍在6年免检期内的二手车可在上述9座城市内自由流通。另外，广东省内非珠三角地区也应严格执行《国八条》的规定，对符合国家在用机动车排放和安全标准，在环保定期检验有效期和年检有效期内的二手车均可办理迁入手续，对已经实施限制二手车迁入政策的地方，要在2016年5月底前予以取消。

广东省响应国家二手车行业发展走了前列，其取消限迁规定在全国范围内形成了较强的示范效应。

此外，在《国八条》发布之后，紧接着中国人民银行和银监会联合印发了《关于加大对新消费领域金融支持的指导意见》（以下简称《指导意见》），提出了一系列金融支持新消费领域的细化政策措施，其中特别提到经营个人汽车贷款业务的金融机构在办理二手车贷款时，首付款比例可在30%的最低要求基础上自主决定。至此，二手车首付款比例由此前的50%降至30%，可谓给二手车金融行业带来一股春风。

在国务院办公厅针对支持二手车交易的《国八条》提出"降低信贷门槛，适当降低首付比例"后，此次印发的《指导意见》，进一步坐实了降低二手车首付比例、支持线上审批、拓宽融资渠道等一系列指导意见，在利好政策刺激之下，个人贷款购买二手车的需求开始得到有效释放。

第四节 修改《报废汽车回收管理办法》

尽管我国汽车保有量已达 1.72 亿辆，但我国的汽车报废率却并不高，尤其是进入正规渠道报废的汽车数量更少。据介绍，2016 年我国有据可查的报废车辆仅为 170 万辆，而全国目前有 620 多家报废回收拆解企业，大多数企业仍处于"吃不饱"的状态。

据了解，正规汽车报废回收拆解企业只能按照国家规定的废钢铁的价格回收报废车辆，而随着近两年国家对钢铁行业去产能的调整，废旧钢铁的回收价格不断下降，汽车回收拆解企业的车辆收购价格也就不断降低，而一些非正规汽车拆解企业却因为可以违规售卖拆解下来的汽车零部件，而提高报废车辆的回收价格，这是导致报废车辆大量流失，进入非法拆解渠道的根本原因。

另外，汽车报废回收拆解企业的设立需要经过资质审批，且对报废车辆相关零部件的流向有严格限制，例如规定：拆解的"五大总成"（发动机、方向机、变速器、前后桥、车架）应当作为废金属交售给钢铁企业作为冶炼原料，不得作为"报废汽车回用件"销售或者以其他任何方式进行交易，这也因此增加了汽车报废回收拆解企业的生存难度。

由此可见，2001 年 6 月 13 日国务院第 41 次常务会议通过并施行的《报废汽车回收管理办法》已经实行了十几年，过于陈旧，已经不能满足行业新的发展需求。

不可否认，在政策紧固之下，多年来我国报废汽车回收行业曾被看作是一片荒土。随着 2016 年 9 月《国务院关于修改〈报废汽车回收管理办法〉的决定（征求意见稿）》出台，一系列大胆而明确的改革信号被释放出来，例如降低行业门槛，不再实行特种行业管理、放开五大总成流通与再利用，删除报废汽车收购价格参照废旧金属市场规定而允许市场主体自己协商等。政策的放开会让报废汽车回收行业一夜之间成为资本垂涎的"金矿"，有业内人士甚至将其比喻为竞争白热化汽车流通业中的"最后一座金矿"。

第五节 促进汽车平行进口的政策

按照我国《汽车品牌销售管理实施办法》第六条规定，境外汽车生产企业在境内销售汽车，须授权境内企业或按国家有关规定在境内设立企业作为其汽车总经销商，制订和实施网络规划。于是从 2005 年 4 月开始，国内没有获得汽车厂家品牌授权的进口车贸易公司全部退出市场。几乎所有的跨国公司都把品牌授权给了自己独资或者绝对控股的销售公司，这些进口汽车总经销商全盘掌控了进口车货源以及定价权，这在客观上造成国内车价虚高，导致进口车在中国市场获取暴利。

很久以来，进口车在我国售价远高于国外市场，一直遭到各方诟病。针对汽车进口行业的价格垄断，2014 年上半年国家发改委价格监督检查与反垄断局开始对国内汽车市场进行反垄断调查，2014 年 7 月发改委约谈多家豪华品牌车企，针对进口车的反垄断调查开始进入实施阶段。

迫于反垄断调查的压力，2014 年 7 月 25 日捷豹路虎中国发出公告称，将对旗下 3 款车型的厂商指导价格进行大幅调整，其中路虎揽胜 5.0 V8 尊崇版车型的车型价格调整后为 264.8 万元，但在英国市场，该车型的价格仅为 8.1 万英镑，折合人民币不到 90 万元，算上进口车需要缴纳的关税、增值税、消费税等税款，这款车国内外差价仍然很大。

进口车在中国市场上能获取如此暴利，其原因就在于捷豹路虎们的进口渠道只有一个选择，价格垄断与进口车暴利就成了必然的结果。

为解决进口车长期存在的暴利问题，采用平行进口是一个好办法。平行进口这一办法许多国家都采用过。如果多家进口，打破一家独大的局面，进口车价很快就会降下来。

平行进口汽车一般是指未获得跨国汽车厂商及在华总经销商授权或许可而进口的并非针对中国市场设计和生产的原装正品汽车。平行进口商一般向海外汽车经销商直接订货，通过小 3C 或小批量认证方式进口到中国销售。但平行进口商作为进口主体一般都不承担售后服务责任，更无法履行汽车产品三包、召回义务，导致消费者购买平行进口汽车之后权益无法得到保障，更有可能由于车辆无法实施召回而承担交通事故风险。

据有关资料介绍，日本、韩国和欧盟等国家和地区的法律都明确允许汽车平行进口，并将其视为促进市场竞争，防止跨国汽车厂商垄断市场，为消费者提供多样化选择的一种重要手段，其中做得最好的是日本。日本在平行进口汽车认证、销售、服务以及组织方面建立了完善的保障体系。

(1) 政策保障 日本汽车公平交易协会制定的《关于流通领域交易行为的相关反垄断法实施指南：汽车流通适用手册》中明确规定：汽车厂商不能妨碍进口商的平行进口行为，跨国汽车厂商在日本设立的总经销商应为平行进口汽车提供售后服务。

(2) 认证保障 平行进口和正常进口的汽车都要符合日本的认证法规才能销售。日本平行进口汽车并不按照正常进口汽车认证制度进行认证，而是针对每一辆汽车都进行单独认证。

(3) 组织保障 1975 年，日本平行进口商成立了由国土交通省和经济产业省认可的行业协会——海外车辆输入协同组合（FA1A），目前在日本各地区拥有 200 余家平行进口汽车销售商会员和 320 余家维修网点。FA1A 将原本松散的平行进口商联合到一起，在平行进口汽车通关检验、金融保险、配件供应、维修保养、人员培训、技术支持、宣传展示等方面提供全方位支持，形成了完善的服务体系，具备了多品牌进口汽车总经销商的主要功能，对规范和促进行业健康发展，保障消费者合法权益发挥了至关重要的作用。

自 1975 年 FA1A 成立以来，日本平行进口汽车占总进口量的比例稳步上升，在 1994 年达到 12% 的最高值，随着日本正常进口汽车价格的稳步下降，平行进口汽车的价格优势逐步减弱，目前平行进口汽车占进口汽车总量的比例约为 3%~4%。

2014 年上半年，上海自贸区申请平行进口汽车试验。

上海自贸区的平行进口试点方案是：在上海外高桥汽车交易市场基础上成立自贸区进口汽车交易中心，模仿日本为鼓励平行进口而成立的海外车辆输入协同组合，打通一系列平台和服务，统一处理经销商管理、售后服务保障、零部件供应保障、消费者权益保障和综合服务管理等工作。

在上海自贸区的试点方案中，对平行进口最受诟病的售后服务和消费者权益保障问题提出一系列解决方案，例如明确要求在交易中心内销售的汽车要与在厂家品牌授权渠道购买的产品享受同等售后服务，交易中心将负责售后保障体系的搭建。此外，为保证消费者权益，将设立索赔基金,针对可能出现的"三包"和召回问题进行先行赔付。

上海自贸区试点方案得到了商务部等相关主管部门的积极支持,认为在确保消费者权益且满足我国汽车"三包"、《消费者权益保护法》等政策法规要求的前提下,上海自贸区进行平行进口汽车试点,无疑给长期处于地下活动的平行进口汽车以合法身份。另外,平行进口汽车也有利于打破进口车市场垄断。

2015年年初,上海自贸区平行进口车试点获批,平行进口车贸易逐渐步入正轨,上海永达、宝信汽车、亚夏汽车等17家经销商集团进驻。

2016年3月4日,商务部、工信部、公安部、环保部、交通运输部、海关总署、国家质检总局、国家认监委联合印发《关于促进汽车平行进口试点的若干意见》(以下简称《意见》),加快推动汽车平行进口试点政策落地,促进试点工作取得实效。《意见》提出了七条力挺汽车平行进口的措施,经销商最为关注的两项措施——平行进口车强制性产品认证(3C认证)改革,以及平行进口车整车保税仓储等均被涵盖在内。

一系列利好政策接连出台,表现了政府破除垄断的决心,而经销商集团也正是看到了政策红利,纷纷加速在此领域的布局。据悉,2016年全国排名前19的经销商集团中,有15家已经或计划布局平行进口车业务。

第六节　赋予网约车合法地位,促进共享汽车模式发展

2016年7月底,交通运输部颁布《网络预约出租汽车经营服务管理暂行办法》,赋予网约车合法地位,随后各地关于网约车管理的征求意见稿陆续出炉,其中最先出台的北京、上海、广州、深圳因为严格的户籍、车辆限制等被指偏袒传统出租车行业、违背共享经济的初衷,而南京、成都等则因张弛有度、兼顾传统出租车行业和鼓励新经济而受到好评。

据报道,叮叮搭车是庞大集团麾下极具代表性的网约车,叮叮搭车可以无缝对接庞大集团数千家4S店和大量私家车资源,实现全国大范围的地域覆盖,具备开展搭车服务的先天性优势。

叮叮搭车相关负责人表示,叮叮搭车是一款客户端黏度很强的产品,其开创了"车主发单+乘客发单"的双向服务模式,大大提升了驾乘双方的主动性。乘客和车主只需输入搭车时间和路线,叮叮搭车后台就会通过大数据和云计算进行拼车线路的智能匹配,在最短时间内推送适合的搭车伙伴。

网络预约出租汽车为共享汽车模式,从以滴滴出行为代表的网约车,以私家车为主体的P2P出租车,到分时租赁共享汽车,人们试用以共享的方式解决中国人出行问题的努力一直没有停止。

2017年4月,罗兰贝格咨询公司发布了《汽车分时租赁如何在中国获得成功》,报告称,2013年,中国的分时租赁汽车仅为780辆,其中旗下有超过50辆汽车的公司仅五家,目前中国拥有超过2.6万辆分时租赁汽车,数十家业务运营商,预计到2025年,中国分时租赁汽车数量将保持约45%的年复合增长率。

与传统租车方式相比,分时租赁是一种自助程度较高的租赁服务,节省用户时间也是时下各大租赁平台的一大卖点。目前国内各大共享汽车平台的注册流程基本为"下载平台APP、绑定手机号、上传身份证、驾驶证照片提交审核、审核通过"。

相对于传统的租车公司，分时共享租车属于"轻资产"模式，平台不拥有实体门店，所租赁的车辆所有权也是多种方式，比如P2P租车的典型代表凹凸租车就是整合和利用闲置的私家车资源，与平台合作的保险公司承担租车期间发生的事故和意外责任。

共享汽车平台的另一个突出优势是：使用门槛低，费用相对低廉。通常，共享汽车平台可以根据用户实际需求提供更加人性化的服务。并且很多平台都无须缴纳任何押金即可享受共享服务。

目前在中国，共享汽车已开始形成一股热潮，但不可否认的是热中有乱，停车难、配套少、还车烦，是不可回避的问题。

众所周知，汽车停车位需要专门开辟停车空间，通常公共停车位是有产权归属的，因此目前大部分共享汽车运营商还是要协调停车站点。另一方面，对于目前大部分采用纯电动汽车的共享汽车运营商，还需要协调停车位的充电桩配置，而目前国内的充电桩建设还很不完善，充电难使共享汽车的便利性大打折扣。

停车"一位难求"和充电桩不足的问题是共享汽车用户在实际使用过程中遇到的最集中、最普遍的问题。"还车失败"的尴尬屡见不鲜，到达选定的还车点，结果被告知已无车位，须另找还车点，于是继续"被"租车的情况，在共享汽车的实际使用过程中时有发生，不仅耽误了时间，还无形中多付出了更多的费用。

另外，共享汽车的管理，不仅要解决停车位、充电桩等问题，还需要法律法规的同步保障，更要明确出现违章事故、车辆损坏，谁来负责等诸多法律问题。随着互联网的安全问题日益凸显，个人隐私信息也会受到威胁，如何保证这些共享汽车平台不以信用评估为名过度收集用户的信息，也还有很多工作要做。

总而言之，汽车共享时代已经不可阻挡地到来，但如何让这种新的模式融入原有的社会结构，未来还有很长路要走。

2017年7月，国家发改委等八部委联合印发了《关于促进分享经济发展的指导性意见》（以下简称《意见》），《意见》指出，目前分享经济的发展面临着认识不统一、制度不适应、保障不健全等诸多问题，因此国家将鼓励部门与地方制定出台准入政策，引导有序竞争，加强平台监管，避免用旧办法管制新业态，将逐步破除分享经济的行业壁垒与地域限制。

《意见》的提出不仅为分享经济的发展提供了"定盘星"，也为目前汽车行业内的分享模式带来了政策东风，《意见》的推出能够在一定程度上给予共享汽车以真正自由的竞争环境，并对共享汽车的发展起到监督作用，但实际的执行，还需要各个地方政府的努力。

第七节　发展房车露营产业是汽车流通领域新的消费增长点

据了解，我国旅游市场近年增速迅猛，自驾车旅游持续升温，已连续3年占到了国内旅游人数的65%左右。自驾车（房车）露营旅游在过去的几年也得到了高速发展。

据统计，我国露营地3年前不到百家，到2015年9月，已投入运营的达到280多家，在建的有140多家。在2016年，运营的营地达到500家，房车保有量超过3万辆，带动投资约350亿元，2017年露营地突破800家，今后两年，随着营地建设速度加快，房车销量也将有进一步增长。

据报道，为加快全国自驾车房车营地建设，促进自驾车房车旅游发展，国家旅游局会同国家发改委等11个部委，于2016年11月联合印发了《关于促进自驾车旅居车旅游发展的若干意见》（以下简称《意见》）。

《意见》提出，到2020年，形成网络化的营地服务体系和完整的自驾车旅居车旅游产业链条，建成各类自驾车旅居车营地2000座，在减轻营地建设经营成本方面，《意见》也给出了明确的发展方向，即选址在土地利用总体规划确定的城镇规划区外的自驾车旅居车营地，其公共停车场，各功能区之间的连接道路、商业服务区、车辆设备维修及医疗服务保障区、废弃物收纳与处理区等功能区可与农村公益事业合并实施，依法使用集体建设用地，同时，为支持贫困地区旅游业的发展，在旅游扶贫重点村、乡村旅游集聚区建设自驾车、旅居车营地，可给予适当补助。

《意见》还第一次明确规定：安装符合国家标准牵引装置的小客车可以拖挂重量不超过2.5t的旅居车上路行驶。

中国旅游车船协会秘书长刘江奇说："《意见》不仅把自驾车房车旅游的发展与美丽乡村建设、公益性的民生工程建设统筹考虑，包括自驾游目的地基础设施，公共服务体系建设、露营地用地政策等也一并考虑在内。"由此可见，在国家政策的大力支持下，房车露营产业必将成为我国汽车流通领域新的消费增长点。

第九章

发展新能源汽车的政策导向

自国务院在 2012 年发布的《节能与新能源汽车发展规划（2012~2020 年）》提出新能源汽车"2015 年 50 万辆"发展目标以来，相关配套政策均围绕鼓励新能源汽车大范围推广、基础设施建设、动力蓄电池配套研发和相关财税补贴展开。在这一政策导向阶段，新能源汽车产业在我国快速成长，推广城市和推广规模实现从无到有、从点到面，吸引了大量投资，产业有了长足发展。加之配套设施不断完善，不少限行限购城市对新能源汽车"网开一面"，新能源汽车正得到市场的逐步认可。

与此同时，我国新能源汽车产销量也在逐年攀升，自 2014 年快速增长后，2015 年新能源汽车产销量分别达到 34 万辆和 33 万辆，在我国汽车市场的份额也跃至 0.8%。

在这一时期，政策所期望的让新能源汽车快速铺开，让市场接受新能源汽车的目标已基本实现，同时相伴出现的新能源汽车骗补等行为，又令相关部门对政策执行中出现的问题进行反思，这些因素都促成新能源汽车政策导向开始转变。

第一节 设置准入门槛

在我国大力发展新能源汽车产业的利好环境下，新能源汽车很自然地成为众多产业资本和创业公司眼中的大蛋糕，但是投机主义者、浑水摸鱼者大有人在，如果不设立门槛，必然会出现害群之马，危害整个产业。为此，2015 年 6 月 2 日国家发改委发布了《新建纯电动乘用车企业管理规定》（以下简称《规定》）并于 2015 年 7 月 10 日起实施。

据了解，新建企业投资项目要按照《规定》向国家发改委申请审查，在评审通过后，投资项目可以启动。在投资项目完成建设后，新建企业及产品要按照工信部的要求，在通过考核后列入《车辆生产企业及产品公告》才意味着企业真正具备造车和卖车的资格。

业内专家认为：《规定》是一个核准制，就像英语四六级考试那样，达到了规定标准才能通过。

《规定》对新建企业提出了许多硬性的技术指标，包括在技术上具有纯电动乘用车产品从概念设计、系统和结构设计到样车研制、试验、定型的完整研发经历，同时需掌握整车控制系统、动力蓄电池系统、整车集成和整车轻量化方面的核心技术以及相应的试验验证能力，以及具备完整的样车试制条件，自行试制的同型纯电动乘用车样车数量不得少于 15 辆等。

也许是意识到《规定》设定的准入门槛还不够高，工信部于 2017 年 1 月公布了《新能源汽车生产企业及产品准入管理规定》，一共包含 17 项准入条件，从技术、资金到研发等各方面进行了严格限制。其中有 8 项"否决条件"，申请的企业只要超过两项未达标，就会被认定为不符合"准入条件"。这大幅提高了新能源汽车企业的准入门槛，使得企业获得生产资质的难度提升了。

一位企业老总认为,在新能源汽车市场火爆的当下,一些不具备条件的企业也争相涌入,带来重复投资,同时也滋生了"骗补"乱象。在这样的大背景下,政府对产业发展和行业准入会有新的判断,希望通过设置门槛把优势资源集中到优势企业中来。

中国汽车技术研究中心政策研究中心吴松泉认为:之所以设置门槛,一方面在于汽车产业正加快向电动化转型,很多企业都想进入,可能会出现盲目投资和低水平重复建设的情况,汽车产业是资金、技术、人才密集的产业,汽车作为交通工具也涉及安全、节能、环保等社会公共利益,如果企业不经过审批就能随意进入,将会导致新能源汽车发展的散乱,劣币驱逐良币,不利于优秀企业做大做强,也不利于保护消费者利益。另一方面,通过进行资金、技术等考核,可以在一定程度上弥补目前政策对事中、事后监管相对不足的缺陷。

第二节 调整补贴政策

业内人士认为,我国对推广新能源汽车进行适度的财政补贴,是由于这一产业尚未发展成熟,还需要扶持,尤其是在产业发展初期,只有通过政府给予一定的财政支持,才能有效地拉动市场,为企业减轻技术研发和市场培育的经济压力,但如果一味地补贴,就有可能导致某些企业的依赖心理。目前在我国,补贴和优惠政策已然成为某些企业发展的决定因素。这些企业最大的动力已经不再是如何满足市场需求,而是进一步考虑如何靠政府补贴赚钱,甚至产生了"骗补"乱象。

2016年9月8日,财政部发布了关于新能源汽车推广应用补助资金专项检查的通报,公开曝光了五个新能源汽车生产企业骗补或谋补的典型案例,共涉及财政补贴资金10.1亿元。事实上,公布的典型案例只是"冰山一角"。

据报道,有企业虚报千余辆汽车信息,企图骗补2亿多元;有企业千余辆汽车还在工厂里生产,却按照完工多申请补贴5亿多元……单这五个公开案例,涉及的骗补总金额即已超过10亿元,涉及虚假申报或已申报未完工车辆合计已达3500余辆。其中,涉嫌恶意骗补且情节最为严重的苏州吉姆西客车制造有限公司不仅被财政部取消了中央财政补贴资格,还被工信部取消了整车生产资质。

与官方文件一起引起关注的,还有坊间流传的一份《国内新能源汽车制造企业骗补和违规谋补汇总表》。这个超长的、未被证实却也未被官方辟谣的表格,更是令人瞠目。表中显示,在多部委针对93家新能源汽车生产企业的专项检查中,多达72家"有问题",问题车辆总计有76374辆。倘若如此,按照2015年中国新能源汽车总销量33万辆来看,问题车辆占了近1/4,其涉及金额共计92.707亿元(平均一辆车12万元)。

此前,无论是政府、企业抑或是媒体,都似乎低估了事件本身的严重性。而现在,用"行业丑闻"来概括,并不为过。"有牌无车""有车无电""标志不符""车辆闲置"……为了补贴,企业的歪招五花八门。

上述骗补乱象的产业固然有多方面的原因,但主要还是因为我国对新能源汽车的补贴政策存在着弊端。

回顾过去,2009年2月5日,财政部下发了《关于开展节能与新能源汽车示范推广试点工作的通知》(以下简称《通知》)。《通知》规定:混合动力汽车、纯电动汽车和燃料电池汽车三个品类中，按照新能源汽车节油率和最大电功率比两项指标考量，其中节油率在40%以上，最大电功率比在30%~100%这一范围的新能源汽车，可获得每台5万元的购车补贴，纯电动汽车的补贴是每台6万元，燃料电池汽车的补贴则为每台25万元。

2012年12月底我国实施了4年的节能与新能源汽车补贴政策到期，2013年9月17日新一轮新能源汽车补贴出台，工信部发布了《关于继续开展新能源汽车推广应用工作的通知》，该通知将续驶里程作为补贴标准，断了靠增加电池数量延长行驶里程这一做法的后路，增加了电池就增加了成本，而补贴数额不变，车就没了市场。这一办法将促使汽车企业加强与电池厂的联合研发，合理配比车型与电池量，同时扶持电池企业的技术研发，让有研发能力和经济基础的电池厂能够进一步做大做强。

此通知指出，考虑规模效应、技术进步等因素，补贴将采取逐年退坡机制，2014年和2015年，纯电动乘用车、插电式混合动力（含增程式）乘用车、纯电动专用车、燃料电池汽车的补助标准在2013年的基础上分别下降10%和20%。纯电动公交车、插电式混合动力（含增程式）公交车的补贴标准维持不变。

种种迹象表明：2015年的新能源汽车补贴方案，仍带有明显的"普惠"色彩，而且补贴依然偏高。为告别普惠，杜绝骗补，2016年12月30日，财政部、科技部、工信部和国家发改委四部委联合发布了《关于调整新能源汽车推广应用财政补贴政策的通知》（以下简称《通知》），从2017年1月1日起实施。此后，为明确资金申报、分配、履行各环节的责任，确保资金安全，2017年1月3日，四部委再次下发文件对其进行补充说明。

对比2015年出台的新能源汽车补贴方案，新版补贴方案的亮点颇多，不仅在补贴额度上按既定计划退坡20%，在产品技术上也提出了更为严格的要求，同时还改进了财政资金拨付方式，完善并健全了监督管理体系和惩罚机制。据有关新闻媒体的记者分析，新能源汽车补贴调整方案有如下几个特点：

(1) 告别普惠　相比2015年出台的新能源汽车补贴方案，《通知》中最大的变化在于为补贴普惠制画上了句号，并从整车能耗、续驶里程、电池性能、安全要求等方面提高补贴技术门槛，降低财政补贴力度。首先，纯电动乘用车的门槛主要集中在对整车能耗的要求上，按整车整备质量不同增加相应工况条件下百公里耗电量要求，同时按照续驶里程要求发放相应补贴。基于此，纯电动乘用车按续驶里程不同分别补贴2万元、3.6万元，4.4万元。

此外，《通知》还规定，地方性财政补贴（地方各级财政补贴总和）不得超过中央财政单车补贴额的50%。据了解，续驶里程在250km以上的纯电动车型在市面最为热销。以北京市为例，如果按照此前的补贴标准，此类车型可获得国家及地方两级补贴共11万元，不过，按照《通知》要求，2017年的补贴总额将降至6.6万元。显然，在中央财政补贴和地方财政补贴均退坡的情况下，补贴总额度下降明显。

对于新能源客车而言，由于此前一度沦为"骗补"重灾区，此次方案调整显得更为细致具体，《通知》规定，对新能源客车，以动力电池为补贴核心，以电池的生产成本和技术进步水平为核算依据，设定能耗水平、车辆续驶里程、电池/整车重量比重、电池性能水平等补贴准入门槛，并综合考虑电池容量大小、能量密度水平、充电倍率、节油率等因素确定车辆补贴标准。在此基础上，新能源客车按照快慢充电类型和车身的不同，其补贴的最高额度由此前的60万元下调到30万元。

另外，《通知》还规定，除燃料电池汽车外，各类车型2019~2020年中央及地方补贴标准和上限，在现行标准基础上退坡20%。

(2) **落实责任**　除提升各项技术门槛要求外，《通知》中还进一步落实推广应用主体责任以及明确资金申报、分配、使用环节的责任。

如何把推广应用主体责任关系落实到新能源汽车推广应用的速度与效果上？在旧版补贴方案中，对生产企业的要求仅限定在研发、生产和推广能力等方面，此次《通知》明确规定，生产企业是确保新能源汽车推广信息真实准确的责任主体，为此生产企业应建立企业监控平台，以保证全面、真实、实时地反映车辆的销售、运行情况。

《通知》还规定，地方政府是实施配套政策，组织推广工作的责任主体，省级新能源汽车推广单位将作为牵头部门，会同相关部门负责核实资金拨付使用情况。当然，在资金拨付力度上，与旧版补贴方案中所规定的地方政府要"和中央财政支持政策形成互补和合力"不同，《通知》规定地方财政补贴，不得超过中央财政补贴的50%，这是国家首次明确地方补贴退坡的具体幅度，同时还提出要强化资金使用管理，对车辆上牌、运营等环节严格审核把关，并建立地方新能源汽车监管平台，以保证资金安全有效发放。

(3) **严惩"骗补"**　前车之覆，后车之鉴，"骗补"是中国新能源汽车发展史上一件值得吸取经验教训的大事件。本次《通知》通过细化惩罚机制，进一步防范"丑闻"重演。其中，对违规谋补和以虚报、冒领等手段骗补的企业，追回违反规定谋取、骗取的有关资金，没收违法所得，并按照有关规定对相关企业和人员予以罚款等处罚，涉嫌犯罪的交由司法机关查处。同时，按情节严重程度，采取暂停或取消车辆生产企业及产品公告、取消补贴资金申请资格等处理处罚措施。此外，四部委强调，对协助企业以虚报、冒领等手段骗取财政补贴资金的政府机关及其工作人员，按照《公务员法》《行政监察法》等法律法规追究相应责任；涉嫌犯罪的，移送司法机关处理。

此外，《通知》继续保持了《新能源汽车推广应用推荐车型目录》（以下简称《推荐车型目录》）的动态管理机制，在出现"骗补"以及由于产品质量引起的安全事故情况下，将实时清理出《推荐车型目录》。为防范安全隐患，《通知》还增加了验车环节的抽检机制，抽检不合格的产品，也将面临被"扫地出门"的后果。

(4) **杜绝"买而不用"**　在过去一年中，相比情节严重的"骗补"，"违规谋补"的现象更为普遍，买而不用成为"违规谋补"的典型做法。对此，《通知》中还特别提到，非个人用户购买的新能源汽车申请补贴，累计行驶里程须达到3万km（作业类专用车除外），才有权获取相应补贴，补贴发放时间也由预先拨付改为事后清算。

综上所述，本次出台的《通知》，从各个方面对旧版补贴政策进行了调整完善，是补贴政策的一次全面升级，而接下来如何实施好新政策，将成为我国新能源汽车产业发展的关键。

第三节　实行"双积分"管理办法

目前，我国新能源汽车保有量已突破100万辆，位列全球第一，2016年销量占全球市场50%以上，当之无愧地成为新能源汽车主要市场。2018年我国将实行双积分制度，逐渐替代新能源汽车补贴政策。

2017年9月27日，工信部、财政部、商务部、海关总署、国家质检总局联合发布了《乘用车企业平均燃料消耗量与新能源汽车积分并行管理办法》（以下简称"双积分法规"），并于 2018 年 4 月 1 日起施行。"双积分法规"规定，2019 年车企生产的新能源汽车应占比 10%，2020 年为 12%。

根据 2014 年工信部发布的《乘用车企业平均燃料消耗量核算办法》，纯电动乘用车、燃料电池乘用车、纯电动驱动模式综合工况续驶里程达到 50km 及以上的插电式混合动力乘用车的综合工况燃料消耗量实际值按零计算，并按 5 倍数量计入核算基础之和，综合工况燃料消耗量实际值低于 2.8L/100km（含）的车型（不含纯电动乘用车、燃料电池乘用车）按 3 倍数量计入核算基数之和。

车企的平均燃料消耗量应该达到当年的车企平均燃料消耗量目标值。

车企平均燃料消耗量目标值的计算方式为：核算主体各车型燃料消耗量目标值与各车型所对应核算基数的乘积之和，除以该核算主体所有车型核算基数之和。

据工信部的数据显示，2015 年在 116 家车企中，仅有 30 家车企的平均燃料消耗量实际值低于平均燃料消耗量目标值，占比约为 25.9%，而 2016 年，企业平均燃料消耗量实际值低于目标值的企业扩大至 48 家，占比提升至 39.3%。

2016 年达到行业燃料消耗量目标值的企业比例有所增加，其最直接的原因在于我国乘用车企业近年来在新能源汽车领域的不断"加码"，2016 年出现了多达 5 家的乘用车企业平均燃料消耗量实际值为零，这意味着这些企业所生产的汽车产品全部为新能源汽车。

所谓新能源汽车积分比例是指折算成分数的新能源汽车销量（积分）占整个车企年度总销量（积分）的比例。按照"双积分法规"规定，2018 年新能源汽车积分比例要达到 8%，而 2020 年要达到 12%。

对很多企业来说，8% 的积分比例要求或多或少都会有压力，但作为新能源汽车的引领者，比亚迪达到要求的难度不大。数据显示，2016 年，比亚迪销售汽车约 50 万辆，其中新能源汽车 11.4 万辆，传统汽车的销量为 38.2 万辆。按照核算方式，2018 年比亚迪需要完成 3.2 万新能源汽车积分，按每辆新能源汽车 3 分计算（根据续驶里程折算）比亚迪仅需要生产约 1 万辆新能源汽车。

北汽新能源连续四年蝉联国内纯电动汽车市场销量冠军，2016 年整车销售 5 万辆，其新能源汽车积分可供北汽集团使用。2016 年北京品牌（含绅宝、北京和威旺），共销售新车 45.7 万辆，按照积分比例要求，北汽自主品牌大约需要 1 万辆新能源汽车抵扣积分。然而，传统汽车销量较高、新能源汽车销量较低的企业普遍感到压力巨大，尤其是以传统燃油车为主的合资企业。以一汽大众和上汽大众为例，2016 年两家企业累计销量近 332 万辆，几乎都是传统燃油车，达到积分比例要求几乎不可能。

根据"双积分法规"，在新能源汽车年度生产比例考核中不能达标的企业，将会受到相应处罚，这对很多以燃油车为主的合资和自主企业来说是个巨大考验。

有专家认为：传统车企未来会向两个方向发展，有新能源造车技术积累的企业将进一步加大生产力度，没有技术积累的企业则只能向新能源汽车企业购买积分。但积分如何定价、定价多少是汽车行业值得关注的问题。目前所有政策法规都没有回答这个问题。如果定价过低则失去了积分交易的意义；如果价格过高，则企业又无法接受。积分是否能够买得到也是个问题，有了价格，企业才能制定应对策略。

另外，有没有企业愿意卖积分也是个问题，不过"双积分法规"中也考虑了这个因素，提出新能源汽车积分不能转结到下一年使用，企业有了富余积分不卖也浪费。

第九章　发展新能源汽车的政策导向

第四节　新能源车碳配额政策

2016年8月，国家发改委办公厅发布《新能源汽车碳配额管理办法（征求意见稿）》（以下简称"意见稿"），拟通过对国内汽车生产企业和进口汽车总代理商生产、进口的新能源汽车生成新能源汽车碳配额，并投放至碳排放市场进行交易，以此承接现行的补贴政策。

《中国汽车报》的评论认为：意见稿的发布、预示着我国新能源汽车政策导向将进入第二阶段。

从意见稿透露的内容来看，与之前大面积补贴推广相比，碳配额交易将不再是普惠模式，而是转向对市场认可度高、有竞争力的企业倾斜，靠市场之手推动新能源汽车发展。根据目前国内碳市场交易规则和意见稿所借鉴的美国加利福尼亚州模式，可以预知，未来新能源汽车碳配额交易将建立在车辆进入市场并成交的基础上，将一定程度填上骗补、谋补等行为可钻的空子。

意见稿明确提出，新能源汽车碳配额即二氧化碳减排配额，是新能源汽车在使用过程中，与燃油汽车相比减少的二氧化碳排放量。管理对象包括生产和进口燃油汽车达到一定数量的企业，主管部门将根据规划目标，对燃油汽车规模企业设定新能源汽车与燃油汽车产销量的年度比例要求，并折算为企业应缴的新能源汽车碳配额数量。这就使得想在汽车市场占据一席之地的车企无法置身"新能源汽车"事外。

业内人士指出：与之前的新能源汽车推广政策相比，意见稿提出的碳配额管理方式，正显示出未来新能源汽车新的政策导向。

如果说新能源汽车第一个政策导向阶段是直接给用户补贴，为新能源汽车推广打基础的话，那么第二个政策导向阶段则转变为令优势企业获得补贴，倾向于鼓励先进技术，打造具有市场竞争力的产品。

业内专家表示：纵观目前我国新能源汽车产品结构，中型客车和小型轿车由于补贴幅度较大，占据了我国新能源汽车市场产销的大多数份额，而高端化产品尚未大规模涌现，这正是普惠式政策所致。此外，从目前生产和销售新能源乘用车的企业来看，数量仍局限于为数不多的几家，且产品品种也不够丰富，有相当数量的主流车企并没有相应的上市产品。实施碳配额管理的目标之一，就是解决一些骨干汽车企业存在的发展新能源汽车动力不足、积极性不高等问题。

汽车企业是未来碳配额交易的主体，对于那些新能源汽车销量已达到一定规模的企业来说，在当前财政补贴仍在继续，碳配额交易预计在2017年后试运行的政策交叉期内，应尽快提升产品竞争力，为未来新技术研发储备资金来源。而对于还未上马新能源汽车及新能源汽车产品尚未形成规模的企业来说，必须快马加鞭，迎头赶上，否则到时候只能选择购买碳配额以通过考核了。

第五节　推广新能源汽车分时租赁政策

传统的销售模式不一定适合新能源汽车。在互联网共享思维理念下，未来个人购车行为或将越来越少，而共享租车会越来越普遍。一辆车在不同的人之间流动使用，具有经济、便捷的特点，减缓道路拥堵、低碳减排，因此新能源汽车分时租赁共享汽车模式将是未来新能源汽车的发展方向。

2013年年底，一家名叫"左中右"的公司在杭州推出了一种全新的交通方式——电动汽车分时租赁，顾客可以以每小时20元的价格租赁一辆电动汽车。

杭州市民刘先生说，租辆电动汽车开挺不错的，环保。更实在的好处是省钱，租一小时20元能开80km，这个距离打车需要花费100多元。而且使用非常方便，使用者只需出示自己的驾驶证，并填写一张租赁合同，再通过信用卡支付1000元押金，就可以开车上路了，整个过程不超过5分钟。

在上海，电动汽车分时租赁也在悄然兴起，2013年年底，由上海汽车城运营的"EV-CARD"项目在同济大学嘉定校区拉开帷幕，提供荣威E50和雪佛兰赛欧SPRINGO两种电动汽车租赁，每小时租赁价格为30元，日租价格为131元起。值得一提的是，这个项目目前仅在同济大学进行试点，满足大学师生往返嘉定和杨浦两个校区的需求。

在理想状态下，分时租赁的电动汽车完全可以替代私家车的使用，这一点，在分时租赁的发源地欧洲已经得到证明——一辆车可以在不同的时段被不同的人使用，极大提高了车辆的使用效率。业内专家说："未来电动汽车租赁的核心就是网络，这是一种建立在个人信用体系上的自助式租车服务。目前，国内的相关业务还在采用线上和线下结合的模式，处在刚刚起步的阶段。"

2014年7月，在国务院办公厅《关于加快新能源汽车推广应用的指导意见》中首次明确提到，在个人使用领域探索分时租赁、车辆共享、整车租赁以及按揭购买新能源汽车等模式。科技部《国家科技支撑计划2015年度项目》中就有电动汽车分时租赁与集成示范一项，并选中了包括车分享在内的杭州、重庆、深圳、武汉四个试点。

北京、上海、天津、广东、安徽等多个省市出台的新能源车推广政策中，都提到了电动汽车分时租赁。譬如广东省提出对营运里程达到一定数量的纯电动租赁车辆可以给予一定费用补贴；2017年3月四川省则提出要在省直部门（单位）推行新能源汽车自助分时租赁应用试点。

2014年12月18日，科技部正式启动了中国首个公务电动汽车分时租赁项目，作为公务车改革的配套解决方案。这个项目由北京恒誉新能源汽车租赁有限公司运营。这家公司由北汽新能源与富士康科技集团于2014年6月合资成立，该公司的分时租赁汽车的名字叫绿狗租车（GreenGo），据介绍，绿狗租车截至目前已落地7个城市，全国网点超过130个，投入运营车辆3000台，会员超过12万人。

绿狗租车从公务市场进入分时租赁市场，此后又陆续为北京市政府办公厅、北京市统计局、北京市检验检疫局等30余个政府机关单位提供服务，并参与了江苏省各系统车改项目，同时也拓展私人用车市场和大型企业定制化用车市场。

在业内人士看来，新能源分时租赁共享汽车在多个环节简化了用车模式，用车更为灵活，而且多采用低端车，符合大众出行的需求，市场肯定是存在的，目前的难点在于停车位和充电桩等配套设施问题。为此，2016年上半年，上海市推出了《关于上海市促进新能源汽车分时租赁业发展的指导意见》（以下简称《意见》）《意见》对上海市分时租赁车位难的问题开出了特别"药方"，政府机关、公共机构和国有企事业单位率先按不低于总停车位10%的比例，建电动汽车专用停车位和充电设施，其中不少于50%的车位具备为分时租赁

第九章　发展新能源汽车的政策导向

汽车提供充电服务的功能。

可见，国家政策的推动，能够直接促进地方政府对新能源汽车分时租赁业务的支持。

第六节　鼓励清洁能源汽车多路线发展的政策

在2017年李克强总理所做的政府工作报告第三部分"2017年重点工作任务"第七项"加大生态环境保护治理力度"中，在阐述"坚决打好蓝天保卫战"时，报告提出"要强化机动车尾气治理，基本淘汰黄标车，加快淘汰老旧机动车，对高排放机动车进行专项整治，鼓励使用清洁能源汽车。"

重温前些年政府工作报告的相关内容可以发现，自2008年至今，几乎每年都会提及"新能源汽车"，强调发展的必要性，尤其是2016年，更是强调大力推广以电动汽车为主的新能源汽车。那么，到了2017年，为何报告中不提鼓励使用新能源汽车，而是说鼓励使用清洁能源汽车呢？

事实上，新能源汽车与清洁能源汽车，两个概念并不完全相同。在中国，所谓新能源汽车行业内普遍将之定位于纯电动汽车与插电式混合动力汽车。相比之下，清洁能源汽车的范畴要广得多，它是以清洁燃料取代传统汽油的环保型汽车的统称。它可采用各类技术，有效降低汽车的能源消耗和尾气中有害物质的排放，使得汽车在使用中对环境的影响大为降低。简单地说，除了一般意义上的新能源汽车外，天然气汽车、甲醇汽车、乙醇汽车、太阳能汽车等多种带有环保特质的汽车，都属于清洁能源汽车。

《中国汽车报》记者朱志宇认为：2017年政府工作报告不提"新能源汽车"，而改提"清洁能源汽车"，暗含深意。

首先，不提新能源汽车不代表不发展、不鼓励，而是为大干快上、盲目逐利、投机倒把等行为"降温""亮红灯"，促使发展的步调更坚定、更稳健。早在2010年，国家就将新能源确立为七大战略性新兴产业之一，并加大政策扶持力度，设立专项资金。在补贴的推动下，近年，我国新能源汽车产销量快速增长，成为经济新常态下汽车产业发展的突出亮点，且超越美国成为全球新能源汽车第一大产销国。而今，新能源汽车的"蛮荒"发展时期已过，随着补贴政策调整、退坡，并逐步向积分政策过渡，新能源汽车产业将从过多追求销量转移至技术、质量、市场、服务的全面提升。无论政府工作报告中是否专门提及，新能源汽车都将快速发展，只是发展的重心将从"量"转为"质"。

其次，过多强调"新能源汽车"，在一定程度上打击了行业研发、推广其他类别清洁能源汽车，乃至节能汽车的积极性。事实上，我国早就拥有较为成熟的推广天然气、甲醇和乙醇汽车的经验，也有比较完备的燃料生产、储运和加注设施，一些车企也早已推出相对成熟的适用车型，只是在近年纯电动汽车的热潮下，步伐有所停滞，并呈现出被"边缘化"的倾向。相比较而言，其他国家市场则通常是鼓励多条腿并行，多路线并存。在我国政府意识到"纯电热潮"所带来的负面效应后，才在政府工作报告中做出了用词的改变。这可以看作是我国新能源汽车政策调整的一个信号。

第十章

汽车消费的法律对策

前面对有关汽车的法律法规进行了较详细的解读与剖析，但当前一个不容忽视的问题是，许多消费者对于汽车消费过程中需要哪些法律、法规不了解，遇到问题时往往根据自己的理解行事，从而导致发生纠纷而蒙受损失，也有的消费者因不懂法而违法。下面通过案例分析或以通俗易懂的文字来解释汽车消费中牵涉到的法律问题，并希望以此给广大汽车消费者提供一些法律服务。

第一节 按照有关规定申领驾驶证

机动车驾驶证是有资格驾驶机动车的合法凭证。国家严禁无证驾驶，因此拥有一张驾驶证是非常必要的，了解有关办驾驶证情况也是十分必要的。

一、申领驾驶证的有关规定

（一）申领机动车驾驶证的资格

并不是所有人都能够申请到驾驶证，申请机动车驾驶证要具备一定的身体条件及年龄条件，只有符合这些条件才可以申请驾驶证。申请人须具备以下条件：

1. 需具备的身体条件

1）申请大型客车、大型货车、无轨电车驾驶证的，身高不低于155cm；申请其他车型驾驶证的，身高不低于150cm。

2）两眼视力不低于标准视力表0.7或对数视力表4.9（允许矫正）。

3）无红绿色盲。

4）两耳分别距音叉50cm能辨别声源方向。

5）四肢、躯干、颈部运动能力正常。

2. 初次申请学习驾驶证的年龄要求

1）申请大型客车、无轨电车学习驾驶证为21~45周岁。

2）申请大型货车学习驾驶证为18~50周岁。

3）申请其他车型学习驾驶证为18~60周岁。

3. 有下列情形之一的，不得申请机动车驾驶证

1）有妨碍安全驾驶疾病及生理缺陷的。

2）被吊销机动车驾驶证未满两年的。

3）在吊销机动车驾驶证期间的。

4）已持有机动车驾驶证的（申请增驾的除外）。

4. 驾驶机动车的最高年龄限制

年龄超过 70 周岁，车辆管理所将会注销持证人的驾驶证，不准再驾驶机动车。

（二）驾驶人驾驶证细分

公安部新修订的《机动车驾驶证申领和使用规定》，推出了机动车驾驶证分级制，将驾驶证分为 A1、A2、A3、B1、B2、C1、C2、C3、C4、C5、D、E、F、M、N、P 共 16 个类别。

公安部根据不同车型的驾驶难度和安全要求，将以前驾驶证签注的三种准驾车型，即 A（大型客车）、B（大型货车）、C（小型汽车）细分为七种。

细化后的车型将分开进行驾驶证考试，未通过资格考试的不允许驾驶该类车型。

细化后的 C（小型汽车）将具体细分为 C1、C2、C3、C4、C5 五种，其中 C1 为小型汽车驾驶证，C2 为自动档小型汽车驾驶证，C3、C4 则分别为低速载货汽车、三轮汽车驾驶证。C5……

（三）机动车驾驶人考试

1. 机动车驾驶人考试概述

公安部于 2004 年 5 月 13 日颁布了第 71 号令：为保证机动车驾驶人具备应有的驾驶知识和技能，保障道路交通安全，根据《道路交通安全法》及其实施条例、《行政许可法》，制定了《机动车驾驶证申领和使用规定》。规定在中华人民共和国境内申请领取机动车驾驶证，应对相关的驾驶知识和技能进行考试。

2. 具体考试科目的内容及合格标准

驾驶人考试分为道路交通安全法律、法规和相关知识考试以及场地驾驶技能考试和道路驾驶技能考试三个科目。

（1）道路交通安全法律、法规和相关知识考试（科目一）

1）考试内容

①道路交通安全法、法规和规章。

②机动车的总体构造，主要装置的作用，车辆日常检查、维护、使用、常见故障的判断和排除方法等机动车构造维护知识。

③高速公路、恶劣气候、复杂道路、危险情况时的安全驾驶知识，伤员急救的一般知识，危险物品运输知识及其紧急情况的处理知识，文明驾驶和职业道德等安全驾驶相关知识。

2）合格标准。考试成绩应当在 90 分以上。

（2）场地驾驶技能考试（科目二）

1）考试内容

①在规定场地内，按照规定的行驶线路和操作要求完成驾驶机动车的情况。

②对车辆前、后、左、右空间位置的判断能力。

③对机动车基本驾驶技能的掌握情况。

2）合格标准。未出现下列情形的，科目二考试合格：

①不按规定路线、顺序行驶。

②碰擦桩杆。

③车身出线。

④移库不入。
⑤在不准许停车的行驶过程中停车两次。
⑥发动机熄火。
⑦驾驶两轮车考试时单脚或双脚触地。

(3) 道路驾驶技能考试（科目三）

1) 考试内容

①在场内道路上驾驶机动车通过单边桥、上坡起步、通过连续障碍、曲线行驶、直角转弯、侧方停车、限速通过限宽门、起伏路行驶、低附着系数路面行驶等情况。其中，按照申请报考的准驾车型设定必考项目。

大型客车、城市公交车准驾车型必考项目为：上坡起步、侧方停车、直角转弯、曲线行驶、通过连续障碍、通过单边桥。

牵引车准驾车型必考项目为：上坡起步、曲线行驶、直角转弯、限速通过限宽门、通过连续障碍。

中型客车、大型货车准驾车型必考项目为：上坡起步、曲线行驶、侧方停车、限速通过限宽门、通过连续障碍、通过单边桥。

小型汽车、小型自动档汽车准驾车型必考项目为：考试项目不得少于6项，手动档汽车必须考侧方停车、上坡起步，自动档汽车必须考侧方停车，其他考试项目由考试员随机选取。

普通三轮摩托车、普通二轮摩托车准驾车型必考项目为：考试项目不得少于6项，其中上坡起步、曲线行驶、通过单边桥、起伏路行驶属必考项目，其他考试项目由考试员随机选取。

其他准驾车型的必考项目、由省级公安机关交通管理部门负责制定。

考试员可以在必考项目的基础上，增加其他科目三考试项目。

②在实际道路上驾驶机动车进行起步前的准备，起步，通过路口，通过信号灯，按照道路标志标线驾驶、变换车道、会车、超车、定点停车等正确驾驶机动车的能力，观察、判断道路和行驶环境以及综合控制机动车的能力，在夜间和低能见度情况下使用各种灯光的知识，遵守交通法规的意识和安全驾驶情况。其中，按照申请报考的准驾车型，设定实际道路驾驶技能考试距离：

大型客车、牵引车、城市公交车准驾车型考试距离不少于7km；

中型客车，大型货车准驾车型考试距离不少于5km；

小型汽车、小型自动档汽车考试距离不少于3km。

2) 合格标准

科目三考试满分为100分，按照不同准驾车型设定不合格、减20分、减10分、减5分的评判标准。达到下列分值规定的，科目三考试合格：

①报考大型客车、牵引车、城市公交车、中型客车，大型货车准驾车型的，应当达到90分。

②报考其他准驾车型的，应当达到80分。

3. 考试程序和规则

驾驶人考试按照道路交通安全法律、法规和相关知识考试，场地驾驶技能考试和道路驾驶技能考试依次进行。前一科目考试合格后，方准考后一科目。考试合格者，按照报考类型的不同分别发给相应的驾驶证。

（四）考驾驶证门槛再次调高

2016年1月29日，公安部最新修订的《机动车驾驶证申领和使用规定》正式实施，考试内容全面增容，特别强调考生的实际路面驾驶技能考核。

本次调整是最近几年考取驾驶证第三次调高门槛。虽然考试难度加大了，但提高学员素质，可明显减少"马路杀手"数量，对交通安全具有积极意义。

（五）境外驾驶证可在国内使用

公安部发布了修订后的《临时入境机动车和驾驶人管理规定》，此规定自2007年1月1日起施行。根据此规定，持有境外驾驶证的临时入境人员无须经过考试，只要接受适当的道路交通安全法律、法规学习，领取临时机动车驾驶许可证，即可在中国境内临时驾驶机动车。

二、杜绝驾驶证申领中的不正之风

目前，对乱收停车费、过桥费等现象，已经是老鼠过街人人喊打，可是在某些汽车消费环节，利用贿赂、舞弊等隐蔽方式申领驾驶证的现象尚未引起人们的注意。最新的《道路交通安全法》规定：以欺骗、贿赂等不正当手段取得机动车登记和驾驶许可的，收缴机动车登记证书、号牌、行驶证或者机动车驾驶证，撤销机动车登记或者机动车驾驶许可，申请人在三年内不得申请机动车登记或者机动车驾驶许可。

2016年4月1日起施行的《机动车驾驶证申领和使用规定》第八十八条规定：申请人在考试过程中有贿赂、舞弊行为的，取消考试资格，已经通过考试的其他科目成绩无效，申请人在一年内不得再次申领机动车驾驶证。申请人以欺骗、贿赂等不正当手段取得机动车驾驶证的，公安机关交通管理部门收缴机动车驾驶证，撤销机动车驾驶许可；申请人在三年内不得再次申领机动车驾驶证。

三、驾驶证可以自学直考

2016年4月1日起公安部《关于修改〈机动车驾驶证申领和使用规定〉的决定》等驾考改革系列配套制度正式施行。

"自学直考"是本次驾考改革的最大亮点，2016年4月1日起，天津、包头、长春、南京、宁波、马鞍山、福州、吉安、青岛、安阳、武汉、南宁、成都、黔东南、大理、宝鸡等16个地市的学员，在车辆条件、随车指导人员条件均满足的情况下，可在交管部门指定的时间、路线上自学驾驶技能，需要注意的是，自学人员需携带学习驾驶证明，粘贴学车专用标志，并加装副刹车，辅助后视镜等装置。

驾考改革的另一大福利是"自主报考"。今后驾驶人可通过"互联网交通安全综合服务管理平台"进行网上报名、约考和缴费、驾考科目的预约顺序也较以往更加灵活。当科目一考试合格后，既可以先约考科目二，也可以先约考科目三，有条件的地方，还可以同时考科目二和科目三。

公安部的新规实施后，居民持身份证和居住证即可在居住地的车管所进行驾驶证的申领、补领、换领、审验，不需要在居住地和原核发地之间来回奔波。

此外，新规进一步放宽上肢残疾人、单眼视障人员驾车条件，并将须每年体检并提交身体条件证明的驾驶人年龄由 60 周岁放宽到 70 周岁。

根据公安部规定：2016 年 4 月起先进行"自学直考"试点，年底前全面实现自主报考、培训和报考彻底分离。

下面对"自学直考"中的有关问题再做进一步介绍：

1. 什么是"自学直考"？

自学直考是指申请小型汽车、小型自动档汽车驾驶证的人员，使用加装安全辅助装置的自备机动车，在具备安全驾驶经历等条件的人员随车指导下，按照公安机关交通部门指定的路线、时间学习驾驶技能，直接申请驾驶证考试。

2. 什么样的驾考车型能自学直考？

自学直考是公安部推进驾考改革便民利民的新举措，但并不适合所有驾考车型，而是针对报考小型汽车（C1）、小型自动档汽车（C2）驾驶证的人员，自己提供训练车和随车指导人员，以自己进行培训的方式来考取驾驶证的新模式。

3. 自学直考的正确步骤有哪些？

第一步：体检。

第二步：网上注册。

通过交通安全互联网综合服务平台完成用户注册，预约科目一考试，并参加考试。

第三步：前往车管所报名。

科目一考试合格后，可以携带通过检测过关的改装车辆，与自己确定的随车指导人一起，到车辆管理所申领学车专用标志。

第四步：预约科目二、科目三考试。

从互联网平台打印或下载学习驾驶证明，预约科目二、科目三考试，学员可以科目二和科目三一起考。

第五步：领证宣誓仪式。

考试合格后，接受安全警示教育，参加领证宣誓仪式。

4. 私家车怎么变成训练用车？

训练用车可以是自家的私家车，但要进行相应的改装（加装辅助的刹车装置和后视装置），并到相关部门进行检验。

5. 对随车指导人员有什么要求？

1）应取得相应或者更高准驾车型驾驶证五年以上。

2）不能有记满 12 分或者驾驶证被吊销记录。

3）未发生过驾驶机动车造成人员死亡的交通事故或造成人员重伤负主要以上责任的交通事故。

4）限期内只能指导一名学员。

5）没有违规随车指导行为记录。

6）不能有吸食毒品记录。

虽然"自学直考"给驾考学员带来了便利，但也不可避免地存在一些安全隐患。自学人员在道路上学习驾驶技能，应当携带学习驾驶证明，在车身前后放置、粘贴学车专用标记，使用学车专用标志签注的自学用车，在签注的指导人员随车指导下，按照公安机关交通管理部门指定的路线、时间学习驾驶。正在学习驾驶的自学用车不得搭载随车指导人员以外的人员。自学用车暂时不用于学习驾驶而上路行驶时，应当去掉学车专用标志。

自学人员注销学车专用标志后，可以选择在汽车驾驶学校学习驾驶，而已在驾驶学校学习驾驶的学员，可以按公告要求申请转为自学驾驶，随车指导人员应当参照交通运输部、公安部《机动车驾驶培训教学与考试大纲》的内容和学时要求，指导自学人员学习，真实记录学习过程，监督自学人员遵守《道路交通安全法》及其实施条例规定的行驶规则，保障道路交通安全。随车指导人员不得利用自学用车从事经营性驾驶教学活动。

学车专用标志共两张，分别放置在车内前风窗玻璃右下角和粘贴在车辆尾部。学车专用标志的位置须确保自学人员、随车指导人员右驾驶座位、副驾驶座位视野范围均符合《机动车辆间接视野装置性能和安装要求》相关要求，不得影响安全驾驶。一个教练员在三个月内只能教一个学员，一年之内可以教4个学员。

第二节 购车不忘法律，注意自我保护

汽车消费者在购车时要不忘法律，才能顺利迈过买车的"沟沟坎坎"，有效防止购车的种种"陷阱"。

一、购车手续文件莫缺失

购置汽车生产厂家的自销汽车、超产车，应慎重了解是否为主管部门认可的企业及车辆型号，是否具有正式印刷的产品合格证。如果有异常，应慎重成交。如购置进口汽车，应首先了解是否具有海关证明、税务证明和商检证明。对于进口散件组装的车辆，还要了解是否有省级主管部门批准的产品合格证书。千万不能购买已有正式牌照的国外赠送车辆。没有经过海关、税务、商检的车辆，一般是非法进口的车辆，不但不能办理牌照，还要受罚或被没收。没有产品合格证的车辆也不能办理牌照。至于购买馈赠车辆，根本就不能转籍。如果购买已办理牌照的车辆，更要慎重从事。成交前，应仔细查验行驶证与车辆型号是否一致，还应到当地车管所查询该车是否按规定办理了年检手续，是否是当年或近期报废的车辆型号，是否是原装车辆等。不要贪图便宜而购买走私车、私售车或不在国家汽车出产计划中的小厂车。另外，一定要注意各种凭证是否齐全。目前，要注意向经销商索要的凭证主要有：购车发票、车辆合格证、三包服务卡以及车辆使用说明书。

二、购车注意"保鲜期"

专家提醒消费者，汽车库存时间长易出问题，因此购车时要特别注意汽车"保鲜期"。

业内专家特别提醒，特价车一般来说都是库存车。一些经销商透露，一旦"价钱好谈"，就说明库存压力比较大。据业内人士介绍，库存车也有"驻颜术"。车辆售出之前，做一些常规的保养，经常发动一下，定期对车辆进行检查，库存车和新车就不会有太多不同。

消协有关人士指出，销售库存车首先要保证消费者的知情权。商家不能为推销自己的车，将库存车说成是畅销车，而是要在消费者购车前对车况据实相告，包括是否是库存车、大概库存了多长时间，让消费者了解买了库存车后可能出现的问题，并针对问题做一些预

防。消费者最好将经销商所介绍的车况、可能出现的问题以及如何解决等内容形成文字确定下来,签好合同,以免日后发生消费纠纷。

三、在购车过程中签好合同很重要

在购车过程中,面对商家各式各样的合同文本和密密麻麻的合同条款,消费者往往手足无措,被动地签订"不平等条约"。对此,有律师提醒消费者,在签订汽车买卖合同时一定不要忽略其中的法律问题。

第一,在汽车买卖合同中,消费者要特别留意以下几点:车辆交付的时间、上牌问题、质量标准、检验期、质量保证期、违约责任、争议解决等。比如,关于车辆交付的时间和上牌问题,消费者可以要求其在合同中约定具体的期限和责任。违约责任的内容通常会对经销商有利。根据我国法律规定,合同违约其赔偿责任包括直接损失和间接损失,但双方可以做特别约定。如果合同是经销商提供的,其一般都会将其责任限定在非常狭窄的范围内,这点可能会对消费者不利,签订合同时应当特别注意。

第二,在购车过程中,消费者应当谨慎签订买卖合同,如果签订的是经销商自己制定的合同,需要细心地找出其中不平等或者可能影响到自己合法权益的条款,提出改正要求。

四、小心经销商暗扣保费

王先生前年在某经销商处购买了一辆新车,由于嫌保险麻烦,就把办理保险的事交给了经销商,按照要求缴纳了三年的保费。今年,王先生的爱车出了车祸,可当他找到保险公司要求理赔时,却被告知自己只缴纳了一年的保费,事故发生的时候已经超过了保险期限,因此不能理赔。王先生这才知道自己的两年保费已经被经销商给吞了。王先生的悲惨遭遇并不少见,提醒消费者要小心经销商私自扣押保费的行为。委托经销商代为上车险的消费者,可以通过电话向保险公司查询以确定自己的汽车是否已经及时上保,另外也可以自己直接向保险公司投保。

目前,各大保险公司一般都对通过电话和网络直接向保险公司投保的客户给予一定的优惠。

五、定金、订金要分清

现在市面上的新车多,李先生买车时也有点挑花了眼,后来在一家经销商处被说得有些心动,再加上售车小姐再三保证可以退还,就稀里糊涂地缴纳了1000元定金。可一个星期后,李先生又改变了主意,决定改买其他车。当他想取回那笔钱时,却遭到当头一棒:"我们当初定的可是定金,不退的,白纸黑字,您看清楚了!"

定金和订金,两个词一字之差,却有着很大的差异。法律上规定,在合同履行后,定金应当抵作价款或者收回。给付定金的一方不履行约定合同的,无权要求退还定金;收受定金的一方不履行约定合同的,应当双倍返还定金。而订金与定金的意思大相径庭,合同中如果写的是订金,给付方违约,可要求收受方退还订金;收受方违约,给付方无权要求其双倍返还,只能得到原数额。

六、地下室提车须警惕

赵先生花了大价钱买了一辆进口车，在提车时被告知到经销商的车库去验车。车库位于地下室内，没有开灯，光线很昏暗，赵先生拿到钥匙后稍微看了看外表就把车开走了。可没多久在保养时，赵先生才发现汽车的发动机上锈迹斑斑，似乎受到了严重的侵蚀。赵先生向来对车保养得很好，他相信不可能是自己的原因造成的，而经销商也一口否认自己的过失，双方陷入了漫长的争吵中。

消费者购车时要认真仔细地按照交接所列内容逐项进行验收，确定没有问题才能签字，一旦用户签字后发现瑕疵，有些质量纠纷就很难分清责任。

七、贷款购车要防止种种"陷阱"

目前，分期付款购车产生的纠纷主要有以下三个方面：

一是消费者在贷款买车过程中被经销商"捆绑"。一般，消费者在贷款买车时应缴纳除车价之外的购置税、保险费、管理费、抵押登记费和售后服务费等费用，而贷款时只需按照车价做贷款就行了。但在消费者实际贷款中，一些违规经销商却利用银行规定含糊和消费者不懂这一情况，把车价以外的费用也捆绑在货款额中计算，而且还捆绑一些非常隐蔽的费用，捆绑的费用在一定程度上被这些经销商获取，从而达到蒙骗消费者、赚取额外利润的目的。

二是有些汽车经销商违背诚实信用的商业道德，钻少数消费者法律知识匮乏、自我保护意识较差的空子，诱导、蒙骗消费者在显失公平的空白合同上签字。消费者王某以5年期贷款方式购得一辆标价为39900元的轿车。办购车手续时，经销商告知交齐20%首付款只需贷款32000元，并让王某在空白合同上签了字。几天后，王某接到信贷合同书时却发现不但贷款多了5000多元，首付款、车险等各种附加费用和贷款及管理费相加后的总额竟比标价车款多了13000元，王某愤而投诉经销商。

三是有些既无信贷资格又无车源的汽车经销商采用"拼缝"手段，骗收消费者额外款项。消费者矫某想以分期付款方式购一辆汽车，在某汽车市场看车时误信"拼缝"人员可以少交"相关费用"的承诺，被带到"A车行"。该车行并未取得银行信贷资格，又不想失去这块"即将到口的肥肉"，就将消费者带到另一家有信贷资格的"B经销商"处办理了分期付款手续。这样，"A车行"一分未出，只跑跑腿儿，就从矫某和"B经销商"身上净赚1000多元佣金，矫某为此多花了900元冤枉钱。

针对目前汽车市场存在的问题，有必要提醒广大消费者，贷款购车要慎重，在弄清应承担的责任义务并签订好合同后再购买。

第三节 二手车交易，合同为先

一般而言，二手车交易不同于新车买卖。二手车的质量状况以交易时为准，并无质量保证期之说，这就要求购买人在购买二手车时应当谨慎考虑，最好能有专业技术人员对车辆状况进行检查，以减低风险，或者如下面的案例一样，与出卖人签订责任详尽的协议，避免日后出现问题时无处索赔。

案例10-1 购买二手车，合同约定很关键

1. 案件回放

2017年3月14日，萧先生在当地通过二手车交易市场与原车主宋先生签订了《旧机动车转让合同》，约定以4.6万元的价格购买别克赛欧二手小轿车一辆，并约定车辆交付前该车辆所发生的违章、曝光、事故、盗抢嫌疑等问题与责任由原车主宋先生承担。

3月16日，萧先生在该市场将购车款交付给了宋先生，宋先生则将车辆及钥匙、行驶证、《赛欧用户手册》《赛欧保养及保修手册》等随车物件、文件交付给萧先生，双方也于当日在车管所办理了车辆过户登记手续。

萧先生取得车辆不久即发现该车仪表盘上指示灯闪亮及配置有问题，遂于3月19日将车开至某汽车维修公司进行检测。测后该公司出具了一份《估价单》，认定该车的安全气囊、ABS系统、空调系统等部件已损坏，需维修，工时及材料费共计1.2万余元，并告知萧先生此车不久前可能曾发生过交通事故。

2. 法院判决

法院审理查明，2017年2月16日，涉案别克赛欧车曾与一辆本田车发生碰撞，并造成交通事故，宋先生负全责；宋先生在事故发生后立刻通知保险公司出险，保险公司对该车被损坏的雾灯、水箱、传感器、主气囊、副气囊等部件的材料费和工时费进行了定损，3月23日，宋先生从保险公司领取了车辆损失、施救费以及第三者责任物损等赔付款共计3.01万元。

法院最终认为，被告宋先生交付标的物不符合合同约定，应当承担违约责任，原告要求被告承担维修费用的诉讼请求符合法律规定，并于同年6月30日做出被告宋先生败诉，赔偿该车购买人原告萧先生1.2万元修车费用的判决。

3. 法律剖析

本案购买人能胜诉的关键在于《旧机动车转让合同》中对车辆交付前所发生事故等问题责任承担的约定。根据该约定，涉案别克赛欧车在交付前因交通事故所发生的后果由出卖人承担，虽双方没有对何谓此"后果"做出明确说明，但按通常理解，此"后果"当含两个方面内容：一是对事故另一方车辆（即那辆本田车）的赔付，本案无此问题；二是对本车自身的修复，而此正是本案的争议所在。

虽然被告宋先生认为，车辆交付前该车所发生的事故情况与本案无关，且在交付前已将车辆受损部分充分维修好，但在法庭审理过程中宋先生所提供的证据并未能证明其在过户前已将车辆损坏部分已全部修理完毕，恰相反，原告提供的维修公司检测结果（《估价单》）、保险公司定损单等证据则显示，该车因交通事故而受到损害的安全气囊、ABS系统、空调系统、传感器等部件并未修复。

因事故发生在车辆交付前，双方也合同约定了出卖方对事故后果承担责任，但事实上出卖方宋先生并没有对该事故所造成的后果进行充分处理。显然，他违反了该合同的约定，应承担违约责任，赔偿购买人因修理该车所发生的费用1.2万元。

专家提醒：在二手车的质量问题上，涉及的法律问题主要是合同双方当事人是否依合同

约定全面履行约定的问题。因为二手车的质量好坏没有一个明确的界定标准，所以只有双方在买卖合同中加以约定，出现问题时才有处理的依据。因此，在二手车买卖合同中，一定要进行明确的约定，以最大限度地保护自己的合法权益。

另据一位媒体记者报道：

一位朋友倾诉了他在购买二手车时的不幸遭遇：他花了不到9万元买的车，起初看起来有八成新，可刚开不到两个月，汽车开始掉渣，底盘已经锈蚀出了小洞。送去修理厂一检查才知道，当初"精明"的卖车人用水泥敷住底盘上的小洞，并在外面重新刷上了一层漆。他被这种"移花接木"的手法惊得目瞪口呆。诸如此类的事情比比皆是，因此挑车时一定要当心，不是光看车身好就好，卖车的人千言万语不过是王婆卖瓜。一定要以我为主，眼见为实，耳听为虚。购买二手车时，现场查看非常重要，要由外往里逐项查看；必要时，可找有经验的朋友随行帮忙检查；而更重要的是必须签订"二手车买卖合同"。

在现实生活中，很多人认为，买辆二手车没必要签订合同。他交车，我交钱不就完了嘛！但是如果没有合同，一旦在交易完成后出现质量问题，就很难分清是谁的责任，往往会出现"公说公有理，婆说婆有理"的情况。相反，如果有一个比较完备的合同，一旦出现问题，就很容易分清问题的责任究竟应该由谁来承担，应该如何来承担。

为此，国家工商总局网站公布了《二手车买卖合同（示范文本）》并在全国范围内推行使用。示范文本明确规定，如果卖车人提供的车辆信息不真实，买车人有权要求卖方赔偿损失。

示范文本规定，卖方应向买方提供车辆的使用、修理、事故、检验以及是否办理抵押登记、缴纳税费，报废期等真实情况和信息，买方应了解、查验车辆的状况。

在车辆交付买方之前所发生的所有风险由卖方承担和负责处理。在车辆交付买方之后所发生的风险由买方承担和负责处理。卖方应按照合同约定的时间、地点向买方交付车辆，保证合法享有车辆的所有权或处置权，保证所出示及提供的与车辆有关的一切证件、证明及信息合法、真实、有效。买方应按照合同约定支付价款，对转出本地的车辆，买方应了解、确认车辆能在转入所在地办理转入手续。如果卖方向买方提供的有关车辆信息不真实，买方有权要求卖方赔偿因此造成的损失。

国家工商总局市场规范管理司指出，目前二手车行业存在诚信问题突出，交易行为不规范，评估随意性大，售后服务无法跟上等问题。这些问题常常造成消费者的合法权益无法得到保证，降低了消费者购买二手车的信心，二手车市场的发展也受到相应影响，示范文本的推行有利于维护消费者的合法权益，促进二手车交易良好秩序的形成。

下面再谈谈二手车交易中的过户问题。

（1）如何办理二手车交易的合法手续 进行二手车交易必须有户头、有牌照。交易时，要先到车辆户籍所在地的车辆管理所申请临时检验；合格后，填写过户申请表，才能正式进行交易。

二手车买卖成交，需经机动车交易市场审核双方的身份证、户口簿、行驶证及其他一些必要的证件。

买卖双方证件齐全、交易市场审核无误，才会批准成交，出具交易证明。批准合格成交的车辆，需按成交额缴纳一定比例的市场管理费和交易服务费，持交易凭证和有关证件到车辆管理所办理过户手续。

(2) 车辆不办理过户的弊端 现在出现在二手车市场上的突出问题是，有相当一部分车主和消费者出于节约过户税费或嫌麻烦等原因，不办理过户。这种情况主要有以下弊端：

1）产权不明。我国对机动车实行类似房地产的严格的产权登记管理制度，不经依法过户、办理产权变更登记，即使二手车已经交付，其所有权也不发生转移。

2）后患无穷。与该车有关的一切负担、风险（如缴纳税费、交通事故赔偿）仍须由原车主承担。同时对于购车人而言，车辆产权未做变更登记，不能证明其为车辆所有者。

因此在二手车交易中，对于购买人而言，一定得要求原车主在办理车辆过户手续后，到保险公司办理保险合同变更手续，或者要求中介公司或出售人书面承诺在一定期限内办理该手续和相应的违约责任，切不可省一时麻烦，否则可能出现事故发生后，找不到责任人的困难。

(3) 车辆有权利上的瑕疵导致无法办理车辆过户 交易的二手车有权利上的瑕疵将导致车辆无法过户，给购车人造成极大的经济损失，一旦出现这样的情况，只能通过有关部门的调解或者向人民法院提起诉讼来维护自己的合法权益。

消费者董某于2017年6月以2.9万元在二手车市场购得一部夏利车，在办理过户时发现原车主涉嫌诉讼，车已被查封，无法过户。后经市场和工商部门调解，董某追回有关款项，退还了原车。

车辆有权利上的瑕疵还表现在车辆的证件不全上。

进行二手车交易必须要有户头、有牌照，证照齐全，车辆合法。行驶证、附加费证明、车船税证明和前后两块号牌等是买车时必须查看核对的。过户时需双方身份证、户口簿、行驶证及复印件。如果是单位车，还需出具单位证明和营业执照副本。

总之，二手车交易必须"持证上岗"，一定不要贪小便宜而引来大麻烦。

开饭馆的孙小姐才花5万元就买了一辆几乎全新的富康，卖车人声称做生意亏本了要还债才忍痛出手的。试车时，车的各项性能用孙小姐的话来说就是"真棒！"，兴奋的她当时也没怎么看对方的证件就交钱把车开回了家。一个月后，警察找到了这位还在窃喜买了一辆划算车的孙小姐，无情地告诉她："你买的是赃车！"孙小姐不但遭受到了经济上的损失，还可能要承担法律责任。买了赃车只怪孙小姐兴奋冲昏了头，连卖车人的必需证件都没检查。可见，购买二手车不能眼里只盯着车，各种相关证件和手续也缺一不可。

第四节 学习汽车保险知识，增强法律意识

买了新车以后，除了要给新车上牌照以外，买保险也是车主们必须要做的一件事。一些缺乏保险知识的车主往往会有着矛盾心理：出事了，有时保险金还不够赔偿的；没出事，上这么多的保险感觉挺冤的。那么如何根据自己爱车的实际情况上保险，哪些保险该上，哪些不该上，哪些险种根本不要上呢？

一、选择有信誉的经销商

买了新车以后，车主可以通过很多渠道上保险，常见的一是通过汽车经销商来上保险；二是车主直接选择保险公司投保。

选择汽车经销商代办保险虽然省事，但也要注意几个问题：一是一定要看该汽车经销商

第十章 汽车消费的法律对策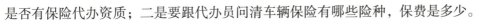

是否有保险代办资质；二是要跟代办员问清车辆保险有哪些险种，保费是多少。

目前，由于汽车经销商和保险公司往往实行"联姻"，消费者根本无法自由选择保险公司，只能按照经销商的意愿投保。其实这种做法是汽车经销商和保险公司联手搞的"小动作"，作为酬劳，保险公司会将部分保险费返还给汽车经销商。

一位业内人士透露，原来按照有关部门的规定，只是取得代办保险业务资格的经销商，在申报业务时都可以拿到8%以下的保费返还。但事实上，在整个行业的实际操作中，返还的比例远远高于这个数字。

二、保费不是越高越好

一些车主担心自己万一开车出了事故，要承担沉重的经济赔偿，有人在投保时会选择高额的保费。但车辆的出险率实际上是很低的，这样相当一部分车主还是花了"冤枉钱"。建议车主不要盲目地超额投保，要根据自己车的实际价格来投保。如果是二手车，建议车主到二手车市场或通过网络来寻价，根据该车的市场实际价值来投保。

另外，重复保险并不能获得双倍赔偿，例如老李花了10万元买了一辆新车，然后分别向两家保险公司购买了机动车保险，保险利益和保险事故都一样，保险金额也都是10万元，以为出事后能获得双倍赔偿。一天，他的车出了事故，被认定为全损，属于保险公司的赔偿责任范围。他向两家保险公司分别索赔10万元时，两家公司各赔付5万元，这是为什么？因为老李向两家公司投保了同样的保险，而且保险金额的总和是20万元，超过了汽车本身的价值10万元，是重复保险。根据《保险法》的规定："重复保险的保险金额的总和超过保险价值的，各保险人赔偿金额的总和不得超过保险价值。除合同另有约定外，各保险人按照其保险金额与保险金额总和的比例承担赔偿责任。"老李多交了保费，却没能多获赔偿，聪明反被聪明误。

三、车损评估：究竟该谁说了算

随着汽车市场升温，汽车保险也逐渐成为热门险种，但对于车险理赔，大多车主都不甚了解，以何种标准给受损车辆定损，已成为车主与保险公司发生纠纷的焦点。

2017年1月16日，北京刘女士的菲亚特小车被一辆违章行驶的汽车追尾，造成菲亚特车多处损坏，车内的一名乘客受伤。为肇事车承保第三者责任险的保险公司对菲亚特车定损为3700元。随后，刘女士将该车送至特约维修站，可维修站检测后出具的维修费报价则是14735元。与保险公司的定损竟然相差1万多元。在与保险公司方面多次交涉无果的情况下，刘女士只好向法院提起诉讼。

据调查，多数车主与刘女士有同感，"事故车辆索赔麻烦，透明度不高，机动车保险条款中的规定明显有利于保险公司"。而在魏双明律师眼里，事故定损根本就不应该是保险公司的事。

"在车辆损害赔偿问题上，人们普遍有个误区，保险公司定出来的损失价格是多少，就是唯一依据。"魏律师说："可实际上，保险公司没有这个法律资格，因为它不是由国家有关部门依法认定的、有合法资质的定损单位。所谓保险公司的'定损'，只不过是投保人与保险公司之间为确定理赔数额提出的一个参考依据。而这个参考依据只有在投保人认可的前提下，才产生相应的法律约束力。"魏律师分析，保险公司作为事故受损车辆的理赔单位，不能既评估车辆损失,又进行赔偿。如果他们将定损和赔偿二者兼顾,那就等于保险公司一家说了算,从法律上失去了与投保人的平等关系。魏律师认为,解决问题的根本是引入独立的第三方。

但随着保险公司竞争力与服务水准的提高,并出于自身成本的考虑,保险公司显然不愿意将定损业务交给专业公司。马某是贵州省第一家保险公估公司的总经理。据他介绍,该公司是经保监会批准成立的,然而公司挂牌后长达10个月没有接到一单业务。他说:"公司曾和省内三家大保险公司进行过多次接触,希望走联合经营的道路,但没有一家保险公司愿意。"

马某认为,一个完整的保险市场应该是由投保人、保险公司、保险中介公司三方组成的。规范保险市场应有两个轮子同时存在,即保险公司和保险中介公司。保险公司的主要精力应放在资本的增值和新险种的开拓上;中介公司则应该做好为投保人服务的后续工作,如对保险标的承保前的检验、估价及风险评估,出险后的查勘、检验、估损及理算等。他还表示,公估公司的产生是大势所趋,是规范保险市场,与国际接轨的必然结果,保险公司应该转变观念,放下"老大"思想。

为此,有关专家呼吁有关部门尽快出台相应的政策法规,对交通事故损害车辆的定损和理赔制定出统一标准,授权具有资产评估资质认定的专业单位或公司为事故车辆定损,然后再由保险公司进行理赔。

第五节　防止汽车维修陷阱,别让霸王条款侵害消费者权益

一、防止汽车维修中的陷阱

中国汽车维修行业协会发布的有关数据表明,目前国内车辆保险费已占财产保险总收入的60%以上,全国平均每天有近9000件汽车保险事故理赔案。由于目前国内还没有一个完善的事故汽车维修标准,车辆发生事故后,经常出现该修的修不到位、不该换配件的却换了配件等不正常现象。

汽车维修中的一些不正常现象主要表现在以下几方面:

一是打比较复杂的零部件的主意。比如车的发电机出现了故障,如果是去正规维修厂,一般会先找原因,向驾车人说明情况,征得同意后再作针对性的维修;而对于一些不正规的维修点来说,由于技术水平低,找不出毛病,往往直接要求车主更换整机,这叫明里坑人。

二是搭配换件。比如有的车一个小零件坏了,按正常也许只需三五十元,但有的不正规维修点在给车主修车时,故意蒙骗驾车人,说与此相关的零件也坏了,需要更换,不然不安全,结果是消费者掏了冤枉钱还被蒙在鼓里。

三是制动系统修理被"宰"的多。制动系统对行车安全起着至关重要的作用,也是常出问题的一组主要部件,这个系统零件多,任何一个零部件出现问题,仪表指示灯都会显示。于是有的不正规维修点利用大多数车主会开车不会修车的情况,坏了一个小零件,却往往要求车主更换好几个相关零部件。

四是保险维修不保险。上海某员工的捷达轿车的前脸在一次正常行驶中被撞坏,经现场勘查认定,责任完全在对方,按规定对方的保险公司应给予理赔,但这家保险公司指定的维

修点几年来信誉都不好，维修质量得不到保证。这位员工于是提出要去别的维修点维修，而保险公司表示不同意，说如果不去本公司指定的维修点，那么维修后多出定损的部分，保险公司不理赔。

国家有关部门早就以法规形式确定，保险部门不允许随意指定事故车辆维修点，但有的保险公司却还是公然违反有关规定擅自指定不合格的修理场所，结果让消费者叫苦不迭。

五是"挂羊头卖狗肉"，以次充好。辽宁某市的刘小姐的新车不久前在辽南高速公路上抛锚了，修好后仅仅半个月又在102国道上出了问题，原来，半个月前所换的零部件全是假冒伪劣产品。

目前汽车配件市场存在着一些假货。例如桑塔纳轿车是国内轿车市场占有率较高的汽车，保有量很大，据业内人士分析，按照正常情况，该型轿车每年配件的总需求量大约60多亿元。然而，根据2002年的统计，桑塔纳轿车正规汽车配件的市场占有率仅有38.3%。

据有关部门抽查显示，以桑塔纳轿车的前照灯为例，正规配套前照灯的出厂价近150元，而假货只有20元到30元，于是一些不正规维修点就把假冒产品当成配套厂产品，用略低于正品的价格卖出，牟取近5倍的暴利。

汽车配件质量问题，被世界称为汽车行业的最大"硬伤"，劣质配件不仅使汽车性能受到影响，严重的甚至会导致重大交通事故。虽然汽车生产厂家大力推广3S或4S模式的汽车专卖服务体系，以及对零部件供应商有较严格的要求，但其售后服务还是不能与汽车的发展速度同步，这就使厂家与售后服务机构严重脱节，从而为劣质汽车配件提供了机会，一些不正规的汽车维修点更是靠从原厂配件与劣质配件几倍的差价中牟取暴利。

二、别让霸王条款成推卸责任的"挡箭牌"

对于在汽车售后服务维修保养合同中损害消费者利益的不平等条款，中国消费者协会称之为霸王条款。汽车维修商往往利用霸王条款作为"挡箭牌"来推卸责任，对此汽车消费者应保持高度警惕。

案例10-2　修车变毁车，霸王条款来撑腰

在浙江省诸暨市做生意的杨先生，三年前买了一辆奔驰S500轿车。三年来，杨先生对车的养护一直很精心。由于奔驰品牌在诸暨市没有专门的4S店，为了保证维修质量，杨先生每次都要把车专门开到杭州的一家4S店进行维修保养。

2017年9月，杨先生将奔驰车再一次开到了这家4S店进行维修。经过检测，他的奔驰车变速器油路板烧坏了，需要进行更换。4S店告知杨先生，油路板需要从德国进口，维修的时间会比较长，大约20天左右才能修好。出于对这家4S店的信任，杨先生把车放在店里，并告知有关人员等车修好后他再来提。

谁知车没修好，杨先生却等到一个坏消息，2017年10月16日，杨先生接到4S店工作人员打来的电话，本以为是让他到店提车，谁知却被告知车辆出了事故，需要他带着保险单和车辆相关证明马上到杭州。

"当时4S店的工作人员通知我车辆出了碰撞事故，我以为是小剐蹭，因为业务比较

忙，就想让他们自行修理，但是他们执意要让我过去，说事故很严重。"杨先生回忆说。于是在10月16日当天，杨先生就赶到了4S店，当看到自己的爱车时，吓了一跳。"我的车后部已经被撞得惨不忍睹，严重变形。"杨先生说。

看到自己花150多万元买的车被撞成这样，杨先生很心疼。为什么好端端的车突然被撞成这样呢？4S店的相关人员告诉杨先生，是由于他们在高架桥上试车时，不慎与一辆大货车追尾所致。

杨先生的车已经被撞得"面目全非"。他认为4S店并没有在征得其同意的情况下进行试车，而且在试车的过程中他本人也不在场，出了事故自然应当由4S店负全部责任。

杨先生随后向4S店提出几个条件，另外，此车即便修复，恐怕也会影响驾驶安全。希望4S店能对这次事故负全部赔偿责任。

对于杨先生的要求，4S店的相关人员同意在1周之内给予答复。10月21日，4S店给予杨先生的回复是，只按照汽车生产厂家的维修标准进行免费修复，拒绝承担此事的赔偿责任。

双方因此出现很大分歧。

为什么4S店的态度会发生转变呢？据了解，10月21日，4S店的工作人员向杨先生出示了一张准施工单，上面有杨先生的签名。在这份施工单的背面注明了数条注意事项，其中一条规定成为该店拒绝承担赔偿责任的依据。

维修单背面的注意事项的第四条中写着：本人（车主）同意4S店因维修项目的需要对该车进行路上测试，对于因路上测试时不幸意外发生交通事故或在修理过程中意外造成该车损坏，4S店只限于承担该车按照汽车生产厂家的修理标准进行免费修复责任。

对此，杨先生称他原本并不知道这份施工单的背面有这项条款，要是知道的话就不会同意修车。"这简直就是霸王条款，应该取消。"杨先生说。

问题的焦点集中在了施工单背面的注意事项第四条。

对此，浙江省消费者权益保护委员会投诉部相关负责人表示，4S店的这份注意事项被认为是格式合同，根据《消费者权益保护法》的规定：经营者不得以格式合同、通知、声明、店堂告示等方式做出对消费者不公平、不合理的规定，或者减轻、免除其损害消费者合法权益应当承担的民事责任，格式合同、通知、声明、店堂告示等含有前述所列内容的，其内容无效。按照这个规定，4S店的注意事项"第四条"侵害了消费者的权益。

有律师认为，"第四条"的注意事项确实存在问题。只规定4S店承担修复责任而没有明确承担相应的赔偿责任，这一条款将4S店本应承担的赔偿范围相应缩小。虽然没有完全与相关法规抵触，但这种只限定了4S店承担一部分责任，而免除了另一部分应承担的责任条款属免责条款，可被视为可撤销合同。

专家点评：

消费者在签订各种"合同"的时候，难免会因为条款繁多而没有仔细——阅读。当与4S店发生纠纷时，4S店的有关人员自然"理直气壮"，直接拿出"合同"作为"挡箭牌"。此时，消费者只能一声叹息，到底是签合同，还是跳入"陷阱"？

第十章　汽车消费的法律对策

关于霸王条款最典型的例子就是，当产品发生质量问题后产生的各种纠纷。厂商认为，在某些情况下，这个问题是多种原因造成的，消费者不应把矛头直指他们。因此，搬出"合同"意欲免责。消费者则认为，作为汽车的生产制造者，车辆出现问题后理应承担一系列责任，厂商不应该用霸王条款为自己找寻免责理由。

专家认为，厂商应当修改那些让消费者万般无奈的霸王条款，毕竟制定各类合同条款的前提是不能违背国家相关法规。经营者单方面制定的逃避法定义务，减免自身责任的霸王条款限制了消费者的合法权益，侵害了消费者的合法利益，当合同条款与相关法律规定发生冲突时，厂商应当进行修改。

让霸王条款在市场上消失，单单依靠消费者的力量是远远不够的，政府相关部门针对厂商的霸王条款应采取相应的行政处罚措施，使霸王条款找不到适合生存的土壤。更关键的是，制定霸王条款的各个主体能够觉悟，从根本上杜绝霸王条款的出现，让"合同"更加规范，能为营造平等、和谐的消费环境发挥作用。

第六节　从小事着眼，注意停车中的法律问题

看起来，停车似乎是一件小事，但其实，停车也会引发很多法律问题。

一、因停车也需照章行事引发的提高驾驶人法律意识问题

机动车停车分为停放和临时停车两种。车辆停放，一般不受时间的限制，也不存在妨碍交通、必须迅速驶离的问题，但必须在停车场或准许停放车辆的地点依次停放。在不准停放车辆的车行道、人行道和其他妨碍交通的地点任意停车是违规的。另外，汽车停放妥当后，必须关闭电路，拉紧驻车制动器，以防溜车；锁好车门，以防被盗。

临时停车时，只准在允许暂停的道路右边按顺序方向短暂停留，驾驶人不准离开车辆；妨碍交通时，必须迅速驶离。没有停稳前，不准开车门和上下人，开车门时，不得妨碍其他车辆和行人通行。在夜间或遇风、雨、雪、雾天时，需开示宽灯、尾灯。

对临时停车地点同样有所限制。在以下地段或地点不准停车：设有人行道护栏（绿篱）的路段、人行道、施工地段（施工车辆除外）、障碍物对面；交叉路口、铁路道口、弯路、窄路、桥梁、陡坡、隧道以及距离上述地点20m以内的路段；公共汽车站、电车站、急救站、加油站、消防栓或消防队（站）门前以及距离上述地点30m以内的路段。

有人做过统计，汽车停的时间是行驶时间的10倍左右。现在，城市停车问题越来越严重，即使如此，也不能随意停车，否则要被罚款或被拖走，甚至还可能出交通事故。因此，照章停车必须牢记。可是，现在有些驾驶人缺乏遵守交通规则的法律意识，不论时间地点，随意停车，而且习惯成自然，屡教不改，所以提高驾驶人遵纪守法的法律意识十分重要。

二、因违章停车引发的执法理念问题

《法律与生活》杂志曾发表过一篇署名文章《违章停车，国内、国外两种遭遇》。这篇文章充分说明警察树立正确执法理念的必要性。文章说："年前，笔者受单位派遣，赴美从事行政程序法的研究工作。因住处离学校比较远，而且在美国购买二手车非常方便，中国学生几乎是人手一辆二手车，我受中国学生的影响，从一个回国的中国学者手中买了一辆二手

车,在海外首先实现了汽车梦。

有了车就难免会出现违章的情况,特别是停车。当我从一个城市完成访问研究工作转入波士顿时,汽车车位成为严重难题。

波士顿是一个大都市,人口多,并且我访问的学校地处市中心。宿舍就在学校附近,住处附近停车非常困难。一日晚归,所有车位都已被占满,无奈只好将车停到离宿舍一路之隔的另一个区。进住时,早已听同室的学生说过,对面是一个富人区,停车管理非常严格,严禁夜间在马路上停车。

对此虽然略知一二,但总想并不一定会太严格,希望能侥幸免罚单。事与愿违,第二天一大早起来移车,发现自己的爱车不幸已被贴了罚单。罚单上称,你已违反本区的停车管理规定,请你将支票寄到市政厅或者当面去缴纳罚款,逾期将追加处罚。如果你对处罚不服可以到市政府申请听证。想到要缴纳15美元的罚款,感到特别冤。再一想,自己从事美国行政程序法的研究,为什么不去申请一次听证机会,切身感受一下美国的听证制度呢?

于是在周末,驾车去了市政厅,找到了当日值班的听证官员。我解释说,我刚搬来住,对这里的停车管理不清楚,不知道夜间不能在路边停车,希望能免除处罚。听证官听我说明后,找了一张纸,画了一张街道图,详细解释哪一边不允许夜间停车,哪一边可以夜间停车。最后说,由于你对此不清楚,这一次免除处罚,希望下次注意,他收回了罚单,我满心欢喜地离开了市政厅。"

文章接着说,回国后他也因停车问题被贴罚单。尽管这是一桩交通执法错误,但警察不允许任何申辩,更谈不上去市政府申请听证。对此,他憋着一肚子火,因而在文章中写道:"违章停车是一种最轻微的违章行为,对这种轻微违章行为的处理,却反映出一些深层次的执法理念问题。

第一,行政处罚的目的是什么?是为了纠正违法行为,教育当事人,还是仅仅为了处罚,树立行政执法人员的权威?行政处罚是行政执法的一种手段,但绝不是基本的、唯一的手段。行政执法最根本的目的是教育当事人守法,使法律得到普遍遵守和执行。全体公民的自觉守法要比建立一个庞大的行政执法机构有效得多。对于轻微的违章行为,指出其违法行为,给予警告,如果当事人认识到错误,完全可以不处罚。

第二,当事人在行政执法过程中,享有陈述权和申辩权。执法人员应当尊重和保障当事人的这种权利。对当事人的陈述和申辩,也有一个态度问题,是首先假定为谎言,置之不理,还是当成一种真实情况的反映,认真听取呢?作为执法人员,应当是后者。执法者不能带着偏执的思想和观念去执法,否则很难有公正和客观的执法。

第三,行政执法应当贯彻便民和高效率的原则。对于事实清楚、证据充分的案件,应当尽快结案。有的行政执法人员,明知当事人没有违法行为,就是不给结案,耗费当事人的精力,处处设置种种障碍,故意刁难当事人,这是另一种执法违法。

第四,行政执法的举证责任在于行政执法机关。行政执法机关有责任和义务收集违法的事实和证据。当事人举出相反的证据,行政执法机关要维持处罚,应当举出相应的事实来驳倒当事人的证据,如果提不出新的证据,应当撤回处罚决定。

第五,行政执法机关要勇于承认错误,国家建立行政复议制度、行政诉讼制度和国家赔偿制度,都是为了纠正执法错误或者消除其影响,如果行政执法机关发现自己执法错误,主动纠正,岂不节省了解决纠纷的成本。有错必纠、违法必究应是行政处罚的一项原则。而实

际中,某些执法机关为了掩盖执法错误,故意刁难当事人,这是错上加错。

全国人大常委会审议通过的《道路交通安全法》推出了许多人性化的改革措施,希望交通执法机关能以此为契机,依法行政,提高行政执法水平。"

三、因停车场汽车被盗引发的执法水平问题

2000年深圳一车主向保险公司投保了机动车辆综合险。在保险期限内,该车在停车场被盗。保险公司赔偿保险人的损失后,依照《保险法》的规定,向停车场追偿,但该停车场认为他们不承担损失。于是,深圳这家保险公司向深圳××区人民法院起诉,法院对该保险公司的诉讼请求不予支持。该公司遂向市中级法院提起上诉,市中级法院对该上诉条件经审理认为,停车场的营业执照上注明经营范围是机动车停车,无机动车保管项目,其发放的收费卡,并非车辆保管收费卡,收取的费用是停车费,并非保管费。停车场与车主之间存在的是车位有偿使用关系,对被盗车辆不负保管义务。对该车的丢失不应承担赔偿责任,原审法院认定事实清楚,适用法律正确,因此驳回上诉,维持原判。可是,另外一宗性质相同的案件,判决结果却相反。受理该案件的深圳市另一个区法院认为,停车场管理设施不完善,在保管车辆过程中未能及时发现盗车行为,过错在于停车场,故判停车场赔偿车主损失。

在停车场丢了车,到底该不该赔偿?《合同法》的第三百七十四条规定"保管期间,因保管人员保管不善造成保管物毁坏、丢失的,保管人员应当承担损害赔偿责任。但保管是无偿的,保管人证明自己没有重大过失的,不承担损害赔偿责任。"这就是车主依法进行丢车索赔的法律依据之一。要注意:车主把车一定要停在正式的收费停车场内,向停车场交了费用后,一定要索取和保管好停车收费单据,这一点很重要。因为车主向他们交了费,对双方来讲,就已经形成了一种委托保管的关系,经济合同关系已经成立。此时如果发生问题,停车场自然要负责,停车场所说的收取的停车费仅是占地费,丢车与停车场无关的说法显然是不能成立的。

我国执行的是成文法,如果案件事实清楚,适用法律正确,则判决结果是不应该因法官不同而有很大出入的。但是,由于法官认识不同,倾向不一,同一个案件由不同的法官来审理,其结果有可能是不一样的。

上面讲的只是停车中的法律问题,其实在现代社会中,人人都离不开交通,各行各业都离不开交通,它既同社会各部门和各单位有密切的联系,又与每个公民、每个家庭息息相关。人们在工作、学习、生活中要行车走路,就要遵守交通法律法规,主要的交通法律法规是《道路交通安全法》及其实施细则。

第十一章

用法律保护汽车消费者的合法权益

为了用法律保护消费者的合法权益，消费者必须首先知道自己到底享有哪些权利。

第一节 汽车消费者享有的权利

日常生活中，很多消费者由于不了解自己的法定权利而上当受骗或不知依法维权，那么，消费者到底有哪些法定的权利？根据《消费者权益保护法》（以下简称《消法》）第二章第七条至第十五条的规定，消费者的法定权利有以下9项：

（1）**安全权** 安全是指没有危险，不受威胁，不出事故的状态，是自然人、法人等民事主体的一种最基本的心理需要。消费者在购买使用商品或接受服务时享有的人身和财产不受侵害的权利。

（2）**知情权** 知情权是指消费者在购买、使用商品或接受服务时，享有知悉其购买、使用的商品或接受服务的真实情况的权利。知情权的内容包括有关商品或服务的基本情况、技术指标、价格以及商品的售后服务情况。

（3）**选择权** 选择权是指消费者在面临众多的商品和服务，有根据自己的意愿自主地选择其购买的商品及接受服务的权利。选择权的内容包括选择经营者的权利；选择商品品种和服务方式的权利；自主决定购买或不购买任何一种商品，接受或不接受任何一种服务的权利；对商品或服务进行比较，鉴别和挑选的权利。

（4）**公平交易权** 交易双方在交易中均可获得相当利益的交易，公平交易是一项准则，核心是消费者以一定数量的货币换得同等价值的商品或服务。公平交易权是指消费者在与经营者之间进行的消费交易中享有的获得公平交易条件的权利。公平交易的内容包括消费者有权要求商品和服务符合国家规定的质量标准，商品和服务的价格应与其价值大体相符；公平交易的实现还需要计量正确的保障；消费者有权拒绝强制交易。

（5）**索赔权** 索赔权是指消费者在购买、使用商品或者接受服务过程中受到人身或财产损害时，有依法获得赔偿的权利。索赔权包括对人身损害的赔偿请求权和对财产损害的赔偿权。

（6）**结社权** 结社权是指消费者享有依法成立维护自身合法权益的社会团体的权利。

消费者与经营者的关系，从法律上看是平等的，但双方的经济地位实际上并不平等。第一，消费者是分散的，而经营者大多是有组织的；消费者的评议、承受能力等方面，无法与拥有雄厚经济实力的经营者相抗衡。第二，消费者很难掌握商品和服务的有关知识，他们只能依赖于产品说明、广告，这就很容易被虚假的广告、商标等所欺骗。因此，消费者为了保护自己的合法权益，依法成立社会团体，通过有组织的活动，维护自己的合法权益。

（7）**获得相关知识的权利** 获得相关知识的权利是指消费者享有获得有关消费和消

第十一章 用法律保护汽车消费者的合法权益

者权益保护方面的知识的权利。

（8）受尊重权 受尊重权是指消费者在购买、使用商品，接受服务时享有的人格尊严，民族风俗习惯受到尊重的权利。

（9）监督权 监督权是消费者保护自身合法权益不受侵害的很重要的一项权利，也是消费者积极参加国家事务，行使当家做主人的一项权利。消费者可以对于商品和服务质量、价格、数量进行监督，可以对经营者态度、服务作风进行监督，可以对消费者权益保护工作进行监督。

第二节 汽车消费者权益受到保护的法律依据

保护消费者权益主要运用民事法律手段，采用平等和等价补偿等方法，而不是采用惩罚的方法。民法调整平等主体之间的财产关系和人身关系，是保护公民财产和人身权利不受侵犯的重要法律。民法主要是通过让经营者承担合同责任和侵权责任来补偿消费者，以保护其合法权益。

一、合同责任

合同责任就是当事人违反合同义务所应承担的法律后果，合同责任主要是买卖合同的物的瑕疵责任。从法律上讲，消费者购买汽车，虽然没有签订书面合同，但实质上与经营者发生了合同关系。因此，如果经营者有以下行为构成要件，就要承担民事责任：

1）合同当事人有不按合同的约定内容履行或者不正确履行合同的行为。
2）行为人不履行合同或不正确履行合同必有主观过错（即故意或过失）。
3）确实给对方造成损失。
4）损害与违约之间存在因果关系。

《产品质量法》规定，售出的产品不具备产品应当具备的使用性能而事先未做说明的；不符合在产品或者其产品包装上注明采用的产品标准的；不符合以产品说明、实物样品等方式表明的产品标准的，均为销售者违约。

《消法》规定：经营者提供商品或者服务有欺诈行为的，应当按照消费者的要求增加赔偿其受到的损失，增加赔偿的金额为消费者购买商品的价款或者接受服务的费用的 1 倍。

案例 11-1　新车不能上牌，卖家理亏

1. 案件回放

2017年5月，张先生以12.2万元的价格从云南某汽车销售有限公司购买了一辆翻斗车，销售商当场没有提供该车出厂合格证等文件，张先生后于2017年6月11日取得了那些文件。在上牌过程中，当地车管所发现该车合格证所记载的车辆车架号、发动机号与实际情况不符，拒绝给此车上牌。张先生多次向销售商协商，要求解决，最后提出退车要求，但皆被拒绝。不得已张先生于2018年2月向人民法院提起诉讼，并提出退车，返还购车款，被告方赔偿有关损失，承担诉讼费的诉求请求。

2. 法院判决

经过审理，法院于2018年4月判决解除车辆买卖协议，张先生将车辆返还销售商，销售商返还张先生购车款12.2万元，赔偿张先生相应的利息、停车费、车辆购置税等损失，并承担诉讼费。

3. 法律剖析

首先从法律关系上而言，本案属于典型的合同诉讼。张先生从云南某汽车销售有限公司购买汽车，并没有与汽车生产厂家发生法律关系，而本案的起因也是销售商没能提供符合法律规定的车辆证件。因此根据合同相对性原则，本案只能涉及购买人与销售商。

再具体到本案的法律适用，购车人买车的根本目的在于日常生活工作中使用车辆，根据《合同法》规定，出卖人对所销售商品负有保证其能实现购买人"实现合同目的"的义务。本案中张先生所购买车辆不能上牌，显然其购买该车的目的不能实现，销售商对此承担责任。

另据《道路交通安全法》《机动车登记规定》规定，如果车辆车架号、发动机号与随车配发文件所示的技术参数不符，则车管所不予办理上牌手续。本案中因销售商所提供资料不符合法律规定，并且一直未提供补救措施，最终导致车辆不能上牌，不能正常上路，实际结果是张先生购买车辆的合同目的不能实现。

因此，法院根据《合同法》第九十四条"当事人一方延迟履行债务或者有其他违约行为致使不能实现合同目的，另一方当事人可要求解除合同"的规定做出上述判决。

案例11-2　出售修复车双倍赔偿

1. 案件回放

2017年3月，浙江沈先生以10.9万元的价格从某机电设备公司购买轿车一辆，并于当天办理了汽车牌证等手续，共花去牌证费1.74万元。不久，沈先生发现轿车油漆有起泡现象，车内前部缝隙处及座位下有诸多玻璃碎屑及其他质量问题，遂与该机电设备公司交涉要求退车，但交涉无果。同年5月沈先生向秀城区人民法院起诉，认为某机电设备公司出售的轿车存在诸多质量问题，要求退车还款，并赔偿损失3万元。诉讼过程中经原告沈先生申请，法院委托浙江省技术监督检测研究院对该车进行鉴定。检测发现：该车多处部件非该车原件，并有修复痕迹，车体表面漆膜非原厂喷漆。鉴定结论为：该车为事故修复车。沈先生于是认为该机电设备公司存有欺诈消费者的行为，并变更诉讼请求：退回轿车，公司返还其购车款10.9万元及购车附加费1.74万元，并按一赔一的原则赔偿10.9万元，另外赔偿其精神损失费等共计2.5万元。

2. 法院判决

受理法院认为，被告某机电设备公司以新车名义销售给原告沈先生的轿车，经鉴定部门鉴定该车为事故修复车，其行为属于故意欺骗、误导消费者的欺诈行为，故按《消法》规定，判令被告除了退还原告沈先生购车款10.9万元及办证费1.74万元外，还按车价款单倍的数额赔偿原告经济损失10.9万元。案件诉讼费、鉴定费等均由被告承担，但原告关于精神损失费等的赔偿请求，不予支持。

3. 法律剖析

显然，沈先生到某机电设备公司买车，他想买的是新车，而该机电设备公司也的确是以新车的名义向沈先生销售了本案所涉轿车，但事实上该辆车是被他人使用、修理过，甚至是更换了部件的事故修复车。如机电设备公司在事前如实向沈先生介绍该车的情况，虽不能肯定沈先生就一定不买这辆车，但他一定不会以同样的条件、同样的价格购买这辆车。按照《最高人民法院关于贯彻执行〈中华人民共和国民法通则〉若干问题的意见》第六十八条的规定，欺诈行为是指一方当事人故意告知对方虚假情况，或者故意隐瞒真实情况，诱使对方当事人做出错误意思表示的行为。本案中机电设备公司向沈先生隐瞒了涉案车的实际情况，诱使沈先生买车的行为属欺诈行为；另据《消法》第二条规定"消费者为生活消费需要购买、使用商品或者接受服务，其权益受本法保护"，本案沈先生因个人生活需要而购买车辆，也属《消法》保护的范围。因此，法院根据《消法》的规定，判决某机电设备公司承担双倍赔偿责任，精神损失一般适用于严重的人身伤害案，本案无此类情况发生，故无精神损失赔偿之说。

二、侵权责任

侵权责任中以产品侵权责任与消费者利益关系最为密切。产品侵权责任又称产品责任，是指产品的生产者、销售者因生产、出售的产品造成他人人身、该产品以外的其他财产损害而依法应当承担的赔偿责任，可以从以下几个方面判定产品责任：

1）产品责任是因为产品缺陷造成的人身和财产损害而引起的责任，它所指的不是产品本身的缺陷，而是缺陷引起的后果。

2）产品责任是由法律直接规定的责任，即使当事人没有合同约定，也必然承担责任。

3）产品责任的承担者是产品的生产者或销售者，产品的受害者是产品的购买者、使用者，也可以包括第三者。

产品责任可以实行过错责任，也可以实行无过错责任。生产者对产品责任承担的是无过错责任，销售者承担的是过错责任。也就是说，消费者消费某产品造成损失，如果是因为该产品卖到消费者手中时，由销售者过错造成的，则销售者承担责任，否则不承担责任；而对于生产者来讲，不管其有没有过错，只要因为产品缺陷造成消费者损失，都必须承担责任。

按照法律法规的规定，经营者提供商品或服务造成消费者财产损害的，应当按照消费者的要求，以修理、重做、更换、退货、退还货款和服务费用等方式承担民事责任。经营者提供商品或服务造成消费者或受害人人身伤害或死亡的，应当以赔偿损失的方式，支付相应的医疗费用、治疗期间的护理费用，因误工减少的收入、残疾人生活自助费、生活补助费、残疾赔偿金、被抚养人生活必需费、丧葬费、死亡赔偿金以及精神损害赔偿等。

案例 11-3 横拉杆断裂成功索赔

1. 案件回放

2016年，深圳市赵先生以14万余元的价格从蛇口某实业有限公司购买了一辆轿车。2017年2月18日，在驾驶该车行驶途中，汽车因方向失灵而撞向隔离带，造成翻车，车辆严重损毁，赵先生本人当场受伤，后住院治疗7日。事故发生后，赵先生将该车送至当地一家车辆维修企业检验。该企业认为："造成车辆方向失灵的原因系横拉杆断裂、属于产品质量缺陷。"并出具"车辆技术鉴定书"。赵先生向该车销售商索赔无果后，同年5月将该车销售商与生产厂家诉至法院，请求判令被告加倍赔偿购车款29.6万元，精神损失费20万元，医药费、诉讼费等共计10万余元。

2. 法院判决

法院委托广东省机动车辆质量监督局检验站进行质量鉴定，认为：该车右转向横拉杆、前轿右传动轴联轴器球笼的损坏，均非一次性断裂，而是疲劳累积引起的断裂。虽然鉴定中未对零件的质量做出结论，但该单位认为"在正常使用情况下，汽车传动轴联轴器球笼在使用7.5万km即疲劳损坏，应属不正常"。

2017年9月，法院根据该鉴定报告认定，事故是由汽车本身存在的质量缺陷造成的，并根据《产品质量法》的规定判决：两被告共同按原告购车时的车价及缴纳的车辆购置附加费总数的90%，即133200元退回原告，该车由两被告收回，两被告共同赔偿原告医药费等合计26176.3元，驳回原告的其他诉讼请求。

3. 法律剖析

审理过程中，涉案车辆是否存在产品缺陷成为双方争议的焦点，虽然赵先生提供了明显有利于他的"车辆技术鉴定书"，但因出具该"鉴定书"的维修企业并无鉴定资格，鉴定标准不明，未被法院采信。虽然被告对法院委托鉴定所获得的鉴定结论提出异议，认为该单位没有资格做鉴定结论，并要求重新委托有资格的鉴定部门进行鉴定，但该鉴定机构系国家有权部门（即广东省质量技术监督局）指定的汽车质量鉴定单位，且经过原、被告一致同意和选择。另外，法庭上被告也确认了该款汽车传动轴联轴器球笼使用里程应在15万km以上，但事故发生时该车里程仅为7.5万km。事实上，根据我国汽车行业标准QC/T 522—1999《汽车转向拉杆总成技术条件》中第1、2、5条的规定，汽车转向拉杆总成可靠性应不少于18万km。结合上述两点，当足以认定本案事故是因汽车横拉杆、传动轴联轴器球笼断裂，导致车辆失控所造成，而这些断裂均为异常性的疲劳累积引起。根据我国《产品质量法》规定，使用寿命应不少18万km的部件在正常使用7.5万km时就断裂，是一种不符合国家标准的不合理危险，也就是质量缺陷。

但对于普通产品质量纠纷的本案而言，因销售方或生产方并不存在故意隐瞒该质量缺陷的主观故意或客观行为，故被告不承担《消法》所规定的赔偿责任；而根据《最高人民法院关于确定民事侵权精神损害赔偿责任若干问题的解释》，在我国对于"因侵权致人精神损害，但未造成严重后果，受害人请求赔偿精神损害的"法院"一般不予支持"，本案中原告被伤害是事实，但因其住院7日就可出院，故属于"未造成严重后果"，其所主张精神损失的赔偿要求，并无法律依据。另外，根据公平诚信原则，虽本案中车辆由被告收回，但因原告已使用了该车1年，其承担一定的车辆使用费也属于情、理、法之间（这就是90%的由来）。

下面再举一个例子，说明汽车产品缺陷造成的伤害应承担什么样的赔偿责任。

案例11-4 汽车产品缺陷造成伤害应负担的赔偿责任

李先生在一条街道上驾驶着他的新轿车，试图躲过两个骑自行车的人，但是汽车的转向系统失灵，他撞上这两个骑车人。这两个骑车人因受重伤，导致截瘫。事故也导致李先生得了脑震荡，汽车也被严重损坏。

当对这辆汽车进行技术检查时，发现转向系统与车轴之间的安全螺钉在事故发生前已经折断。试验数据表明，某配套厂的螺钉不符合规范中的强度要求。汽车制造厂，被控要求赔偿损失。它们的责任是，由于它们生产的产品有缺陷，导致了交通事故损失。

由于汽车产品有缺陷而导致了交通事故损失，汽车制造商将会面对产品责任赔偿。产品责任险的范围包括：

1) 物品损坏：汽车、其他车辆和其他物品的损坏。
2) 身体受伤：治疗费、赔偿金等。
3) 能力受损：工资损失，被害人的律师费和专家费。
4) 附加费用：个人辩护费、律师费和专家费。

下列必须赔偿的费用来源于缺陷产品造成的损失：

1) 两个受伤的骑车人的治疗费和看护费。
2) 损失的工资。
3) 李先生的治疗费。
4) 轿车的损失赔偿，相当于一辆新车的价格。
5) 两辆被损坏自行车的赔偿。
6) 律师费。

第三节 汽车消费者合法维权的手段

消费者在购买、使用汽车或接受有关服务时，其合法权益受到的损害，应依靠民间的、行政的以及法律的手段进行维权。具体有下述几种方式：

一、协商和解

如果因汽车质量、售后服务或其他汽车消费活动发生纠纷，当事人双方应在自愿与互相谅解的基础上，通过友好协商方式，依照国家法律、政策或合同的约定，自行解决，达成一致的意见，这就是和解方式。和解也被称为"私了"。在实践中，对于和解，如果双方当事人基于充分的诚意和自愿，那么对解决纠纷当然是最便捷的；同时，由于和解这种"私了"

本身性质的约束，又容易造成"私了难了"的局面。因为当事人在协商一致后达成的和解协议不具有国家强制力，即它的实现完全有赖于当事人的自觉履行。如果任何一方不予履行，则和解无效。或者当和解协议达成后，有任何一方反悔，和解即不产生对双方当事人的约束力，当事人需通过其他途径去寻求问题的解决。

二、投诉

消费者在汽车消费过程中可能与经营者发生质量、服务等纠纷，也可能会与其他人发生交通事故纠纷，或者可能会因合同的订立、履行等发生争执。在协商不成或一方当事人达成和解协议反悔时，可以投诉，以寻求用调解的方式解决。如果在购买、使用汽车或接受汽车经营者的服务时，你的合法权益受到侵害，就可以向消费者协会投诉，请求消费者协会调解解决。

如果发生了交通事故，受害人与当事人之间可能会因损害赔偿问题发生争执，达不成和解协议，当事人就需要寻求公安交通管理部门来调解。处理交通事故的公安交通管理部门的办案人员，在查明交通事故的原因，认定交通事故的责任，确定交通事故造成的损失情况后，召集当事人和有关人员对损害赔偿进行协商，来解决赔偿纠纷。

当然，调解所达成的协议也不具有法律上的强制力。尽管调解的结果可能是公正的、权威的，但它只能靠双方的自觉履行，当事人均可寻求仲裁或诉讼的手段。

三、向有关行政部门申诉

消费者申诉是指消费者权益争议发生后，消费者请求政府有关部门依行政程序解决争议的一种法律措施。政府有关部门根据消费者的申诉，在查明是非、分清责任的基础上，根据国家有关法律进行处理。与其他争议途径相比，消费者申诉具有高效、快捷、力度大等特点。

解决汽车纠纷的有关行政部门是指：①工商行政管理部门；②技术监督部门；③物价监督管理部门；④进出口商品检验部门等。

四、仲裁

仲裁也叫公断，是指纠纷双方当事人根据事先或争议发生后自愿达成的有关选择以仲裁方式处理纠纷的协议，将纠纷提交仲裁机构进行处理。其裁决一经做出，即具有法律效力，当事人一方可以申请人民法院依据裁决结果强制执行。仲裁实行一裁终局制度。

五、诉讼

诉讼是指当事人将纠纷交给有管辖权的人民法院受理，由人民法院进行裁决。

当事人在提起诉讼时必须注意：

1）应明确对谁起诉，要求谁承担责任。在汽车消费纠纷的诉讼案中，有的消费者并没有搞清楚被告的名称或有关事项，就盲目地向法院起诉；有时搞不清是告厂家还是告经销商。因为如果是产品质量问题，生产厂家和经销商承担的商品纠纷责任是不同的。生产厂家是依据"无过错责任"原则承担责任的，也就是说，按照《产品质量法》的规定，只要产品在设计或制造上存在缺陷，无论厂家是否有过错都要承担责任；而经销商是依据过错责任

第十一章 用法律保护汽车消费者的合法权益

原则承担责任的,也就是说,卖车的人如果在该车有缺陷或存在其他特殊的使用要求时应该告知买者而未告知的情况下,才承担产品质量责任。

2) 要有具体的诉讼请求、事实和理由。具体的诉讼请求是指提起诉讼的目的、请求解决的问题,对另一当事人有何请求,应具体、详细,不能含糊。当事人起诉时所提供的事实、理由,是能证明其起诉有一定理由的证据。当事人的证据可以在申请法院立案时或立案后提供。

3) 应属于人民法院受理或管辖的范围。当事人所起诉的案件应当属于人民法院主管,而不是由其他机关主管。此外,起诉还必须向有管辖权的人民法院提出,如合同纠纷就应当向被告所在地或合同履行地人民法院提起诉讼。

应注意诉讼的时效。诉讼时效是指权利人向法院请求保护其民事权利的法定有效期。如果权利人在此期限内不向人民法院请求保护其权利,就将产生丧失请求人民法院对债务人采取强制执行措施的严重后果。也就是说,当事人虽然可以向人民法院提起诉讼,但不能达到胜诉的目的。

例如,产品质量纠纷的诉讼时效是1年,也就是说,当你发现汽车质量有问题,要在1年内提起诉讼。

4) 要注意收集和保存有关证据。对于民事诉讼案件,一般由原告负举证责任,也就是说,要由原告出具有关引起纠纷的证据。2002年4月1日,最高人民法院就产品质量纠纷诉讼出台了一个新的司法解释。该司法解释规定:因缺陷产品致人损害的侵权诉讼,由产品的生产者就法律规定的负责事由承担举证责任。也就是说,要由厂家拿出证据证明它的产品没有缺陷或者有缺陷,这对消费者来说无疑是一大利好。

案例11-5 气囊未爆责任自负

1. 案件回放

2016年12月,河南洛阳王先生驾驶某知名品牌小轿车在高速公路上与其前方行驶中小货车追尾,安全气囊未打开,王先生当场头破血流,事后其多次向该车生产厂家索赔,厂家对车辆检测后认为,该车不存在质量问题,安全气囊未打开,是因碰撞强度尚未达到气囊应该打开的程度,厂家无责。协商未果,王先生遂向当地法院提起诉讼,要求该厂赔偿其人身损害、车辆损失、误工费、精神损失等共计100多万元。

2. 法院判决

法院受理案件后,委托某国家重点实验室对该车进行鉴定。该机构鉴定意见为:碰撞强度尚未达到气囊应该打开的程度,气囊不需要打开。王先生不服,自行委托省汽车产品质量监督检验站对该车进行检测,检验报告结果为:该车在事故发生时的状态符合该厂家用户手册所明示的气囊引爆条件,法院最终于2017年12月做出驳回王先生全部诉讼请求的判决。

3. 法律剖析

首先,本案的关键在于:安全气囊在当时碰撞的情况下,是否应当打开?如应打开而未打开,则显然安全气囊的未打开与王先生人身损害之间存在直接的因果关系,是质量缺陷,被告应当对此承担责任;反之,则车辆无缺陷,更无因果关系,被告不承担责任。

从举证责任来看，根据特殊侵权行为案件中举证责任倒置原则，本案中车主的举证责任已经完成，被告方必须证明车辆安全气囊不存在缺陷，在开庭过程中被告也的确向法院提出了对该车安全气囊质量进行鉴定的申请，经原、被告双方选定鉴定单位后，法院委托鉴定，并得出了不利于原告的鉴定结论，后原告不服，并自行委托，出现了两个完全不同的鉴定结论。对比这两个矛盾的鉴定结论，法院所委托的重点实验室为国家有关部门认证和授权，具有相关的鉴定资质，同时也是经原、被告双方选定后法院依法委托，而原告提供的鉴定结论是其自行委托有关机构所做的鉴定，显然这两份鉴定结论有着不同的证据效力，而最终法院也正是依据第一份鉴定结论，认定该车质量不存在缺陷，厂家不需要承担责任。

案例11-6　因安全气囊缺陷胜诉

1. 案件回放

2017年1月，深圳市蔡某驾驶轿车在高速公路上发生交通事故，车辆撞断高速公路护栏坠入排水沟，左侧车头砸烂，驾驶人座位安全带断裂，前座两个气囊未弹出，蔡某当场死亡。事后，蔡某之父蔡先生认为，该车安全气囊未弹出是造成其子死亡的直接原因。经数次与厂家，商家交涉无果，2018年1月蔡先生向中级人民法院提起对该车的生产商及销售商的起诉。

2. 法院判决

该车生产商与销售商赔偿原告医疗费、丧葬费、停车费、误工费、死亡赔偿费与精神损失共计人民币28万元。

3. 法律剖析

本案的争议焦点在于举证责任，虽案件中双方对安全气囊未弹出这个基本事实无争议，但由于该车尚未做鉴定，因此对安全气囊是否存在缺陷的证明责任将直接决定案件的胜负和法律责任承担。双方在法庭辩论中对该案的举证各执一词，被告认为，汽车安全气囊只有在特定情况下才可以打开，而本案车辆的碰撞角度并不符合该特定条件，并且主张原告应对该安全气囊的缺陷承担举证责任，而原告方则认为，该车已遭受到严重撞击，安全气囊必须打开，否则就是质量问题，被告必须对此产生的后果承担责任。

根据我国现行法律，本案案由为产品责任纠纷，这是一种特殊侵权行为。此类案件实行特殊的"举证责任倒置"原则，只要原告方能证明损害结果与产品（即本案中的汽车及安全气囊）之间存在因果关系，则被告方必须按《产品质量法》的规定证明其未将产品投入流通，或将产品投入流通时，引起损害的缺陷尚不存在或将产品投入流通时的科学技术水平尚不能发现缺陷的存在，否则法院将很可能视为该产品存在安全缺陷，被告方承担法律责任。最终，法院也据此认定被告方未能履行法定的证明责任，并做出上述原告胜诉的判决。

本案胜诉的关键在于诉由，如果选择合同诉讼，则本案原告则将要承担证明该安全气囊存在缺陷的责任。对于原告而言，有时这是个不可能完成的任务，很可能败诉。因此，对于此类案件而言，如何将举证责任转移给被告方将是原告在起诉前必须充分考虑、设计好的一个关键细节。

案例 11-7 汽车自燃厂家全赔

1. 案件回放

2016年年底，温州市郭先生以139万元的价格购买了某品牌高级轿车一辆，另支付14万余元的税费。2017年6月7日晚，郭先生驾车回家，半路感觉累，就靠边停车，放倒驾驶座休息，但汽车处于停车运转使用空调状态，约一小时后，车前端突然起火，郭先生奋力砸开车门玻璃爬出。最终，车头和前车车轮完全被烧毁，只剩后车座较为完整。郭先生四肢大面积烧伤。后被鉴定为八级伤残。

消防大队认定该火灾是"由于该车处于停车运转状态过程中，车身前端靠前部位的可燃烧部件受热燃烧蔓延所致"，后当地司法鉴定事务所鉴定认为，事故车发动机左侧气门室盖上的压力控制阀失效，是导致机油泄漏的质量缺陷。但汽车厂家认为，该事故是因郭先生有空踩油门等不当行为所致，索赔无果，郭先生向中级人民法院提起了对生产商的起诉。

2. 法院判决

法院审理过程中，生产商证明了郭先生在医院时已经"酒精中毒"，同时生产商的专家又鉴定出火灾是发动机高速运转导致过热自燃，进而推断出郭先生酒后有空踩油门的不当行为，并认为正是郭先生的不当行为才导致了事故的发生，法院认为："价值高达139万元的高档轿车在静止状态下不能保证司乘人员人身、财产安全，只能说明车辆本身存在缺陷"，最终于2018年2月判决被告赔偿原告郭先生财产、人身损害赔款180多万元。

3. 法律剖析

本案有如下几点值得关注：首先是诉由，一般而言，起诉时原告是选择合同之诉还是侵权之诉，将直接影响对案件被告的选择，合同有相对性，在合同之诉中车主一般只能起诉车辆销售方，本案中原告选择该车生产商作为被告，是为侵权之诉，我国有关法律规定，汽车生产厂家应当对因车辆缺陷所造成事故而导致的损失承担责任。

再就是对"缺陷"概念的理解。本案中被告方主张：任何车辆发动机都不是为了在停车状态下较长时间高速运转设计的，郭先生使该发动机在停车状态下较长时间高速运转，是一种不合理使用，而因此产生的火灾等危险不属于我国《产品质量法》第四十六条所规定的"不合理危险"。但事实上停车使用空调实为一种生活中常态，车辆生产厂家完全可以通过技术手段来避免此类事故的发生。另外，厂家也没有对此种它们认为的不合理使用向车主明示，故依法律规定，本案中车辆的自燃可能是一种不合理危险。

最后就是举证责任，根据《最高人民法院关于民事诉讼证据的若干规定》，我国对此类因缺陷而发生的侵权案件，实行举证责任倒置规则，即一旦原告方证明车辆缺陷与事故之间存在因果关系，被告方则必须证明"未将产品投入流通，或将产品投入流通时，引起损害的缺陷尚不存在，或将产品投入流通时的科学技术水平尚不能发现缺陷的存在"。否则将承担败诉的后果。本案中原告所提供鉴定书等证据足以证明该车缺陷，及此缺陷与所诉事故之间存在因果关系，但被告方并未能提供充分证据以证明所诉缺陷在其销售该车时并不存在或不能发现。

第四节　汽车消费者的维权难及其法律对策

"中国是世界上增长最快的汽车市场,在那里,什么都可能发生!"2005年年初,一位美国经济学家曾这样形容中国的汽车消费热潮。不久前,中国消费者协会公布的一组数据显示,近年来汽车投诉案件大幅增长。

投诉量剧增的背后,则反映出汽车消费者维权还是要面临一些困境。

从以下一些案例不难看出,目前在中国还有很多汽车消费者正遭遇着维权"三难":修理与退车难、鉴定与举证难、索赔难。

一、修理与退车难

在这方面可以举下面两个案例。

案例11-8　这辆车真让人闹心

2017年6月30日,姜先生在吉林省××汽车销售有限责任公司贷款购买了一辆某品牌轿车,车款为39800元,首付了14200元,打算做出租车营运。7月2日,姜先生突然发现该车的发动机开始漏油,于是他来到该公司汽车售后服务处,售后人员对车进行检查后进行了维修。但维修后还是漏油,于是维修人员告诉姜先生:"你先回家等我们电话,等修好后通知你来取车。"

在等待了十余天后,14日,姜先生终于等来了汽车售后服务处的电话,说车已经修好了,让姜先生15日到公司来取。但当姜先生来提车时,却发现这辆车的发动机打不着火,维修人员说需要再处理四五个小时,当晚姜先生在长春找了一家旅店住下。16日,当姜先生来取车时,却发现维修人员在未通知姜先生的情况下把气门盖打开了,并且车还没有修好,姜先生十分气愤,因为出租车运营每耽误一天,就有200多元的损失,姜先生要求公司马上为他更换一辆新车,他已经没有耐心再等下去了,但却遭到了拒绝。于是气愤之余的姜先生向长春市消协投诉。

市消协投诉部认为,根据消费者反映的情况,吉林省××汽车销售有限责任公司并没有按照厂家的规定在交车前让消费者进行验收,所以不符合《合同法》的相关规定。这样就无法确认该车的毛病是售前出现的还是售后出现的,如果是在售前由于设计制造出现的质量问题,消费者有权要求退车或者换车;如果是售后出现的质量问题,厂家应该给予维修。在目前情况下,不能单纯听一方说法,按现行《产品质量法》,消费者有权要求退车或者换车。尽管市消协从中调解,但经销商仍坚持消费者不能退车。

案例11-9　新车开两月修4次

2016年春节刚过,山东济宁市刘先生开着他新买的轿车,一次又一次往返于各个维修站之间。他想弄明白:这辆车到底有什么问题?

据刘先生介绍，2015年12月，他由朋友介绍，花4.43万元购买了一辆××公司生产的轿车。可没有多久，这辆车就陆陆续续地出现了一些"故障"，如仪表板、转向盘会发出奇异的响声，减振系统也不太好使等。

刘先生到××公司设在当地的维修站，"以为一次能修好，谁知道会跑那么多趟"。第一次，维修人员在仪表板里拧了一个螺钉，解决了其下振动发出响声的问题。第二次，维修人员为解决仪表板发出的摩擦声，又更换了一个卡子，可刘先生刚把车开出维修站，又发现转向盘有"咔啦咔啦"声，只好掉头返回。这一次，维修人员称要更换配件，但暂时无货，叫他回家等通知。第三次，2016年1月中旬，问题还没解决，刘先生"有点着急"，找到经销商要求退货，被对方一口拒绝。第四次，2月初，维修站打来电话说配件已到。刘先生去了，对方给换了右侧减振器的助力方向件，并打磨了仪表板的边缘，但转向盘响声还是没有解决。

新车买了不到两个月就修车4次，这是谁都难以接受的。

刘先生说："买车的时候很高兴，修车的时候很堵心！"眼看修车无望，刘先生与厂家联系，在他提供的几次电话录音中，记者听到××公司客户服务热线的工作人员态度始终不错，一直在强调找技术部门解决，而对于刘先生提出的退车要求，则一再拒绝。称"汽车不是小件商品，不是说退就能退的"。

刘先生对此很生气，认为对方"根本就不想解决问题"。

2月24日，该维修站站长让索赔员带刘先生到当地解放汽车维修站找一位老师傅判断车的质量状况，对方检查后称"车子有问题，可能是车架硬度不够，也可能是其他问题"。后来，维修站又带刘先生到当地的大众汽车维修站找人询问。对方的答复则是"车子正常，不是质量问题，是液压流动声"。刘先生自己又开车到另一品牌厂家的汽车维修站，经技术人员鉴定，认定"车子有问题，但不能确定在哪里"。原先维修站的说法则是："这个属于正常，你认为是质量问题，可以找质量部门去鉴定。如结果显示真有问题，我们无偿给你处理。"

不同维修站不同说法，"这辆车到底有什么问题，快把我难死了！"刘先生很苦恼。

问题至今还没解决，刘先生仍旧开着这辆转向盘"咔啦咔啦"响的轿车奔走在维权的路上。

二、鉴定与举证难

目前，解决汽车质量投诉的难点问题是保修期内的索赔问题，也就是在保修期内的汽车出现问题，销售商认定是由消费者超常规使用引发的，而消费者却并不认同，这就是目前汽车出现质量问题却不能得到有效解决的最关键所在，即使《汽车三包规定》在2013年10月1日出台以后，质量问题如何鉴定也仍是一个难点问题。

《汽车三包规定》规定，因消费者未正确使用、维护、修理产品而造成损坏的部分，销售商、制造商、修理商能够证明不是由于产品质量原因而造成的，不承担三包责任。

可是谁能证明消费者"未正确使用"？有消费者反映，比如说超速的问题，鉴定难度就很大，而且销售商、修理商或厂商的鉴定可能也存在一定的倾向性。专家认为：急需成立第三方鉴定机构进行公正的鉴定。

汽车质量问题是汽车产品本身的原因造成还是由消费者使用不当造成，要划清这个界限，必须要有个权威、公正的鉴定机构。

《汽车三包规定》规定，需要进行质量检验或者鉴定的，可以委托依法设立并被授权的国家汽车产品质量检验机构或者省级以上质量技术监督部门指定的鉴定组织单位进行质量检测或者鉴定。

按照常规，这些鉴定机构收费较高，法律诉讼涉及环节太多，最后鉴定的成本可能还会超出免费维修的成本。

另外，据有关资料显示，近年来，消费者对汽车质量的投诉呈递增趋势，且越来越多由汽车质量问题引发的纠纷案悬而未决。造成这种现象的一个重要原因，就是高昂的鉴定费用让消费者的维权道路中断。

有专家指出，在当前我国居民的消费环境下，"谁投诉，谁举证"这一在绝大多数领域通行的原则，用来指导解决汽车质量问题纠纷显得很无力，尤其是一些涉及尚未制定标准的领域，举证更难。

三、索赔难

下面举三个"买车遭欺诈，索赔遇挫折"的案例。与这三个案例的主角有着相似遭遇的汽车消费者，在我国还有很多。

案例 11-10　无奈的和解

秦皇岛市张先生为了给自己的某品牌轿车"验明正身"，起诉了经销商。

2016年6月15日，作为一家建筑公司经理的张先生，在北京××汽车销售公司购得一辆某品牌轿车。车价55.9万元，再加上8000元的运费（销售人员称是从德国到中国的海运费）。为了这辆"原装德国进口"轿车，张先生总共花了56.7万元。

然而，经销商给张先生开的购车发票上，却注明"产地：中国长春"。

经销商的解释是：我们卖的是进口车，但是国产的手续。整车进口要上80%的关税，而散件进口则只要上20%的关税，"4个轱辘一装就算是国产车了"。

这辆"任何部位都写着 Made in Germany（德国制造）"的车，开了一年就出现了两次质量问题，一次是刮水器电动机烧毁；一次是仪表主板烧毁，防盗、发动机控制系统发生故障。

新买的进口车怎么这么"娇气"？张先生开始有些怀疑这车的来历。

"经过多方了解，包括向长春的一汽大众公司咨询，才知道这车就是国产车。根本不是什么原装进口的。"张先生告诉记者。为了取证，张先生还让自己的侄子假扮成买车人去"暗访"，并录了音，掌握了××公司将国产车当进口车卖的确凿证据。

于是2017年7月，张先生一纸诉状将××公司告到了法院。

然而，"证据很充分，结果却很窝囊。"张先生的代理律师李某说。

张先生在法庭上选择了和解，据说是因为法官的一句话——"你这证据（指录音）

不行，人家有书面证据。"

而张先生本人却有自己的苦衷：

去北京开庭，一来一回就是一天，为此就花了 1.5 万元，而官司打得赢打不赢还不知道；还不知道要拖到什么时候，"我是折腾不起啦"。

××公司退回 8000 元的"运费"，并为张先生的车更换了仪表板，还支付了 1 万元的损失费。作为条件，张先生与之签订了一份协议书，保证不再向该公司追究责任。

"就算是问题解决了，心里也还是不平衡"。张先生向别人表示，"可也没辙啊！关键是没有人能制约他们。"

案例 11-11　一波三折

2015 年 8 月，达州市朱某以 28.5 万元的价格，从四川××汽车销售有限责任公司××分公司购买了一辆广州产某品牌轿车。

2017 年三四月间，一位自称××分公司原业务经理的人突然致电朱某说，他买的车其实是一辆事故车——其在朱某提车前曾与一辆出租车碰擦，右边车门因此变形。

朱某根据对方提供的线索，先后从当事出租车驾驶员、市交警支队以及相关保险公司那里找到了上述事故的确凿证据。这令朱某非常气愤，他认为车行显然存在欺诈行为。为此，他于当年 4 月到达县法院起诉了××分公司，请求法院依据《消法》判令被告退车并赔偿。

法院没有支持朱某退车的请求——法庭认为他的车损坏情况并不影响正常使用。且已使用了 1 年零 7 个月，但支持了赔偿的诉求，判定该车仍归朱某使用，××分公司还要赔偿 28.5 万元。

法院认为，虽然涉案交通事故只给朱某的车造成了 1000 多元的损失，但车行没有把真实情况告诉朱某，"商家的这种行为对消费者的确构成了欺诈，消费者有权对商家提出双倍赔偿要求"。但被告代理律师杨某对此案是否适用《消法》表示了质疑。他认为，如果朱某的车没有用于工作，那么就适用《消法》，但朱某是一家公司的项目经理，"他的车肯定会用于工作范围"，这样就不受《消法》保护了。"虽然购车是以朱某的名义，但我们主要应该看客观结果"。

根据《消法》第二条的规定，消费者是指为了满足个人生活消费的需要而购买、使用商品或接受服务的自然人，而不是法人。因此主审法官也说，如果有证据证明朱某的汽车主要使用于工作领域，那么"适用《消法》就不那么恰当了"。但法官同时又表示"我们只能以车管所的车辆户籍管理为准区分购车者是自然人还是法人。朱某的车是以自然人身份而不是以公司名义购买的，所以适用《消法》。"

案例 11-12　"倒霉"的"法人"

2015 年 1 月，四川省××市禁毒大队从××分公司购买了一辆总价为 18 万元的某品牌吉普车。在为该车申请牌照而打开前盖检查时，该大队前大队长宋先生发现了问题：右车灯部位出现凹凸现象，"可能是车祸所致"。宋先生为此向××分公司询问原因时，"对方并不认账"。

宋先生后来在一家修车行找到了相关的修车记录。"可当我拿着这些记录去跟××分公司的经理对质时，他说的一句话把我气坏了！"宋队长告诉记者，"他说，按照卖车的惯例，如果在送车过程中出现碰撞，他们只负责修复"。

毕竟是证据确凿，所以××分公司最后还是做了"让步"，为这辆吉普车提供3000元的外装饰。宋先生说，由于一些客观原因，该车的赔偿就"到此为止"了。

不过，直到2017年3月接受记者采访时，宋先生心中的不平仍未消除。他一再强调："商家有告知的义务，消费者更应有知情权！"

但在法官看来，像公安局这样的"法人"，并不是"消费者"，因此也不受《消法》保护。

据了解，上述吉普车是以达县公安局的名义购买的，用于工作需要，并非"生活消费需要"。因此，法官认为，这种情况不能适用《消法》，只能请求一般的损害赔偿。

××市消费者协会则提出了不同看法。"公安局属于团体消费者，因此也可以参照《消法》进行索赔。"他认为，上述吉普车是否适用《消法》的关键在于：该车是否用于经营性行为，如营运拉客等，如果不是作为这种用途，就应该受到《消法》的保护。

针对上述维权"三难"，有关专家指出要解决汽车消费者维权难的问题，关键在于建立和完善汽车有关的法律、法规，并且严格执行。但目前在汽车消费领域存在的问题，不仅仅是"有法不依"，还有更为"难"的是"无法可依"。

据报道，2003年，沈阳A公司一时冲动"杀进"了汽车产业，另有约2000名消费者也一冲动，成为了该汽车的车主。不料没过多久，A公司宣布退出汽车行业，这2000辆车一下子成了"没娘的孩子"，售后服务没了着落，车主也陷入了无穷的烦恼中。一方面，对A公司汽车可能发生的制动跑偏、转弯底盘异响，油管漏油，甚至行驶中软胎脱落、时速超过100km时转向盘难以控制等问题，A公司表示，只负责维修费，不负责"三包"件的索赔费和旧件回收。另一方面，由于退市，A公司汽车已被保险公司列为"稀有、古董车型"，跟法拉利一个档次，保费大大提高。据说，一辆车正常的使用年限为15年，按现在的情况，10年后A公司车主若想给自家汽车上个全险，将花费两三万元，比一辆奔驰赛车的保费还高。

面对如此众多售后服务问题，A公司车主真不知该如何维护自己的权益。维权难，"难"就难在"无法可依"。

沈阳A公司退出汽车市场的消息是由A公司在2005年3月23日正式发布的。

随之而来的一个现实问题，就摆在了"A汽车"的生产商、经销商、维修商及消费者的面前，如何处理善后事宜，尤其是涉及消费者的这一块善后事宜。

有法律专家认为：在市场经济条件下，企业兼并倒闭是常有的事。此次"A公司汽车事件"的典型意义在于，它揭示了汽车行业发展过程中出现的一个新问题——企业退市后，消费者的权益如何不因此而受损。

关于这个"新问题"，目前尚没有任何明确具体的规范。因此，有关律师希望，这宗

"中国汽车企业退市善后第一案"能推动国家有关部门尽快出台相应的政策和法规,以促进国内汽车业良性发展,保障汽车消费者依法维权。

第五节 理智维权与公正执法

目前在我国保护汽车消费者权益还存在不少问题,其中有两种倾向值得注意,一是消费者不能做到理智维权;二是执法不力,甚至执法不公,往往使得矛盾激化,不利于问题的解决。

一、理智维权

1996年刘某购买了一辆国内某车企A生产的轿车,但使用4个月后即发现该车有异响及跑偏的毛病。此后两年间,这辆轿车先后9次更换发电机、发动机、两前轮胎等零件。以致该车主要零部件80%以上已不是原配。刘某先后多次给A公司领导发传真反映车的质量问题,但事情一直没有得到解决。万般无奈,刘某就在车身上张贴"这辆车真糟糕,上当,修了近两年,毛病找不着"以及"A公司骗人,变速箱以旧换新,所做承诺转眼不认账"等布告,在北京大街行驶或在汽车交易市场停留。

刘某的上述做法,不但没有促使问题解决,反而惹怒了A公司。1998年8月,A公司以刘某的做法侵犯了它的名誉权为由将其告上法庭。12月10日,北京市朝阳区人民法院开庭审理了此案,做出刘某张贴广告虽然做法欠妥,但没有捏造、虚构事实的结论后,A公司当庭撤诉。

在法庭上,刘某要求退车,但A公司认为:汽车只要修了以后能开,就可以不退车。但是行驶的车辆是动态的,谁也无法保证永远没有质量问题,依据《产品质量法》,只有在产品不具有使用性能,或对人身财产造成危害条件下方能退货,而刘某的情况显然不属此例。

双方的争执表面上看是退车,实则是牵涉到对汽车消费有关法律如何理解问题。至此,可能许多消费者会产生一个疑问:法律既然没有规定修几次才可以退货,那么是不是修100次也要修而不能退呢?

无独有偶,2000年12月19日,武汉森林野生动物园有限公司向北京某汽车销售中心购买了一台原装进口的某型轿车。但在该车买回来不到3个月的时间里,却接二连三地出现问题。由于湖北没有该品牌的维修中心,无奈之下,该公司只好将该车从武汉运往北京维修。但回来之后,问题仍然不断,武汉森林野生动物园有限公司要求生产商退车或换车,双方协商未果。于是,2001年12月26日,用户采取了公开砸车的极端方式,以示不满。

其实,消费者协会已经受理了该公司关于此型轿车质量问题的投诉,并已着手展开调查,同时还将委托国家授权的汽车质量鉴定机构对车辆进行技术鉴定,在明确责任的基础上,协调解决。但是,由于该车已经受到一定程度的破坏,给投诉解决过程的取证工作带来很大困难,增加了妥善解决问题的难度。

实际上,不论是"砸车事件"还是许许多多其他类似事件,说到底就是汽车售后服务的问题。在此奉劝日益觉醒的中国消费者,当其发现汽车的质量问题时,切忌采取冲动方式,而应该主动向有关部门投诉或甚至告上法庭。运用法律手段才是解决问题的明智之举。

专家忠告：记住，不管是向消费者协会投诉，还是向其他部门投诉，都要注意保留证据，理智维权，否则不利于问题解决。

必须指出：汽车出现质量问题以后商家和厂家互相推诿，解决起来非常难，光是证明汽车有缺陷就很难。再加上各大汽车厂商所聘请的律师团的能力较强，使得消费者很无奈。一位曾在汽车质量纠纷和汽车消费者保护方面有突出业绩的著名律师就坦言：汽车官司能不打就不打，消费者与厂商协商解决可能是更好的办法。这就是说，汽车消费者在维权方面应尽量做得理智一些。

二、公正执法

对消费者投诉案件的判决，由于法官认识不同，倾向不一，同一个案件由不同的法官审理其结果可能完全相反。这对消费者来说是很不公平的。俗语说："不平则鸣"，不公正的判决必然会引起投诉者的不满，甚至采取一些过激行动，影响社会和谐，所以我们说：维权要理智，但执法也要公正，这是一个事物的两个方面。下面举两个令维权者满意的公正执法的例子。

案例11-13　保修期内质量问题的自我保护

1. 案件回放

2014年9月，南京市刘先生从当地一家汽车销售公司购买一辆汽车自用，使用半年后发现该车方向严重跑偏，维修站检测后认定，该车有质量问题。刘先生将车辆送至销售商处维修，但同一问题前前后后共经过三次修理，仍未达到质量要求，总是过了一段时间又出现跑偏现象。刘先生向该汽车销售公司提出更换汽车的要求；销售公司认为：汽车不适用《部分商品修理更换退货责任规定》规定，汽车是生产工具也不受《消费者权益保护法》保护，因此，只能给刘先生修理而不能更换，双方协商未果，2017年4月，刘先生一纸诉状将该销售公司告到当地法院。

2. 法院判决

法院在调查有关事实后，依据《消法》《产品质量法》，判决该汽车销售公司负责更换刘先生所购买的车辆，并承担车辆更换过程所产生的费用。

3. 法律剖析

根据《消法》第二条规定："消费者为生活消费需要购买、使用商品或者接受服务，其权益受本法保护。"显然，本案中刘先生出于自用目的而购买的汽车是消费品，而刘先生的行为也应受《消法》的保护。

虽然本案中销售公司以汽车不属于《部分商品修理更换退货责任规定》（就是通常所说的"三包规定"）的保护范围为由，拒绝刘某的更换要求，但审理法院认为，《部分商品修理更换退货责任规定》只是部门规章，其法律效力远低于《消法》，更不能替代《消法》，因此本案件虽不适用《部分商品修理更换退货责任规定》，但适用《消法》当无异议。

另据《产品质量法》第四十条规定，售出的产品不具备产品应当具备的使用性能而事先未做说明的，或不符合在产品或者其包装上注明采用的产品标准的，或不符合以产品说明，实物样品等方式表明的质量状况的，销售者应当负责修理、更换、退货。而本案中，刘先生所购汽车在保修期内同一质量问题经过三次修理仍不能解决，就足以说明该问题系通过修理手段所不能解决的，因此结合《消法》，法院认为在此种情况下，消费者要求汽车销售公司换车，是有充分法律依据的，并结合《消法》和《产品质量法》的相关规定做出了上述判决。

综上所述，法院对本案件的判决，有理有据，着眼于维护消费者的权益，因此执法是公正的。

案例 11-14　宝来撞奔驰，赔偿 19.91 万元

1. 案件回放

2016 年 9 月 11 日，李先生驾驶奔驰汽车正常行驶至市区一立交桥下，而这时华先生驾驶宝来轿车，违章逆向行驶，迎面撞上奔驰车，两辆车皆严重毁损，交管部门认定华先生承担全部责任，事发后李先生为维修奔驰车共花去 5 万余元，华先生对此无异议，并同意承担维修。但李先生认为，其价值百万元的奔驰车被撞严重受损，虽车已修好，但该车因此贬值较大，要求华先生对此贬损进行赔偿，华先生拒绝，双方协商无果。2017 年 1 月，李先生向法院起诉华先生，要求赔偿其车辆贬损 20 万元及评估鉴定费 8000 元。

2. 法院判决

2017 年 3 月，经评估，法院认为被撞奔驰车事故前的理论价值为 99 万元，事故后维修完毕，评估现有价值只为 79.89 万元，贬值 19.11 万元，并据此判决被告华先生赔偿原告车辆贬值损失、评估鉴定费等共计 19.91 万元。

3. 法律剖析

本案的争议焦点并不在于被撞车辆具体贬损数额的多少，这只是双方律师、法官对证据如何采集、采信的事实问题，而车辆贬损是否该赔，才是法律上需要定性探讨的焦点。

客观而言，本案中原告所驾车辆由于碰撞而受到损害，虽然已得到修理，但却很难甚至是不可能完全恢复到事故前该车当时所具有的性能、安全性等状况，而此种车辆重要状况的损害直接导致了市场对该车辆价值认可的减低。简单地说，这减低的具体数额就是车辆的贬损值。

我国法律对财产损害赔偿以填补赔偿为原则，车辆贬损虽为隐蔽性损失，但其却使车辆价值减少，此应当为车主的直接损失，而我国《民法通则》第一百一十七条明确规定"损坏国家的、集体的财产或者他人财产的，应当恢复原状或者折价赔偿，受害人因此遭受其他重大损失的，侵害人应当赔偿损失。"因此审理本案的法院经评估查明该车的实际贬损为 19.11 万元，并根据上述法条和评估结论依法做出支持原告要求被告赔偿车辆贬损的判决。

目前，车辆贬损这个问题争议很大，全国各地法院的判决也基本分为两类：有支持的，有不支持的，不支持的高院专门出具处理意见认为：财产损害赔偿案中，"对受害人要求赔偿车辆贬值损失的不予支持"。有法学专家认为：不支持的高院的观点有欠公允，很值得商榷，这种观点有违法之嫌，不利于公正执法。

第十二章

新形势下维权难题与投诉特点

汽车业作为国家战略性、支柱性产业、汽车在消费中发挥了顶梁柱的作用，是稳增长、扩消费的关键领域，我国已经成为世界最大的汽车生产国和汽车消费市场，汽车产销量连续八年蝉联全球第一。那么在新的形势下，近年来，汽车消费者的投诉情况如何？汽车市场中哪些维权难题还在刺痛消费者的心？在保障消费者权益方面汽车企业又该怎么做？

第一节 汽车行业的维权难题

《中国汽车报》报道：根据中国消费者协会（以下简称中消协）的分析，近年来二手车、互联网虚假广告、汽车金融等领域成为汽车行业的维权难题。

一、二手车

近年来二手车交易量突飞猛进，2016 年突破千万辆，但与此同时，二手车检测造假问题也成了投诉热点。

二手车投诉主要集中于隐瞒车辆真实信息，如事故车佯装零事故、修改车辆里程等消费陷阱。例如，消费者王某于 2016 年 5 月在广州购买了一辆二手车，购车时销售人员承诺该车实际里程数是 5.36 万 km，绝对是实表从未调过。王某提车后去 4S 店保养时查出此车行驶里程已超过 10 万 km，于是到当地消协求助。经查，该经销商在销售过程中未向消费者提供真实的里程数据，对汽车里程做虚假宣传，经当地消协调解后，该经销商退赔给消费者 5000 元，同时当地工商部门对此进行了立案，并做出了没收违法所得和罚款的行政处罚。

二、互联网虚假广告

随着互联网逐渐成为常态化的销售渠道，利用网络进行虚假宣传日益成为汽车类投诉的新热点。汽车相关广告投诉案件中，24.06% 为利用网络进行虚假宣传。

2017 年 3·15 消费者维权日前夕，中消协发布了《汽车互联网广告真实性专题维权报告》，就是这份报告，撕裂了互联网汽车广告的光鲜外衣，露出很多为人不齿的斑点。

报告数据显示，2017 年 1 月汽车互联网广告共发布 10.4 万条，而 2016 年全年发布量仅有 4.7 万条，2015 年更少，只有 0.73 万条，汽车互联网广告呈爆发式的增长，这反映出互联网广告已经成为汽车营销的主要手段之一。但随着汽车互联网广告发布量的增长，虚假广告的传播力度和传播范围也在不断扩大。

报告指出，在收到的投诉案件中，虚假广告是消费者投诉汽车互联网营销的重灾区，投诉问题主要集中在四个方面：①实际配置和性能与网络宣传不符，这部分投诉量占总投诉量比例最高，达 31.0%，②宣传促销方式与实际不符，占比 28.6%；③商家不兑现广告中做出的承诺，占比近20%；④二手车已行驶里程或过户等信息与网络宣传不符，占比达9.5%。

此外，本次中消协还披露了几个重要信息，报告涉及的汽车互联网广告主共有8340家，其中有10%以上涉嫌无照经营，这些广告主打价格优惠广告信息源主要是两家专门做汽车报价、销售的网站。

调查显示，未匹配上登记信息的企业广告主打"价格牌"，其发布的网络广告九成以上与价格有关，其中3/4的广告明确有价格优惠、直降、购车优惠多少元等内容，只有4.8%的广告以购车有礼品赠送等来吸引消费者，还有4.0%以热销、车源充足、现车等为广告主要内容；不足1%的广告涉及购置税问题，主要从购置税全免、购置税减半等方面来促销。新《广告法》出台后，广告用语中对"最"字的使用更加谨慎，未匹配上登记信息的企业广告中涉及"最"字的有3314条，主要是价格最低多少起、最多或最高优惠多少元等内容，这也从侧面提醒消费者切勿因为贪图便宜而陷入不法分子的圈套。

三、汽车金融

汽车金融类投诉主要有：一是部分经营者强制消费者在购车时必须在本店购买保险，强制贷款买车的消费者缴纳金融服务费等；二是缴纳续保押金或续保保证金，即汽车销售商规定车主在按揭还贷期间，每年必须在店内续保，否则押金不予退还；三是收取按揭手续费，现在许多经营者开展零费率车贷的优惠活动，但零费率不等于零手续费，经营者售车时往往淡化两者的区别，导致购车纠纷。中消协提醒，消费者在购车时，一定要仔细阅读具体条款后再签订合同，对一些不理解、有歧义、不合理的条款要向经营者落实清楚。

近年来合格证担保贷款纠纷成了汽车市场的维权难题。

众所周知，4S店是资金密集型企业，使用自有资金的极少，日常运营基本都要靠金融机构贷款。而贷款过程中，相当于汽车身份证的合格证是业内公认最直接有效的抵押物。具体来说，就是汽车厂家，经销商与金融机构签订协议，由金融机构向经销商贷款或签发金融机构承兑汇票付款给厂家用于采购汽车，金融机构要求占有厂家汽车合格证，经销商卖出车后去银行解除担保赎回车辆合格证，再交付给消费者。

但根据《产品质量法》的规定，没有合格证的商品不能进行销售，汽车合格证作为商品的附件必须随车辆一起销售给消费者，不过虽然有法律的明文规定，但在实际的销售过程中，合格证延缓发放以及合格证担保贷款在行业里却是由来已久的潜规则。如果4S店每卖一辆车随即将购车款打给银行赎回合格证，基本不会出问题。然而一旦4S店资金链断裂无法赎回合格证，将严重侵害消费者的合法权益。

据了解，从2015年年底开始，关于汽车合格证的投诉明显增多。为了打破行业潜规则，维护消费者合法权益，中消协在2016年采取了诸多防治措施，包括约谈29家车企，督促其加强对旗下经销商的监管；给予地方消协业务指导，并协助地方消协处理了一批合格证重大案件；向中国人民银行和银监会发函，呼吁金融机构停止汽车合格证担保贷款。

随着合格证投诉的持续蔓延，地方相关部门也在积极行动，例如湖北省消协于2016年7月公开约谈各大银行及多家4S店，引导和督促相关企业自律整改。与此同时，湖北省工商局也要求经销商终止以合格证作为担保的融资方式，杜绝缺证卖车现象。

同样，其他省份也在采取积极措施，据悉，汽车合格证类投诉近来已开始得到有效遏制。

第二节 汽车消费投诉特点

作为已连续八年问鼎全球新车产销第一的中国汽车市场，汽车消费类投诉成为近年来行业关注的热点。那么，在距离产销规模 3000 万辆仅一步之遥的中国车市，汽车投诉又呈现哪些突出的特点呢？

从中消协公布的 2016 年汽车消费投诉性质分类情况来看，与 2015 年相比，汽车产品的售后服务、合同、质量依旧是汽车消费投诉的热点，分别占全年投诉总量的 27%、25% 和 24%，三者总量超过投诉总量的 75%。

另外，中汽协发布的数据显示，2016 年度全国消协共录入受理汽车产品（含零部件）投诉 15247 件，其中达成调解协议 12022 件，未达成调解协议 1156 件，消费者撤回投诉 472 件，投诉解决率 78.84%，为消费者挽回经济损失共 8848 万元，与 2015 年相比，2016 年汽车类投诉总量下降 19%，投诉解决率提升近 8%。

在汽车产销量、保有量快速增长的同时，投诉总量的下降表明我国汽车消费环境正在进一步改善，而投诉解决率的提升则表明，无论是消费者，还是厂商，对汽车消费投诉的理解和处理均进一步趋于理性、高效。一方面，消费者的维权意识在增强；另一方面，汽车厂商及服务商在提升产品质量以及应对和处理消费投诉的问题上，也更加科学。

另外，还值得一提的是，具有法律服务功能的央视"3·15"晚会对投诉量下降、解决率提升也起了重要的作用。

第三节 重视央视"3·15"晚会的法律服务功能

央视"3·15"晚会具有很强的法律服务功能。如今央视"3·15"晚会已成为汽车企业及公关人士一年中最重视的日子，似乎被晚会曝光的消费者权益问题才是最重要的问题，一些看来似乎无法解决的维权难题，汽车消费者也能通过"3·15"晚会得到妥善解决。

就在 2017 年"3·15"晚会结束后不久，《中国汽车报》发表了一篇评论员文章，题目是《车企需天天都过"3·15"》，文章的作者以为，车企只有将每一天都当作"3·15"，时时刻刻将消费者权益放在最重要的位置，才是企业生存之道。这是因为在互联网时代，任何人都更容易成为新闻的提供者，加之舆论对负面报道的"天然热爱"，即使在春节、国庆节等长假期间，也可能因某一导火索，公众对某汽车品牌侵犯消费者权益的事件高度关注，从而引发大规模的负面舆论，就算不像在央视"3·15"晚会上被点名这般成为全国人民的焦点，也会为企业带来难以估算的损失。而信息传播的多渠道和多领域也导致了完全"灭火"的可能性微乎其微，与其等消费者维权相关事件发酵后形成无可挽回的结果，不如将每天都视为"3·15"，在保障消费者权益方面多行动、早解决，疏而导之才能真正过上安稳日子。

总而言之，央视"3·15"晚会的结束对车企和公关公司来说并不意味着万事大吉，车企切不可放松对消费者权益的重视，唯有天天都过"3·15"国际消费者权益日，才能不惧"3·15"；只有"零投诉"成为每家汽车企业的质量目标，我国汽车产业的健康转型升级之路才能迈得更稳、更扎实。

第十三章

汽车出口贸易与跨国经营中的法律问题

  汽车法律服务是指法律服务的从业人员（一般是指律师）根据委托人的要求所进行的与汽车生产、投资、贸易、消费等相关的各种法律服务活动。

  我国的汽车法律服务主要是在汽车消费领域和贸易领域开展业务。前面两章讲的即是在汽车消费领域如何给汽车消费者提供法律服务，而现在这一章和以下两章就专门论述有关对外贸易领域的法律服务。

  汽车贸易可分为国内贸易和对外贸易。在我国加入 WTO 后，我国与他国在汽车领域的贸易增加，因而发生贸易争端的可能性变大，这样对汽车法律服务的要求更加迫切。

  汽车对外贸易领域的法律服务具有专业性强的特点。它要求法律服务提供者不仅经过专门法律职业考试取得了进入市场的资格，同时还必须具备丰富的国际法知识、外贸知识以及一定的汽车专门知识。

  因为对外贸易领域的法律服务需要与不同的国家打交道，而不同国家的法律制度往往具有不同的社会性质，在法律属性、术语、结构、实施等方面也大相径庭、外国律师要提供涉及东道主或者第三国法律服务的业务相当困难。因此，汽车企业在进行跨国诉讼时，往往会聘请一个律师团，其中必定包括当地的律师。

  汽车工业发达国家往往针对发展中国家设置形形色色的贸易壁垒和技术壁垒。在 WTO 体制下，贸易壁垒的表现形式主要是反倾销、环保标准和劳工标准；而技术壁垒表现为知识产权保护、产品质量认证以及技术标准控制和垄断等。

  汽车法律服务者的责任就在于解决我国和他国之间的贸易争端，反对发达国家设置的种种贸易壁垒和技术壁垒，以保护中国汽车工业免受损害。

第一节 我国汽车出口中存在的问题及面临的挑战

一、我国汽车出口中存在的问题

  近年来，我国汽车出口发展迅速，取得了可喜的成绩。据海关总署提供的汽车商品进出口数据得出，2006 年，中国产品贸易出口总额为 9691 亿美元，其中汽车出口金额为 31.35 亿美元，约占全年商品贸易总出口金额的 0.324%；2007 年，中国商品贸易出口总额为 1.218 万亿美元，其中汽车出口金额 408.96 亿美元，约占全年商品贸易总出口金额的 3.358%；2008 年上半年，汽车出口金额 247.76 亿美元，约占上半年中国商品贸易出口金额（6666.1 亿美元）的 3.717%。由此可见，汽车出口金额增幅显著，汽车商品出口在所有贸易商品中的比重不断增加，在对外贸易中扮演着日益重要的角色。

  但自 2008 年下半年开始，随着国际金融危机的不断深化，我国汽车零部件的出口增速明显放缓。2009年1~7月，我国汽车零部件出口84.4亿美元，同比下降了30.1%，连续7个月出现了同比负增长，降幅高于同期的外贸出口降幅和机电产品出口降幅。我国汽车零部件出口的三大市场——亚洲、北美和欧洲均出现大幅下降。

2009年10月23日，国家发改委、商务部、工信部等六部委联合发布了《关于促进我国汽车产品出口持续健康发展的意见》（以下简称《意见》）。这是针对2008年下半年开始，我国汽车产品出口增速大幅下降出台的一项重要鼓励政策。《意见》实施一年多后，我国汽车产品出口情况有所改善。

海关总署公布的统计数据显示，2010年上半年，我国共出口汽车25万辆，同比增长56%；出口金额234.45亿美元，同比增长50.24%，汽车零部件出口金额182.69亿美元，同比增长54.52%。随着国际市场需求回升，以及汽车企业加大国际市场营销力度，我国汽车出口结束了2009年低速的走势，开始恢复性增长。

《意见》提出了包括出口基地建设、金融支持、增强企业自主创新能力、知识产权保护、大力实施"走出去"战略以及加强服务体系建设六个方面的具体措施。

《意见》实施以来，我国通过采取稳定出口退税、加大融资支持等多项配套措施，缓解了国内汽车和零部件出口危机。同时，全球汽车市场出现复苏迹象，众多跨国公司纷纷采购我国廉价汽车零部件以降低成本，使我国汽车零部件出口迎来新的机遇。

在《意见》实施取得一些效果的同时，我国汽车产品出口存在的很多老问题仍没有得到很好解决，需要进一步改进和完善。

1. 缺少自主核心技术

中国汽车出口没有形成自己的强势品牌，相对于生产能力和产量方面的突飞猛进，中国汽车业在自主知识产权或品牌形象方面至今并无突破性进展，难以突破国外在性能、环保等方面的技术壁垒，这使得中国汽车出口面临一个瓶颈。种种迹象显示，部分国家正在运用技术、环保等壁垒来限制物美价廉的中国汽车进入他们的市场。例如我国的重型货车要进入欧洲市场，它们就有一个规定，就是汽车的发动机必须达到欧洲标准，否则就不能进入该地区的市场。然而我国的发动机市场大多让康明斯占据着，我国的潍柴动力发动机虽然有一定的市场且符合欧洲标准，但在一定程度上与发达国家相比还存在一定差距。

2. 出口结构不良

中国汽车出口虽然在数量上出现令人乐观的增长态势，但从出口的结构上看，结构呈现出不合理的分布状态。中国汽车及零部件出口产品以劳动密集型产品为主，高新技术、高附加值产品出口量非常少。核心零部件目前大都由国外独资或合资公司制造或匹配。汽车出口以货车等商用车为主，乘用车为辅。小轿车出口不到总量的1/6，以中低档经济型汽车为主，平均单价为8336美元。低端市场、低价格、低利润可能使中国车成为"廉价车"的代名词，这就会出现低价倾销、影响当地就业等问题，很容易使中国汽车出口步家电、家具等行业后尘，难逃诸多贸易壁垒的制约。从出口目的地看，出口到亚非拉等第三世界汽车数量占中国汽车出口量的65%，而出口到日本、德国、美国等西方发达国家的汽车数量几乎是零。此外，出口企业外向度低，发展不平衡。国内制造的整车还不具备大批量出口实力，零部件企业规模小、专业化水平低。科技含量大、效益高的电子类产品在汽车及零部件中所占的比例较低。那些已出口的零部件企业，绝大多数还没能打入跨国公司采购体系和国外主流市场。

3. 汽车出口存在低质低价竞争

完善的售后服务、过硬的产品质量和低廉的价格，是汽车产品在竞争激烈的国际市场上站稳脚跟的法宝。目前，价格低廉似乎已成为我国汽车出口的唯一竞争武器。而国内汽车产品同质化现象严重，忽视产品质量和技术含量的提升，加剧了低价竞销的恶性循环，给刚刚走出国门的中国汽车造成了负面影响。

二、汽车出口面临的挑战

在中国汽车出口快速发展的同时，也面临着来自国内外各方面的严峻挑战。

1. 产品质量、安全性亟待提高

随着出口规模的扩大，中国汽车出口目的地逐渐扩大到门槛较高的发达国家市场，自主品牌企业还有大量工作需要从零开始：积累市场经验，处理政府关系，了解出口目的地法律、法规环境，熟悉认证准入规则等，这样才能尽快树立自己的品牌形象，得到国际市场的普遍认可。

产品的"质量和安全"一直被视为中国自主品牌汽车的软肋，从陆风到华晨、奇瑞，自主品牌轿车企业频频遭遇"碰撞门"。由于国内汽车工业起点较低，在技术上与国际标准还存在很大差距，而世界发达汽车市场对车辆安全、环保等方面都有严格的要求。因此，中国自主品牌轿车要想顺利实现出口，必须严把质量关，尽快突破诸多技术上的瓶颈。

2. 非关税壁垒阻挡迈入国际大门的脚步

随着我国自主品牌轿车及零部件出口数量的不断增长，一些国家和地区开始对来自中国的汽车产品出台限制措施，各种贸易纠纷呈明显上升趋势。2007年7月，俄罗斯工业部和信息部决定，暂时拒绝批准在俄境内成立中国汽车组装厂的任何项目，吉利、河北长城汽车和中兴汽车、重庆力帆轿车以及北京汽车工业控股有限公司等5家中国企业受阻于俄罗斯大门之外。从自主品牌屡陷"碰撞门"到俄罗斯对中国车企渐渐合拢大门，贸易保护主义者设置技术壁垒，阻止中国汽车产品进入欧洲市场的意图显而易见。

进入21世纪后，碍于WTO的相关规定，西方发达国家已无法通过设置关税壁垒来阻碍后发展国家的商品进入其本土市场。国外厂商每年投入巨资用于R&D（科学研究与试验发展），竞相在产品开发、生产制造技术等方面有所突破，从而获得垄断利润。然而，后发展国家的商品一般具有明显的价格优势，如不限制，会对发达国家的同类产品带来较大冲击。因此，具体到汽车行业，环保、安全、排放、技术等非关税壁垒逐渐增多。

3. 售后服务体系不够完善，销售渠道不够畅通

已有迹象表明，中国汽车因为售后服务体系的不够完备已经影响到国外市场的销售。由于汽车出口企业数量过多，出口批量过小，致使营销、维修服务成本相对较大。因此，以价格优势取胜的中国自主车型利润空间逐渐缩小，而利润下降使企业无力强化售后服务系统，服务系统不健全又会影响到市场份额，长此以往，企业的品牌价值无法在海外建立起来，同时，也影响到中国汽车在国际市场的声誉。

目前，自主品牌没有现成的销售渠道可用，很多汽车出口是依靠国外的代理，或者是出口散件在当地组装以降低运输和销售的成本。采取这种销售模式的结果是将售后服务主动权拱手相让，售后领域的丰厚利润也随之丧失。

三、解决我国汽车出口所面临问题的政策

1. 要规范出口秩序，抑制恶性竞争

这就要求国家的宏观调控、中介的有效协调和企业的严格自律相结合，政府要加大宏观调控力度，有效地引导企业的发展与国家政策接轨。无论是企业自己的自律，还是中介组织发挥作用，这里面的空间都很大，还包括政府，在目前高速井喷式的增长下面需要三结合，从而更好地规范市场秩序，抑制恶性竞争，实现互利共赢，促进我国汽车产业的长久发展。

2. 要确保产品质量

我们目前的产品还是定位在低端产品，但是不能是低质的产品，因为它涉及人的生命安全、财产安全、经济利益以及国家形象等。现在很多企业出口整车，由于出口市场过于分散，几乎是拿着国内的车，没有经过适应性的一些改进，并没有充分研究进口国的道路、气候、使用习惯等诸多方面因素就"出去"了。严格地讲，我们整车出口是处于无战略、无规划，只要有订单就出去这么一种低层次上。如我国进入阿联酋市场的汽车，应更适应高温、潮湿、多沙尘特殊的环境要求，需要花大力气在技术更新，提高产品质量方面下功夫。我国汽车企业应学习韩国汽车企业精神，学习其技术引进、消化、吸收经验。价格优势固然重要，但是如果不加强技术创新，汽车质量不过硬，最终只会失去市场。

3. 要做好售前售后服务

这就要求我们做好市场调研，建立完善的售后服务网络和零部件供应体系，通过对当地人口、经济、文化、社会等方面的深入了解以及对技术工人的培训，实现售后服务人员本土化。此外，通过代理商获得了购买其汽车的顾客姓名、地址后，我们定期以电话或问卷形式了解顾客对经销商提供的技术和服务是否满意。一旦出现问题，我们的汽车生产厂商就要与当地经销商定期沟通并拿出解决方案，进一步采取措施，改进和提高服务质量。

第二节　汽车出口遭遇的非关税壁垒

一、反倾销

1. 反倾销盯上我国汽车零部件

有关人士表示："随着出口规模的扩大，加上零部件出口秩序不规范，我国零部件已成为反倾销的热点。"我国汽车零部件出口频繁遭遇国外反倾销调查，让我国汽车零部件业在国际市场受到前所未有的压力。

早在2001年，加拿大和美国就展开了对我国的汽车挡风玻璃的反倾销调查。

2004年，秘鲁、印度和土耳其同时对我国轮胎进行反倾销调查。2007年8月，埃及对我国轿车及轻型货车轮胎反倾销案发起一轮复审调查。事实上，中国汽车以及零部件大规模地出口已经引起了多个国家的警惕，其中又以轮胎行业遭受的反倾销频率最高，次数最多。我国加入WTO后，出口轮胎货值以每年30%以上的速度递增，2004年超过15亿美元，成为我国重要的出口商品，但由于国内出口轮胎存在着出口企业为抢夺国际市场而大幅降价的恶性竞争，以及出口轮胎存在安全质量隐患等现实问题，故进入2005年后不断遭遇国外反

第十三章 汽车出口贸易与跨国经营中的法律问题

倾销调查。

2014年,我国出口轮胎连续遭遇进口国(地区)的反倾销和反补贴调查。2014年6月3日,美国钢铁工人联合会(USW)要求对进口自中国的乘用车及轻卡轮胎启动反倾销和反补贴调查;9月1日,欧亚经济委员会对自中国进口的轮辋直径17.5~24.5英寸,速度等级F(80公里/小时)~H(210公里/小时)和负荷指数115以及用于各种载重汽车、公共汽车、无轨电车、自卸卡车、拖车和半拖车轴使用的内胎和外胎启动反倾销调查;12月22日,美国商务部公布修正后的反补贴初裁税率,中国涉案企业所获反补贴初裁税率为11.74%~81.29%。2014年3月4日,埃及工业与外贸部发布公告,对自中国和印度进口的卡车和大客车轮胎反倾销日落复审案作出终裁,我国涉案企业被延长征收反倾销税5年,税率为3.8%~60%。2014年7月,巴西发展、工业和外贸部发布公告,对原产于中国的货车轮胎启动反倾销复审调查。

2015年11月24日,欧亚经济委员会官方网站发布对中国载重汽车轮胎反倾销终裁公告,决定对进口自中国的载重汽车轮胎产品征收14.79%~35.35%的反倾销税,为期5年。

2016年1月8日,美国帝坦轮胎公司和美国钢铁工人联合会(USW)联合向美国商务部和美国国际贸易委员会提交起诉书,要求对来自中国等国家的非公路用轮胎启动反倾销和反补贴调查。

2016年下半年,随着最近美洲市场"反倾销"调查和相关贸易保护政策的实施,我国汽车轮胎行业出口又遭遇"红灯"挡道。美国、巴西、阿根廷、哥伦比亚等一批国家和地区针对我国轮胎产品陆续开展"反倾销"调查,以及相关贸易保护政策的实施。2016年1~7月,中国橡胶工业协会轮胎分会41家重点会员企业共生产汽车轮胎21171.91万条,其中出口轮胎量为9067.9万条,出口占比达42.8%。由于双反贸易壁垒等因素的影响,上述41家企业完成出口轮胎交货量同比减少1.43%,完成出口轮胎交货值295.62亿元,比去年同期减少29.66亿元。另据不完全统计,由于美国"双反"(反倾销和反补贴)政策的实施,我国汽车轮胎行业至2016年年底有6家企业关门和倒闭,9家企业轮胎项目因资金、环评和土地等问题而停建,8家企业亏损面达20%。

2017年8月11日,欧盟委员会发布公告称,应Coalition Against Unfair Tyres Imports代表全新或翻新卡客车轮胎产量占欧盟内同类产品总产量45%以上的生产商于2017年6月19日提出的申请,欧盟委员会对原产中国的全新或翻新卡客车轮胎。进行反倾销立案调查。

这里所谓反补贴,是指一国反倾销调查机关实施与执行反补贴法规的行为与过程。其中的补贴是指一国政府或者任何公共机构向本国的生产者或者出口经营者提供的资金或财政上的优惠措施,包括现金补贴或者其他政策优惠待遇,使其产品在国际市场上比未享受补贴的同类产品处于有利的竞争地位。

在此背景下,中国铝车轮行业也不能幸免。中国汽车工业协会车轮委员会负责人李晓擎表示,自2008年金融危机爆发以来,国外对中国车轮企业的反倾销案就接连不断。我国是铝车轮出口大国,2008年7000万件销量中,50%以上为出口,其贸易量和贸易额在我国汽车零部件出口中一直位居前列,是仅次于轮胎的大宗零部件。受金融危机影响,2008年下半年至2009年上半年,我国车轮行业的出口始终处于萎缩状态。尽管我国车轮行业对铝车轮出口将可能遭遇反倾销问题早有准备,但没想到,最先发起攻势的是欧盟。

李晓擎说:"实际上,中国车轮企业进入欧洲没多长时间。很多企业刚刚做完欧洲的相关认证，也就是说中国刚开始跨过欧洲市场门槛。应该说，欧洲车轮制造商之所以有如此举动，主要还是由于对'中国制造'的恐惧。据了解，世界经济的萧条，已使不少欧洲车轮制造企业倒闭。它们害怕中国车轮一旦大规模进入，会抢它们的饭碗。发达国家如此，发展中国家也如此，比如非洲、印度等地区和国家，也对我们提出了反倾销诉讼。实际上，这给车轮行业提了个醒，它提醒我们要有行业自律，无序、混乱、各自为政的出口局面再也不能继续下去了。"

专家认为：不合理的反倾销将对我国汽车零部件企业和行业造成严重影响。首先最直接的影响是企业效益受到损害。若零部件企业经营战略主要是出口到国外市场的话，则如果国外市场丢失，可能导致企业瘫痪甚至破产和解体。

其次，如果国外对我国零部件产品反倾销行为频频发生，不只我国的零部件企业形象受到损害，我国零部件行业乃至我国汽车工业的整体形象都会受到损害。

另外，我国零部件产品反倾销受到损害的后果，不仅仅只是影响到自身零部件企业、整体零部件行业以及汽车工业，也会波及我国其他零部件企业、其他零部件行业以及其他相关工业。

因此，警惕遭遇汽车反倾销并非杞人忧天。中国汽车产品走向国际的步伐不可逆转。随着出口规模的扩大，未来中国汽车及零部件产品面临反倾销的风险也就越大。事实上，从我国外贸出口的国内外环境和影响来看，出口目的地国家针对中国汽车产业政策、市场准入条件等方面向中国施压而造成的贸易争端正在变得越来越多。

相关人士认为，我国汽车零配件出口范围不断扩大，不仅出口到欧美发达国家，同时也开始进入到巴西、印度、乌克兰等发展中国家，这些国家整车工业水平相对比较薄弱，为了保护本国汽车产业的独立发展，必然也会对我国汽车零配件厂商设置贸易壁垒，采取反倾销等策略。

显然，国际贸易下的汽车产业安全问题不容忽视，必须对我国出口持续高速增长背后的隐忧保持应有的警觉，并寻求解决和规避的办法，无论是出现问题解决问题，还是未雨绸缪早作准备，对于中国汽车及零部件产业及企业参与国际竞争都将大有裨益。

2. 我国汽车业面临产业安全问题

律师李先云表示："一个以依赖初级产品出口生产为国民经济支柱产业的国家，安安稳稳地依靠这个出口发展战略，就没有什么产业安全问题。但若这个国家在此基础上努力推进工业化，就产生了产业安全问题。如果这个国家的产业与国际经济联系十分密切，一旦遭受发达国家联合制裁，强行将其与国际经济的联系斩断，那么这个国家的产业必定会陷于不安全状态。"

按照这种定义，日益参与到国际贸易的中国汽车及零部件业，必须将产业安全问题提升到一定高度来看待，因为这不仅关系到某个企业或产业的利益得失，更与一国出口发展战略紧密相连。

当前，贸易保护主义在一些国家盛行。国内汽车在走向世界市场的时候遭遇反倾销诉讼的概率正在不断增加，李先云律师认为，我国汽车产品出口数量的显著上升以及价格的下降，已成为我国汽车产品遭遇反倾销、反补贴等贸易经济调查的根本原因。

事实上，不管是汽车整车还是零部件产品的出口，目前最大的竞争优势就在于价格低，而价格是判断是否具有倾销行为的最关键因素。这种现象在汽车零部件产品上尤其明显，虽

第十三章 汽车出口贸易与跨国经营中的法律问题

然我国汽车零部件出口持续大幅增长，但低价竞争着实给出口带来了不少隐患。

元通咨询机构分析师张希说，出口产品的低价一是由于产品质量低；二是由于国内厂家"兄弟自残"、过度压价恶性竞争。正是这种低价竞争为出口目的国对我们进行反倾销埋下了隐患。

除低价、出口量持续增长成为我国汽车产业存在安全隐患的重要原因外，还有一点需要注意，2001年我国加入WTO时同意15年内在对出口商品的反倾销案件中被当做"非市场经济"国家对待。"国外认为我国是非市场经济国家，对我国产品进行反倾销调查，均采用'替代国'方法计算倾销幅度。这种对中国产品的歧视性做法使国外企业胜诉率相对较高，也客观刺激了国外企业更多希望采用反倾销手段，将我国出口产品最大限度地挤出市场。"李先云表示这种国外歧视性政策导致我国更容易遭受反倾销攻击，成为反倾销受害国。

WTO关于倾销的定义是：一国产品以低于"正常价值"的价格出口到另一国，并对进口国相关工业造成了损害的行为。

反倾销案发起国的调查当局如果认为调查商品的出口国为非市场经济国家，那么在反倾销案中核定成本时，以非市场经济国家定价受政府干预为理由，不拿该产品国内价来衡定，而是引用与出口国经济发展水平大致相当的市场经济国家（替代国）的成本等数据，计算所谓正常价值并进而确定倾销幅度，施以对应的增税措施。例如，在中国彩电倾销案中，美国选取印度为替代国，结果导致几年后中国彩电在欧盟的市场份额丧失殆尽。这是因为印度的成本平均高出中国同类产品20%~30%，甚至更多。

但如果被认为是一个市场经济国家，就可以不选替代国，直接看该国出口产品是否低于国内价格即可。

糟糕的是中国加入WTO已超过15年，但仍不能自动取得"市场经济地位"，这使得中国汽车零部件产业长时间地笼罩在反倾销的不安全阴影之下。

3. 多管齐下维护汽车产业安全

毫无疑问，在国际贸易互相渗透程度越来越高的大背景下，在加强对外交往的同时，如何保护中国汽车产业的产业安全，理应受到越来越多的关注。然而维护产业安全并不是仅由汽车企业就能完成的。作为一个系统工程，企业、政府及行业协会等方方面面都需要为此目标的实现发挥自己的作用。

首先，对于汽车企业来说，最根本的办法就是要采取以质取胜和寻求产品的差异化，将单纯的低价竞争转向技术、质量和品牌的竞争。另外，要努力开辟新市场，避免市场过分集中，出口结构不合理，是中国出口产品易被别国采取反倾销等贸易救济行动的主要原因，企业间还需加强自律，制定合理的出口价格。

李先云律师表示，一旦国外发起反倾销、反补贴等贸易救济调查，企业应积极应诉，及时聘请律师，不能坐以待毙；在案件进行的过程中积极配合调查。除此之外，企业须密切关注市场动态，注意信息的收集，并加强对进口国当地进口商、下游用户的游说工作，争取取得应诉的最佳效果。企业最好建立"反倾销应诉基金"或"出口风险管理基金"，以确保能尽快组织应诉，避免因延误时间而错过应诉期限，造成更大的损失，同时做好信息的保密工作，谨防商业间谍。

其次，对于作为市场经济体制服务者和管理者的政府部门，在保护国内产业安全方面也负有重要的责任,并发挥着重要的作用。

显然,政府对于汽车及零部件出口的重视程度越来越高,商务部对出口的支持力度也越来越大,不管是已出台的汽车出口企业资质规范,还是扩容后的产业损害预警机制,都会对汽车出口产生积极的良性的影响。

除此之外,政府部门还应做好贸易救济知识的培训与宣传;做好国外贸易救济法律的调查与研究,注意国外对我国立法新动向;与国外的调查机关进行协商、沟通;收集相关资料、提供统计数据与公开报告;充分利用 WTO 规则和争端解决机构,在维护国内产业的合法权益方面多多发挥作用,为国内产业赢得最大利益。

最后,对于在政府、企业及市场间扮演纽带和桥梁作用的行业协会,也应该在维护企业利益、保护产业安全方面起到作用。

除了为本行业、企业提供有关世界贸易组织规则、贸易救济法律等方面的培训和指导工作外,一旦发生申诉案件,汽车行业协会须利用其独特的优势收集和提供国内产业的统计数据,为国内申诉和国外应诉工作服务。

"在国外对我出口产品进行贸易救济调查时,组织企业召开会议应诉、挑选代理律师事务所、协调应诉工作,尤其是涉案企业较多时,更需要行业协会的组织和协调,加强与我国政府部门的联系和沟通,向有关政府部门提供相关背景资料,为政府部门与国外调查机关协商提供必要的信息支援。"李先云认为,行业协会的独特角色决定了其在保护产业安全方面作用重大。

中国汽车产品走向国际已是大势所趋,在当前对外贸易环境下,警惕遭遇汽车反倾销并非杞人忧天,只有对国际贸易下的汽车产业安全保持警觉并发挥社会方方面面的作用,才能将保护本国汽车产业安全的主动权掌握在自己手里,为实现我国汽车产业的大发展创造一个有利的国内国际环境。

二、技术壁垒

1. 技术法规

欧洲地区的车辆技术标准和法规体系(以下简称"欧洲车辆技术法规")比较完善,是车辆进入欧洲市场的强制性要求。目前,欧盟对于进口汽车的市场准入主要设置了以下法规:达到欧洲标准(EN),得到欧洲标准化委员会(CEN)认证标志;与人身安全有关的产品要取得欧共体安全认证标志 CE 等。

欧盟在新车销售和售后市场实行两套法规体系:新车销售适用于 2010 年发布的《第 330/2010 号条例》(简称《2010 年纵向协议豁免条例》);售后市场适用于《2010 年纵向协议豁免条例》和 2010 年《第 461/2010 号条例》(简称《2010 年汽车行业豁免条例》)。此外,欧盟还发布了《纵向协议指南》和《汽车行业纵向协议补充指南》等解释文件以及型式认证、技术标准、排放法规等方面的具体要求。

在尾气排放法规方面,自 1992 推行"欧 1"汽车尾气排放标准开始,欧盟一直在不断提高汽车尾气排放的相关要求。2013 年 4 月,欧洲议会起草了一项法律,规定至 2020 年,欧盟境内新车平均排放量必须由 2015 年要求的每公里 130 克下降至每公里 95 克。并且欧盟环境委员会表示,至 2025 年,欧盟新车二氧化碳排放量需要下降至每公里 88 克到 78 克。依照市场研究机构 JATO Dynamics 的数据来看,欧洲新车每公里的二氧化碳排放量已经从

2011年的136.2克下降至2012年的132.3克。据统计，欧洲二氧化碳排放量有20%来自于汽车尾气排放。

2. 质量标准

欧盟新实施的技术法规对质量标准要求较高，这对我国汽车产品出口有一定的影响，比如，我国和澳大利亚2015年签署了自由贸易协定，汽车产品出口实现零关税，但澳大利亚所有进口的车辆相关技术法规都参考欧洲经济委员会的相关法规。又如，为提高轮胎的节能和环保水平，欧盟于2011年9月15日公布了新的轮胎标准UN—ECE No.117《关于批准发布轮胎滚动噪声、湿路面抓地性和滚动阻力联合指标标签的协议》，属强制性法规，并要求轿车和轻型载重车轮胎的第1期指标要在2014年11月达到，2期指标在2018年11月达到，载重轮胎（含翻新轮胎）在2016年11月（2期指标要求在2020年11月）后必须按117法规要求的标签执行。否则不得在市场上销售。

行业人士指出，如果要达到其新标准，中国轮胎企业必须改变原材料、改进工艺流程、提高生产成本。"新标准的实施，对大公司的影响不大。但国内一些规模小，研发能力低的轮胎公司可能受到较大的冲击，有可能会无奈地退出部分欧美市场。"中国橡胶协会轮胎分会的有关人士如此认为。

由于美国及欧洲是国内汽车轮胎生产企业的主要出口国，新标准的实施无疑将使我国汽车轮胎生产厂商对美国及欧盟的出口压力陡然增大。

欧美新标准的实施大大提高了我国轮胎进入欧美市场的门槛。

一是产品制造成本增加。欧盟REACH法规侧重于环保要求，美国《FMVSS139轮胎测试标准》更侧重于产品性能要求。如要应对新标准则要求企业相应地加大资金投入，改进生产工艺设备。

二是产品出口的检测和召回成本提高。以REACH法规规定为例，该法规规定检测费用全部由企业承担，据欧盟估算，每一种化学物质的基本检测约需8.5万欧元，每一种新物质的检测约需57万欧元。

三是出口企业的责任加大，欧盟将过去由政府和相关管理机构确认一种化学物质是否有害，改为要求生产者自己提出无害的证据。

3. 产品认证

当中国汽车出口规模迅速扩大，中国汽车出口总量已经连续3年大于进口总量之际，中国汽车已经不是第一次遭遇出口难题——关税壁垒、贸易逆差。在林林总总的难题中，质量标准已成为影响中国汽车出口的最大挑战。

国内一家知名汽车出口企业的海外事业部工作人员表示，他们在亲身经历了在海外市场的尝试后，最终认识到：尽管成本竞争力、售后服务甚至物流运输都是决定出口成败不可或缺的环节，但在这其中，质量标准及认证才是自己能否成功进入国际市场的最关键因素。如果想出口到国外市场，就必须通过当地市场的认证体系。

如前所指，广义上的欧洲市场还分为两层范围：大范围的欧洲市场，即欧洲经济委员会成员国，车企必须获得ECE认证资格；而真正意义上的欧洲发达国家市场，即欧盟范围，则必须获得EU认证资格。

无论是ECE还是EU认证资格，都只是强制性的技术法规，也是最低门槛。

要满足ECE和EU认证要求其实并不难，难点难在出口欧洲的汽车必须配备一些诸如

ESP等高新技术装备,从而大幅提高了产品成本。

至目前为止,ESP、安全带提醒装置和车速限制装置等,还都是作为中高级配置内容出现在国内汽车上。但由于我国出口欧洲的汽车以低端车型为主,Euro-NCAP碰撞测试增加评估项目后,我国汽车出口的成本压力将进一步增加。

无论是最初的江铃陆风,还是后来的华晨尊驰,它们在欧洲市场的售价基本低于同类商品的价格,但随着欧洲市场对车辆排放、安全性能等方面的要求不断严格,Euro-NCAP碰撞测试新增评估项目后,这都将进一步侵蚀国内汽车出口欧洲的成本优势。

实际上,已经再难用成本优势作为中国产品进入欧洲的敲门砖。

先前事实已经证明,部分中国车企在面对出口海外和国际化的过程中,对问题和困难估计不足,导致出口和国际化雷声大、雨点小。之前遇到的种种挫折不仅延缓了中国汽车进入欧洲的速度,也为再次进入增加了难度。

4. 法律对策

针对技术壁垒,我国目前正在采取或将要采取的一些对策措施有:

(1) 制定严格的汽车技术法规 满足进口国的技术法规要求,是我国汽车出口必须闯过的一道难关。目前在我国,汽车技术法规还没有真正建立起来,只是用强制性标准来替代,而且这些标准的水平不高,执行不严,有时强制性标准的实施过于迁就落后企业。按照《世界贸易组织贸易技术壁垒协议》(WTO/TBT协议),标准不等同于法规,所以我国汽车工业要进军国际市场,必须切实重视汽车技术法规的制定,尤其应该要求汽车出口企业的产品能够率先达到欧美国家的安全、排放、油耗标准要求。

不断严格的安全法规促进了ABS、安全气囊、智能汽车等高新技术的发展,同样持续强化的环保、节能法规,加速了燃油电子喷射、三元催化等技术的普及和应用,推动了电动汽车、燃料电池汽车等新一代汽车的研制和开发,法规的进步,必将伴随着新技术和新产品的普及,并为新技术和新产品的开发指引方向。因此,借鉴国外经验,加快我国汽车技术法规的发展,是缩短与国际的差距和提高我国汽车整体技术水平的保证。

(2) 积极开展质量认证 中国汽车零部件产业成本低是有口皆碑的,但是我国零部件普遍技术含量较低,有的产品质量不高,甚至假冒伪劣,这也是不争的事实。我国生产的汽车零部件质量不稳定,这无疑是一块最大的"软肋",也是汽车出口的一个严重障碍。对此,国家商务部提出要积极推行并支持汽车及零部件企业通过各种国际认证,提高进口方对出口方的信任。

目前,我国汽车行业主要施行三种体系认证:ISO9000产品质量体系认证、ISO14000环境质量体系认证以及OHSAS18000职业安全卫生质量体系认证。

第三方质量认证是WTO/TBT协议中为世界各国所认可的合格评定。通过开展质量认证,有利于消除贸易壁垒,促进国际贸易。

此外,在我国还推行目前世界最先进的汽车行业质量管理体系ISO/TS16949认证。

ISO/TS16949是国际标准化组织与国际汽车行动小组公布的一项行业性质量体系规范,适用于整个汽车产业的供应链,包括整车厂、零部件厂商以及为汽车行业提供产品的钢铁、玻璃和电子产品的供应商。这个标准打破了行业内的国际性贸易壁垒,将北美、德国、法国、意大利等国家和地区的汽车行业规范整合起来,成为全球汽车行业的共同标准。

据悉，中外合资上海克虏伯普里斯坦汇众汽车零部件有限责任公司已正式通过全球汽车业最权威的质量体系 ISO/TS16949 的国际认证，获得德国莱茵公司颁发的认可证书，成为上海汽车工业系统荣获全球汽车业通行证的第一家汽车零部件供应商。

无锡检验检疫局新区综合基地已在 2008 年建成，国际高端机动车检测认证机构德国莱茵公司首次在中国落地无锡新区，意味着"中国制造"的本土汽车零部件无须再出国门认证，在无锡就可得到进入国际市场的"通行证"。

据了解，近年来随着中国汽车产业的快速发展，本土汽车零部件出口份额在世界占据比例日益扩大。作为世界最权威的机动车检测机构，德国莱茵公司每年承担了中国汽车零部件出口 80% 的检测任务。过去，中国机动车出口都要远赴德国进行"体检"，周期长且费用昂贵。而现在，中国机动车生产企业足不出户，就可在太湖之畔轻松享受与国际汽车检测先进技术同步的知名实验室提供的汽车产品进入国际市场的认证服务。

(3) 鼓励中国车企参与国际标准制定 当前，汽车产品出口增长很快，但是结构还不尽合理，汽车的出口产品大多数还是劳动密集型、资源型的产品，基本上没有进入跨国公司的全球配套体系。

而且，国际认证标准繁多，认证费用极高，汽车出口的目标市场内的产品认证已经成为制约我国出口的瓶颈之一。

为支持我国汽车产业转变增长方式，商务部将完善公共服务体系建设，筹建汽车行业专利服务机构，支持汽车产业研究国际汽车市场、贸易及技术法规的变化情况，为我国汽车出口企业提供国际市场以及国际汽车标准的一些变化。

同时要形成与我国汽车产品出口检测需要相适应的配套合理、服务优质的检测试验体系。

据悉，商务部还将鼓励行业中介机构以及有条件的企业进入国际技术联盟和国际标准论坛，积极争取在国际标准制定中的话语权，支持企业就行业共性技术和通用关键技术进行独立研发或者联合研发，增强现有检测机构的检测试验能力和综合服务能力，鼓励现有的认证机构与国外认证机构以合资合作的方式开展出口产品的互认服务。

(4) 建立国外汽车产品准入制度信息库 为了进一步推动我国汽车产品的出口，减少自主品牌汽车出口的风险，国家质检总局正着手建设国外汽车产品准入制度信息库。

近年来，随着国产汽车特别是自主品牌汽车出口呈现高速增长，出口产品日益面临着汽车使用国的技术法规、标准、准入制度的多项严峻挑战。为了更好地协助汽车出口企业做好出口前的目标市场开发工作，避免盲目出口遭遇国外技术壁垒阻碍，履行检验检疫系统"既服务又把关"的职责，积极培育我国汽车出口这一机电产品新的增长点，推动促进我国机电产品出口增长方式的转变，国家质检总局开始陆续建立国外汽车产品准入制度信息库。

目前，在国家质检总局检验司、国际检验检疫标准与技术法规研究中心的共同努力下，已对海湾国家和阿拉伯地区汽车市场准入规则进行了资料和信息收集，并汇编成《WTO/TBT-SPS 中国国家咨询点报告（第 49 号）》。报告不仅收录了海湾合作委员会（GCC）国家（阿曼、巴林、卡塔尔、沙特、阿联酋、科威特）执行的海湾标准组织（GSO）制定，并于 2005 年 1 月 1 日起实施的机动车辆合格评定程序规定，还罗列了巴林、科威特、沙特、叙利亚、约旦、阿拉伯标准与计量组织（ASMO）制定的关于机动车辆技术法规、标准和合格评定程序文件的相关题录,并将我国驻外使馆发布的中国出口机动车辆在部分阿拉伯国家市场销售情况的调研报告及有关评价也汇编其中。

汇编国外汽车产品准入制度信息,为我国相关的机构和汽车产品出口企业提供参考依据,这一做法得到了我国汽车生产企业的一致认可和好评。国家质检总局也表示,后期还将陆续编辑和跟踪其他国家和地区的同类型资料,从而进一步丰富国外汽车产品准入制度信息库的内容。

三、社会责任认证

社会责任认证正在考验中国零部件出口企业。

1. 增长缓慢的工资

柳州是我国重要的汽车零部件生产基地之一,是国内唯一同时拥有四大汽车集团生产企业、年产销汽车超过200万辆的生产基地。其汽车零部件出口额三年来平均增速逾20%。

在整车企业的拉动下,柳州已有零部件生产企业510家,已形成较为完整的汽车产业链和聚集效应,具备发动机、变速器、车桥、轮毂、减振器、空调系统、制动系统、车载电子、车身覆盖件、冲压焊接件等重要零部件的批量生产能力。

柳州市柳东新区人力资源和社会保障局、柳东新区工会在柳东新区职工之家联合组织召开了"柳东新区2017年汽车零部件行业性工资集体协商会",12家汽车零部件企业代表参加了签订会。签订仪式上,企业方与职工方代表就劳动报酬、休息休假、劳动安全卫生、保险福利等事项进行了平等协商。随后,代表企业与工会代表人签订了《柳东新区汽车零部件行业工资集体协商协议》,该协议有效期为1年,覆盖了新区12家汽车零部件企业,受惠员工950人,并规定职工工资在当地最低工资标准1400元每月的基础上上浮7%,达到1500元,保障辖区内劳动者合法权益不受侵犯。

柳州在很大程度上是中国经济的一个缩影——加工制造业基地、出口导向型经济,而且主要是以劳动密集型产品出口为主。

2. 值得重视的SA8000

SA8000是一个简称,指由美国非政府组织"社会责任国际"(SAI)于1997年10月发布的企业社会责任国际标准认证——Social Accounta-bility 8000。

SA8000是全球第一个针对企业的社会责任认证标准,其宗旨是"赋予市场经济以人道主义"。SA8000试图通过在企业采购活动中附加道德标准来改善工人的工作条件。该标准对企业在九个方面做出了规范性要求:童工、强迫劳动、健康与安全、结社自由和集体谈判权、歧视、惩戒性措施、工作时间、工资报酬、管理系统。

有评论认为,如果ISO9000标准针对的是产品的质量,ISO14000标准针对的是环境质量,那么SA8000标准关注的就是员工的生存质量。

在欧美发达国家中,SA8000标准已经成为社会公认的企业行为准则。近年来,在欧美国内舆论和非政府组织的压力下,跨国公司纷纷以SA8000为蓝本制定自己的企业社会责任守则,并要求发展中国家的供货商严格遵守,否则便撤销订单。

有评论认为,SA8000作为一个事实上的劳工标准,是发达国家继反倾销、环保标准之后,针对发展中国家的又一个贸易壁垒。

第十三章 汽车出口贸易与跨国经营中的法律问题

3. 中国政府的态度

中国已经是 WTO 的正式成员，这意味着中国必须遵守 WTO 的规则。从近两轮的 WTO 谈判来看，发达国家将劳工标准引入 WTO 规则体系的愿望越来越强烈。

1996 年和 1999 年，在新加坡和西雅图的两次 WTO 部长级会议上，以美国为首的发达国家都坚持建立统一的核心劳工标准。他们认为，由于各国工人工资水平、工作时间、工作安全条件、劳动环境等条件的差异，使得劳工标准低的国家在国际贸易中拥有"不平等"的优势，造成对劳工标准高的国家的"社会倾销"，这实际上是一种不平等竞争。发达国家贸易代表威胁说，要将不符合劳工标准国家生产的产品排除在欧美市场之外。

对此我国商务部公平贸易局负责人认为，依照中国目前的国情，全面实施企业社会责任标准还为时过早，但这是一个趋势，中国企业应该按照国内法规和 SA8000 标准逐渐规范起来，对此政府也会给予支持。

4. 中国企业别无选择

随着越南、柬埔寨等劳动力更为廉价的国家加入对劳动密集型产品的争夺，中国企业的处境变得更加艰难。这些国家先于中国推广企业社会责任标准，而跨国公司当然优先选择"合情合理合法"的供应商。因此，中国企业别无选择，技术和市场掌握在别人手里，我们没有评议权，要么接受社会责任认证标准，要么面临被停单或退单的风险。

目前，申请认证的企业正在成倍地增长。除了别无选择之外，国内企业也认识到，SA8000 固然会增加企业成本，但获得的好处也是明显的。

位于深圳龙岗的美固国际有限责任公司平湖电子厂（以下简称美固电子）在 2003 年通过了 SA8000 认证，这使得它们免去了很多重复审核，总的效率也增加了 1%～2%。

这家规模在 1200 人左右的港资工厂主要生产车辆的制冷设备，客户都是欧洲、美国、日本的知名汽车厂商。通过认证前，几乎每家客户每年都要来审核几次，内容却大同小异。

"通过 SA8000 认证就像拿到了本科文凭"美固电子认证部的柯经理说："市场竞争不激烈的时候，一个大专文凭，比如好的产品质量就够了；现在市场竞争激烈了，我们在企业社会责任方面做到位，无疑增加了一个竞争砝码。SA8000 就像一支发令枪，它迫使我们更从企业自身寻找原因，寻求真正发展的手段。"

四、中国汽车零部件企业面临欧盟"绿色大考"

近来，欧盟针对汽车产品实施的"环保风暴"愈刮愈猛，中国汽车零部件企业正面临一场前所未有的"绿色大考"。据悉，欧盟对境内汽车产品的生产、销售实施整车型式认证（WVTA）制度。认证内容除涉及整车及零部件产品基本性能、质量控制体系以外，还对整车及零部件企业汽车拆解技术、废旧零部件再循环利用技术，以及降低有害物质使用率提出了一整套系统要求。按照计划，未来数年里，欧盟对于汽车产品的环保要求将会被逐步提高。

WVTA 认证对整车及零部件企业需要掌握的环保技术提出了严格要求。例如，欧盟规定自 2015 年 1 月 1 日起，汽车零部件回收率不得低于 95%。此外，汽车温室气体排放均值小于 130g/km。

可见，对于汽车零部件企业来说，如果若干年后仍然达不到欧盟环保法规要求，其产品必将丧失进入欧盟市场的资格。

一些业内专家认为,虽然国内不乏一些龙头企业具备足够强大的技术优势,能够满足欧盟环保法规要求,但由于国内相关法规不够完善,中国多数零部件企业针对节能环保领域的研发投入严重不足,导致它们所掌握的节能环保技术远远落后于国外同行。有分析人士认为,在未来很长一段时间里,技术落后将是导致中国汽车零部件企业得以通过欧盟环保认证的最大"绊脚石"。

专家还认为,中国汽车零部件企业要想扩大产品出口数量,一方面应当充分了解国外市场的实际情况,特别是类似欧盟国家采取的认证制度的操作流程;另一方面要加大研发投入,有针对性地提升产品性能。否则,原本在国内畅销的产品,可能永远都无法走向国际市场。

第三节　海外设厂与跨国并购的法律问题

一、中国车企走国际化道路

目前,中国正在成为全球的汽车制造基地,这一点对各个国家都有相当大的吸引力。2016 年中国汽车产量达到 2800 万辆,产能过剩将不可避免,且这种供过于求的矛盾现在已经初见端倪。与此同时,面对能源、环保和交通运输的压力,"走出去"战略将是中国汽车厂商的必由之路。

安徽的奇瑞公司正是实施"走出去"战略的先驱者。从 2003 年开始,奇瑞公司的前副总经理、现任董事长尹同耀就开始花大量时间在国外走访。奇瑞公司成立了国际部,招揽各方人才,准备走国际化道路。接着,奇瑞公司在伊朗建厂,向叙利亚出口汽车。2004 年 9 月末,奇瑞公司又把车卖到了埃及。

"无外不强,无内不安"可谓是奇瑞公司国际化中坚贞不渝的一种信仰,在这种思想的指引下,奇瑞公司在国际化大道上苦心经营。2008 年,奇瑞产品投入意大利的事件实际上已拉开了西方市场的口子,而往后奇瑞还想进入北美市场,从而将奇瑞汽车的阵地覆盖到世界的五大洲,这是中国汽车品牌对西方品牌垄断世界汽车工业领域历史的终结。

改革开放 30 多年中,"走出去"是诸多中国企业的梦想,遗憾的是:成功者寥寥可数,这些年来,奇瑞公司连续创造了中国汽车出口第一的成绩,在海外不同区域已经创建了 8 个工厂。

除了奇瑞公司外,长安汽车集团也在国际化道路上大步迈进。重庆长安表示,长安汽车将坚定实行海外战略,推进国际化进程,通过一系列并购重组活动来实现在全球的扩张。2009 年 2 月 10 日长安汽车与墨西哥合作伙伴 Autopark 集团签署了《长安汽车与 Autopark 公司在墨西哥生产、销售长安汽车的合资合作框架协议》。至此,长安汽车第六家海外工厂正式落地。

长安高层表示:"长安集团会借助墨西哥的地理优势,向北美市场逐步推进,随后逐步向欧洲发展。"

第十三章 汽车出口贸易与跨国经营中的法律问题

二、海外设厂的风险与障碍

走出国门后在海外设厂，中国汽车企业面对的是什么呢？暂且不管它们面对的国际竞争如何，我们首先要看到，在它们的海外利益受到侵犯时，不能再一层一层地向上"找领导"了。因为在国际间不存在有真正"管辖权"的世界政府，每到一个国家就又面对一个不同的受主权保护的政府，一个不同的民族社会。这是"内向型"企业所不用面对的"无序世界"。那么，出问题时找谁呢？这个问题只好由跨国经营的中国车企来回答！

联合国的数据表明，在20世纪70年代，非洲的赞比亚、乌干达和苏丹三国分别没收过30几家外国公司的资产。世界近代史上充满了这类故事，这里不用——列举了。大规模没收外国公司财产的"运动"往往发生在一场政变、革命或"民族主义"运动之后。

当地"民族主义"对中国企业海外产权和合约利益的可能威胁，当然也不一定总像"没收"那么赤裸裸，更经常的是通过税收歧视、政策歧视、立法歧视的形式表现出来。当地政府有通过立法或行政命令要求外资企业多交税或者不让其进入某些项目的主权。

对于要"走出去"的中国企业来讲，这些都应当是意料之中的事，它们应该有许多知识上与战略战术上的准备。"内向型"的企业自然不用太在乎其他国家的政治、经济、文化与历史，但对于"走出去"的企业就另当别论。由于这些年对人文社会科学的轻视，中国对他国政治、经济、文化与历史的研究又恰恰是目前极为不足的。

为了发展汽车工业，俄罗斯政府在2005年出台政策，大幅降低汽车进口税率，鼓励外国汽车在俄组装，将汽车散件的进口关税由12%~15%降低到3%~5%，并取消了汽车生产设备进口税，对特许组装的汽车产品有条件地给予零部件进口免关税的优惠。但时隔不久，2007年9月，俄罗斯有关部门突然决定停止批准国外汽车企业在俄设组装厂。

2007年，俄罗斯主管工业政策问题的俄罗斯能源部共收到8个关于中国汽车在俄"工业化组装"的申请，但这8个项目均未获批准，其中包括2005年11月25日，奇瑞汽车与新西伯利亚"交通运输"公司签署的建立新西伯利亚汽车工厂的协议，计划年产25000辆汽车，以及吉利汽车与俄罗斯乌拉尔汽车厂达成的协议，将位于叶卡捷琳娜堡约80km的乌拉尔军用汽车工厂改为民用汽车厂。

随着俄罗斯关于国外汽车企业在俄设组装厂相关规定的出台，我国中兴和长城汽车的组装工厂项目也都没有获得俄罗斯政府的"工业组装"许可协议。

按照俄罗斯政府规定，如果不在"工业组装"许可协议框架下，这些项目的进口散件无法享受免税或者最高3%的税收优惠，而要被课以12%~15%的高关税。相反的是，在这一政策出台之前，美、欧、韩系汽车抢着签下了17亿美元的汽车组装协议，这一数字，是中国汽车厂2006年对俄罗斯年出口总额的近5倍。

对此俄罗斯工业与能源部长维克托·赫里斯坚科的解释是："俄罗斯绝对不会以民族特征区别对待投资者。但是投资俄罗斯汽车工业的投资者，应该生产符合所有欧洲市场标准的产品。"言下之意，中国汽车生产厂家的产品没有满足欧洲标准。

维克托·赫里斯坚科的话可能未免偏颇，但对基于提高自己汽车生产技术的俄罗斯来说，先进的现代技术，无疑是最重要的。

205

有分析认为，中国汽车企业进军海外市场的最佳方式仍然是在海外建立组装厂，而能否充分供应高质量的汽车零部件和完善的售后服务，将是中国车企在海外市场站稳脚跟的关键。

三、中国车企进军美国市场的尝试

中国汽车企业对于美国市场的向往由来已久。美国市场仿佛是一块美味的蛋糕，吸引着中国自主品牌汽车企业。随着中国汽车业的快速发展，近几年他们开始尝试通过各种方式进军美国。

奇瑞公司是中国汽车行业内较早推出进军美国计划的企业。2004年，该公司与美国梦幻汽车公司达成合作协议——除了合作建立研发基地之外，梦幻公司还计划通过旗下250家汽车经销商，在美国销售25万辆奇瑞汽车。但此项合作在2006年无果而终。

随后，又传出奇瑞A3将贴牌进入美国市场的消息，但这一说法最终未被证实。唯一取得成效的是，奇瑞自主研发的ACTECO发动机2006年批量出口美国。

华晨进军美国市场同样一波三折。2006年，华晨开始与美国代理商谈判，希望在该国市场销售中高级车尊驰。不过，这个项目始终没有实质性进展。两年后，华晨获得美国投资财团1亿美元的注资。该公司有意借此为进入美国市场打下基础，但后来不了了之。华晨进入美国市场的积极性显然也已大大降低。

此外，吉利、长城、中兴、长丰等企业也都显示出进军美国市场的雄心，但至今也无下文，在掀起进军美国市场的集体冲动后，中国汽车企业如今进入了"静默期"。从这些企业的实力，现阶段进入美国市场不是一件容易的事。目前，汽车行业的普遍认识是，到2020年，中国汽车企业才具备进入发达国家汽车市场的实力。这或许是对中国汽车业较为清醒的认识。

四、跨国并购是件麻烦事

（一）我国汽车零部件发起海外并购战

有关专家称，中国车企目前正在努力出口，但是规模不大，质量也很难达到国际标准，产品出口到国外成熟市场比较困难，所以中国的汽车制造商需要通过并购海外企业获取更好的技术。

除了技术壁垒，贸易壁垒也不能忽视。专家认为，我国汽车零部件企业到海外并购的一个重要原因是出口受到国外诸多限制，包括各种贸易壁垒。要绕开这些限制，进行海外并购不失为一条捷径。

另外，就汽车行业而言，传统制造业向低成本的发展中国家转移在几年前已成事实，金融危机将加速这种趋势，而比整车企业能够更早实现国际化的将是中国汽车零部件生产企业。

在资金短缺的情况下，美国汽车零部件企业将为改善财务状况而进行更深层次的整合。整合后的结果就是企业数量的减少，整车厂的客户就相对增多，整车行业的景气度对零部件企业经营状况的影响会越来越大。

美国汽车零部件企业的困境也成就了中国汽车零部件企业的机会：一方面，美国汽车零部件企业开始在低成本国家寻找新的下级供应商，中国企业可以抓住这个机会，提高产品质量,优化成本结构,成为他们的供应商;另一方面,一些优秀的中国零部件企业也可以直接到美国并购财务状况糟糕,但有技术和市场优势的企业,海外并购也是中国汽车零部件企业迅速国际化的一个重要途径。

目前,许多资本较充裕但技术还比较落后的中国汽车及零部件制造商都在四处寻找是否有好的海外收购机会,以便用此最快捷的途径获得相关的先进技术。

吉利收购澳大利亚自动变速器公司,是目前全球经济危机,国内企业考虑海外抄底收购国外企业的一个案例。

吉利集团于2009年3月27日收购了澳大利亚自动变速器公司(Australian Drivetrain Systems International),耗资大约3990万美元。

据吉利透露,位于澳大利亚新南威尔士州的澳大利亚自动变速器公司,主要生产四速和六速前后驱动及全驱动大转矩自动变速器,为福特、克莱斯勒及韩国双龙等汽车公司配套,目前具有年产18万台自动变速器的生产能力。

吉利还说,目前该变速器公司还在研发八速前后驱动自动变速器、DCT双离合变速器及CVT无级变速器。

受全球金融危机的影响,澳大利亚自动变速器公司的部分客户在市场上受到严重冲击,2009年2月中旬,该公司进入破产程序,其经营存续面临历史性选择。

目前,自动变速器技术在中国还较为稀缺,还没有哪家中国企业真正量产了自动变速器。吉利称:通过收购DSI,吉利在原有小转矩自动变速器的自主知识产权的基础上,将进一步丰富产品线,强化吉利自动变速器的研发与生产能力。

吉利称,该公司成功收购澳大利亚自动变速器公司后,将给该公司提供一套适合全球发展的新战略。

首先恢复对福特的供货,然后把DSI的产品和技术引入中国汽车行业,向中国汽车企业提供世界先进的自动变速器产品。

同时吉利将为DSI在中国寻求低成本采购零部件的途径,并为DSI的新产品研发提供资金支持。

除吉利外,中国第一,世界第六的汽车玻璃制造企业福耀集团并购了福特旗下部分玻璃资产;万向集团收购了德尔福(通用汽车的一级配套商)的部分低端资产。

早在2005年就根据美国法律申请破产重组的德尔福,现在又成为中国企业海外并购的对象。现在很多企业都在和德尔福接触,无论是天宝集团还是北汽控股,购买德尔福的任何资产都是有好处的,德尔福的技术比同行领先15年以上。

德尔福的年报显示,截至2008年12月31日,德尔福公司的总资产为103.10亿美元,总负债为245.90亿美元,公司的六大主要业务包括汽车电子、底盘系统、转向系统等。此前,德尔福中国的媒体负责人已向媒体证实,德尔福正在剥离出售非核心业务,除催化剂和车门模块已成功售出外,包括制动、悬架、底盘及转向系统在内的其余非核心业务,均在与我国有关的各方买家进行洽谈。

的确,从中国汽车发展史上看,这是一个突破。

继吉利实施跨国并购之后,近来,我汽车零部件企业海外收购活动更加频繁。

2010年7月13日从美国传来消息,北京太平洋世纪汽车系统有限公司收购通用全球转向与传动业务协议正式签订。7月15日从宁波传来消息,宁波华翔集团旗下宁波劳伦斯汽车内饰公司签下收购英国捷豹路虎旗下真木件制造中心协议，收购涉及资金超过1500万英镑。据了解，这是华翔集团进行的第二次英国并购，3年前它们出资340万英镑收购了有85年历史的英国劳伦斯公司股权。此前，还有京西重工收购美国德尔福制动和悬架业务、万向收购美国汽车零部件企业转向轴业务等一系列海外收购活动。中国本土汽车零部件企业希望通过海外收购提高自身技术实力，打破外资企业掌控关键技术和市场局面的战略越来越明显。

有关专家认为，中国汽车零部件行业缺少技术积累，利用国外企业现有资源求得自身发展不失为一条捷径，把国外企业的技术拿来为我所用，可以在较短时间内实现快速发展。

我国汽车产业振兴规划中提出，对"关键零部件技术实现自主化"，在政策和市场需求推动下，一些国内零部件企业把海外收购视为得到核心技术的途径。

专家分析认为，我国汽车零部件产业短期内难以形成全面的自主研发能力。技术升级需要完成技术、人才、经验及资本积累，在这几方面，绝大多数国内零部件企业还远没有完成。通过海外收购方式迅速提升我国汽车零部件产业的综合竞争力是一个好方法。

华翔集团董事局主席周辞美认为，通过收购，华翔集团不仅成功获得为捷豹、路虎等欧洲豪华车配套生产内饰件的巨额订单，更重要的是进一步确立了在该细分领域的竞争优势，跻身汽车真木饰件业的全球第三位。

北京太平洋世界汽车系统有限公司收购美国通用汽车全球转向与传动业务后，加速实现了技术、人才和经验的积累，一跃成为全球领先的汽车零部件供应商。

对此，商务部表示，参与国际并购现在确实机会不错，也是企业拓展国际市场的一种方式，但企业在前期要做好充分准备，要考虑到并购对象所在国的政治、经济、贸易、文化等诸多因素，尤其是在并购方面的法律法规。商务部在这方面为企业提供融资便利，引进先进设备、技术、关键零部件、搭建公共服务平台，帮助企业参与国际并购。

这里值得一提的是：目前，开展海外并购和有海外并购意向的汽车零部件企业如万向、华翔、福耀等，都有一个共同的特点即都是民营企业，在相关领域已经营了较长时间，在所属细分产品领域具有一定的竞争力。但对大多数汽车零部件企业来说，海外并购还显得比较遥远。

专家认为，要使我国零部件企业成为海外市场并购的主力军，离不开我国自主品牌企业的协同作战。当更多的我国自主创新的整车企业在国外投资建厂时，我国大多数汽车零部件企业走出去并购国外零部件企业的日子就为时不远了。

对那些即将走上海外并购之旅的我国汽车零部件企业，专家表示："我国零部件企业在海外并购之前比较明智的做法是尽量通过出口到某个目标国以获得经验，之后再考虑实施海外并购。"

一项针对初次进行国外生产分支机构的相关研究表明，经营成功与否和前期的出口进入直接相关。在目标国建立分支机构如果没有早期的出口经验，成功概率较低。

因为，与其他海外进入模式相比，企业从事海外并购需要准备投入更多的资金、管理和其他资源。这种更高的资源也意味着承担更高的风险。同时，企业在进行海外并购前做好投资决策所需要的信息准备远远多于出口或许可经营等进入模式。另外，海外并购还具有高的启动费用、较长的投资回报期，以及在失败或战略变化时撤资较困难等特点。

第十三章　汽车出口贸易与跨国经营中的法律问题

（二）海外并购的机遇和风险并存

众所周知，自美国次贷危机形成以来，汽车成为受冲击最大的行业之一。

每一次大的危机都意味着大的机遇，但每一次机遇背后可能也隐藏着风险，就好像20世纪90年代末期，戴姆勒兼并克莱斯勒一样。最开始，戴姆勒以为自己捡了一个便宜，事后才发现它背上了一个沉重的包袱，经历了将近10年的痛苦后，戴姆勒才甩掉了这个包袱。10年时间和上百亿美元的损失，让戴姆勒最终明白这是一次失败的交易。眼下，全球汽车行业又充斥着很多类似的机遇和风险。

面对机遇和风险同时并存的局面，中国车企该如何动作？

为汽车行业提供技术和管理咨询的公司 PAC Group 的业务拓展副总裁 Frank Chou（弗兰克·周）说："现在是中国企业去海外购买技术的好时间。"

但 Frank Chou 强调说，目前只是中国企业去海外购买技术和优良资产的好机会，但不是将整个汽车企业收购的好时机。他说："目前购买海外整车厂对中国企业来说还是比较难的，主要是运营方面不容易，因为文化不同。"

（三）上汽收购双龙的教训

数据表明：虽然在过去，中国企业海外并购在以年均17%的速度增长，但从1986年至今，67%的海外收购并不成功，中国知名电子消费产品制造商TCL面临巨额亏损，此前为扩展国际业务它曾收购了阿尔卡特的手机业务。家电巨头海尔对美国品牌美泰克等的收购也因在融合方面出现困难而失败。

从目前中国车企海外并购的对象来看，大多是外国企业经营困难的分支机构或业务部门。我们的思路是：利用在中国生产成本较低的优势来盘活所并购企业的僵化资产。但往往由于中国企业自身的技术陈旧和经营战略不佳、管理经验缺乏等"先天不足"因素，使整合效益难以实现，上汽并购韩国双龙效果不佳就是一个突出的例子。

上汽早在2005年1月以5900亿韩元（约5亿美元）控股了濒临倒闭的韩国双龙后，麻烦就接连不断。强势工会组织的大规模罢工，不合理的福利要求一轮接一轮，动不动还有"全武行"伺候。而韩方股东及媒体也与工会一道，指责上汽不进行研发投入，导致每辆双龙车的人工成本比全球水平高出一倍。

在2008年11月销量同比减少63%之后，双龙发出了"无法支付工资"的预警。双龙的状况虽然有其自身原因，但也给中国企业上了生动的一课，抄底虽然花费不高，但仅仅是烧钱的开始，后续消除企业文化和思维差异，建立信任的花费是巨大的。在双龙工会的不配合下，上汽仅因为双龙股价缩水就损失26亿元人民币，进而也做出了"要么征服，要么撤资"的准备。

（四）吉利收购沃尔沃的解读

2010年3月28日，吉利与沃尔沃的收购谈判终于尘埃落定，吉利以18亿美元的价格获得沃尔沃轿车公司100%股权以及相关资产（包括知识产权）。吉利收购沃尔沃是一起标杆式收购，但其未来，机遇和风险并存，花费福特收购沃尔沃不到1/3的价钱，把压在福特背上多年的"大包袱"背到自己身上，对吉利来说并不是一件轻松的事。

世界认为，吉利收购沃尔沃，这对于2009年已超越美国成为世界最大的汽车消费市场，却仍缺乏强大的自有汽车品牌的中国来说，无疑是件大事。

李书福提出的目标是两年内让沃尔沃扭亏为盈，这一目标能够实现，无疑对世界汽车行

业的跨国兼并有示范作用。因为过去汽车行业的绝大部分跨国兼并，包括 11 年前德国汽车制造商戴姆勒汽车公司与美国克莱斯勒公司的对等合并，德国汽车巨擘宝马汽车公司掌管英国汽车老厂罗孚，到头来都被证明是失败的尝试。

业内专家认为，衡量收购成功与经营成功需要用两个标准来检验。历史上，戴姆勒与克莱斯勒的联姻，上汽对双龙的收购等案例都证明，收购、联盟成功只是开始，之后的经营成功才是更大的考验。中国汽车产业一直想"走出去"与国际上一流的汽车企业比肩。此次吉利收购沃尔沃是一个好开头。

吉利收购沃尔沃全部股权至今已有 7 年，事实证明这是一场成功的交易，一笔大赚特赚的买卖，无论是在产品设计、核心技术研发，还是质量控制、品牌提升、多元化布局等方面通过与沃尔沃的资源和技术共享，吉利实现了脱胎换骨式的成长和蜕变。吉利收购沃尔沃的成功经验值得总结，并将成为中国民营企业收购海外企业的榜样。

第十四章

WTO法律规则与WTO贸易争端解决机制

第一节　WTO与中国汽车工业

一、关贸总协定与世界贸易组织

1. 关税与贸易总协定

关税与贸易总协定简称"关贸总协定"。它既是一个关税与贸易政策的多边国际协定，又是缔约方之间进行贸易谈判和调解贸易争端的机构。该组织成立于1948年，我国是23个创始缔约国之一。关贸总协定有缔约方103个，缔约方之间的贸易量占世界贸易的90%以上。

关贸总协定的基本目标是通过实施无条件的多边最惠国待遇，削减关税及其他贸易壁垒，促进贸易自由化，以充分利用世界资源和扩大商品生产与交换。

关贸总协定的基本原则是：

1) 无歧视待遇原则，它包括无条件的最惠国待遇和国民待遇，体现平等贸易的原则精神。

2) 互惠贸易原则。要求各缔约方在平等、互惠、互利的基础上大幅度地、普遍地降低关税。

3) 关税保护原则。要求关税作为保护本国国内工业的唯一方式，严格限制非关税措施。

4) 贸易壁垒递减原则。通过关税减让来实现这一原则。缔约方之间互相对部分或全部产品的关税采取约束，三年内不得提高关税。

5) 贸易政策透明度原则。要求各缔约方应将其有效实施的贸易政策、法规、法令等迅速公布、并要求缔约方在全国统一实施贸易法。

6) 公平贸易原则。该原则主要指反倾销和反出口补贴。对倾销和补贴，进口国可征收反倾销税和反补贴税来抵消损失。

7) 一般取消数量限制原则。要求禁止实行进出口数量限制。

此外，还有一些例外原则，如：

1) 国际收支平衡例外原则。即为了保障缔约方的对外金融地位和国际收支平衡，可以实施进口限制，但必须经总协定批准。

2) 幼稚产业保护例外原则。即为保护幼稚产业可以实行进口限制。

3) 国家安全例外原则。为保护国家的安全利益，在特定条件下，可以采取可能与总约定条款不符的措施。

4）关税同盟和自由区例外原则。允许在其领土之间建立关税同盟和自由贸易区。

5）对发展中国家优惠待遇的原则。它包括发达国家根据普遍优惠制给予来自发展中国家的产品以优惠关税待遇；在多边贸易谈判原则中的非关税措施方面的差别及更加优惠待遇；发展中国家间就削减关税所达成的区域性及安全性安排，应视为总协定有关条款的例外；对最不发达国家的特殊待遇。

6）普遍优惠制原则。即发达国家对发展中国家和地区出口的工业制成品和半成品给予普遍的、非歧视的，非互惠的优惠关税制度。

7）保障条款。允许各缔约方暂时背离其义务。

在关贸总协定成立以来的40多年里，先后进行了八轮多边贸易谈判。前七轮多边贸易谈判使发达国家的平均关税从36%下降到4.7%，发展中国家和地区的平均关税同期也下降到13%。第八轮多边贸易谈判即乌拉圭回合，使工业品进口关税总水平削减40%，从相当于产品价格的6.3%降为3.9%；工业国家将工、农业产品的进口关税分别平均减少38%和37%，对电子产品的关税减少50%以上，并取消农业、建筑和医疗设备的进口关税。此次谈判不仅包括关税和非关税壁垒，而且延伸到服务贸易、知识产权保护、投资措施等领域，并于1993年12月15日结束谈判，基本上达到了预期目标。

关贸总协定的宗旨是"以提高生活水平，保证充分就业，保证实际收入和有效需求的巨大增长，扩大世界资源的充分利用以及发展商品的生产与交换为目的"。在关贸总协定成立以后的日子里，缔约方关税有较大幅度下降，促使世界贸易增长了10倍以上，取得了明显的成绩。

关贸总协定的作用体现在以下几个方面：通过多边贸易谈判，在互惠互利的基础上减让关税；消除各种非关税壁垒；解决缔约方之间的贸易争端；增加贸易透明度；为各国在经济贸易方面提供谈判和对话的场所；促进国际服务贸易、知识产权和投资的发展。

2. 世界贸易组织

世界贸易组织（简称WTO）于1995年1月1日正式成立。它取代关贸总协定，负责管理乌拉圭回合一揽子协议的实施。世界贸易组织作为一个永久性的机构，与世界银行和国际货币基金组织一起成为当今世界经济体系的三大支柱。

建立一个国际性贸易组织的构想早在1944年7月举行的布雷顿森林会议上提出。1947年联合国贸易及就业会议签署的《哈瓦那宪章》同意成立世界贸易组织，后由于美国的反对而"流产"。同年，美国发起拟定了关贸总协定，作为推行贸易自由化的临时契约，发挥了实际上的国际贸易组织的作用。1986年关贸总协定乌拉圭回合启动后，欧共体和加拿大于1990年分别正式提出成立世界贸易组织的议案，1994年4月在摩洛哥马拉喀什举行的关贸总协定部长级会议上正式决定成立世界贸易组织。

世界贸易组织的宗旨和基本原则与关贸总协定基本相同，旨在通过市场开放，非歧视性和公平贸易原则来达到推动实现世界贸易自由化的目标。但两者在性质、职能和权限等方面有较大差异。

关贸总协定只是一项在世界贸易组织成立前的临时性契约，世界贸易组织则是具有法人地位的国际组织，对其成员具有严格的法律约束。它比关贸总协定有更宽的管辖范围，除管理传统的乌拉圭回合新确定的货物贸易外，还包括知识产权、投资措施和服务贸易等；世界贸易组织具有关贸总协定的实施贸易协议、充当多边贸易论坛的职能，还有权审议和监督其成员的贸易争端，迫使成员履行多边协议规定的义务。此外，世界贸易组织还建立了一个较完整的、适用于所有协议争端的解决机制。

世界贸易组织有创始成员和新成员之分。创始成员必须是关贸总协定的缔约方，新成员必须由其决策机构——部长级会议以 2/3 多数票通过才能加入。世界贸易组织的基础集中体现了乌拉圭回合最后协议中的一系列多边协定，加入世界贸易组织以遵守这些协定为前提。世界贸易组织的成立对于规范和管理国际贸易，推动全球贸易在更大范围内和更高程度上的自由化将产生巨大影响。

3. 中国加入 WTO

我国是关贸总协定的 23 个创始缔约国之一，由于复杂的历史原因，与关贸总协定的关系中断了 40 余年。随着我国对外改革开放政策的实施，我国的对外贸易有了迅速发展，并成为国民经济中的重要组成部分。为了满足我国日益增长的对外贸易事业的发展，使我国经济全面进入国际经济大循环，我国政府于 1986 年 7 月正式向关贸总协定提出复关申请，并以关税减让为承诺条件，享受发展中国家待遇。

我国在提出复关申请以后，进行了一系列与关贸总协定接轨的重大改革措施；同时，全面参加了乌拉圭回合的谈判，并签署了《最后文件》以及世界贸易组织协定，为我国与国际惯例靠拢，早日复关创造了有利条件。

恢复我国在关贸总协定中缔约国地位，进而加入世界贸易组织，是我国经济运行与世界经济接轨的一个契机和重要转折点。进入这一开放、稳定、互惠的多边贸易体制，能有效地加强我国与世界各国的经贸联系，赢得一个保障我国对外贸易持续健康发展的国际环境，从而达到推动我国经济发展的目的。

经过 10 多年的艰苦谈判，2001 年 12 月 11 日我国终于被批准加入世界贸易组织，WTO 的一切游戏规则开始在中国启动。

二、WTO 与我国汽车工业

1. 加入 WTO 对我国汽车工业的积极推动作用

中国汽车工业协会有关领导认为，加入世界贸易组织以来，我国汽车产业运行良好，从总体上看，加入世界贸易组织对我国汽车工业产生了积极的推动作用。

从政策层面看，加入世界贸易组织促进了我国汽车行业法制化建设，国内各项法规、政策在出台时间上、合理性上有了较大进步，市场竞争环境逐步好转。

对国内企业而言，加入世界贸易组织，增强了企业危机感，企业在新产品投入，提高管理水平、服务水平，主动进行产业重组等方面加大了投入；同时，加入世界贸易组织改变了企业原有依靠国家、被动发展的模式，迫使企业主动出击，适应市场变化，也促进了国内企业思维模式和行为模式的转变。

在消费层面，加入世界贸易组织，增强了消费信心，部分需求得以释放；消费者维权意识提高，迫使企业在各方面提高水平。

加入世界贸易组织对企业综合竞争能力的提高起到了推动作用。从市场方面来看，进口总量虽然有限，但加入世界贸易组织打破了国内原有的市场和竞争格局，企业对市场经济的残酷性有了充分认识，因而提高了企业的市场竞争意识。

在国际合作方面，我国加入世界贸易组织以后，跨国公司更加重视中国市场，加快了新技术的输入,加大了资金投放量,在中国采购零部件的热情空前提高,从而促进了国内汽车产业向国际化发展。

2. 加入 WTO 后我国汽车产业发展的六大特点

中国加入 WTO 后,严格履行了在汽车行业的所有承诺,汽车产业发展呈现以下六大特点:

1)产业结构调整取得积极进展。国内企业的收购、兼并积极展开,国内非汽车行业开始进军汽车工业,加速了汽车行业投资多元化的进程,也加速了国有企业股份制改造的进程,产业集中度有所提高。

2)汽车产量高速增长、效益大幅提高。

3)零部件进口增长迅速。加入 WTO 后,在中国汽车市场竞争激烈化的条件下,汽车企业为了提高产品的质量,降低生产成本,不同程度地加大了零部件进口的比例,部分企业甚至从全球采购零部件,以 CKD、SKD 的方式组装整车。零部件进口的快速增长也促进了国内汽车产量的提高。

4)进口车占国内汽车市场份额的变化比较平稳,进口汽车对国产汽车并没有构成重大冲击,而是形成对国内市场的有效补充,在一定程度上引导了国内消费的升级。

5)投资增长较快,新产品大量涌现。

6)出口稳步增长。

2005 年过渡期结束后,中国严格履行 WTO 承诺,按规定时间取消了所有非关税措施。

3. 转变政府职能,完善政策法规

在中国加入世界贸易组织之前,中美双方曾经过长达 13 年的艰苦谈判,最后才就中国加入 WTO 签署了双边协议。由于和欧盟等国的谈判条款有 80% 和美国相同或相似,所以中美双边协议的签订为中国正式加入 WTO 扫清了最大的障碍。

在中美长达 13 年的谈判中,仅市场经济问题就谈了 6 年,其核心问题是遵守规则和市场开放。中国加入 WTO 后,就意味着计划经济时代的结束,政府部门的职责将由过去过多地对企业实行行政干预,转变为建立自由完整的市场经济体系,为企业提供公平和有效的服务,因此为了在 WTO 体制下发展我国的汽车工业,政府有必要抓紧制定适应市场经济规律和 WTO 游戏规则的各种与汽车产业相关的政策法规。

由于政策法规是在各种背景下出台的,具有时效性,因此政府及其有关部门还应与时俱进,不断完善与汽车相关的现行政策法规。

第二节　WTO 的法律规则

一、"中美双边协议"中有关 WTO 的法律规则

这里仅就"中美双边协议"(以下简称中美协议)中有关 WTO 的法律规则做一分析。

1. 民族工业与幼稚工业

WTO 中无"民族工业"的概念,也未以"民族工业""外资企业"或"内资企业"为标准对企业加以区别对待,而是使用了"国内工业"(domestic industry),"特定工业"(specific industry)及"国内生产者"(domestic producer)等措辞。

根据WTO的规则，无论企业资金来源如何，只要是中国法人，就是我国的"国内企业"，由其所构成的工业就是中国工业。我国的汽车工业已经与大众、通用、雪铁龙、丰田、本田、日产、现代等紧密联系在一起，在全球经济一体化的背景下，"民族汽车工业"的观念可能束缚我们的手脚，将是一个不合时宜的提法。

中美协议将中国汽车工业列为"幼稚工业"。WTO没有对"幼稚工业"作出明确定义。通常不能笼统地说整个行业都是"幼稚工业"，一般是采取先申请，再由缔约方全体审议批准的办法予以确认。根据WTO的原则，可以对"幼稚产业"实行必要的关税保护、数量限制等扶植措施。

2. 关税保护

根据中美协议，"中国将于2006年之前，把汽车进口关税由当时的100%或80%降低至25%，最大的减幅将在加入世界贸易组织的头几年做出。汽车零部件关税将于2006年之前减至平均10%。"中国汽车工业6年的保护期过后，关税仍然要以平均2%~3%的幅度持续下降。

中国承诺把汽车进口关税降低至25%。汽车指包括客车、货车、轿车等的各种整车。由此推知，25%的税率应指各种整车的平均关税率，也就是只要整车平均税率降至25%，某项产品如轿车可以高于25%。因此，对于竞争力较强、能承受较低关税的某些整车，必要时可以对其实施低于25%的税率，为轿车让出较大的保护空间，使其仍然能"合法"地高于25%的税率。

另外，为保护零部件企业的发展，可以分种类、分阶段地下调关税。国内已经具备相当竞争能力的零部件产品的税率可作较大幅度下调，对不具备开发生产能力，且整车企业急需的零部件产品的税率适当下调；对国家重点发展的约60种关键零部件产品尽量维持现有的较高关税。

3. 非关税措施

根据中美协议，"中国同意在五年内分阶段取消配额和其他数量限制。"

"汽车配额将在2005年前逐步取消。在这期间，基本水平的配额将为60亿美元（先于我国国内的汽车工业政策的水平），以后每年增长15%，直到取消配额限制为止"。

4. 市场营销

根据中美协议，"中国承诺在五年内使美国银行获得充分的市场准入。在准入后非金融业金融公司可提供汽车融资。"

另外，"根据协议，中国将首次向美国公司提供贸易权和分销权。贸易权将在三年内逐步实施。"

贸易权和分销权是制造业的优先部分。入世前，中国严格限制外商投资企业的贸易权（进出口权）和分销权（批发、零售、维修、运输等）。入世后，将取消有关的限制措施，开放汽车贸易、分销和消费贷款业务，给外商投资企业平等的贸易权和分销权。

国外大汽车公司都有自己的融资公司为产品销售提供支持。通用汽车融资公司（GMAC）1998年的资产总额达1470亿美元，在全球有800万个客户。1998年，欧洲为2100万辆新车发放了2050亿美元的贷款，其中大部分是汽车融资公司发放的。虽然我国的几大汽车集团均建立了财务公司，但是它们基本上都不真正具备独立开办汽车消费贷款的资金实力，因此，我们需要银企联手，尽快占领这一领域，培育竞争力。

5. 利用外资

根据中美协议,"中国同意—加入 WTO 就落实 TRIMS 协议,消除和停止实施贸易和对外交流平衡规定,消除和停止实施地方满意规定,停止执行强加这些规定的合约。"

WTO 与利用外资关系最大的 9 个条款和 1 个附件组成了《与贸易有关的投资措施协定》(TRIMS)。

TRIMS 禁止使用以下 4 项投资措施:

1) 地产化率要求(Local Content Requirements)。
2) 贸易(外汇)平衡要求(Trading Balance Requirements)。
3) 进口用汇要求。
4) 国内销售要求(Domestic Sales Requirements)。

它们对我国汽车工业和 1994 年的《汽车工业产业政策》(以下简称《产业政策》)产生重大影响。

TRIMS 禁止的地产化率(当地成分)要求,指东道国政府不得要求外国投资企业必须购用一定数量东道国产品作为其自身的生产投入。而入世前,中国国产化政策要求,整车项目必须达到 40% 的国产化率,且不断提高这一比例,引进技术的审批必须考虑国产化要求,否则不予批准。

再如 TRIMS 禁止贸易(外汇)平衡要求,《产业政策》却规定:中外合资企业要求自求平衡,至少在项目计算期内外汇追求平衡。

中国入世后,为履行"落实 TRIMS 协议"的承诺,现有的与 TRIMS 相冲突的国产化等产业政策将被修正,并解除对外商投资企业的一些限制,如外资投向、产品销售、审批管理及本地化要求等。当然,为使外资企业与内资企业的待遇趋于平衡,也应取消给予外商投资企业的"超国民待遇",如所得税等十几项税收优惠、进出口权、直接向外资银行借贷外汇等。

不过,TRIMS 协议的内容较为简单,限制范围较为狭窄。如 TRIMS 未坚持禁止当地出资要求(Local Equity Requirements),即未坚持禁止当地投资者必须持有一定百分比的股份。中国《产业政策》规定,生产整车和发动机产品的中外合资、合作企业的中方所占股份比例不得低于 50%。因此,股份比例规定这一利用外资政策便未与 TRIMS 发生冲突,如果中国愿意,加入 WTO 以后仍继续保留该政策。

6. 知识产权

根据中美协议,"中国同意加入 WTO……只颁布或执行同科技或其他知识的转移有关的法律或其他条文,如果它们同关于保护知识产权……的世贸协议一致的话。"

"这些条款亦将有助于保护美国公司不会被强迫转让科技。因为中国也已同意,一旦加入 WTO,它将不会以任何种类的表现要求——包括地方满意规定、补偿、科技转移或要求在中国进行研究和发展——作为是否批准投资、进口许可证或任何其他的进口批准程序的条件。"

WTO 的《与贸易有关的知识产权协定》(TRIPS)规定了在现行知识产权保护国际公约条件下,对知识产权保护的最低标准或要求,并不强制发展中国家成员修改其国内的知识产权立法。关键在于,我国必须在专利、商标等方面加强保护力度,这也是最困难的。

《产业政策》规定:引进技术的审批必须考虑国产化要求,否则不予批准。但它与中美协议发生冲突,中国入世后,引进外资将不能与技术的转移或补偿以及在中国进行研究、开发等条件捆绑在一起，修改有关规定是在所难免的，这就迫使我们必须走自主开发的道路。

二、WTO 有关汽车服务贸易方面的主要条款

2001 年 12 月 10 日，外经贸部（现商务部）公布了《中国加入世界贸易组织法律文件》（英文版），其中《WTO 服务贸易总协定》（以下简称《协定》）对我国汽车服务行业的权利和义务做出了相关规定，其主要内容有：

1. 贸易权（进出口权）

在 3 年过渡期内，我国将逐步放开外商投资公司贸易权的范围和可获性。自加入 WTO 后 1 年起，外资占少数股的合资企业将被给予完全的贸易权；自加入 WTO 后 2 年起，外资占多数股的合资企业将被给予完全的贸易权；自加入 WTO 后 3 年起，所有在中国的外资企业将被给予贸易权。外资投资企业从事进出口不需建立特定形式或单独的实体从事进出口，也不需要获得包含分销在内的新的营业许可。

同时，我国将减少获得贸易权的最低资本金要求（只适用于全资中资企业），第一年降至 500 万元人民币，第二年降至 300 万元人民币，第三年降至 100 万元人民币。

我国还将在加入 WTO 后 3 年内取消贸易权的审批制，允许所有在中国的企业及外国企业的个人，包括其他 WTO 成员的独资经营者在中国关税领土内进口所有货物（协定书附件 2A 所列供国有贸易企业进口和出口的份额除外）。但是，此种权利不允许进口商在中国国内分销货物，提供分销服务将依据中国在 GATS（国际服务贸易多边法律框架）项下的具体承诺减让表进行。对于外国企业和个人，包括对其他 WTO 成员的独资经营者将以非歧视和非任意性的方式给予贸易权。

2. 分销服务

加入 WTO 后 1 年内，允许外资服务提供者设立合资企业，从事所有进口和国产汽车的分销服务；加入 WTO 后 2 年内，分销企业允许外资控股，取消所有数量限制；加入 WTO 后 3 年内，没有限制。

零售服务：加入 WTO 时，外国服务提供者可在 5 个经济特区（深圳、珠海、汕头、厦门、海南）和 8 个城市（北京、上海、天津、广州、大连、青岛、郑州、武汉）设立中外合营汽车零售企业。在北京和上海，合资零售企业数量不超过各 4 家，在其他地区，合资零售企业数量不允许超过各 2 家。允许北京合资零售企业的 2 家在同一城市（北京）设立分店，外方股比上限为 49%。加入 WTO 后 2 年内，允许外商控股零售企业，并开放所有省会城市以及重庆和宁波；加入 WTO 后 3 年内，超过 30 家分店且销售来自多个供应商不同种类和品牌商品的连锁店，如果销售汽车则不允许外资控股。但只要连锁店依法在中国境内建立，外国连锁经营者则可以自由选择合作伙伴；加入 WTO 后 5 年内，取消超过 30 家分店的汽车零售连锁店的外资股比限制。

连锁经营：加入 WTO 时，对跨境提供服务和境外消费没有限制；加入 WTO 后 3 年内，对所有形式的连锁经营都没有限制。

3. 租赁服务

加入 WTO 时，对跨境提供服务和境外消费没有限制。只允许设立合资企业。外国服务提供者的全球资产应达到 500 万美元。加入 WTO 后 1 年内，允许外资控股；加入 WTO 后 3

年内,允许外商设立全资子公司。

4. 银行及其他金融服务

《协定》允许外资进入汽车贷款融资领域。自加入 WTO 之日起,我国允许非银行的外资金融机构(如福特信贷等)在国内为汽车消费提供信贷服务;在加入 WTO 2 年后,外国银行可进入当地货币交易市场,在经济特区及部分特定地理区域内,享受与国内银行同等权利;5 年后,地域及客户限制将全面取消,可向中国居民提供个人汽车信贷业务。

5. 保险及其相关服务

加入 WTO 后,我国将有条件、分步骤地向外资逐步开放保险经纪、寿险、非寿险、再保险及法定分保业务。但是不允许外资保险公司经营法定保险业务。根据《中国加入工作级报告书》有关规定:"法定保险仅限于下列险种:汽车第三者责任险,公共汽车和其他商业运载工具驾驶员和运营者责任险。"

6. 交通服务

公路载货汽车和汽车货运:加入 WTO 时,只允许设立合资企业,外资股本上限为 49%;加入 WTO 后 1 年内,允许外资控股;加入 WTO 3 年内,允许外资设立全资子公司。

仓储服务:加入 WTO 时,只允许设立合资企业,外资股本上限为 49%;加入 WTO 后 1 年内,允许外资控股;加入 WTO 后 3 年内,允许外资设立全资子公司。

7. 维修服务

加入 WTO 时,对跨境提供服务和境外消费没有限制。只允许设立合资企业。加入 WTO 后 1 年内,允许外资控股;加入 WTO 后 3 年内,允许外资设立全资子公司。

8. 货运代理服务

加入 WTO 时,有连续 3 年以上货运历史的外国货运代理企业,可以在我国设立中外合营货运代理企业,外资比例不超过 50%,中外合营货运代理企业的最低注册资本为 100 万美元。

加入 WTO 后 1 年内,允许外资控股;加入 WTO 后 2 年内,中外合营货运代理企业在我国经营 1 年以上,并且其注册资本已全部到位,可以设立分支机构,每设立一个分支机构,其注册资本应相应增加 12 万美元;加入 WTO 后 2 年内,这一额外资本金要求将实现国民待遇;加入 WTO 后 4 年内,允许外资设立全资子公司,在注册资本上实行国民待遇,经营期限不超过 20 年;加入 WTO 后 5 年内,中外合营货运代理企业在我国经营 5 年以后,其外方投资者方可在我国设立第二家中外合营货运代理企业,经营期限不超过 20 年。加入 WTO 后 2 年内,这一要求将被减至 2 年。

9. 技术测试、分析和货物检验服务(不含法定检验)

加入 WTO 时,对跨境提供服务和境外消费没有限制。在本国提供检验服务 3 年以上的外国服务提供者,可以在中国设立合资技术测试、分析和货物检验机构,注册资本应不少于 35 万美元;加入 WTO 后 2 年内,允许外资控股;加入 WTO 后 4 年内,允许外国服务提供者在我国设立全资子公司。

10. 其他专业服务

涉及这方面的有技术研究与开发服务、信息咨询服务、技术咨询服务、培训、市场调研、广告服务、法律服务等,《协定》规定,中国政府可承诺对外开放,但需在市场准入与国民待遇方面做出详细规定,细化约束条目,并在各规章法规中予以体现,将各有关限制措施规范化、制度化，但有关汽车方面的信息统计暂不对外资开放。

11. 加入 WTO 后将保留的保护政策

加入 WTO 后，我国仍将保留或对国内汽车服务贸易行业采取保护的政策有：

1）政府仍将享有合资项目的审批权（含服务贸易领域的外资准入）。

2）在 WTO 框架允许范围内，通过非关税措施，利用合理的法规条款对国内汽车工业进行有效的保护，主要包括反倾销协定、保障措施、补贴与反补贴协议和技术壁垒措施。

三、我国针对 WTO 规则的汽车政策法规

由上述可见，按照 WTO《服务贸易总协定》的有关规定，汽车服务贸易涉及汽车驶下生产线直至汽车报废的诸多方面，其中包括：汽车及零部件的国内流通、汽车进出口经营权、进口车和国产车的分销服务、公路交通运输业、分期付款、汽车保险、租赁、信息服务、二手车交易乃至停车场与加油站建设。权威部门警告，外国企业一旦在国内建立了由外方控制的汽车服务贸易体系，就为其在国内销售外国汽车产品打开了畅通的渠道，对国内汽车产业的发展将产生重大冲击。国内企业甚至有沦为外国汽车的组装厂，而国内市场则沦为外国汽车倾销地的危险。为此我国政府有关部门在入世后制定了一些汽车服务贸易政策，以促使我国汽车产业的良性发展。

业内人士认为：2003 年的《汽车金融公司管理办法》事实上给国外汽车金融公司设立了相对高的门槛，而随后出台的《汽车贷款管理办法》既保护了国内商业银行，同时也对国外汽车金融公司起到了相当的约束作用。

根据 WTO 在汽车服务方面的有关条款，除了汽车金融对外开放外，我国在入世后制定的《二手车流通管理办法》也明确规定外商将被允许投资设立二手车交易市场和二手车经营公司。

另外，2002 年 11 月 28 日，交通部下发《关于进一步对外开放道路运输投资领域的通知》，允许设立由外商控股经营的中外合资道路运输企业，其中外商的投资比例可达到 75%。

2002 年 12 月 11 日，我国正式对外商开放国际货运代理的控股权。自此，在道路运输、货代、仓储、快递、辅助服务等物流领域涉及的行业中，我国均已按照 WTO 承诺对外商开放了控股权。

除了上述有关汽车服务贸易的政策法规外，还有一些与汽车服务贸易密切相关的政策法规也已制定。所有这些政策法规的制定，其目的全在于实现中国加入 WTO 的承诺，保证 2006 年后外资可获得在汽车服务贸易领域内的全面贸易权和分销权，外资可进入批发、零售、售后服务、维护保养等领域。

外资的全面进入将会使汽车服务贸易的竞争更加激烈。而面对激烈的竞争态势，政府有关部门应在吸收国外服务贸易成熟经验的基础上，研究中国市场的特点，尽快对原有的政策法规进行修订和完善，努力创造适合中国市场的服务贸易制度。

第三节　WTO 的贸易争端解决机制

世界贸易组织的成立，旨在通过市场开放、非歧视性和公平贸易原则来达到实现世界贸

易自由化的目标。WTO是具有法人地位的国际组织，对其成员具有严格的法律约束。其管辖范围很广，除管理传统的货物贸易外，还包括知识产权、投资措施和服务贸易等。WTO除了具有充当多边贸易论坛的职能外，还有权审议和监督其成员的贸易争端，迫使成员履行多边协议规定的义务。此外，世界贸易组织还建立了一个较完整的、适用于所有协议争端的解决机制。

下面以美国、欧盟、加拿大三方与中国的汽车零部件贸易争端为例，来了解WTO贸易争端解决机制是如何运行的。

按照世界贸易组织争端解决程序，在一方提出申诉之后，争端双方应先尝试通过磋商来解决问题。磋商期一般为60天。在磋商无果的情况下，申诉方可以采取争端解决程序的下一行动，即要求世界贸易组织成立专家组对此案进行调查和裁决。

2005年海关总署、国家发改委、商务部和财政部联合颁布了《构成整车特征的汽车零部件进口管理办法》。这一办法出台后，美国和欧盟认为，中国对成套散件和半成套散件按整车征税的做法违反入世承诺，于是向世界贸易组织提出申诉，从而引起了贸易争端，而这场争端的解决就是按照上述程序进行的。

一、抑制CKD装车政策背景和效果

1.《构成整车特征的汽车零部件进口管理办法》制定原因

其起因是国家将进口整车的关税调低到25%，而汽车零部件的平均关税只有10%，远远低于整车的关税水平。按照国家规定，进口成套汽车散件视同整车征税。25%的关税，再加上17%的增值税和3%至8%的消费税，整车进口的综合税率高达50%左右。因此中低价车希望通过化整为零、分散进口等方式，规避国家高额税收。

《构成整车特征的汽车零部件进口管理办法》（以下简称《办法》）就是在这一背景下出台的。

2. 政策内容

根据规定，进口汽车零部件是否构成整车特征，主要有三大标准：一是进口全散件或半散件组装汽车的。二是在《办法》第四条规定的认定范围内，包括进口车身（含驾驶室）、发动机两大总成装车的；进口车身（含驾驶室）和发动机两大总成之一及其他3个总成（系统）（含）以上装车的；进口除车身（含驾驶室）或发动机两大总成以外其他5个总成（系统）（含）以上装车的。三是进口零部件的价格总和达到该车型整车总价格的60%及以上的。前两条标准自2005年4月1日起生效，而第三条标准原定自2006年7月1日起生效，但考虑部分企业的特殊困难而延期。

3. 整车特征政策效果显著

国家制定关于整车特征的政策是对乘用车企业发展有重大意义的导向性政策，对合资企业的健康发展有重大影响。

各合资企业针对政策采取有效的改善措施，取得良好效果。2005年1~2月的国产轿车CKD装车比例为轿车总销量的14.4%，2006年1~2月降到轿车总销量的10.7%，效果逐步体现。而到2007年1~2月对比效果更为显著，2007年1~2月的国产轿车CKD装车比例为轿车总销量的1.9%。

受到政策的影响，在轿车市场持续高速增长的背景下，CKD装车总量也从2006年1~2

第十四章 WTO法律规则与WTO贸易争端解决机制

月的56700辆下降到2007年1~2月的13721辆,降幅达到75%。

二、中国、美国、欧盟汽车零部件贸易争端解决程序

1. 欧盟、美国、加拿大提出申诉

2006年3月30日,欧盟、美国常驻WTO代表团大使分别致函中国常驻WTO代表团孙振宇大使,就中国汽车产业发展政策等措施在WTO提起争端解决机制下的磋商请求。

欧盟称,中国在2005年4月1日正式实施《构成整车特征的汽车零部件进口管理办法》,对等于或超过整车价值60%的零部件征收与整车相同的关税,实际上等于变相规定了零部件"国产化的比例"。

中方认为,这一规定主要是为了防止一些外国汽车厂商通过将汽车"化整为零"的方式"变相逃税"。

2006年4月7日孙振宇大使分别致函欧盟、美国驻WTO代表团大使,表示中国接受欧盟、美国对我国汽车零部件进口政策的磋商请求,磋商的时间和地点将另行商定。

在欧盟、美国之后,加拿大于4月13日也向WTO提出就中国进口汽车零配件关税问题与中国进行磋商的请求。4月16日我国商务部方面表示,已经派出相关的代表团赴日内瓦,如果程序上没有问题,中国将与提出磋商请求的欧盟、美国、加拿大三方,在WTO框架内共同进行有关该问题的多边贸易谈判。

有意思的是,提出磋商请求的加拿大几乎没有整车生产企业。据有关人员分析,加拿大提出磋商请求的原因一方面可能是因为加拿大有一些汽车零部件生产企业,另一方面可能是担心存在潜在的贸易壁垒。

2. 争端双方进行磋商

按照WTO规则,在要求WTO就中国汽车零部件进口政策进行调查并做出裁决之前,美国、欧盟与中国有60天的磋商期,此次磋商期从2006年3月30日开始至5月29日结束。由于在汽车零部件政策方面,中国的态度非常强硬,欧盟、美国也没有让步,中国、美国、欧盟谈判各方没有达成协议,欧盟、美国与中国均不愿意在零部件政策上让步,并不是着眼于短期利益,而是基于长期的战略考虑。就短期来说,国内的很多零部件采购成本已经低于国际水平,国产化率提高,对大部分车商来说目前是较为划算的生意。但是就长期来讲,各方的利益并不一致,中国担心放弃零部件关税政策将有可能影响跨国公司在中国进行高端产品本地化的积极性,不利于汽车产业的长期发展。

在解决汽车零部件争端上,中国、美国、欧盟三方的磋商没有取得成功,这意味着此项争端可能要持续相当长的时间,并进入世界贸易组织的法律程序。

3. 成立专家组进行调查

2006年9月15日,美国、欧盟、加拿大正式要求世界贸易组织设立专家组对中国的做法进行调查。

在世界贸易组织争端解决机构随后召开的会议上,中国代表团拒绝了由美国、欧盟和加拿大三方提出的世界贸易组织设立专家组就中国汽车零部件进口管理规定进行调查的要求。

中国常驻世界贸易组织代表孙振宇大使在会上表示,美国、欧盟、加拿大三方不顾中国为解决争端而进行的磋商努力,执意要求在此次会议上设立专家组,中方对此表示遗憾,他说,中国在此前的磋商过程中表现出极大的诚意,中国还希望进一步磋商,以便可以以大家

都满意的方式解决争端。

他说，中国自加入世界贸易组织以来一直认真履行承诺，包括关于汽车和汽车零部件贸易的承诺，中国已大大降低汽车和汽车零部件关税，中国如今为贸易伙伴提供了前所未有的汽车和汽车零部件市场准入机遇。

关于中国的汽车零部件进口管理措施，孙振宇说，中国坚信这些措施是符合世界贸易组织规则的，这些措施是为了防止不法分子利用整车和零部件的税差规避海关监督、偷逃关税的行为，并未对进口产品构成歧视。

他说，鉴于上述理由，中方无法同意美国、欧盟、加拿大三方提出的设立专家组的要求。

尽管中方竭力反对，但是2006年10月26日世界贸易组织争端解决机构还是决定设立专家组审理此案。

为此，商务部部长助理、新闻发言人崇泉对世界贸易组织争端解决机构就中国汽车零部件进口管理措施成立专家组一事发表了谈话。

崇泉指出：中国对进口汽车零部件实施的有关管理规定，是为了防止利用整车和零部件税差规避海关监督，偷逃关税，也是保护消费者利益的需要，相关规定符合中国加入世界贸易组织的承诺，也符合世界贸易组织有关规则，中方此前与欧盟、美国和加拿大进行的磋商中已对此予以澄清，并对通过谈判解决问题表现出极大的诚意，对于欧盟、美国、加拿大再次要求设立专家组的做法，中方非常遗憾。

崇泉说，加入世界贸易组织5年来，中国不断扩大对外开放，降低关税和取消非关税措施，在市场准入方面已为其他世贸组织成员提供了空前的开放机会，汽车整车的平均关税，已经从80%降低到目前的25%，汽车零部件的平均关税已经从30%降低到10%，而且取消了配额和许可证制度，这些事实都说明中国政府对于履行承诺和遵守世界贸易组织规则是认真和严肃的。

崇泉最后强调，根据中国加入世界贸易组织的相关法律文件，中国有权对进口汽车整车征收比零部件更高的关税，也有权依法对规避行为予以打击。

4. 专家组对零部件争端的裁决

世界贸易组织争端解决机构专家组2008年7月18日公布了关于中国与美国、欧盟和加拿大三方汽车零部件争端的裁决报告，报告认为中国的汽车零部件进口管理措施违反贸易规则，当天公布的裁决报告与2008年2月向当事方散发的中期报告（初步调查结果）内容一致，基本上支持美国、欧盟、加拿大的观点，认为中国对超过整车价格60%以上的进口零部件按整车征税的做法对进口汽车零部件构成歧视，因此违反相关贸易规则，并认为中国的相关政策违背了中国2001年加入世界贸易组织的承诺。

这是中国加入世界贸易组织7年以来首次在WTO争端诉讼中遭遇不利裁决，中方表示，对占车价60%或以上的外国进口汽车零部件征收与整车相等的进口关税，是为了防止变相走私，规避整车关税的行为，中方采取的措施不存在歧视外国汽车零部件制造商的问题，因此中方于2008年9月15日向世界贸易组织上诉机构继续提出上诉请求。

5. 世界贸易组织上诉机构做出终审裁决

2008年12月15日，世界贸易组织驳回了中国就一项有利于美国、欧盟和加拿大的汽车零部件争端裁决提出的上诉。WTO明确指出，中方限制外国汽车零部件进口的政策类属贸易保护主义，并认为中国涉案措施违反了国民待遇，但是上诉机构的裁决报告推翻了专家组认为中国对成套散件和半成套散件按整车征税的做法违反入世承诺的裁决。

WTO上诉机构同时建议中国将国外汽车零部件进口关税调整至符合国际贸易规则的水平。

按照相关程序，上诉机构的裁决报告将在30天内由世界贸易组织争端解决机构批准并生效。裁决生效后，中国须在一定期限内修正违规措施，这个期限将通过当事方协商或由世界贸易组织仲裁来确定。

汽车零部件争端已持续了两年多，最后以中国败诉告终，这是中国2001年加入该组织以来首次在贸易争端上败诉。

尽管如此，仍有很多业内人士认为这未尝不是一件好事，运用WTO争端解决机制更好地解决问题才是我们首先要学的目标，而且中国利用打官司，为我国有关产业的调整进一步争取了时间。

三、对我国WTO零部件进口措施争端一案的法律解释

2008年12月15日，世界贸易组织上诉机构公布的关于中国与美国、欧盟和加拿大三方汽车零部件争端的裁决报告认为中国涉案措施违反了国民待遇原则，但是推翻了专家组认为中国对成套散件和半成套散件按整车征税的做法，违反入世承诺的裁决。

什么是国民待遇？我国在加入世界贸易组织时做过什么承诺？

1. 国民待遇原则及争议要点

国民待遇原则是WTO的一项基本原则，但其准确含义经常被人误解。

WTO国民待遇原则以关税与贸易总协定（GATT）第三条为核心，扩展到其他协定中。根据该条规定，货物贸易中的国民待遇，指进口国给予进口产品在国内税收、国内费用、国内销售、供应、购买、运输分配，以及国内成分含量管理方面与进口国本国产品平等的待遇。由此可见，享有国民待遇的主体并不是人（进口商或出口商），而是物，即一国进口的外国产品。显然，国民待遇体现的是进口国与出口国的"相同或直接竞争的，可替代的产品"享有平等的待遇。

根据GATT第三条，在发生进口国违反国民待遇争议时，判断进口国是否已履行国民待遇义务，首先应将进口国在国内税、费及政策、法律上给予进口产品的待遇，与进口国给予本国相同产品的待遇相比较，再根据比较的结果得出结论。

由于WTO协议中没有关于"相同产品"中"相同"一词的准确定义，所以，目前见诸WTO组织案例中用作判断"相同产品"的标准主要有：产品的物理特性、产品的最终用途、消费者的喜好、习惯以及关税税则分类法等。由于标准本身的抽象性，相同的标准在不同评判者手中，评判的重点和角度会有区别，可能出现完全相反的结果，并直接对WTO国民待遇争议案件的审理结果产生影响。所以，相同产品的认定问题成为WTO国民待遇争议案件中的一个难点。

在实际案例中，WTO上诉机构有时将海关合作理事会（WCO）推行的《商品名称及编码协调制度》（HS）作为判断产品是否具备相同性的一种得到认可的有效做法。

2. 我国在相关问题上的承诺及败诉原因分析

2001年我国加入WTO时，有几项关于汽车零部件关税待遇的承诺，确认对汽车成套散

件和半成套散件不设立单独税号,如果设立单独税号,关税不能超过10%。也就是进口汽车成套散件和半成套散件应该按照零部件税率纳税。

2002年7月,原有汽车国产化政策和优惠级差税率政策取消后,我国出现了SKD和CKD组装汽车热潮。2003年我国汽车零部件贸易首次出现7年来的贸易逆差,金额达到29亿美元。

我国出台的《构成整车特征的汽车零部件进口管理办法》(以下简称《办法》),规定了构成整车特征的三个标准,一旦达到这三个标准,进口汽车零部件将按照整车标准课以25%的进口关税。这三条标准是:①进口全散件或半散件组装汽车的;②进口车身(含驾驶室)、发动机两大总成装车的(即2+0),或进口车身和发动机两大总成之一及其他3个总成以上的装车的(即2+3),进口除车身和发动机两大总成以外其他5个总成(变速器、前桥、后桥、车架、转向系和制动系)以上装车的(即1+5);③进口零部件的价格总和达到该车型整车总价格60%以上的。

2008年12月15日WTO上诉机构公布的最终裁决报告表明,中方《办法》中的第一个标准符合世贸规则,但对标准二和标准三被判定为违规。

在这个争端中,我国相关产品是否被定性为与进口产品是"相同或直接竞争的、可替代的产品",成为该案争议解决专家组(DSB)争议的焦点。

根据2008年7月18日WTO专家组的公开报告(引自商务部网站),DSB就相关问题听取了WTO成员国第三方国家阿根廷、澳大利亚、巴西、日本、墨西哥的意见,并与海关合作理事会(WCO)进行了多次交流,解决了"相同产品"的问题。构成整车特征的零部件在用途上与整车的差别是明显的。

专家组的公开报告根据我国《汽车产业发展政策》区分了组装和制造的不同含义,并考虑了我国与5个第三方国家对构成整车特征的零部件在国内税收、国内费用、国内销售、供应、购买、运输分配及国内成分含量管理等方面,与整车待遇的区分。虽然汽车零部件贸易造成了巨额逆差,但是我国提高的是关税,不是征收反倾销税,最终得出了我们看到的结论。

四、零部件争端失利对我们的影响

从2009年9月1日起,《构成整车特征的汽车零部件进口管理办法》(以下简称《办法》)正式取消,有人担心,国内将由此掀起新的组装潮。对此,多数专家持否定态度,认为跨国公司在我国提高本土化率,降低成本,以增加竞争力的总体趋势不会改变。《办法》取消,不会撼动我国车市走向。

1. 进口组装车比例已经很少

《办法》实施4年多,在一定程度上有效抑制了跨国汽车公司进口散件到我国"化零为整"的组装避税行为。

统计数据显示,2005年以CKD组装方式在我国生产的外国品牌汽车为42.31万辆,第二年降至33.8万辆,到2007年则下降到11万多辆。2008年更是进一步下降到7万辆左右,占我国汽车总销量的比例不足1%。

据了解,目前,通过进口成套散件在我国组装的车型只有少数,如丰田普拉多、兰德酷路译、普锐斯、三菱帕杰罗以及奔驰的几款车型,这部分车型的年销量非常小。这些进口的成套散件，近几年全部是按照整车税率，也就是按25%缴纳的关税。国内汽车企业进口的大量汽车零部件，则基本以10%的税率缴纳关税。

2. 市场竞争将推动合资汽车企业本土化

新华信汽车研究解决方案副总经理郎学红指出："随着我国汽车市场竞争加剧，大多数合资企业加快了本土化步伐。对一些已经进入合资汽车企业采购体系的零部件企业而言，政策变动不会减少其订单。"

汽车产业分析师钟师表示，《办法》已经完成了历史使命，继续实施的话作用很微弱。他认为，目前汽车市场竞争的严峻性凸显，产品在市场上的价位空间受到极大挤压，整车企业只能被迫压缩成本获得利润空间，零部件本土化生产和本地化采购已经成为一种不可扭转的行业大趋势。跨国公司为了降低制造成本，在全球采购中越来越青睐从我国寻找合格供应商。对于合资企业来说，只有提高本土化率才能增加市场竞争力，指望靠高比例的零部件进口来达到生产规模与成本优势已经不现实了。

3. 国内车市不会震荡

商务部机电和科技产业司有关领导说："《办法》取消后对汽车产业和汽车市场的影响有限，其适用范围已经很小，仅针对一些企业利用进口整车和进口汽车零部件关税税率差，分散进口变相逃税的违法行为。对于按照国家法规正常进口汽车整车和零部件的企业来说，这一政策的取消与否没有太大影响。"

有分析人士说，《办法》取消主要影响一些本土生产的中高端车型，其在市场总销量中的比重不大，本土化率低于40%的北京奔驰，从中受益比较明显。

有关专家指出："取消《办法》后，受到实际影响的产品比例极小，不可能造成国内车市的大幅震荡。现在国内汽车企业的本土化率普遍为70%左右，早就过了40%的标准。因此，新规定执行后，除了有少数汽车企业受益外，总体没有太大影响。"

4. 高档车竞争格局短期很难改变

从表面上看，政策变动对奔驰、宝马最为有利。《办法》取消后，意味着奔驰、宝马的进口散件价格总和超过60%也只按10%征收关税，其整车生产成本将降低，对奥迪构成压力。

尽管此前戴姆勒-奔驰一直被认为是推动欧盟在《办法》上向中国"发难"的幕后"推手"，但戴姆勒公司东北亚地区董事长兼首席执行官华立新公开表示："取消额外关税不太可能对戴姆勒公司在中国的业务产生重要影响。戴姆勒一直致力于中国业务的本土化，北京奔驰生产的C级轿车本土化率已达到40%，2010年在中国投放的国产新E级轿车，也满足40%的本土化标准。"

分析人士表示，对于奔驰、宝马与奥迪在我国市场的竞争，除了有品牌优势外，奥迪正是凭借超过60%的本土化率，牢牢确立了绝对领先的市场地位。虽然"整车特征"管理办法取消在客观上有助于奔驰、宝马降低进口散件成本，但奥迪完全可以凭借成本优势率先降价，《办法》的取消不会动摇奥迪目前的市场地位。

五、吃一堑、长一智

一家专门从事贸易问题研究的机构发布报告称，贸易保护风潮正在袭来，现在各国政府计划实施的贸易保护措施多达130项，其中包括提供政府援助资金，提高关税及给予出口补贴等。虽然这些措施现在还没有实施，不过，一旦推出会对全球经济复苏造成严重影响。我国汽车零部件出口频繁遭遇国外反倾销调查，使我国汽车零部件业在国际市场受到前所未有的压力。

在我国零部件出口涉及的贸易争端中，曝光度最高的当属中美轮胎特保案。2009年4月29日，美国正式启动对中国轮胎产品的特保调查，称中国企业通过不公平竞争对美国轿车和卡车轮胎出口实现持续4年剧增，造成美国工人失业，希望奥巴马政府对进口采取限制措施。同年9月12日，美国宣布对中国轮胎特保案实施限制关税，为期3年。其中，第一年对从中国进口的轮胎加征35%关税，第二年加征30%，第三年加征25%。此举影响了国内相关产业近10万工人的就业，涉及销售额20亿美元。

面对美国对中国做出的不利处理，中国为保护自己，对抗不公正贸易待遇，不得不将"轮胎特保"案诉诸WTO争端解决机制。

据了解，特保手段是中国加入WTO后针对中国的附加条款，被美国正式使用是第一次，针对特保案成立专家组进行调查，也是WTO历史上第一次。

2009年12月，在中美双方就轮胎特保案磋商未果的情况下，中国代表团曾针对美国在发起特保案时的程序问题向WTO争端解决机构提出设立专家组的要求，以调查并裁决美国对华轮胎特保措施是否违反贸易规则，但是美方按照相关程序阻止了专家组的设立。

中国代表团当即指出，美国政府2009年9月11日宣布对从中国进口的乘用车和轻型载货汽车轮胎实施为期3年的惩罚性关税，这种所谓的特保措施是屈服于国内贸易保护主义的压力而采取的，这种做法背离了在金融和经济危机背景下避免采取保护主义措施的国际共识，并对两国利益都造成了损害。此外，美国政府是在缺乏事实基础的情况下做出上述加征关税决定的，因此有违WTO相关规定。

2010年年初，根据WTO裁决流程，中方排除障碍，第二次提出成立专家组。中国代表团坚持认为，为了应对金融危机，各国进行充分的磋商与合作至关重要，任何不公平、不合理的保护主义措施都将对本国和贸易伙伴的利益造成损害。作为一个贸易大国，美国应该担负起确保公平和自由的全球贸易环境的责任。

2010年1月底，在世界贸易组织（WTO）争端解决机构会议上，中美轮胎特保案调查专家组成立，WTO正式启动号称"贸易保护第一案"的中国输美轮胎特保案调查程序，将就此前中国输美轮胎特保案展开调查，裁决特保措施是否违反贸易规则。

目前来看，我国将特保案诉诸WTO争端解决机制，最主要的目的是对美方形成压力，表达出中方坚决抵制贸易保护的态度，也可以对其他国家起到预防和警示作用。有专家表示，中国政府和企业可以在参与整个过程中熟悉WTO争端解决规则，积累经验，以应对日后的类似案例。因此，其预防意义和示范意义要大于特保案结果本身。

第十五章

知识产权保护与产权纠纷解决办法

所谓知识产权是指专利，技术秘诀及商标等。而专利又包括外观设计专利，发明专利和实用新型专利。在三种专利中，发明专利的技术含量最高，保护时间最长，对市场的控制度也更大。

所谓汽车知识产权保护，既指保护外国汽车公司的产品，又指保护我国汽车企业的产品。

目前，随着世界经济全球化、贸易一体化的步伐加快，特别是我国加入WTO后，为我国汽车企业带来了更大的发展机遇。同时，发达国家的跨国汽车企业利用其知识产权的优势，不断加强其垄断地位，扩大市场份额，又使我国汽车企业的发展面临更大挑战。因此，如何在加入WTO后加强我国汽车企业知识产权保护是我们面临的重大课题：

第一节 我国汽车企业知识产权现状

当前世界范围内的汽车知识产权纠纷越来越多，我国汽车企业的知识产权问题也引起国内外广泛关注。涉及仿制、测绘等侵犯知识产权的案例在我国汽车工业领域不断出现，知识产权成了汽车产业发展的重要瓶颈。目前我国汽车企业知识产权存在以下几个问题：

一、数量软肋

"拥有专利的数量越多，就说明一个企业的实力越强。"日产（中国）投资有限公司知识产权总监岚俊之一语中的。在龙争虎斗的全球市场，谁拥有核心技术，并及时取得专利将其产业化，谁就能占得先机。然而，一组令人触目惊心的数据显示，国内近99%的企业没有申请过专利，有专利的企业不到万分之三。

近年来，部分企业随着同国外竞争对手交流的增多，逐渐认识到专利的重要性。因此，申请专利较以往积极许多。一汽集团、重汽集团和东风汽车分别是国内汽车企业专利申请的前三名，但它们的总和也仅相当于一家跨国汽车企业申请数的零头。

在我国，很多汽车企业专利申请意识很淡薄；它们不知道如何从技术上去保护自己，有些汽车生产企业以及零部件制造企业还不了解专利知识，一些产生技术创新的企业应该申请专利，但却没有去申请。

相比于整车企业，中国零部件企业的专利申请数则更是寥寥。一项调查结果显示，在中国注册的中外零部件专利总数仅占全世界的2%左右；在中国境内本土零部件企业的专利拥有量只有22%，剩下的78%为跨国零部件企业所拥有，弱势地位显而易见。

造成以上现象的原因很多，一些企业认为开发出来的技术短期内无法通过产业化来获取利润，加上在中国申请专利收费很高，动辄几万元的专利申请费用让它们望而却步。

二、创新不足

中国汽车技术研究中心首席专家黄永和认为,中国汽车企业和零部件企业申请专利数量少主要跟国内创新动力不足有关。"一部分汽车企业还没有拥有自主知识产权的核心技术,很多零部件企业还处在有'制造'无'创造'、有'产权'无'知识'状态,甚至靠仿造过日子。"

一位本土汽车设计公司的副总裁称,中国零部件企业近几年飞速发展,但许多是直接从国外买技术或进行模仿、抄袭,很少拥有知识产权。他认为,当前的关键是,中国企业要紧跟国际新技术发展趋势,迅速开发出拥有自主知识产权的技术和产品。

三、专利危机

目前,知识产权保护已成为跨国公司进入中国市场的重要武器,表现为中国企业的涉外知识产权诉讼不仅发生在国际市场,还发生在国内市场。我国汽车企业在出口或在国外建厂时遭受国外知识产权的"伏击",跨国汽车企业利用知识产权优势,也对国内中资汽车企业构成巨大竞争压力。

令人担忧的是,在新形势下,跨国公司凭借知识产权优势,通过知识产权侵权诉讼来构筑新的贸易壁垒,以占据更多的市场份额。也因此,涉及发明专利和外观设计专利的纠纷不断,其中既有国内汽车企业与国外汽车企业之间的侵权纠纷,也有国内汽车企业之间的纠纷。

据了解,2005年中国审结的知识产权民事一审案件中,涉外案件同比上升77.48%。对此有关官员表示,我国已经提前进入了涉外知识产权纠纷大规模爆发期,"比预测提前了5到10年"。发达国家和企业对中国的知识产权问题指责已从"知识产权相关法律体系不健全"过渡到"执法不力"。

从通用对奇瑞、丰田对吉利,到日产对长城、再到本田对双环,几乎无一例外都是因外观专利而引起的诉讼。这些频频出现的危机不能不引起中国汽车行业的深思。

 第二节 自主品牌为何屡遭"诉讼门"

一、中国汽车业遭遇知识产权纠纷增加

中国加入世界贸易组织后全面履行了入世时对汽车业的承诺:整车关税降至25%,零部件关税降至10%,取消了配额、许可证制度,取消了客车等产品的国产化比例限制,开放了汽车服务贸易、汽车保险,金融业务对外也无股比限制。

我国汽车业有效地抵御了"入世"冲击,但随着我国汽车业的发展壮大,有些国家的贸易保护主义抬头,我国面临的知识产权纠纷、贸易摩擦和争端压力也日益增加。

2003年8月,日本丰田汽车状告国内知名企业A及其销售代理商商标侵权和不正当竞争;11月本田汽车以CR-V的整体和前后保险杠外观设计专利权被侵犯为由,对另一汽车企业B提起诉讼,要索赔1亿元人民币;2004年12月,通用汽车起诉某一汽车企业仿制通用技术;2005年11月,日产汽车对另一汽车企业D提起诉讼。

第十五章　知识产权保护与产权纠纷解决办法

2007年在法兰克福车展开幕前夕，戴姆勒-克莱斯勒（2007年9月戴姆勒-克莱斯勒在出售旗下的克莱斯勒后改名为戴姆勒）和宝马（BMW）威胁某些中国产汽车说要采取法律行动，它们声称，这些中国产汽车抄袭了它们的车型。

德国总理安吉拉·默克尔（Angela Merkel）也就这一问题施加压力，她在北京的一次演讲中，称在中国发生的剽窃和侵权行为是"一个重大问题"。

戴姆勒-克莱斯勒表示，如果中国汽车制造商B的汽车在2007年10月的法兰克福车展上展示小贵族（NOBLE），它将考虑采取某项法律行动。戴姆勒-克莱斯勒称，小贵族与其SMART FOR TWO迷你车型非常类似，小贵族是"一次公然地抄袭SMART FOR TWO设计的尝试"。戴姆勒-克莱斯勒的一位发言人表示："我们决定保留采取法律行动的权利。"

默克尔也表示："如果一辆酷似SMART的汽车突然出现在你面前，但它又不是SMART，而是通过不完全合法手段生产出来的抄袭车款，这可不太好。"

另外，宝马表示要对引进汽车企业B的另一款车型的进口商采取法律行动。宝马声称，该款车型非常类似其宝马X5运动型多功能车（SUV）先前已于2006年停产的一款车型。

2007年7月意大利一家法院做出判决，判定D企业生产的某款轿车，外观酷似菲亚特的一车型并禁止其进入欧洲销售。另外，D汽车公司必须为出口欧洲的每辆该型号汽车向菲亚特支付1.5万欧元的罚款。

二、中国自主品牌屡遭"诉讼门"的原因分析

1. 跨国汽车公司对知识产权的"过度保护"

2008年7月中旬，意大利都灵法庭判决长城"精灵"轿车在外观上抄袭了菲亚特的"熊猫"轿车，要求"精灵"不得向欧盟出口。7月21日，河北省石家庄市中级人民法院就菲亚特与长城汽车专利权纠纷一案做出判决，驳回菲亚特奥托有限公司的诉讼请求。

意大利都灵法院的判决是长城"精灵"抄袭事实成立，而我国河北石家庄法院则驳回了菲亚特的诉讼请求，认为不存在侵权行为。两地法院的判决为何会截然不同呢？

据了解，意大利都灵法院在判决之前特邀汽车专家进行鉴定。都灵法院指定的专家书面鉴定和河北法院的判决基本一致，然而，在2008年7月16日做出的临时的初步裁定却与其指定专家的书面报告大相径庭。

长城汽车销售公司某副总经理说：都灵法院的判定结果为什么与自己邀请的专家组鉴定意见相违背。这是当地企业联合法院共同针对中国企业的攻击行为，法院的判决是出于对当地企业的保护，判决中掺杂了复杂的人为因素。意大利是微车消费主要国家，"精灵"的价格低于本土企业产品的价格，价格上非常具有竞争力，一旦"精灵"进入意大利，将对本土企业打击甚大。

河北法院驳回对方诉讼请求的判决是公正的、符合实际的。长城汽车多年来坚持自主研发，获得了权威机构颁发的一系列自主创新大奖，长城"精灵"是长城汽车自主研发的产品，并已申请了外观专利，并无侵权行为。针对都灵法院做出的不公正裁定，长城汽车按照法律程序提出了复议。

但意大利都灵法院做出终审裁决，维持原判。对此上海大学知识产权学院院长陶某表示，在国际竞争的环境中，知识产权是一种竞争资源，国内很多行业在这方面处于弱势。在汽车领域很多产品和技术的知识产权掌握在汽车巨头手中，它们往往有过高的保护要求，有

些甚至滥用知识产权。中外双方的纠纷只是一种表面现象，其本质是商业利益的争夺。通过法院的不公正裁决国外车商实际上获得了它们想要的利益。

武汉理工大学汽车工程学院专家也说：近年来，随着自主品牌汽车的发展壮大，开始走向世界，实现国际化的进程。自主品牌汽车羽翼渐丰，正是国外跨国汽车公司最不愿意见到的情况。

自主品牌在时机不成熟的情况下高调进军欧美市场，使得传统跨国车企提高警惕，在"抄袭"问题上大做文章，以抵抗中国汽车进军欧美市场。

由此可见，几年前，中国自主品牌企业与跨国汽车公司之间频繁出现的知识产权争端大多源自外商的贸易保护和滥用知识产权。

2. 中国自主品牌汽车企业没掌握"游戏规则"

2008年7月，双环CEO被德国慕尼黑地方法院裁定侵权宝马X5，引起了广大国人对国产车出口的关注。

事实的来龙去脉是这样的，2007年9月，双环汽车在德国法兰克福车展上公开展示其CEO车型，而宝马在展览开始前，即向德国慕尼黑地方法院起诉双环汽车在德国的经销商侵权。而根据德国当地法院的判决，双环汽车必须立即停止在德销售，如果4周内德国经销商不提起上诉，双环就必须销毁在德所有涉案车型，并向宝马公司赔偿损失。

德国起诉双环的目的是保护当地的汽车产业，打压竞争对手。但关键是，中国汽车出口到德国，本身就存在着一些尚未解决的问题，也是不争的事实。

尽管双环宣称，双环CEO与宝马X5仅在外观上相似，在整车性能、动力等方面与被模仿的宝马X5并无可比之处。但业内人士对双环CEO的败诉结果一点也不感到意外。

事实上，双环旗下多个车型与多款国际名车形似，曾多次被指责或起诉。除CEO车型，双环汽车的"小贵族"也被戴姆勒指责抄袭了SMART车型设计；此外，双环来宝S-RV曾在2004年被本田起诉"侵犯知识产权"。

一位业内人士开玩笑地说，双环或许很希望德国起诉它，这让双环在欧洲节省了很大一笔宣传费用，虽然在当地的报道肯定是负面的，但对双环在欧洲的销售不会产生什么影响。

从双环"抄袭门"事件产生的效果来看，似乎对中国汽车出口的打击并不大，但从实际市场反应分析，让处于磨合期的自主品牌企业面临一个痛苦而艰难的选择：是要品牌还是要市场？

中国汽车出口到欧洲，最大的优势无疑是价格便宜，但在汽车出口的大潮中，中国汽车真正注重品牌建设的却少之又少。双环汽车海外的销量已成为该企业发展的重点，但品牌却一直是其软肋，一年出口4000辆的销量对海外市场的品牌建设也没有太大帮助。在经历了这场官司之后，双环是否应重新审视自己，出口到海外的双环汽车不仅要做到提高"中国制造"的水平，同时也要强调"中国创造"的能力。

正如一位市场人士所言，双环败诉也许不是坏事，这会让国内的自主品牌更加注重创新性，无论如何，中国汽车出口海外还会遭遇挫折，除了提高自身的制造标准并严格要求外，也要学会对方的游戏规则，才能真正得到海外市场的认可。

三、抄袭不可取，创新是出路

现在汽车设计日趋雷同，大家都是站在前辈的肩膀上进行设计。自主品牌仍没有掌握核

第十五章　知识产权保护与产权纠纷解决办法

心技术，不可避免地会出现模仿嫌疑。

的确，自主品牌在崛起之时，与欧美当年的情形大不相同，面对市场细分化，自主品牌可谓是在夹缝中求生存。如果要独立研发一款全新的汽车，需要的不仅仅是创新的勇气，还要有大量的资金和与时俱进的经营理念。虽然近几年自主品牌日子过得苦中带甜，资金比以前殷实了一些，但还尚未达到更新思路的高度。

国内自主品牌汽车遭遇"诉讼门"，与数十年前日本、韩国汽车企业的遭遇相同，当时的日本、韩国汽车企业也曾遭遇欧美厂商模仿、抄袭的指责，但很快就凭借自身积累的研发实力提升了自己的品牌声誉。

专家认为，模仿和抄袭是非常不可取的态度或方法，但学习和借鉴是非常必要的，不能"闭门造车"。自主创新的关键在于如何把握借鉴与创新的关系，做到青出于蓝而胜于蓝。吸收和融合国际精髓文化，站在巨人肩膀上进行自主创新，这是行业快速发展的必由之路。

应该承认，作为汽车行业新的入门者，难免要在技术上进行一些借鉴。不论是现在还是将来，只要有新兴汽车企业出现，汽车模仿的现象就会继续产生。

但汽车模仿只能解一时之需，并不是长远之计，如果要想长足发展还是得从其他方面立足，比如技术层面进行自主创新。简单的表面模仿并不可取，除了混淆消费者的视线，并不能从根本上推动国内汽车产业的发展，因为最终决定汽车业发展的还是技术，技术的自主才是中国汽车真正的自主。

所以，在知识产权的问题上，我们应该抛开情绪化的东西，采用一种理性的态度、专业的精神去应对它。我们既要坚持自主创新，超越模仿，同时也要认真地学习各国的专利法规，不再犯低级错误，免得轻易地就让外国企业抓住把柄。

专家指出：自主品牌要想改变这一现状，必须要进行创新。其实，我们的自主品牌并非对此毫无作为，从各种迹象来看，奇瑞、吉利两个本土品牌的领军者，虽然过去曾经受过"诉讼门"之苦，但目前已经基本摆脱了借鉴的影子，开始大刀阔斧地在自主研发上尽情地展现中国人的智慧，为其他兄弟厂商树立了榜样，大踏步地在一条具有中国特色的创新道路上前行。

对中国自主品牌企业而言，不仅不能侵犯别人的知识产权，而且也要保护好自己的知识产权，在这方面华晨金杯汽车有限公司树立知识产权保护意识，按照"游戏规则"参与国际竞争的经验值得学习。

据介绍，华晨金杯走的是一条自主整合全球资源，自主开发全新车型的道路，在过去十多年的时间里，华晨与意大利宾法、德国宝马、日本丰田等国际知名公司合作，引进、消化了国际先进的技术和管理经验，将资本运作与产业有机结合，形成了中华和金杯两大自主品牌。通过与丰田整车技术、意大利车身设计、保时捷底盘技术，尤其是与宝马等世界著名汽车企业的深度合作，吸纳来自福特、日本等全球汽车厂家的高级技术人才，使华晨的研发含金量大大提升。华晨知道专利、商标等无形资产所代表的价值，所以它们不仅在国内全部申请国家知识产权和商标的保护，同时在产品出口所涉及的国外地区和国家，也展开了全方位的知识产权保护。例如，2007年上半年它们对"中华"系列商标申请了国际马德里注册，对重要商标在欧盟国家申请国际商标注册，对轿车系列外观专利申请了欧盟的外观专利。2007年知识产权管理与保护经费达到500万元左右。

当华晨"锐驰"在各地遭到仿冒后，华晨采取了灵活、有效的方式给予坚决的打击，包括自行协商，委托律师警告，诉讼等，都取得了良好的效果。

在维护自己的知识产权方面华晨的经验是：一要及时申请并获得包括专利权在内的知识产权，这是公司维护无形资产等合法权益的有效手段。二要通过法律途径保护知识产权，这是维护公司合法权益的重要措施。三要坚决打击任何侵犯包括专利权在内的知识产权行为，以净化市场，消除不正当竞争行为。

第三节 知识产权纠纷解决办法

纵观过去几年我国汽车界知识产权纠纷的主要表现形式，最多的是外观知识产权纠纷，其次是低水平的仿制，而汽车行业最常见的解决纠纷方法，一是打官司，走司法程序；二是找政府，通过官方解决问题；三是通过第三方调解。

在欧洲和美国公司看来，自己的知识产权遭到了侵犯，最正常不过的办法就是打官司，通过法律手段维护自己的权益，也有的公司则喜欢通过政府来解决问题，希望政府给企业施压，使企业停止侵权。从结果来看，欧美企业都没有获得良好的效果，因为诉讼时间长，耗费精力大，一个官司只能解决一个问题，通过政府解决问题的效果也非常有限。而日本公司则由于与中国同属于亚洲文化圈，文化背景的不同，导致采取维权的方法与欧美有差别。

一般来说，日本汽车公司遇到了知识产权纠纷，很少打官司，而是积极参与产业方面的沟通，期望通过沟通，达成共识，在达成共识的基础上解决问题。这种通过民间交流解决知识产权纠纷的方法在摩托车行业已证明行之有效，预计在汽车行业也大有可为，目前中国汽车工业协会正在积极推荐这种有效的民间交流方式解决问题。

一、通过调解解决知识产权纠纷

"和为贵"是我们历来推崇的传统理念，发生知识产权纠纷时也应尽可能调解解决。

2002年，德国大众公司曾以侵权为由，要与奇瑞公司打官司。当时奇瑞公司还是上汽集团的子公司，此事最终在上汽集团的斡旋之下以上汽集团垫付3000万马克了事。

2004年，美国通用公司认为奇瑞公司的新车"东方之子"涉嫌侵犯其通用大宇汽车和技术公司美男爵（Magnus）轿车车型专利，此外通用汽车（中国）公司还表示，奇瑞公司另一款QQ微型车也涉嫌抄袭通用大宇曼蒂斯。奇瑞公司公关部表示，QQ和东方之子都是自行研发的车型，已取得多项专利，不存在任何侵权。

为解决通用公司、奇瑞公司的知识产权之争，商务部曾专门召集会议，邀请通用汽车公司的代表和中国有关部门的负责官员专门讨论如何调解解决通用汽车公司与奇瑞公司之间的知识产权纠纷。

奇瑞公司和通用公司外观侵权这桩公案发生一年多来，一直是世界关注的热点话题。双方的口水战不断，难辨是非。直到2004年9月7日，中央有关部门正式表态，了结此桩纠纷。

是日，国家保护知识产权工作组办公室主任、商务部副部长张志刚称，通用汽车公司关于奇瑞公司QQ车型侵犯其SPARK车型外观设计一事，依照中国的法律和外方提供的证据，无法认定奇瑞公司侵权的问题，也不能认定奇瑞公司存在不正当的竞争行为。国家知识产权局的官员也表示，根据中国以及各国通行的法律来衡量，奇瑞公司没有侵犯通用汽车公司的

第十五章 知识产权保护与产权纠纷解决办法

知识产权。

二、由法院裁决知识产权纠纷

2003年，日本丰田公司将中国第一家民营汽车企业吉利汽车公司告上法庭，丰田公司认为吉利美日车标图案酷似其"小地球"造型，构成侵权。据了解，这是我国首起汽车商标侵权案。

日本丰田自动车株式会社在诉状中称，吉利汽车公司在美日汽车上使用的车标酷似丰田汽车"小地球"造型的注册商标，对消费者造成误导，侵害了丰田公司的商标权。同时，丰田公司还认为吉利汽车公司在对外宣传中打出"丰田动力、价格动心"和"使用丰田8A发动机"的宣传语，是不正当竞争行为。丰田公司为此向吉利汽车公司索赔1400万元。

被告浙江吉利汽车公司代理律师楼韬说，丰田公司的指控都是无稽之谈，吉利的商标早在1996年5月7日已经在国家工商总局商标局注册，与丰田商标有明显的差别，对消费者不造成误导。楼韬还说，汽车是大宗特殊消费品，消费者不会因为两者的车标都是圆形而选错品牌的。

对于丰田公司从未向吉利汽车公司提供发动机的指控，楼韬说，美日汽车虽然使用的不是原装进口的丰田发动机，但是天津丰田汽车发动机公司生产的8A发动机，在广告中宣传"使用丰田发动机"并无不当，更谈不上不正当竞争。吉利集团董事长李书福说，美日汽车自生产以来一直使用的是天津丰田汽车发动机公司生产的8A发动机。目前，吉利汽车公司已经采购了丰田汽车生产的发动机累计达4亿元人民币。吉利汽车公司与天津丰田汽车发动机公司签订的发动机采购合同书还存放在采购部门。

据了解，天津丰田汽车发动机公司生产的Toyota 8A-FE发动机，是以丰田A型发动机为雏形，在中日双方的技术合作下，面向中国市场全新开发的8A发动机。

由于无法调解，丰田公司将吉利汽车公司涉嫌汽车商标侵权纠纷交由人民法院受理，并在北京市第二中级人民法院正式立案。

2003年年底，耗时数月，牵扯了业内众多关注目光的吉利汽车公司被丰田公司起诉知识产权侵权案，终于在北京市第二中级人民法院一审判决，吉利控股集团胜诉。这场诉讼案一度被认为与中国民族汽车产业的前途息息相关。此案的胜诉使吉利汽车公司这样力主自有知识产权的企业增添了研发投入的信心。

三、民间交流——大有前途的解决方式

面对一些跨国公司在知识产权问题上与中国企业不断发生矛盾，中国企业间知识产权的矛盾日益增多的现实，中国汽车工业协会专务副秘书长杜芳慈先生认为：除了企业间的利益之争外，"我国汽车行业没有真正建立知识产权的意识，说说容易，而贯彻到行动中去的难度非常大。"

以前，中日在摩托车领域的纠纷非常多，日本的电台、电视台经常发布相关的消息，日本企业在中国打官司都打不过来，某些纠纷案甚至惊动中国高层领导。后来，中日双方达成共识——通过民间方式解决问题，经过两年的时间，问题得到了解决。

杜芳慈先生认为："现在还有一种方式叫仲裁。仲裁在国际上非常盛行，中国的仲裁做得还是不错的，但在知识产权方面做得很少。因为打官司费钱、费事、费时间，在中日摩托

车知识产权纠纷的解决中，已经建立起来了仲裁机构。"

怎样才能通过民间解决问题呢？杜芳慈以摩托车行业解决纠纷为例指出："首先企业要有知识产权意识；其次要有适当的组织形式，当年在解决中日摩托车知识产权纠纷时，要求企业建立知识产权的机构，有了专门的人才，企业才明白知识产权是什么；第三要有解决知识产权问题的形式，通过双方协商，形成规范的形式，如双方律师的沟通。通过沟通实现了理解，最终解决了知识产权问题。"

据悉，中日摩托车知识产权问题是在中国汽车工业协会的主导下解决的，当时与所有参与企业一起签订了《中国摩托车行业保护知识产权协议书》，协议书中规定了缔约的目的、缔约方的地位、义务，以及知识产权纠纷的解决等内容。不仅如此，还建立起了定期的例会制度，为解决知识产权的纠纷起到了积极的作用，而目前汽车行业尚未建立起这种民间的解决机制。

杜芳慈先生介绍说，当中国企业懂得了如何保护知识产权后，中国企业甚至向日本企业提出你的某某设计侵犯了我的知识产权，有的企业和日本企业间达成相互的谅解——你用我的设计，我用你的设计，双方互不追究。以前，中国企业认为，不仿照日本的设计车就没法卖。

现在，日本设计的摩托车到中国未必好卖，甚至需要中国的设计公司对其设计进行修改后，才能获得良好的市场反应。正是由于中日双方在知识产权保护方面达成了共识，中国企业、日本企业的知识产权都得到了良好的保护，中国摩托车企业已经形成了自主创新的体系。

从中国的历史和文化角度看，打官司古来有之，但从来都是不得已而为之的办法，中国人崇尚的是追求和解——和为贵。以法律为基础，在民间达成共识，建立解决问题的机制，在和谐中形成尊重知识产权的氛围，实现从竞争到竞合的过渡，最终形成一个良好的崇尚创新的环境。

第四节　入世后我国汽车企业知识产权保护对策

知识产权是汽车产业的核心竞争力，跨国汽车企业为捍卫竞争优势和市场份额，必然会使用知识产权这一"撒手锏"来排挤对手，这已是国际市场竞争的惯例。在国际知识产权制度安排下，知识产权已逐渐成为一国汽车产业的"技术盾牌"和"主权"的重要内容，其"质"和"量"，直接关系到汽车产业的创新空间和产业安全。而知识产权的缺乏和忽视，最终导致的不仅仅是汽车产业经济利益的损失，而且会导致市场的丧失、产业竞争力的倒退和对他国的长期依赖。

鉴于知识产权保护的极端重要性，入世后我国汽车企业应对知识产权保护，采取如下一些对策：

一、加强专利申请

目前自主知识产权较少的问题已经严重影响到整个汽车产业的健康发展，因此，我国汽车企业应进行积极的专利战略，要采取主动的防御手段，在产品的市场前景尚未明朗，或者新技术的市场可行性还未得到验证时，即使当时无意在技术上投入太多，也有必要先申请专利，以作为技术储备。为防御国外汽车企业，我国汽车企业还应合理应用外观设计专利权，与发明或实用新型的技术性专利相结合，构成多个保护级。通过设计新的改款外表并申请外观设计专利，延长产品的市场生命期，或者通过为产品重新设计包装或装饰物来实现同样的目的，还可以与商标权结合，以强化品牌，将图案商标或具有装饰性的文字商标作为产品包装物或装饰物的图案时申请外观专利保护。

二、利用差异优势

纵观我国汽车工业，曾经与日本同步，比韩国早15年，1960年，日本汽车产量不过接近50万辆，却迅速腾飞，成为当今世界汽车工业最先进的国家之一。1980年，韩国汽车产量仅是世界排名第10的巴西的1/10，在世界汽车工业排名榜上没有名次，1993年已名列世界第六，二十几年后的今天，又成为中国汽车企业技术引进的对象。两家近邻从世界汽车业激烈竞争中脱颖而出，后来居上的成功经验告诉我们，在与强手的竞争中，必须坚持走自主创新之路。2000年，科技部专题立项"国家汽车创新工程"研究，通过细致的分析、比较、研究，认为中国汽车企业应该利用差异优势，分类发展。在中高档车的工艺水平和开发能力上，我们与发达国家有较大差距，可以通过引进，学习，消化吸收、再创新来发展；在经济型车的制造上，我们有大规模生产能力和丰富的技术经验，也符合国民消费水平，应利用这个优势占领市场；在新一代汽车的研发上，我们与发达国家的差距并不大，有机会进行突破式创新和局部领先，抢占技术制高点，实现后发优势。

三、重视自主创新能力

自主知识产权是促进汽车产业可持续健康发展的重要措施，也必将是衡量我国汽车产业自主创新战略成功与否的关键，自主知识产权是汽车企业拥有核心竞争力的重要体现，知识产权已成为国家和产业的核心竞争力。目前世界各国都在加紧制定知识产权战略。比如：日本已将"技术立国"改为"知识产权立国"。

一方面，知识产权保护是促进汽车产业自主创新的重要措施。目前我国汽车产业自主创新要解决核心要素资源缺乏的问题，关键是要建立有效的激励制度，形成能真正保护企业自主创新能力的机制和规则。如果创新者的利益不能通过知识产权得到有效保护的话，就不能保证持续的自主创新。

另一方面，只有重视自主创新能力的培养，企业才可能拥有核心竞争力，也才能谈得上知识产权保护问题。

专家认为，我国汽车产业应从小的方面重视自主创新能力的培养，逐步开展自主知识产权活动，从而加强自主知识产权的积累，如，建立轮胎、螺钉等具有自主知识产权的零部件，进而逐步充实我国汽车产业的自主知识产权资源，增强资金、技术的积累和沉淀，最终形成完整的自主知识产权产品。国家与企业之间、国内企业之间均需要加强交流和相互支持，从而为我国汽车产业的整体振兴而努力。

四、加强知识产权保护研究

各国的汽车工业发展过程中都存在互相模仿、互相借鉴的历史，但这个过程应有一个合理与适度的界限，否则产业的发展将受到很大的影响，企业也会为这种影响付出代价，现在中国企业要走出去，就面临自主知识产权保护问题。因此，就发展的形势看，知识产权保护的研究显得越来越重要。

汽车知识产权战略研究的重点首先要放在知识产权如何界定，如何保护，让国内的企业认识到应该怎么做才符合国际规则；其次是仿制、模仿甚至很大程度上抄袭的做法，如何让其受到一定程度的制约。

五、抓住机遇，用资金换技术的方式引进知识产权

在中国汽车工程学会主办的"2009中国汽车工业知识产权研讨会"上，商务部条约法律司知识产权法律处处长陈福利说："在全球汽车市场，特别是成熟汽车市场普遍萧条的环境下，中国车市'风景这边独好'"。

在陈福利先生看来，在国内汽车市场不断发展，国外汽车公司举步维艰，以及各国大力发展新能源汽车的背景下，国内车企或可重新审视获取知识产权的问题。"在国外企业比较警惕的情况下，国内车企引进它们的核心技术比较困难。目前，它们遇到经济困难，从合作和共同发展的角度看，现在也许存在用资金换技术的可能。"他还补充说，国外一些先进的汽车技术和设计中的知识产权内容，也可以考虑通过合资合作或并购的方式转化和引进。

中国汽车企业走出去的步伐未来有可能加快。在一些新兴市场，遭遇金融危机的跨国汽车公司出现市场萎缩甚至退出的局面。陈福利先生表示，中国汽车企业在"走出去"过程中应该考虑如何实现合作共赢，如何保证知识产权要素先行一步。

有专家建议国内汽车行业组织牵头骨干汽车及零部件企业，对全球市场不同产品知识产权状况进行摸底和分析。其目的在于了解目标市场权利人所拥有的知识产权内容，从而站在别人"肩膀"上进行创新，避免重复投入和研发。这样，中国汽车企业也可在市场上防范侵犯竞争对手知识产权的风险，通过合作或技术许可等方式减少知识产权纠纷的发生。

尊重竞争对手知识产权的基础在于了解，中国汽车企业可以考虑与竞争对手交换或交叉许可，实施知识产权突围战略。国内汽车及零部件企业应该经营有道，加强尊重和保护知识产权的意识。

专家指出："既然知识产权有价值，是宝贵的财产，企业就应该把它纳入采购、生产、销售的经营全过程。"

六、实施知识产权保护的政策措施

实施知识产权保护要从政策上采取如下几项措施：

1）根据相关协议的有关要求，加强知识产权的保护工作，从行政、司法方面，从国家管理层面，坚决打击知识产权方面的侵犯行为，为保护知识产权营造良好的环境。

2）成立知识产权保护联盟，遵守共同的知识产权行为规则，为汽车企业的知识产权保护建立良好的基础。

3）针对知识产权跨国争端，建立起相应的应急机制，设立知识产权应对基金，为涉外知识产权的技术分析、法律研究等提供支持。

4）加强对汽车企业知识产权滥用行为的打击。

第十六章

进一步完善汽车法律法规体系

　　汽车法律法规是有关汽车设计、生产、使用和贸易服务等的法律、规章（规定、条例、办法、细则）以及有关标准规范的总称，在我国汽车工业的发展历史中，法律法规起到了重要的促进作用，并且已经具备了相当的规模和自己的特点，初步形成了以法律为基础，辅以若干规章和标准的体系框架。但由于历史的原因和经验的局限，我国初步建立的汽车法律法规体系尚不够完善，因此需要与时俱进，不断对其进行补充和修订。

第一节　我国汽车法律法规的现状

　　回顾过去，我国在汽车法律法规制定上存在以下三个有待改进的方面：
　　一是部分较为重要的法律或法规出台较慢。
　　二是已出台的一些法律法规存在这样或那样的漏洞，在实践中难以达到预期的效果，这一问题在汽车消费领域的法律法规制定上尤其明显。
　　汽车消费涉及公安、工商、税务、保险等诸多部门，而每个部门在制定相关法律法规时，首先想到的往往不是如何与其他部门的制度相衔接，也较难完全从消费者的角度去考虑。这种"立法"会加大本部门的执法权力，当部分条款涉及其他部门时，可能会将相应执法产生的风险和责任转移。在具体法规执行中会导致出现不同部门之间"踢皮球"的现象，消费者的合法权益也会因此而难以实现。
　　三是经常使用强制性标准来代替完整的法规，而对国家发布的一些强制性标准的执行又不够到位。
　　下面以避免货车"吃人"的强制性标准执行不力的例子来加以说明。

一、"吃人"事件让货车变得血腥

　　据有关媒体报道，近年来我国的道路交通事故总数及造成的人员伤亡、财产损失都在下降，但追尾事故的危害更加突出。
　　随着货车追尾事故的增加，因此造成的人员伤亡越来越多，有专业人士分析说，我国所生产的货车车厢尾部离地面高度约75cm。如果没有防护装置，轿车一旦追尾货车，驾驶室会被瞬间铲平，最先进的安全保护装置也发挥不了作用，车内人员很难逃脱身首异处的厄运。
　　正因为如此，"吃人"事件让货车变得血腥。

二、强制标准欲封货车"吃人"大嘴

　　早在1994年，我国就发布了强制性国家标准《汽车和挂车侧面及后下部防护装置要

求》(GB 11567—1994),对汽车和挂车装备后下部防护装置提出明确的要求。2001 年,我国又参照欧洲相关标准,发布了《汽车和挂车后下部防护要求》(GB 11567.2—2001),对车辆后下部防护装置的技术要求、试验方法等做出明确规定。

目前 GB 11567.2—2001 已被 GB 11567—2017 所取代。

《机动车运行安全技术条件》(GB 7258)由公安部牵头制定,是我国道路交通安全管理的重要标准。GB 7258 引用了 GB 11567,目前已成为公安交通管理部门进行道路交通安全管理的依据。

三、"吃人"货车仍明目张胆上路行驶

国家强制性标准能否让"吃人"货车"闭嘴"? 据有关方面的调查结果十分令人震惊。

例如,2008 年 5 月,在京珠高速湖南段最北端的羊楼司收费站,随机抽查了 100 辆 N2、N3、O3、O4 类货车,结果显示,后下部防护装置完全达标的仅占 23%,部分或完全不合乎要求的高达 77%,某些车辆的后下部防护装置就是摆设。比如,某辆车后下部防护装置横向构件截面高度只有 45mm,不到标准要求的一半,在发生追尾时根本无法起到阻挡后车的作用。

另据多次实地调查发现,有些企业生产的后下部防护装置,图样上标明的是 8mm 厚,而实际生产的只有 2mm 厚。

安装货车后下部防护装置在技术上没有任何困难,为何会出现大量不达标车辆? 有关专家把原因归结为一些人的"一己私利"。此外,监管不力也是一个重要原因。专家认为:"虽然有国家强制性标准,但据了解,在认定道路交通事故责任时,车主并不会因为车辆没有后部防护装置而被追究责任。"

专家认为,标准执行不力,根源在于各有关部门的多重管理。谁都有权进行管理,但又仅仅限于某一段,只要管好各自应该管理的一段就行,其他的不用管,也无权管。到目前为止,从汽车的设计、制造、检测、使用、维修一直到车辆的报废,我国还没有一部完整的汽车安全法规,也缺乏一个负责统一管理的部门,因此,许多标准在实际执行过程中都出现了监管不力的现象。

要解决强制性标准执行不力的问题,必须从立法的角度入手。专家说:我国常用一些标准来代替法律的作用。如果能够针对汽车全生命周期制定一部汽车安全法规,执行效果将比标准的执行效果要好很多。

专家还指出:在制定汽车法规方面,日本的经验值得学习。

日本的汽车法规一是体系比较完备,仅公路方面,就有以《道路法》为代表的法律 20 余部;二是立法级次比较高,均由日本议会审议制定。我国的汽车法规除了体系不完备外,立法级次普遍较低,主要是国务院的部门规章,由人大颁布的法律甚至由国务院颁布的行政法规少,影响了汽车法规的效力和权威性,造成执行困难和部门相互推卸责任的情况。

第二节 在建立和完善汽车法律法规体系中落实科学发展观

无论对现有汽车法律法规的完善,还是制定新的法律法规,我们都应该以科学发展观为指导思想。科学发展观的核心是"发展",精髓是"科学",其基本内涵是三句话:以人为

第十六章 进一步完善汽车法律法规体系

本,全面协调,可持续发展。下面用实际例子来加以说明。

一、以人为本

所谓"以人为本"就是制定汽车法律法规,其出发点和立足点都是为了"人",而不是汽车本身。

汽车给车主带来了出行的便捷,却也带来了交通拥堵和交通事故,相比之下,交通事故更令人触目惊心。

资料表明,东京的交通事故致死率为0.7‰,而北京为14‰。

从20世纪60年代以来,日本在减少交通事故方面做出了很大努力。

据介绍,从20世纪60年代开始,随着日本机动车数量的增长,交通事故发生的次数迅速增加,特别是随着1966年爱知县一辆卡车冲进幼儿园队伍等惨剧的相继发生,媒体上还出现了"交通战争"的说法。此后,日本采取了完善人行道和自行车道建设,强制使用安全带等一系列措施。

为了交通的安全,日本人甚至认真得有点过了头。像中国这样的发展中国家,人行道的建设和维护仍然存在不少问题,导致交通事故频频发生。相比之下,日本在一些人烟稀少的山区公路上也设置了人行道,有批评者说,这种人行道"只有猴子才会使用"。

日本还在不断寻找减少交通事故的新措施。其中一个重要策略是"用数据说话",并在1992年成立了交通事故研究与数据分析所。例如,日本工程师通过研究发现,湿滑路面的事故发生率比干爽路面高5倍。于是,日本提高了道路特别是弯道的排水性能,从而将相应的事故发生率减少1/3。

此外,更重要的是,日本对交通安全的制度和法律体系进行了改革。例如,实行了车主负责制,因为司机不一定是车主,而机动车违规后更容易找到的是车主。

日本每年交通事故死亡人数从1990年的11227人下降到2003年的7702人,但日本人觉得做得还不够,毕竟,这些看似枯燥的数字承载着的是一个个原本鲜活的生命和一个个原本幸福的家庭。于是,日本提出了到2010年前将全国交通事故死亡人数降到5000人以下的目标。这个目标实现起来虽然非常困难,但由此也可以看出日本在交通问题上"以人为本"而不是"以汽车为本"的决心。

我国在2004年5月1日起实施的《道路交通安全法》就体现了"以人为本"的指导思想,而在2009年出台的《商用车驾驶室乘员保护》和《商用车前下部防护要求》这两个强制性标准,更着眼于在交通事故中减少人员伤亡。

(1)《商用车驾驶室乘员保护》标准 由于该标准基本等同于ECER29,无论是试验方法、对撞击能量和静载荷的规定,还是车辆的分类,都"照搬"了ECER29。

该标准要求,在正面撞击试验中,最大允许质量不大于7t的车辆,撞击的能量为29.4kJ,最大允许质量大于7t的车辆。撞击的能量为44.1kJ。在车顶强度试验中,顶部应能承受相当于车辆前部的一个轴或多个轴的最大轴荷的静载荷,但最大为10t,而驾驶室后围,应能承受最大载质量每吨2000N的静载荷。

该标准出台后,其主要作用首先体现在减少人员伤亡上。

据公安部披露的数字显示:2008年1~9月,全国营运车辆导致事故的死亡人数,占事故总死亡人数的40.4%。其中,营运货车导致事故的死亡人数,占营运车辆事故总死亡人数的 73.4%。

根据公安部的交通事故统计资料，由我国载货汽车引起的事故导致的伤亡已经排在第一位，提高载货汽车安全性能的任务非常紧迫，上述标准的实施将填补国家安全标准体系的空白。

(2)《商用车前下部防护要求》标准 该标准主要借鉴了 ECER93，主要针对 N2、N3 类车辆（3.5t 以上）。

N2、N3 类车辆与 M1、N1 类车辆发生正面碰撞事故时，由于前者的底盘高，如果没有加装防护装置，M1、N1 类车辆很容易钻到车底下，极易出现人员伤亡。

据了解，对于安装侧部和后部防护装置，国家都有相关规定，唯独对前下部防护装置，国内法规存在空白。从 2002 年 11 月 1 日起，相关政府部门就要求申报公告的车型必须满足《汽车和挂车侧面防护要求》（GB 11567.1—2001）、《汽车和挂车后下部防护要求》（GB 11567.2—2001）两个标准的要求。

出台《商用车前下部防护要求》这一标准的目的就在于，最大限度地减少 N2、N3 类车辆在与 M1、N1 类车辆正面碰撞时，对 M1、N1 类车辆中的人员损害，因而体现了以人为本的科学发展观。

另外，从"以人为本"的观点出发，我国还应该尽早制定有关行人保护的法律法规。

事实上，目前欧洲、日本等国家和地区已经出台相关标准，并将行人保护纳入法规。

据了解，2003 年，欧盟颁布了 2003/102/EC 行人碰撞法规，该法规适用于最大质量不超过 2.5t 的 M1 类车辆以及由 M1 类车辆派生出的 N1 类车辆（最大质量同样不超过 2.5t）。法规规定车辆必须进行如下试验：儿童头部与车辆发动机罩的碰撞；成人头部与车辆风窗玻璃的碰撞，大腿腿型与车辆发动机罩前端边缘的碰撞；腿型与车辆保险杠的碰撞。以上试验应满足相应的指标要求。

该法规还规定了分阶段实施的时间表：自 2005 年 10 月 1 日起，所有的新车申请欧盟整车型式批准必须满足技术指令 2003/102/EC 规定的要求；包括上述试验和限值标准要求（加严的要求和指标可以不满足）；自 2012 年 12 月 31 日起，所有在生产车达到此要求。自 2010 年 9 月 1 日起，申请欧盟整车型式批准的新车必须满足技术指令 2003/102/EC 中加严的试验和指标要求，自 2015 年 9 月 1 日起，所有在生产车达到此要求。

日本政府和汽车企业是行人保护最早的一批实践者。日本于 2004 年颁布实施了《步行者头部保护标准》，要求新生产的车辆必须安装行人保护装置。按照该标准，行人保护装置采用的新技术包括在发动机部件和发动机舱盖前端排气罩部分留出一定的空间，以增大对行人的缓冲，采用新的保险杠，吸收冲击力。

丰田、本田等汽车公司在行人保护方面也积极进行探索。据介绍，丰田汽车已对发动机舱盖前端排气罩隆起的部分向下移动，在一般人的腰线以下位置，并向外侧倾斜。这样一旦汽车失事撞向行人，不会将行人卷入车底。自上世纪 70 年代就开始车辆安全性研究的本田汽车，于 1998 年在全世界率先开发出可再现事故中人体举动的行人假人。此次开发出的第三代行人假人"POLAR Ⅲ"，重点放在近年来呈增加趋势的 SUV 和微型厢式车等车身较高的车辆撞击行人事故中行人易受伤的腰部和大腿部。

专家判断："从世界情况看，汽车安全已经从单纯地考虑车内乘员安全延伸到车外其他交通参与者的安全上来，比如骑自行车的行人、走路的行人。"

第十六章　进一步完善汽车法律法规体系

据悉，美国在行人保护方面的法规也已于 2009 年 10 月开始实施。

但据了解，到目前为止，我国还没有正式的行人保护技术标准。

专家建议，除了标准之外，我国有必要建立健全行人保护方面的法规，加强政府管理。

从"以人为本"的角度考虑，我国还实施了强制性国家标准《专用小学生校车安全技术条件》和《机动车儿童乘员用约束系统》。

世界上最成功和成熟的校车市场在美国。目前，美国大约有 4350 万从幼儿园到 12 年级的学生，每天有近 50 万辆校车运送超过 2500 万名学生。相关数据显示，美国平均每年只有 5 名学生在校车事故中死亡，这些事故都与重大灾害有关。

美国人把校车当作一件大事来看待。联邦政府和各州都有专为校车制定的法律，总共有 500 多项。

在我国，近年来因校车超载、超速、手续不全，设施不完善引发的恶性交通事故时有发生。由国家质检总局和国家标准委员会联合发布的强制性国家标准《专用小学生校车安全技术条件》（以下简称《条件》），已于 2010 年 7 月 1 日正式实施。为确保小学生安全，《条件》根据车辆使用的特殊情况，从防火措施、安全带、照管人员座位、车窗、出口、车内布置、车内照明等方面做出明确规定。2012 年《条件》被 GB 24407—2012《专用校车安全技术条件》所取代，从而进一步规范了专用校车的技术标准旨在提高学生上、下学的安全。

另据了解，我国汽车保有量增长很快，但一些小工厂生产的劣质儿童座椅等产品充斥市场，危害着儿童的乘车安全。

为确保儿童乘车安全，我国首部有关儿童乘车安全的强制性国家标准《机动车儿童乘员用约束系统》在 2012 年出台，其中对儿童座椅在整车中的固定和连接方法、儿童座椅结构要求及儿童座椅总成性能和试验方法等均做出了要求。

"以人为本"还要求我们在制定汽车法律法规时特别要关注防止排放污染方面的立法。

(1) 汽车尾气排放标准要尽快与国际水平接轨　不久前来自哈佛大学的一份研究报告显示，在过去 10 多年的中外汽车合资模式下，由于外国车商向中国转让的几乎都是过时的尾气排放技术，因此造成中国的汽车尾气排放标准比大多数发达国家落后了 10 年以上。中国汽车技术研究中心的研究员说："不仅标准落后，执行标准情况在全国还参差不齐。在中国很多城市，即使是 CO_2 达到排放标准的车辆，其 CO 排放量也是欧洲车辆的 2 倍左右，碳氢化合物和氮氧化物排放数量是欧洲车辆的 3 倍以上"。

由汽车带来的社会经济成本也在攀升。以北京、上海两大城市为例，据当地环保部门数据，近年来，由汽车带来的空气污染已经占到城市污染的 90% 以上；由此带来的肺病发病率在过去 30 年翻了一番，造成了庞大的医疗成本。世界银行估计，因空气污染导致的医疗成本增加，以及工人生病丧失生产能力，使得中国 GDP 被抵消 5%。

目前，在排放控制方面，我国刚刚开始贯彻欧Ⅳ标准，而欧洲已在贯彻欧Ⅴ标准和酝酿欧Ⅵ标准。我国单轿车排污是日本的 5~6 倍，欧洲的 1.5~5 倍。尽管我国汽车保有量只为美国的 6.27%，日本的 18.84%，但城市大气污染程度都超过了这些国家。因此，汽车尾气排放标准如何尽快与国际水平接轨，是摆在我国面前的一项十分紧迫的任务。

(2) 进行车内空气污染防治立法非常必要　2004 年某消费者在购买一辆微型车后，怀疑因车内空气污染导致感染疾病而死亡。这一典型安全事例引发了关于进行车内空气污染防治立法的讨论。但消费者本身因为缺乏相应的法律支撑而败诉。

其实车内污染是隐蔽的双重杀手,加速对防治车内空气污染进行立法非常必要。

从2004年3月开始,中国科学技术协会工程学会汽车环境专业委员会在对842辆汽车进行检测后发现:93.82%的汽车内环境存在不同程度的污染,842辆接受监测的汽车,车型涵盖时下热销的高、中、低各档次汽车共91款,涉及38家国内汽车生产厂和6家国际著名汽车生产厂。

中国疾病预防控制中心辐射安全所专家介绍说,严重的车内污染会让驾乘者疲乏、头晕、头痛、颤抖、呼吸困难,有时还会恶心、呕吐;更严重时可能失去知觉;孕妇长期滞留在这样的环境中,畸形儿出生率会增大。

尽管车内空气污染受到广泛关注,但由于缺少法规及标准依据,汽车厂家很难明确自己的责任。

2008年3月1日,我国制定了《车内挥发性有机物和醛酮类物质采样测定方法》,但仅规定车内空气污染测定的方法,没有衡量"超标"的统一标准。因此广大消费者希望尽快出台具有强制效果的汽车内空气质量标准。

鉴于上述情况,环保部决定通过颁布强制性国家标准,提升汽车业车内污染控制水平。随后,环保部公布了《车内空气中挥发性有机物浓度要求(征求意见稿)》(以下简称《要求》),这标志着我国在车内污染控制方面已经迈出关键一步。

环保部在《要求》中称:"按照《车内挥发性有机物和醛酮类物质采样测定方法》(HJ/T 400—2007),在被检车辆中共定性检测到有机物200多种,其中苯、甲苯、二甲苯、苯乙烯、乙苯、甲醛、乙醛和丙烯醛在车内空气中的检出率高达98%。"于是,环保部根据车内空气中挥发性有机物的种类、来源,以及对车辆主要内饰材料挥发特性的分析,确定将上述8种物质作为主要控制对象,并对车内空气中相关挥发性气体浓度做出了明确要求。

据悉,早在2004年5月,按照国务院要求,国家环境保护总局就组织有关科研机构对车内空气污染问题进行了调查研究,当年6月,《汽车内环境质量标准》起草专家小组成立,计划2006年出台该标准,但因检测技术存在一定障碍而被搁置。如上所指,2008年3月,《车内挥发性有机物和醛酮类物质采样测定方法》正式实施,但并未包含如何判定车内空气污染物超标等问题。

对于环保部为控制车内污染制定强制性国家标准,中国汽车工业协会(以下简称"中汽协")明确提出反对意见。中汽协认为,环保部制定的《要求》不具备作为强制性标准的基础,改为推荐性汽车行业标准更稳妥一些,环保部若仓促出台车内空气质量强制性国家标准,将可能对国内汽车内饰件企业造成毁灭性打击,因为国内目前多数汽车内饰企业的产品离环保要求尚有距离,所以,作为推荐性标准更适合中国国情。为此,2012年我国出台了国内首个车内空气质量标准《乘用车内空气质量评价指南》(GB/T 27630—2011)。

(3) **缺陷汽车召回也应该涉及环保问题** 按照国际上汽车召回的通用定义,召回范围一般指涉及汽车"安全和环保"的缺陷,即当汽车存在隐患,可能导致发生环保方面的问题时也应该召回。国外对汽车环保非常重视,在进行汽车认证时,不但要通过安全认证,还要通过环保认证,但在我国制定的《缺陷汽车产品召回管理条例》中,召回范围只是提到了"安全",而没有提及"环保"。据介绍,环保召回是欧美等发达国家为治理汽车尾气的一项重要措施。欧美国家汽车厂家需保证产品正常行驶8万km后,尾气排放仍能达到环保要求，否则就要进行召回，而在我国，虽然也要求汽车在出厂后的一段时间里尾气排放达标，但对达不到要求的产品没有在法律法规上硬性规定召回。专业人士认为，环保召回是落实科学发展观的重要措施，它可以标本兼治，对新车和在用车的排放控制都有好处。

二、全面协调

一部效果好的法律法规的出台关键在于多个利益部门之间的全面协调，我国燃油税改革方案出台和顺利实施就是全面协调各种矛盾的结果。

我国燃油税改革方案历尽艰难，费时近10年之久才最终出台，其原因在于燃油税牵涉到很多方面的利益，所以需要统筹兼顾、全面协调。

业内人士认为，在开征燃油税方面需要处理好以下一些矛盾：

1）开征燃油税后肯定会使油价上涨，因此要考虑老百姓的心理承受能力。

2）开征燃油税要涉及通行费的取消，交通系统几十万路桥收费人员如何安置。

3）如果将原本由地方收取的养路费、路桥费等摊入燃油税，由中央统一返回，势必影响地方政府的既得利益。

4）燃油税实施后，一些企业及用油大户势必会进一步加大负担，如船舶运输、航空运输、供热供电等部门，这就要求国家进行相应的返还和补贴。另外，开征燃油税还会增加农民负担。

但是，综观全局，实施燃油税仍然是利大于弊。燃油税统一调控，更有利于国家的道路建设、维护、管理以及汽车和相关行业的发展。

业内人士认为：征收燃油税是协调车与路之间矛盾的有效办法，是让路与车相互依存，相互促进的良性循环机制。

据介绍，汽车的税费一般分三个环节设置，即销售、持有和使用。在购置环节的税费由于其对汽车需要及汽车工业影响最为直接，所以其设置和调整是以限制或鼓励汽车工业为目的，目前在我国主要征收车辆购置税和消费税。

在持有环节的税费，是按月和按年征收的，其目的一是满足对汽车的日常管理费用；二是按汽车的档次征收级差汽车税，以达到鼓励使用省油的、符合环保要求的车辆。

在使用环节，通过征收燃油税，体现多用车，多缴税。

由于汽车用油量与使用道路的频率和强度成正比，燃油税又是修建公路、道路的主要资金来源，对用车人来说，这种政策可以迫使他选择更为经济的交通方式，主动节约能源，对政府来说，则得到扶持汽车产业，同时发展道路建设的双赢结果。

回顾过去的汽车税费，其征收重点在购买环节，实际上是抑制了购买，鼓励使用。汽车的收费与道路使用的频率和强度等都不挂钩，养路费每年定额征收，没有体现"多用路、多付费"的原则。尽管占汽车保有量的60%以上的汽车是行驶在城市道路上，而养路费却全部用于公路，没有给城市道路一分钱。

目前，我国的城市交通面临着许多不易解决的困难，城市交通量在日益增长，而建设城市道路的资金仍无着落，城市交通拥堵现象日益严重。

因此，进行燃油税改革，取消公路收费，多用路多缴税，促进车与路协调发展，两全其美，这是落实科学发展观的具体体现。

三、可持续发展

可持续发展是一个重大理论和现实问题。20 世纪六七十年代西方学者首先从环境保护角度提出了"可持续发展"思想；1980 年联合国大会首次使用了"可持续发展"（Sustainable development）概念。会议提出："必须研究自然的、社会的、生态的、经济的，以及利用自然资源过程中的基本关系，以确保全球的可持续发展。"1996 年在联合国召开环境与发展大会以后，我国政府制定了《中国 21 世纪议程——中国 21 世纪人口、环境与发展白皮书》，在"九五"计划和 2010 年远景发展目标纲要中明确提出了实施可持续发展战略。党的十六大和十六届三中全会进一步把可持续发展融入科学发展观的范畴之内，使之有了更坚实的理论基础，更深刻的内涵意义，更普遍的适用范围。以科学发展观为指导，认真审视人类文明的历史和检讨传统的社会发展模式，努力探求一条人口、资源、环境、经济与社会相互协调的，既能满足当代人的需求，而又不对后代人满足其需求的能力构成危害的可持续发展之路，是我国新世纪的重大战略选择。对我国汽车工业来说，就是要以"可持续发展"思想为指导、总结、反思 60 年来的发展道路，积极探索新的发展模式，调整发展战略，使我国的汽车工业走上可持续发展道路。

1. 实施"汽车新能源开发与节能并重"的政策

从利用自然资源的角度考虑，为了中国汽车工业的可持续发展，中国政府正在实施"汽车新能源开发与节能并重"的政策。

目前在中国，汽车工业的发展对能源的影响已经引起普遍关注。

据国家信息中心专家预计，到 2020 年，中国汽车保有量将超过 1.3 亿辆，而中国的原油需求将比现在增长 1 倍以上。汽车用油的资源国内不足和高成本将严重制约中国汽车产业的发展。

面对急剧增加的汽车保有量和高油价，如何保障国家能源安全，保证中国汽车行业的可持续发展，只有下大力气节约能源。

专家认为，汽车节能有两大途径：一是鼓励使用节能、环保的小排量汽车，二是通过技术进步、研究、开发和使用新能源汽车。

2010 年 6 月 1 日，财政部等部委联合发布了《私人购买新能源汽车试点财政补助资金管理暂行办法》《节能汽车（1.6 升及以下乘用车）推广实施细则》，以及《关于扩大公共服务领域节能与新能源汽车示范推广有关工作的通知》。此次密集推出的各项政策，不仅明确了国家鼓励的节能与新能源汽车发展的重点技术路径，而且对市场推广更做出了科学安排，具有很强的针对性和操作性，是政府推动新能源汽车产业化、落实节能产品惠民工程的实实在在的举措。它们必将对促进我国汽车产业可持续发展发挥重要作用。

国内有关媒体认为：《私人购买新能源汽车试点财政补助资金管理暂行办法》提出将对私人购买插电式混合动力乘用车和纯电动汽车进行补贴，同时按照《节能汽车（1.6 升及以下乘用车）推广实施细则》，对消费者购买符合条件的节能汽车给予每辆 3000 元的补助。前一政策，明确了新能源汽车鼓励发展的技术方向——插电式混合动力与纯电动汽车，而《节能汽车（1.6 升及以下乘用车）推广实施细则》的同时出台，体现了政府将节能与新能源汽车并行发展的总体思路，即新能源汽车是行业努力的大方向，但是节能汽车也是现阶段实现节能减排的重要力量。可以说：节能与新能源汽车共同发展的指导思想是国家保障汽车工业可持续发展战略的重要组成部分，而《节能与新能源汽车产业发展规划》的发布，正是国家可持续发展战略在汽车行业的具体落点。

2. 实施"汽车回收利用"的政策

从利用自然资源的角度考虑，为了中国汽车工业的可持续发展，中国政府正在实施"汽车回收利用"的政策，近期把报废汽车材料的回收放在优先位置。

1）报废汽车材料的回收和利用有利于汽车工业可持续发展。

全世界每年生产几千万辆汽车，也报废几百万辆汽车（汽车平均寿命为8~10年）。1990年全世界报废车辆约320万辆，2010年增至550万辆。未来20年间，全世界将有10亿辆汽车报废。在美国，报废的汽车已堆积成山，如何处理这些汽车垃圾，也成了一件头疼的事。因此，美国逐渐形成了一个专门收购、处理废旧汽车的行业，每辆汽车的收购价，按汽车的新旧程度，从50美元到上千美元不等。

收购者把车上还可以利用的零部件拆下来当作配件再卖出去，把钢铁、有色金属、玻璃、橡胶等加以分类，作为原料回收。

其中，最麻烦的莫过于各种塑料。由于塑料品种太多，成分不一，又不值得花大钱去仔细分类，只好压碎了填进土里了事。不过时间一长，数量一多，这也对环境造成了污染，所以，目前各国都十分重视汽车用塑料的处理和回收问题，推荐使用回收性较好的聚丙烯、ABS等塑料。同时还提倡在塑料件上加上分类标志。此外，科学家正在研究用会"吃"塑料的微生物来把它们"吃"掉，但还处于试验阶段。

废旧轮胎的利用也是个大问题。目前采取的措施有：利用轮胎作为燃料、铺设道路等。除了废汽车以外，废润滑油的处理也很麻烦。每年，美国汽车油料的溅落量最高达9.8亿L，这些废油将污染大量的水。因此，美国环境保护局正在起草有关油料溅落的法规。

目前，一些维修站已开始回收旧机油。美国休斯敦的一个炼油厂已准备用污油来炼制汽油，每年能回收1.1亿L的润滑油，芝加哥的一家公司每年可回收3.8亿L废油，以进行再生。据说，再生润滑油与新油没什么不同。看来，这是处理废润滑油的良好途径。重要的是，人们再也不要随便倒掉废旧的润滑油了。

废旧蓄电池中的废硫酸和废极板也是严重的污染源。处理的方法应当是集中回收，集中中和硫酸，并将极板做填料集中处理。

随着三元催化转化器的普及，也带来新的污染。当每辆汽车行驶几万公里后，就报废一个催化转化器，这也需要一个妥善的处理方法。

总而言之，一方面，地球上有限的不仅是为汽车行驶提供能源的石油燃料，还有汽车的内饰材料和覆盖（件）的塑料等石油化学制品，也有用多少年后就会枯竭的各种金属（图16-1）。另一方面，要掩埋部分不可再利用的汽车的场地越来越有限，废弃问题上也遇到了困难。

基于以上事实，应该尽量减少埋葬废弃处理量，尽可能扩大再利用部分，从汽车的生产到废弃到再利用，要永远寻求再利用的持续循环型模

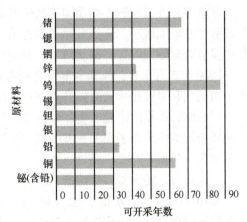

图16-1　汽车原材料可开采的年数

式如图 16-2 所示。

2) 为制成资源循环型汽车，在材料利用方面需具备充分的知识和丰富的经验，预测从设计汽车阶段开始到将来的再利用，考虑材料的选择、加工、分解、再处理、再利用是非常重要的，在生产中尽量采取不出现废料的加工方法，以及有效利用剩余料头等。如使用中的汽车保险杠等被换下来的部件送到回收系统。因此，废旧车的再利用系统及相关技术的开发等都是必要的。

开展废旧汽车回收利用有利于汽车工业可持续发展。所以，在我国除了已出台《汽车产品回收利用技术政策》外，还适时推进了汽车零部件再制造产业的发展。

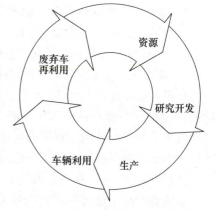

图 16-2　汽车再生资源的流程

2008 年 3 月 21 日，我国汽车零部件再制造试点工作正式启动。国家发改委确定了 14 家企业开展汽车零部件再制造的试点工作。其中有中国第一汽车集团公司、安徽江淮汽车集团、安徽奇瑞汽车公司 3 家整车生产企业，以及济南复强、潍柴、玉柴等 11 家零部件再制造试点企业。

国家还对这些企业实行了严格的产品及市场流通监督管理，要求这些企业生产的再制造产品不得用于新车生产，其技术性能和安全质量应当符合原产品相关标准的要求，并且保修标准和责任应当达到原产品同样的要求。试点企业和授权企业对再制造产品的质量共同负责，承担相应保修责任和售后服务。

尽管条件严格，但是对于企业来说，再制造拥有的广阔市场足以让其享有丰厚的利润空间。据山东潍柴动力股份有限公司再制造公司介绍，该公司 2009 年 1 月开始批量投产，2009 年全年共生产再制造发动机 1679 台，实现销售收入 3097 万元。一台市场上报废的发动机，消费者可按新机 25% 的价格卖给潍柴，经过再制造后，消费者再以新机 70%~75% 的价格买回。

据中国重汽集团有限公司济南复强动力有限公司介绍，2009 年全年该公司共节能 1687 万 kW·h，减少 CO_2 排放 397t。

尽管零部件再制造业在我国正加快发展步伐，但是目前仍然有很多瓶颈问题亟待解决，如开放产品范围较小，废品来源渠道有限，相关标准、政策、法规不完善，工艺水平落后以及消费者观念陈旧等等，都制约了再制造行业的健康发展。

2010 年 3 月 1 日，汽车零部件再制造产品标志正式启用，业界认为这将有力推动该产业的市场化和专业化，大大提升再制造产品的整体形象和营销能力。

据介绍，根据国家发改委、商务部、工信部对汽车零部件再制造的战略部署，中国汽车工业协会等单位启动了相关标准的制定工作。除了有关的标志管理之外，其中有 5 项再制造工艺规范（拆解、分类、清洗、装配和出厂检测及验收包装）及 4 项再制造产品标准（发电机、起动机、转向器、变速器）。

2010 年 6 月，国家发改委、科技部、工信部等 11 个部门联合公布了《关于推进再制造产业发展的意见》（以下简称《意见》），进一步扩大零部件再制造范围。《意见》中明确提出了我国将以汽车发动机、变速器、发电机等零部件再制造为重点，把汽车零部件再制造试点范围扩大到传动轴、机油泵、水泵等零部件。同时，推动机床等产品的再制造及大型废旧轮胎的翻新。《意见》强调，从加强宏观指导力度、深化试点示范、加强关键技术研发示范推广、完善再制造产业发展的政策机制和加强宣传培训等方面，来推动再制造产业健康发展，做大再制造产业规模。

国内有很多专家表示，由于以前国家法律法规、标准政策不尽完善，所以公众对零部件再制造的认识存在误区，认为再制造的产品质量得不到有效保证，这也是推广再制造产品的难点之一。"再制造不等同于简单的维修，再制造产品也不等同于二手品"。中国工程院院士徐滨士说目前再制造已经在工业发达国家得到了广泛的研究和应用，我国对再制造方面也给予了相当大的政策扶持，从《意见》的出台就可见一斑。

有关权威资料显示，到2009年年底，我国汽车零部件再制造试点已形成汽车发动机、变速器、转向机、电动机共23万台（套）的再制造能力，并在探索旧件回收、再制造生产、再制造产品流通体系及监管措施等方面取得了积极进展。我国在再制造基础理论和关键技术研发领域也取得了重要突破，开发应用的自动化纳米颗粒复合电刷镀等再制造技术已达到国际先进水平。据悉，再制造可节约成本50%，能产生显著的经济效益。与制造新品相比，再制造具有良好的节能节材效益，可实现节能60%，节材70%，几乎不产生固体废物，大气污染排放量明显降低。

3. 从可持续发展战略出发构建综合交通体系

欧盟在对其交通问题上的得失进行了反思之后于2001年发布了《2010年欧洲的交通政策做出决策的时候》白皮书，强调各种交通方式应优化组合，协调发展，并提出要鼓励支持和推广好的交通模式。

2004年，国家发改委发布了《节能中长期专项规划》，提出要合理规划交通运输发展模式，加快发展轨道交通等公共交通，提高综合交通运输系统效率，在大城市建立以道路交通为主、轨道交通为辅、私人机动交通为补充，合理发展自行车交通的城市交通模式，中小城市主要以道路公共交通和私人机动交通为主要发展方向。

在改革城市交通模式中，国外比较成功的经验是构成由私人小汽车，公共电、汽车，轻轨、地铁和高速铁路等优化组合的综合交通体系，从可持续发展整体战略考虑，有的国家已将这一交通模式以法律形式加以固化。目前我国有很多城市正在修建轻轨和地铁，高速铁路建设也在大力发展。

2009年4月16日，时任美国总统奥巴马提出了他的兴建高速铁路的愿景，计划共斥资130亿美元，在四个地区兴建10条高速铁路，打造内陆交通走廊。他说：我们需要符合21世纪需求的明智运输系统，以缩短旅行时间，增加流动性。这套系统将减少交通堵塞，增加生产力，减少具有破坏力的废气排放，并制造工作机会。

根据美国联邦铁路管理局的定义，高速火车是指时速超过90mile/h（1mile = 1609.344m）的火车。奥巴马希望的则是时速超过100mile/h的火车。他计划兴建10条长度在100~600mile的高速火车铁路，他说，这个计划将在两年内花费80亿美元，经费将来自他的经济刺激法案。其后5年，每年将有10亿美元追加经费。

19世纪，美国因修筑铁路而获得繁荣，但如今美国的铁路运输早已被汽车和飞机取代。奥巴马说，美国人不能继续依赖汽车和航空，不能太依赖石油。他说，美国的高速公路拥塞难行，每年浪费价值800亿美元的生产力和燃料，飞机场也拥挤不堪，负荷太重。如今其他国家努力兴建的高速铁路，大多使用电力，时速为 125～160mile/h。

奥巴马信心十足地宣布这个计划，他也十分谦虚，因为中国、日本、法国与西班牙的高速铁路发展都已超越美国。他说："试想，能以 100mile/h 的速度飞驶通过城镇，只走几步路就能到达公共运输车站，下车后只走几个街口就是目的地，该有多好。这种事情已经办得到，相关技术数十年前即已存在，但它发生在其他地方，不在美国。"

第三节　进一步完善汽车法律法规体系的对策

一、搞好规划，建立完整的汽车法律体系

根据日本的经验，一个完整的汽车法律体系应包括如下三个子系统：

1）与车辆的结构和装备有关的法律子系统：如《道路车辆运送法》《大气污染控制法》《噪声控制法》和《能源的合理利用法》。

2）与驾驶人、行人和其他与车辆有关人员相关的法律子系统：如《道路交通法》《道路运输法》《交通事故赔偿保险法》等。

3）与道路有关的法律子系统：如《道路设施法》。

另外，一个完整的法律体系还应该是有层次的。例如日本的法律体系由法律、法规、政令、省令及通告构成。法律依据宪法由国会制定；政令是为实施法律，由日本内阁制定的命令；省令是为明确法律规定中具体的技术要求，由各大臣为实施法律要求发布的各项具体实施内容，主要包括：道路运送车辆的保安基准、车辆型式指定规则、汽车型式指定要领、同一型式判定要领等；通告是对省令的补充，对各项技术要求的解释及具体的试验方法，是政府部门对下属机构下达的通知、指示等。由上述可见，不同层级的法律形式不同，制定的部门不同，其产生的法律效力也有所不同。在法律体系中法律是基础，其他的法规规章都是辅助的。所以我国建立完整的汽车法律体系的关键在于第一层次法律的制定。但如我国已出台的《缺陷汽车产品召回管理规定》不是专项法律，只是国家质检总局的一个部门规章，无法对其他部门产生法律效力，事实上，这正是以前我国汽车召回制度的一大软肋。

一位参与召回论证的汽车界人士认为，《缺陷汽车产品召回管理规定》最大的问题就是没有纳入法律体系。

据方案起草组人士称，他们对此也有考虑，最初设想将其纳入《车辆法》，但由于该法近期尚不能出台故只能作罢。而全国人民代表大会法律委员会表示，直接走全国人民代表大会立法程序不可能。后来，起草组希望纳入国务院行政法规，但最终仍未协调下来。"最后确定做成规章，很大程度上是因为觉得马上就可以推出"。

而作为规章的一个直接后果则是罚责太轻，这也是业界普遍诟病的一点。在韩国，生产商对缺陷隐瞒或缩小范围，经查实可处以 2700 万美元的罚款。若不执行召回令，可终止其销售权，并处以 10 亿韩元（约合人民币 600 万元）的罚款。而在日本，如果制造商的申请中有虚假内容，劝告后不执行的，则处以 2 亿日元（约合人民币 1400 万元）的罚款。

这位起草组人士说："没有办法，按照《行政处罚法》，作为国家质检总局的规章，它只能有这点权力。"

在近几年"两会"期间，汽车业的全国人大代表都向议案组提交了"加快《车辆法》

立法进程，促进《车辆法》尽早出台"的议案，但均没有下文。

尽管目前有具体困难，《车辆法》的出台可能尚需很长时间，但为道路车辆立法是件大事，如果不能较快作为全国法律出台，是否可以纳入国务院行政法规。

据介绍，正在起草的《道路车辆管理条例》（以下简称《条例》）的依据将是颁布的《道路运输条例》《大气污染防治法》《道路交通安全法》等法律文件。同时还可能辅以28个部令。《条例》全文19章，共99条。安全、环保、节能等"三性"贯穿全部章节。其总则包括了设计、制造、零部件法规、型式认证、注册登记、财产认证、使用、车辆自检、保养维修、事故分析直至报废与回收的全过程法制管理。

《条例》规定成立国家认证机构，这种认证包括产品认证和生产认证，以及现行的目录管理，避免了政府直接干预。这将以法规的形式促进汽车工业组织结构的大调整。《条例》管理范围将包括汽车和四轮农用汽车，从而将可能打破这两者之间人为划分的界限以及由此而产生的各种不平等待遇。"三性"可能会对三轮农用车"缓期执行"。这是出于对国情和农民实际购买力的考虑。

此外，《条例》的执行将取消"报废"对汽车使用年限和行驶里程的限制，而直接以"三性"为认证标准，只要达到安全、环保、节能的标准，就可继续使用，这也将有利于鼓励私人购车消费，同时将对减少大气污染、节约能源、减少交通事故及死亡人数、调整汽车工业产业结构、促进技术进步等起到巨大的推动作用。

上述内容有的在国务院有关部门随后出台的一些法规规章中有所体现，但是作为汽车法律法规体系中第一层次的《道路车辆管理条例》最终没有出台。业界人士普遍希望国家有关汽车业务主管部门在建立完整的汽车法律法规体系方面应该有个规划，并持之以恒，促其实现。

二、加强研究，学习国外的先进经验

上面已经讲过，法律对汽车产业发展的影响是巨大的，所以在制定汽车法律法规时应该进行多方面地深入研究，尽量避免可能产生的负面影响。现将当前需要研究的立法问题举例如下：

1. 研究出台《汽车回收再生利用法》

2006年5月，国家发展和改革委员会、科技部、原国家环境保护总局联合对外发布了《汽车产品回收利用技术政策》（以下简称《回收政策》）。

《回收政策》明确提出，自2008年起，汽车生产企业或销售企业要开始进行汽车可回收利用率的登记备案工作，为实施阶段性目标做准备。

《回收政策》将回收达标分为三个阶段：第一阶段为2010—2012年，所有国产及进口的M2类和M3类，N2类和N3类车辆的可回收利用率要达到85%左右，其中材料的再利用率不低于80%；所有国产及进口的M1类和N1类车辆的可回收利用率要达到80%，其中材料的再利用率不低于75%。第二阶段为2012—2017年，汽车的可回收利用率要达到90%左右，其中材料的再利用率不低于80%。第三阶段即2017年起，所有国产及进口汽车的可回收利用率要达到95%左右，其中材料的再利用率不低于85%。

《回收政策》旨在指导汽车生产和销售及相关企业活动、开展并推动汽车产品报废回收工作。

如前所述，政策不是法律。所谓政策，只是行政机关在其职能、职责或管辖事务范围内所作出的指导、劝告、建议等，本身不具有国家强制力。所以在我国，为进一步推动汽车回收利用工作，适时出台《汽车回收再生利用法》是必要的。目前在国外，大多把"报废汽车回收"纳入法律体系。

据了解，2000年欧盟发布了代号为2000/53/EC的报废汽车回收指令，2005年欧盟对该法令稍做修改后，要求欧盟各成员国在2007年1月1日起全面执行该指令，指令规定2015年起，只允许报废汽车5%的残余重量被填埋处理，即报废汽车的回收利用率升至95%以上，材料和零部件的再利用率提高至85%。

2002年日本经济产业省和环境省提交《汽车循环法》（俗称"汽车3R规则"），该法对报废车辆的回收利用做出具体规定，如2010年实现95%的回收利用率。

另据了解，日本已于2005年1月起正式启动堪称全球第一部针对汽车业拟定的回收立法，该法案的观念很简单，就是要求车主负担自己的汽车回收成本。

根据这项在2003年7月通过的汽车回收法，日本将建造更有效的处理系统，协助政府处理每年约400多万辆的报废汽车。从2005年1月起，日本消费者在购买轿车或货车时，必须同时预缴这笔回收费用，对于已拥有汽车的车主，则在他们进行车辆定期维修时，缴纳这笔费用。

据悉，每辆车的回收费用约为2万日元，这样不但能大幅减少对自然环境的污染，同时还可将回收费用成立基金会。据日本汽车回收促进中心预测，这笔汽车回收基金的数额将逐渐增加至约1万亿日元。

根据德国政府通过的一项法案，该国自2007年起免费回收报废汽车，汽车生产厂家或进口商还有义务免费回收在事故中完全损坏的汽车。根据规定，2002年7月以后上路的汽车将在新规定生效后立刻获得此项免费回收的权利。被免费回收的车辆还包括轻型生产用车辆及大众公司生产的巴士，法案出台后，汽车生产和进口商将有责任建立一个覆盖全国的回收网络。

上述这些国家的经验很值得我们研究学习。

由全国人大常务委员会通过的《循环经济促进法》已经在2009年1月1日开始实施，希望能因势利导，学习日本的经验，在《循环经济促进法》之下再出台一个细分法律——《汽车循环法》或《汽车回收再生利用法》。

2. 研究汽车新能源政策及与之配套的法律法规

中国未来汽车新能源方向是什么？我们应该发展什么样的清洁汽车？如何发展？这些都是需要深入研究的政策问题，如果政策导向不好，走了弯路，就会妨碍中国汽车产业的健康发展。

众所周知，21世纪汽车将采用什么样的新能源。这对未来的汽车结构、性能、制造方法和产业结构都会产生重大影响。目前大多数人认为新型柴油机是现阶段热效率最高、能量利用最好、最节能的动力，柴油轿车将成为21世纪世界各大汽车公司发展的方向。可是美国的有关人士却认为柴油机排放的颗粒是一种强致癌物质，应该在全世界取消柴油机的应用。如果真的这样做，那么对世界汽车工业发展的影响将是不可估量的。

目前世界上几乎所有的汽车公司都把燃料电池汽车作为终极目标，可是据《科学》报道，美国科学家研究发现，氢燃料电池会带来一些副作用。美国加州理工学院研究人员特西

第十六章 进一步完善汽车法律法规体系

·特龙普利用计算机模型进行研究后发现,在生产和运输氢燃料电池的过程中,不可避免地会有10%～20%的燃料泄漏到大气中,可能会导致大气中氢气的含量提高3倍。结果是,大气中的氢氧结合,使得距离地面50km左右的同温层中的水蒸气含量大幅度增加,令地球上出现多云天气的机会增加。特龙普认为,这还可能会导致同温层气温降低0.5℃,延缓南极和北极春季到来的时间,增大南极上空的臭氧空洞。臭氧空洞增大的恶果是,太阳辐射的紫外线会更多地到达地表,对地球上的生物造成不良影响。

同时,由于氢气是不少微生物的"养分"。过多的氢气也会对地球地表生物的平衡状态构成威胁,直接影响生物的多样性。

综上所述,由于对氢燃料技术的前途尚难预料,还不能说有100%的成功把握。

近来,国外又把插电式纯电动汽车看作未来新能源汽车的发展方向。其实,插电式电动汽车的动力来源于发电厂提供的电,而电的产生需要消耗煤等大量不可再生能源并造成污染,因此纯电动汽车也不能说是清洁汽车。最近《中国汽车报》发表了一篇署名文章《电动汽车可能更脏》。文章说:电动汽车靠电池来推动,它不排放尾气,或者尾气污染物排放是零(燃料电池车排放水蒸气),很干净。但是,电池的制造过程对环境的污染却很大。电池的报废处理也是一个大问题。所以说,从制造和报废"两头"来看,电动汽车实际上很脏。如果解决不好电池生产和报废过程中的污染问题,电动汽车的前途也是一个大问题。

也许,发展电动汽车真的能在一定程度上缓解"温室效应",但大量电动汽车的应用,是不是会带来另外一种环境污染呢?比如电池对人类赖以生存的土壤造成的污染。

目前,我们普遍看到的电动汽车,大部分采用的是镍氢电池、镍镉电池和锂电池作为动力系统。然而,电池的制造过程会造成巨大的环境污染。在锂电池推出之前,电池在制造、使用以及废弃的过程中,无不带来重金属泄漏的环境污染问题。以镍镉电池为例,在制造电池的过程中会发生镉的泄漏,废弃的镍镉电池丢弃在地上,会因长期腐蚀作用而破损,导致重金属和酸碱电解液逐渐泄漏出来,污染环境,长期作用后,可能直接或间接危及人类健康。

镍氢电池也同样会造成环境污染,如丰田最早上市的混合动力版普锐斯,使用的就是镍氢电池,镍矿石在开采过程中会造成巨大的环境污染,把它从全球各地运输到丰田工厂,又需要耗费物流成本并造成高额的碳排放。而且在制造镍氢电池的过程中,为了获得良好的性能,需要经过复杂的电镀工艺和其他工艺处理,而这些也会造成大量的环境污染和碳排放。因此,即使不考虑镍氢电池在降解过程中的环境污染,就制造时期的问题来看,美国《连线》杂志一再嘲讽普锐斯是一款"污染环境的环保车"。

当前最被业界看好的锂电池,也会污染环境,它不像某些人所说的那样是零污染。据了解,锂电池在制造过程中需要使用大量的N—甲基吡咯烷酮,所产生的废气最后会对环境造成污染,对人体产生极大的危害。同时,电解液会蒸发一定的氢氟酸(HF),具有一定的腐蚀性。而这些气体挥发到大气中,也有制造酸雨的可能性。

由此可见,电动汽车所标榜的"环保",仅仅只能说它们是在使用过程中比传统汽车在尾气排放上(或者说在改善温室效应上)具有一定的环保意义,而在制造和回收的过程中所带来的环境污染可能远远超过传统汽车。

前美国总统奥巴马提出大力发展风能、太阳能,并将之用于汽车上,这种能源转型有可能引发一场新的汽车产业革命。

专家强调,任何用于汽车的能源必须符合以下三个条件:价格可接受,就是不昂贵;污染可控或者低污染;具有足够的自然来源。奥巴马的能源政策,就是满足上述三个条件的。与布什政府强调的生物能源相比,奥巴马政府提出的风能、太阳能等可以大量获得,而且也是廉价的。目前,美国政府已经计划建很多风电、太阳能的发电厂,这样,插电式纯电动汽车或混合动力汽车就有了电力来源了。

汽车能源转型实质上是一场革命。为了使这一场影响深远的绿色革命取得成功,必须要有法律法规的支撑。所以研究汽车新能源政策及与之相配套的法律法规,具有非常重要的意义。

3. 研究由于限制私人小汽车出现的法律问题

奥运会前后北京发布了一系列交通管理措施,比如机动车单、双号限行,外地车辆进京限制等,这给北京人的工作和日常生活带来不便,有人认为它侵犯了公民的基本权利——财产权。按《物权法》规定,少数人的合法权利也要得到保护。北京市政府在奥运期间实行单、双号限行,作为特殊时期的临时性政府法令可行,但若单双号限行长期化,则必须依据法律履行一系列程序。

近期"拼车"成了热门话题。固然,拼车能减轻出行成本,但很少有人思考拼车可能导致的法律后果。

某律师网的律师介绍说,拼车行为的合法性存在争议,尽管他本人认为拼车是合法的,且可以与商业性质的营运车划分区别,但拼车人之间却仍然存在着事故风险,这是参与拼车的人不可不防的,即使双方签订免责协议,也无法免除一切责任,《合同法》第五十三条规定,"合同中的下列免责条款无效:(一)造成对方人身伤害的……"一旦给乘客造成了人身伤害,就需要进行相应的赔偿,无论是否提前声明。

既然私人小汽车限行和拼车是利于环保、利于交通的事情,那么对由此而产生的法律问题就应该加以研究,并给予一个明确的说法,以利于和谐社会的建设。

在这里简单介绍一下国外在拼车问题上是怎么做的。

据了解,美国、加拿大、德国、新西兰、新加坡等国都有鼓励拼车的具体管理措施,而汽车大国美国的方式更具有典型意义,值得我们参考。

美国的合法拼车行为源于1984年的洛杉矶奥运会,为了缓解奥运期间的道路拥堵,由政府出面将高速路的快行道改为HOV车道,即High Occupancy Vehicle Lane(高使用率车道),规定只有两人以上同乘一辆车才允许进入这条车道,以实现快速通行。如果单人行车使用HOV车道将被罚款271美元,据分析,HOV使出行时间指数下降了20%。洛杉矶市政府提供800部电话,为拼车的人提供配对帮助。至今,这个传统一直延续下来,越来越多的交通干道,市郊和快速路上设置了HOV车道,拼车者多为邻居或同事等熟人,只要不违法,政府对拼车者之间如何分担费用等不予干涉。

4. 研究管理微客载货法律法规的完善

汽车下乡正如火如荼地进行,下乡车型中销售最好的就是微型客车。与此同时,随着载货微型客车(微客)的增多,客货混装的矛盾进一步凸显。

多数农民购买微客是作为生产资料来使用的。微客之所以备受农民追捧,主要原因是与其他车型相比,微客既能拉人又可装货。国内的微车企业不管是进行产品研发还是宣传推

第十六章 进一步完善汽车法律法规体系

广，都是基于用户的这一需求。在微客广告中，人们经常可以看到"载货容量大"之类的宣传语。

这种现实的需求与目前的相关法规相违背。在现行的《道路交通安全法》第四十九条中明确规定"客运机动车不得违反规定载货"。也就是说，用微客载货上路很难规避因为客货混装被罚款的窘境。

专家说，《道路交通安全法》立法的目的是为了维护道路交通秩序，预防和减少交通事故，保护人身安全。对于管理部门来说，安全大于一切，客货混运是非常危险的行为，必须限制。

但专家认为，目前限制微型客车载货的规定太过笼统。如果对微客载货的安全性有所顾忌，那么可以提高要求，达到一定的安全标准后，允许其载货。这样既有利于企业的发展，又可以满足广大消费者的需求。

尽管《道路交通安全法》禁止货运机动车载客，但对客运机动车载货未一概禁止，而是要求"不得违反规定"。这是因为，客运机动车在运载乘客的同时，也必须运载乘客携带的行李等物品，一概禁止客车运载货物不现实。

有汽车分析师说："所谓的'不得违反规定'是指客运机动车载货时不准超过行驶证上核定的载质量，货品不准超过规定的长、宽、高，否则便构成违章。但是，现在各地方交通管理部门执法标准不统一，对微客载货的管理还比较混乱。"

有专家表示，管理微客载货，可以借鉴别人的相关做法。

日本《道路法》第12节对机动车载人、载物有详细的规定，禁止车辆在没有载货设备的部位载货。载货时不得妨碍驾驶人的视野或操作转向盘，或使后车镜失效；不得妨碍车辆的平稳行驶，或使人不能从外部确认车辆的方向指示器、车牌号、制动灯、尾灯或后部反射器。另外，车辆在载人或载物时，在乘车人员数或装载货物的重量、大小、装载方法上不可违反规定。

香港特别行政区对微客载货量也有两个规定：一是微客载货量不允许超过其设计的承载量；二是所载货物不能超过车窗高度。

专家建议，有关部门可以借鉴这些有效做法，进一步完善微客载货的法律法规。

三、排除阻碍，加快立法进程并保证法律法规有效实施

1. 排除阻碍，使新法规得以顺利实施

一项新的法规出台，往往意味着一场颠覆传统的改革。既然是改革，就必然会有阻力。燃油税改革方案出台后遭遇重重阻碍就是一个比较典型的例子。

实际表明：改变从来不容易，要放弃既有利益的改变就更不容易——当轰轰烈烈的燃油税改革碰到地方二级公路取消收费这一利益重新分配时，轰轰烈烈不得不变成了举步维艰。

时任交通运输部部长李盛霖在2009年1月15日召开的全国交通运输工作会议上表示，将逐步开展二级公路取消收费试点，并且一并上报了收费人员的安置方案。但这项改革却可能因为"牵涉面太广、利益链太复杂"而在地方遭遇梗阻。

按照以往的政策，在国家审批政府还贷二级公路上，允许每40km设置一个收费站，我国地形复杂多变，道路建设压力巨大，在这一历史原因下形成了一个特有的体制诟病：二级公路上收费站林立。

收缴上来的过路费,一部分用于还贷本息之外,其余则用于公路养护、稽征和收费站人员工资福利,此外还有一部分是上交当地财政的列项收入。

但还贷的压力仍然存在,据保守的粗略测算,截至 2008 年年底,江西全省二级公路负债总额高达 90 亿元,而在交通运输部此前的摸底中,全国政府还贷的二级公路债务高达 2000 亿元。东、中、西部地区的中央配套资金补助标准分别为 40%、50% 和 60%,之外的资金将由地方政府配套解决,江西省属于中部地区,地方财政则需要自行支付其余的 50%。

另外收费站人员安置难题是燃油税改革在地方遭遇的又一个梗阻。

昨天还是一个人人羡慕的职业,转眼间就不知道明天该去何处了。

如果按照江西全省 300 个二级公路收费站、每个收费站 60 人估算,分流转岗人员可达 18000 人左右,全省收费人员数量和安置分流问题的确是个大难题。

全国其他省份的情况基本与江西省相似,在实施燃油税改革过程中遇到了种种阻碍,不排除这些阻碍燃油税改革就无法顺利实施。

2. 执法从严,坚持教育优先的执法理念

目前,中国汽车行业执法不严的现象比较普遍,一项新的法规规章出台后,往往是上有政策下有对策,有些人对新法规熟视无睹,吾行吾素,加之执法部门执法不严,给新法的推行带来不便。例如,国务院出台的《报废汽车回收管理办法》规定,禁止任何单位或者个人利用报废汽车件拼装汽车,但时至今日仍有大量拆车件流入市场,并不断有"报废车"堂而皇之地重新上路行驶。这些"马路杀手""流动的定时炸弹"随时会对人们的生命安全构成重大的威胁。

有交警表示,经济利益是报废车上路营运有恃无恐的主要原因,尽管多年来公安交通部门不断加大宣传教育,但各类交通违法行为仍然屡禁不绝,不少黑车主私下承认,只要不出交通事故,违法成本远远低于由此产生的经济效益,而且违法行为也并不一定每次都会被查出,所以对违法行为抱有侥幸心理,这给交通安全带来了极大的隐患。

业内专家认为:要消除"拼装车"这类"马路杀手",最主要的是,对违反《报废汽车回收管理办法》者的惩罚不能太轻,要重拳出击,决不手软,务必使其违法成本远远高于由此产生的经济效益。

当然,执法从严,并不是说不要教育,例如,公安部修订后的《道路交通安全违法行为处理程序规定》(下文简称《规定》)自 2009 年 4 月 1 日起施行。新规定"以人为本"的服务与管理体现在执法行为细节中,明确交警处理道路交通安全违法行为时应当坚持教育与处罚相结合的原则,进一步体现教育优先的执法理念,还规定了各地公安机关交通管理部门可以根据实际确定适用口头警告的具体范围和实施办法。

《规定》增加了对加处罚款上限的规定,杜绝了高额"滞纳金",明确了执法教育的操作性规定,强化法律效果与社会效果的统一。

3. 集中管理,降低协调成本,加速立法进程

观察人士认为,包括召回制度在内的汽车业法规,出台都异常艰难,其中一个重要原因就在于部门分工协调问题。随着汽车产业的炙手可热,部门利益争夺亦日趋激烈,这不仅意味着巨大的协调成本,同时也将造成巨大的社会成本,有关机构的调整和理顺已是迫在眉睫。

中国汽车工业协会助理秘书长杜芳慈曾经负责起草召回制度草案,他的构思是,按照国际惯例，构建一个科学、全面、完整的机动车政府管理体系，即在一个《车辆法》的基础上，由一个统一的部门进行管理，同时建立一个包括召回在内的认证制度以及道路车辆生产企业和产品准入管理办法。

杜芳慈所说的《车辆法》应该是中国汽车行业的最高管理方法，也是全行业最基本的一部管理法规。据传，该项法律的制定和出台即将有所突破，而作为其前身的《道路车辆管理条例》则是过渡期版本，为即将到来的《车辆法》铺路，该条例从1995年就已着手制定，一直迟迟未有结果，最近有消息称：为加速立法进程，《道路车辆管理条例》将由工信部牵头起草，并最终由国务院批准。

今后，工信部或将是我国道路机动车辆生产企业及产品准入管理的唯一主管部门。

四、远见未来，为智能网联汽车和自动驾驶立法定规

在我国，国务院于2015年发布《中国制造2025》，明确提出汽车低碳化、信息化、智能化的发展方向，并将智能网联汽车与节能汽车、新能源汽车并列作为我国汽车产业未来发展的主要战略方向。同时，国家质检总局、国家标准委、工信部联合印发的《装备制造业标准化和质量提升规划》也明确要求"开展智能网联汽车标准化工作，加快构建包括整车及关键系统部件功能安全和信息安全在内的智能网联汽车标准体系。"

据《中国汽车报》报道，2017年3月1日，中国汽车技术研究中心（以下简称中汽中心）与浙江亚太机电股份有限公司（以下简称亚太股份）联合成立的智能网联汽车自主创新标准研究基地（以下简称智能网联标准基地）在浙江省萧山区亚太股份厂区内正式揭牌，双方将共同进行一系列ADAS相关标准制订和研究工作，其中包括为电子稳定控制系统ESC、自动紧急制动系统AEB、自适应巡航系统ACC、车道偏离预警系统LDW、前车避撞预警系统FCW等智能辅助驾驶系统立规明矩，这将填补国内汽车智能网联技术领域的标准法规空白，使汽车智能网联技术快速、健康发展。

而智能汽车从技术发展的角度来看，将经历两个阶段：第一阶段是智能汽车的初级阶段，即借助ADAS的辅助驾驶阶段，第二阶段是智能汽车发展的终极阶段，即完全替代的无人驾驶。

作为当下汽车圈最热门的话题之一，自动驾驶的讨论热度似乎比智能网联还要高，越来越多的公司将自动驾驶作为未来要实现的目标，而且这个未来并不遥远——2020年，几乎所有涉及自动驾驶领域的公司都不约而同地提出了2020这样一个时间点，或在2020年推出全自动驾驶汽车，或在2020年实现自动驾驶普及。

在我国，此前国务院印发的《中国制造2025》明确指出到2020年要掌握自动驾驶总体技术及各项关键技术。关于自动驾驶，我国与世界其他国家面临着相同的问题，即产业的发展受到法律法规的掣肘。

据报道，2017年2月26日，美国交通部部长表示正在重新审视奥巴马政府颁布的《联邦自动驾驶汽车政策指南》，特朗普政府希望政策是安全，高效技术的催化剂。

2017年2月27日，英国政府公布新的保险法规，要求同一保险单必须同时承保自动驾驶汽车和车上人员的权益。

在2017年的两会上，政协第十二届全国委员，浙江吉利控股集团董事长李书福自2016年提交《加快自动驾驶立法的提案》之后，再次将关注点放在自动驾驶技术发展议题上，

提交了《关于审慎开放地图精准测绘，降低自动驾驶技术发展壁垒的提案》。

如前所指，自动驾驶汽车将成为汽车行业的发展方向，这一点已经在全球汽车业及政府间达成共识。从2017年开始各国政府纷纷加速推进自动驾驶汽车的立法工作。据报道，在2017年2月份，丰田、通用、沃尔沃等公司高管参加了美国众议院召开的一场关于自动驾驶汽车的听证会，具体听证内容是关于目前汽车企业以及互联网公司在自动驾驶方面的技术发展和战略部署。据悉，听证会上重点讨论了如何修订《美国联邦车辆安全性能标准》，允许自动驾驶车辆合法量产上路。

就在美国听证会结束10天之后，英国政府新出台了《汽车技术和航空法案》，旨在自动驾驶汽车普及之前，帮助保险人和保险公司简化保险流程。据了解，同一保单承保车辆和乘客会给自动驾驶汽车制造商和软件开发商施加更多压力，因为他们必须在发生事故时承担赔偿责任。在发生事故时，为了加快事故赔偿速度，英国政府将首先考虑消费者的权益。

此外，近日德法两国已联合批准允许在跨边境的70km公路上测试自动驾驶汽车。日本在自动驾驶法律法规方面进展速度一直领先，按照其2016年制定的自动驾驶普及路线图，2017年将放宽无人驾驶汽车与无人机的相关法律法规，允许纯自动驾驶汽车进行路试、自动驾驶汽车（有司机）在2020年可以上高速公路行驶。

从我国目前在自动驾驶方面的立法推进情况来看，目前国内还未真正展开法律法规方面的讨论，国内缺少法规标准的顶层设计。一方面，智能汽车标准尚未形成；另一方面，高度自动驾驶汽车上路也面临法律法规的制约，需要对相关条款进行调整。长安汽车工程研究总院智能化开发中心软件开发所所长易纲博士认为：目前在自动驾驶立法标准的推进上，面临的主要问题是如何认定责任方。他说："法律法规的建立不仅仅是几方利益的博弈，更重要的是能够清晰地认定责任方是谁，这是自动驾驶立法中面临的最重要的问题，这不仅仅会涉及法律层面的问题，还会涉及道德方面的问题。

综上所述，远见未来，中国为智能网联汽车和自动驾驶立法定规已经到时候了。

附 录

附录 A 《中华人民共和国消费者权益保护法》

(1993年10月31日第八届全国人民代表大会常务委员会第四次会议通过 根据2009年8月27日第十一届全国人民代表大会常务委员会第十次会议《关于修改部分法律的决定》第一次修正 根据2013年10月25日第十二届全国人民代表大会常务委员会第五次会议《关于修改〈中华人民共和国消费者权益保护法〉的决定》第二次修订)

第一章 总 则

第一条 为保护消费者的合法权益,维护社会经济秩序,促进社会主义市场经济健康发展,制定本法。

第二条 消费者为生活消费需要购买、使用商品或者接受服务,其权益受本法保护;本法未作规定的,受其他有关法律、法规保护。

第三条 经营者为消费者提供其生产、销售的商品或者提供服务,应当遵守本法;本法未作规定的,应当遵守其他有关法律、法规。

第四条 经营者与消费者进行交易,应当遵循自愿、平等、公平、诚实信用的原则。

第五条 国家保护消费者的合法权益不受侵害。

国家采取措施,保障消费者依法行使权利,维护消费者的合法权益。

国家倡导文明、健康、节约资源和保护环境的消费方式,反对浪费。

第六条 保护消费者的合法权益是全社会的共同责任。

国家鼓励、支持一切组织和个人对损害消费者合法权益的行为进行社会监督。

大众传播媒介应当做好维护消费者合法权益的宣传,对损害消费者合法权益的行为进行舆论监督。

第二章 消费者的权利

第七条 消费者在购买、使用商品和接受服务时享有人身、财产安全不受损害的权利。

消费者有权要求经营者提供的商品和服务,符合保障人身、财产安全的要求。

第八条 消费者享有知悉其购买、使用的商品或者接受的服务的真实情况的权利。

消费者有权根据商品或者服务的不同情况,要求经营者提供商品的价格、产地、生产者、用途、性能、规格、等级、主要成分、生产日期、有效期限、检验合格证明、使用方法说明书、售后服务,或者服务的内容、规格、费用等有关情况。

第九条 消费者享有自主选择商品或者服务的权利。

消费者有权自主选择提供商品或者服务的经营者，自主选择商品品种或者服务方式，自主决定购买或者不购买任何一种商品、接受或者不接受任何一项服务。

消费者在自主选择商品或者服务时，有权进行比较、鉴别和挑选。

第十条 消费者享有公平交易的权利。

消费者在购买商品或者接受服务时，有权获得质量保障、价格合理、计量正确等公平交易条件，有权拒绝经营者的强制交易行为。

第十一条 消费者因购买、使用商品或者接受服务受到人身、财产损害的，享有依法获得赔偿的权利。

第十二条 消费者享有依法成立维护自身合法权益的社会组织的权利。

第十三条 消费者享有获得有关消费和消费者权益保护方面的知识的权利。

消费者应当努力掌握所需商品或者服务的知识和使用技能，正确使用商品，提高自我保护意识。

第十四条 消费者在购买、使用商品和接受服务时，享有人格尊严、民族风俗习惯得到尊重的权利，享有个人信息依法得到保护的权利。

第十五条 消费者享有对商品和服务以及保护消费者权益工作进行监督的权利。

消费者有权检举、控告侵害消费者权益的行为和国家机关及其工作人员在保护消费者权益工作中的违法失职行为，有权对保护消费者权益工作提出批评、建议。

第三章　经营者的义务

第十六条 经营者向消费者提供商品或者服务，应当依照本法和其他有关法律、法规的规定履行义务。

经营者和消费者有约定的，应当按照约定履行义务，但双方的约定不得违背法律、法规的规定。

经营者向消费者提供商品或者服务，应当恪守社会公德，诚信经营，保障消费者的合法权益；不得设定不公平、不合理的交易条件，不得强制交易。

第十七条 经营者应当听取消费者对其提供的商品或者服务的意见，接受消费者的监督。

第十八条 经营者应当保证其提供的商品或者服务符合保障人身、财产安全的要求。对可能危及人身、财产安全的商品和服务，应当向消费者作出真实的说明和明确的警示，并说明和标明正确使用商品或者接受服务的方法以及防止危害发生的方法。

宾馆、商场、餐馆、银行、机场、车站、港口、影剧院等经营场所的经营者，应当对消费者尽到安全保障义务。

第十九条 经营者发现其提供的商品或者服务存在缺陷，有危及人身、财产安全危险的，应当立即向有关行政部门报告和告知消费者，并采取停止销售、警示、召回、无害化处理、销毁、停止生产或者服务等措施。采取召回措施的，经营者应当承担消费者因商品被召回支出的必要费用。

第二十条 经营者向消费者提供有关商品或者服务的质量、性能、用途、有效期限等信息，应当真实、全面，不得作虚假或者引人误解的宣传。

经营者对消费者就其提供的商品或者服务的质量和使用方法等问题提出的询问，应当作出真实、明确的答复。

经营者提供商品或者服务应当明码标价。

第二十一条 经营者应当标明其真实名称和标记。

租赁他人柜台或者场地的经营者，应当标明其真实名称和标记。

第二十二条 经营者提供商品或者服务，应当按照国家有关规定或者商业惯例向消费者出具发票等购货凭证或者服务单据；消费者索要发票等购货凭证或者服务单据的，经营者必须出具。

第二十三条 经营者应当保证在正常使用商品或者接受服务的情况下其提供的商品或者服务应当具有的质量、性能、用途和有效期限；但消费者在购买该商品或者接受该服务前已经知道其存在瑕疵，且存在该瑕疵不违反法律强制性规定的除外。

经营者以广告、产品说明、实物样品或者其他方式表明商品或者服务的质量状况的，应当保证其提供的商品或者服务的实际质量与表明的质量状况相符。

经营者提供的机动车、计算机、电视机、电冰箱、空调器、洗衣机等耐用商品或者装饰装修等服务，消费者自接受商品或者服务之日起六个月内发现瑕疵，发生争议的，由经营者承担有关瑕疵的举证责任。

第二十四条 经营者提供的商品或者服务不符合质量要求的，消费者可以依照国家规定、当事人约定退货，或者要求经营者履行更换、修理等义务。没有国家规定和当事人约定的，消费者可以自收到商品之日起七日内退货；七日后符合法定解除合同条件的，消费者可以及时退货，不符合法定解除合同条件的，可以要求经营者履行更换、修理等义务。

依照前款规定进行退货、更换、修理的，经营者应当承担运输等必要费用。

第二十五条 经营者采用网络、电视、电话、邮购等方式销售商品，消费者有权自收到商品之日起七日内退货，且无须说明理由，但下列商品除外：

（一）消费者订做的；

（二）鲜活易腐的；

（三）在线下载或者消费者拆封的音像制品、计算机软件等数字化商品；

（四）交付的报纸、期刊。

除前款所列商品外，其他根据商品性质并经消费者在购买时确认不宜退货的商品，不适用无理由退货。

消费者退货的商品应当完好。经营者应当自收到退回商品之日起七日内返还消费者支付的商品价款。退回商品的运费由消费者承担；经营者和消费者另有约定的，按照约定。

第二十六条 经营者在经营活动中使用格式条款的，应当以显著方式提请消费者注意商品或者服务的数量和质量、价款或者费用、履行期限和方式、安全注意事项和风险警示、售后服务、民事责任等与消费者有重大利害关系的内容，并按照消费者的要求予以说明。

经营者不得以格式条款、通知、声明、店堂告示等方式，作出排除或者限制消费者权利、减轻或者免除经营者责任、加重消费者责任等对消费者不公平、不合理的规定，不得利用格式条款并借助技术手段强制交易。

格式条款、通知、声明、店堂告示等含有前款所列内容的，其内容无效。

第二十七条 经营者不得对消费者进行侮辱、诽谤，不得搜查消费者的身体及其携带的物品，不得侵犯消费者的人身自由。

  第二十八条 采用网络、电视、电话、邮购等方式提供商品或者服务的经营者，以及提供证券、保险、银行等金融服务的经营者，应当向消费者提供经营地址、联系方式、商品或者服务的数量和质量、价款或者费用、履行期限和方式、安全注意事项和风险警示、售后服务、民事责任等信息。

  第二十九条 经营者收集、使用消费者个人信息，应当遵循合法、正当、必要的原则，明示收集、使用信息的目的、方式和范围，并经消费者同意。经营者收集、使用消费者个人信息，应当公开其收集、使用规则，不得违反法律、法规的规定和双方的约定收集、使用信息。

  经营者及其工作人员对收集的消费者个人信息必须严格保密，不得泄露、出售或者非法向他人提供。经营者应当采取技术措施和其他必要措施，确保信息安全，防止消费者个人信息泄露、丢失。在发生或者可能发生信息泄露、丢失的情况时，应当立即采取补救措施。

  经营者未经消费者同意或者请求，或者消费者明确表示拒绝的，不得向其发送商业性信息。

第四章 国家对消费者合法权益的保护

  第三十条 国家制定有关消费者权益的法律、法规、规章和强制性标准，应当听取消费者和消费者协会等组织的意见。

  第三十一条 各级人民政府应当加强领导，组织、协调、督促有关行政部门做好保护消费者合法权益的工作，落实保护消费者合法权益的职责。

  各级人民政府应当加强监督，预防危害消费者人身、财产安全行为的发生，及时制止危害消费者人身、财产安全的行为。

  第三十二条 各级人民政府工商行政管理部门和其他有关行政部门应当依照法律、法规的规定，在各自的职责范围内，采取措施，保护消费者的合法权益。

  有关行政部门应当听取消费者和消费者协会等组织对经营者交易行为、商品和服务质量问题的意见，及时调查处理。

  第三十三条 有关行政部门在各自的职责范围内，应当定期或者不定期对经营者提供的商品和服务进行抽查检验，并及时向社会公布抽查检验结果。

  有关行政部门发现并认定经营者提供的商品或者服务存在缺陷，有危及人身、财产安全危险的，应当立即责令经营者采取停止销售、警示、召回、无害化处理、销毁、停止生产或者服务等措施。

  第三十四条 有关国家机关应当依照法律、法规的规定，惩处经营者在提供商品和服务中侵害消费者合法权益的违法犯罪行为。

  第三十五条 人民法院应当采取措施，方便消费者提起诉讼。对符合《中华人民共和国民事诉讼法》起诉条件的消费者权益争议，必须受理，及时审理。

第五章 消费者组织

  第三十六条 消费者协会和其他消费者组织是依法成立的对商品和服务进行社会监督的保护消费者合法权益的社会组织。

第三十七条 消费者协会履行下列公益性职责：

（一）向消费者提供消费信息和咨询服务，提高消费者维护自身合法权益的能力，引导文明、健康、节约资源和保护环境的消费方式；

（二）参与制定有关消费者权益的法律、法规、规章和强制性标准；

（三）参与有关行政部门对商品和服务的监督、检查；

（四）就有关消费者合法权益的问题，向有关部门反映、查询、提出建议；

（五）受理消费者的投诉，并对投诉事项进行调查、调解；

（六）投诉事项涉及商品和服务质量问题的，可以委托具备资格的鉴定人鉴定，鉴定人应当告知鉴定意见；

（七）就损害消费者合法权益的行为，支持受损害的消费者提起诉讼或者依照本法提起诉讼；

（八）对损害消费者合法权益的行为，通过大众传播媒介予以揭露、批评。

各级人民政府对消费者协会履行职责应当予以必要的经费等支持。

消费者协会应当认真履行保护消费者合法权益的职责，听取消费者的意见和建议，接受社会监督。

依法成立的其他消费者组织依照法律、法规及其章程的规定，开展保护消费者合法权益的活动。

第三十八条 消费者组织不得从事商品经营和营利性服务，不得以收取费用或者其他牟取利益的方式向消费者推荐商品和服务。

第六章 争议的解决

第三十九条 消费者和经营者发生消费者权益争议的，可以通过下列途径解决：

（一）与经营者协商和解；

（二）请求消费者协会或者依法成立的其他调解组织调解；

（三）向有关行政部门投诉；

（四）根据与经营者达成的仲裁协议提请仲裁机构仲裁；

（五）向人民法院提起诉讼。

第四十条 消费者在购买、使用商品时，其合法权益受到损害的，可以向销售者要求赔偿。销售者赔偿后，属于生产者的责任或者属于向销售者提供商品的其他销售者的责任的，销售者有权向生产者或者其他销售者追偿。

消费者或者其他受害人因商品缺陷造成人身、财产损害的，可以向销售者要求赔偿，也可以向生产者要求赔偿。属于生产者责任的，销售者赔偿后，有权向生产者追偿。属于销售者责任的，生产者赔偿后，有权向销售者追偿。

消费者在接受服务时，其合法权益受到损害的，可以向服务者要求赔偿。

第四十一条 消费者在购买、使用商品或者接受服务时，其合法权益受到损害，因原企业分立、合并的，可以向变更后承受其权利义务的企业要求赔偿。

第四十二条 使用他人营业执照的违法经营者提供商品或者服务，损害消费者合法权益的，消费者可以向其要求赔偿，也可以向营业执照的持有人要求赔偿。

第四十三条 消费者在展销会、租赁柜台购买商品或者接受服务，其合法权益受到损害的，可以向销售者或者服务者要求赔偿。展销会结束或者柜台租赁期满后，也可以向展销会的举办者、柜台的出租者要求赔偿。展销会的举办者、柜台的出租者赔偿后，有权向销售者或者服务者追偿。

第四十四条 消费者通过网络交易平台购买商品或者接受服务，其合法权益受到损害的，可以向销售者或者服务者要求赔偿。网络交易平台提供者不能提供销售者或者服务者的真实名称、地址和有效联系方式的，消费者也可以向网络交易平台提供者要求赔偿；网络交易平台提供者作出更有利于消费者的承诺的，应当履行承诺。网络交易平台提供者赔偿后，有权向销售者或者服务者追偿。

网络交易平台提供者明知或者应知销售者或者服务者利用其平台侵害消费者合法权益，未采取必要措施的，依法与该销售者或者服务者承担连带责任。

第四十五条 消费者因经营者利用虚假广告或者其他虚假宣传方式提供商品或者服务，其合法权益受到损害的，可以向经营者要求赔偿。广告经营者、发布者发布虚假广告的，消费者可以请求行政主管部门予以惩处。广告经营者、发布者不能提供经营者的真实名称、地址和有效联系方式的，应当承担赔偿责任。

广告经营者、发布者设计、制作、发布关系消费者生命健康商品或者服务的虚假广告，造成消费者损害的，应当与提供该商品或者服务的经营者承担连带责任。

社会团体或者其他组织、个人在关系消费者生命健康商品或者服务的虚假广告或者其他虚假宣传中向消费者推荐商品或者服务，造成消费者损害的，应当与提供该商品或者服务的经营者承担连带责任。

第四十六条 消费者向有关行政部门投诉的，该部门应当自收到投诉之日起七个工作日内，予以处理并告知消费者。

第四十七条 对侵害众多消费者合法权益的行为，中国消费者协会以及在省、自治区、直辖市设立的消费者协会，可以向人民法院提起诉讼。

第七章 法 律 责 任

第四十八条 经营者提供商品或者服务有下列情形之一的，除本法另有规定外，应当依照其他有关法律、法规的规定，承担民事责任：

（一）商品或者服务存在缺陷的；
（二）不具备商品应当具备的使用性能而出售时未作说明的；
（三）不符合在商品或者其包装上注明采用的商品标准的；
（四）不符合商品说明、实物样品等方式表明的质量状况的；
（五）生产国家明令淘汰的商品或者销售失效、变质的商品的；
（六）销售的商品数量不足的；
（七）服务的内容和费用违反约定的；
（八）对消费者提出的修理、重作、更换、退货、补足商品数量、退还货款和服务费用或者赔偿损失的要求，故意拖延或者无理拒绝的；
（九）法律、法规规定的其他损害消费者权益的情形。

经营者对消费者未尽到安全保障义务，造成消费者损害的，应当承担侵权责任。

第四十九条 经营者提供商品或者服务，造成消费者或者其他受害人人身伤害的，应当赔偿医疗费、护理费、交通费等为治疗和康复支出的合理费用，以及因误工减少的收入。造成残疾的，还应当赔偿残疾生活辅助具费和残疾赔偿金。造成死亡的，还应当赔偿丧葬费和死亡赔偿金。

第五十条 经营者侵害消费者的人格尊严、侵犯消费者人身自由或者侵害消费者个人信息依法得到保护的权利的，应当停止侵害、恢复名誉、消除影响、赔礼道歉，并赔偿损失。

第五十一条 经营者有侮辱诽谤、搜查身体、侵犯人身自由等侵害消费者或者其他受害人人身权益的行为，造成严重精神损害的，受害人可以要求精神损害赔偿。

第五十二条 经营者提供商品或者服务，造成消费者财产损害的，应当依照法律规定或者当事人约定承担修理、重作、更换、退货、补足商品数量、退还货款和服务费用或者赔偿损失等民事责任。

第五十三条 经营者以预收款方式提供商品或者服务的，应当按照约定提供。未按照约定提供的，应当按照消费者的要求履行约定或者退回预付款；并应当承担预付款的利息、消费者必须支付的合理费用。

第五十四条 依法经有关行政部门认定为不合格的商品，消费者要求退货的，经营者应当负责退货。

第五十五条 经营者提供商品或者服务有欺诈行为的，应当按照消费者的要求增加赔偿其受到的损失，增加赔偿的金额为消费者购买商品的价款或者接受服务的费用的三倍；增加赔偿的金额不足五百元的，为五百元。法律另有规定的，依照其规定。

经营者明知商品或者服务存在缺陷，仍然向消费者提供，造成消费者或者其他受害人死亡或者健康严重损害的，受害人有权要求经营者依照本法第四十九条、第五十一条等法律规定赔偿损失，并有权要求所受损失二倍以下的惩罚性赔偿。

第五十六条 经营者有下列情形之一，除承担相应的民事责任外，其他有关法律、法规对处罚机关和处罚方式有规定的，依照法律、法规的规定执行；法律、法规未作规定的，由工商行政管理部门或者其他有关行政部门责令改正，可以根据情节单处或者并处警告、没收违法所得、处以违法所得一倍以上十倍以下的罚款，没有违法所得的，处以五十万元以下的罚款；情节严重的，责令停业整顿、吊销营业执照：

（一）提供的商品或者服务不符合保障人身、财产安全要求的；

（二）在商品中掺杂、掺假，以假充真，以次充好，或者以不合格商品冒充合格商品的；

（三）生产国家明令淘汰的商品或者销售失效、变质的商品的；

（四）伪造商品的产地，伪造或者冒用他人的厂名、厂址，篡改生产日期，伪造或者冒用认证标志等质量标志的；

（五）销售的商品应当检验、检疫而未检验、检疫或者伪造检验、检疫结果的；

（六）对商品或者服务作虚假或者引人误解的宣传的；

（七）拒绝或者拖延有关行政部门责令对缺陷商品或者服务采取停止销售、警示、召回、无害化处理、销毁、停止生产或者服务等措施的；

（八）对消费者提出的修理、重作、更换、退货、补足商品数量、退还货款和服务费用或者赔偿损失的要求，故意拖延或者无理拒绝的；

（九）侵害消费者人格尊严、侵犯消费者人身自由或者侵害消费者个人信息依法得到保

护的权利的;

(十) 法律、法规规定的对损害消费者权益应当予以处罚的其他情形。

经营者有前款规定情形的,除依照法律、法规规定予以处罚外,处罚机关应当记入信用档案,向社会公布。

第五十七条 经营者违反本法规定提供商品或者服务,侵害消费者合法权益,构成犯罪的,依法追究刑事责任。

第五十八条 经营者违反本法规定,应当承担民事赔偿责任和缴纳罚款、罚金,其财产不足以同时支付的,先承担民事赔偿责任。

第五十九条 经营者对行政处罚决定不服的,可以依法申请行政复议或者提起行政诉讼。

第六十条 以暴力、威胁等方法阻碍有关行政部门工作人员依法执行职务的,依法追究刑事责任;拒绝、阻碍有关行政部门工作人员依法执行职务,未使用暴力、威胁方法的,由公安机关依照《中华人民共和国治安管理处罚法》的规定处罚。

第六十一条 国家机关工作人员玩忽职守或者包庇经营者侵害消费者合法权益的行为的,由其所在单位或者上级机关给予行政处分;情节严重,构成犯罪的,依法追究刑事责任。

第八章 附 则

第六十二条 农民购买、使用直接用于农业生产的生产资料,参照本法执行。

第六十三条 本法自 1994 年 1 月 1 日起施行。

附录 B 《中华人民共和国合同法》节录

(1999 年 3 月 15 日第九届全国人民代表大会第二次会议通过)

总 则

第一章 一般规定

第一条 为了保护合同当事人的合法权益,维护社会经济秩序,促进社会主义现代化建设,制定本法。

第二条 本法所称合同是平等主体的自然人、法人,其他组织之间设立、变更、终止民事权利义务关系的协议。

婚姻、收养、监护等有关身份关系的协议,适用其他法律的规定。

第三条 合同当事人的法律地位平等,一方不得将自己的意志强加给另一方。

第四条 当事人依法享有自愿订立合同的权利,任何单位和个人不得非法干预。

第五条 当事人应当遵循公平原则确定各方的权利和义务。

第六条 当事人行使权利、履行义务应当遵循诚实信用原则。

第七条 当事人订立、履行合同,应当遵守法律、行政法规,尊重社会公德,不得扰乱社会经济秩序,损害社会公共利益。

第八条 依法成立的合同，对当事人具有法律约束力。当事人应当按照约定履行自己的义务，不得擅自变更或者解除合同。

依法成立的合同，受法律保护。

第二章 合同的订立

第九条 当事人订立合同，应当具有相应的民事权利能力和民事行为能力。

当事人依法可以委托代理人订立合同。

第十条 当事人订立合同，有书面形式、口头形式和其他形式。

法律、行政法规规定采用书面形式的，应当采用书面形式。当事人约定采用书面形式的，应当采用书面形式。

第十一条 书面形式是指合同书、信件和数据电文（包括电报、电传、传真、电子数据交换和电子邮件）等可以有形地表现所载内容的形式。

第十二条 合同的内容由当事人约定，一般包括以下条款：

（一）当事人的名称或者姓名和住所；

（二）标的；

（三）数量；

（四）质量；

（五）价款或者报酬；

（六）履行期限、地点和方式；

（七）违约责任；

（八）解决争议的方法。

当事人可以参照各类合同的示范文本订立合同。

第十三条 当事人订立合同，采取要约、承诺方式。

第十四条 要约是希望和他人订立合同的意思表示，该意思表示应当符合下列规定：

（一）内容具体确定；

（二）表明经受要约人承诺，要约人即受该意思表示约束。

第十五条 要约邀请是希望他人向自己发出要约的意思表示。寄送的价目表、拍卖公告、招标公告、招股说明书、商业广告等为要约邀请。

商业广告的内容符合要约规定的，视为要约。

第十六条 要约到达受要约人时生效。

采用数据电文形式订立合同，收件人指定特定系统接收数据电文的，该数据电文进入该特定系统的时间，视为到达时间；未指定特定系统的，该数据电文进入收件人的任何系统的首次时间，视为到达时间。

第十七条 要约可以撤回。撤回要约的通知应当在要约到达受要约人之前或者与要约同时到达受要约人。

第十八条 要约可以撤销。撤销要约的通知应当在受要约人发出承诺通知之前到达受要约人。

第十九条 有下列情形之一的，要约不得撤销：

（一）要约人确定了承诺期限或者以其他形式明示要约不可撤销；

（二）受要约人有理由认为要约是不可撤销的，并已经为履行合同作了准备工作。

第二十条　有下列情形之一的，要约失效：

（一）拒绝要约的通知到达要约人；

（二）要约人依法撤销要约；

（三）承诺期限届满，受要约人未作出承诺；

（四）受要约人对要约的内容做出实质性变更。

第二十一条　承诺是受要约人同意要约的意思表示。

第二十二条　承诺应当以通知的方式做出，但根据交易习惯或者要约表明可以通过行为做出承诺的除外。

第二十三条　承诺应当在要约确定的期限内到达要约人。

要约没有确定承诺期限的，承诺应当依照下列规定到达：

（一）要约以对话方式做出的，应当即时做出承诺，但当事人另有约定的除外；

（二）要约以非对话方式做出的，承诺应当在合理期限内到达。

第二十四条　要约以信件或者电报做出的，承诺期限自信件载明的日期或者电报交发之日开始计算。信件未载明日期的，自投寄该信件的邮戳日期开始计算。要约以电话、传真等快速通讯方式做出的，承诺期限自要约到达受要约人时开始计算。

第二十五条　承诺生效时合同成立。

第二十六条　承诺通知到达要约人时生效。承诺不需要通知的，根据交易习惯或者要约的要求做出承诺的行为时生效。

采用数据电文形式订立合同的，承诺到达的时间适用本法第十六条第二款的规定。

第二十七条　承诺可以撤回。撤回承诺的通知应当在承诺通知到达要约人之前或者与承诺通知同时到达要约人。

第二十八条　受要约人超过承诺期限发出承诺的，除要约人及时通知受要约人该承诺有效的以外，为新要约。

第二十九条　受要约人在承诺期限内发出承诺，按照通常情形能够及时到达要约人，但因其他原因承诺到达要约人时超过承诺期限的，除要约人及时通知受要约人因承诺超过期限不接受该承诺的以外，该承诺有效。

第三十条　承诺的内容应当与要约的内容一致。受要约人对要约的内容做出实质性变更的，为新要约。有关合同标的、数量、质量、价款或者报酬、履行期限、履行地点和方式、违约责任和解决争议方法等的变更，是对要约内容的实质性变更。

第三十一条　承诺对要约的内容做出非实质性变更的，除要约人及时表示反对或者要约表明承诺不得对要约的内容做出任何变更的以外，该承诺有效，合同的内容以承诺的内容为准。

第三十二条　当事人采用合同书形式订立合同的，自双方当事人签字或者盖章时合同成立。

第三十三条　当事人采用信件、数据电文等形式订立合同的，可以在合同成立之前要求签订确认书。签订确认书时合同成立。

第三十四条　承诺生效的地点为合同成立的地点。

采用数据电文形式订立合同的，收件人的主营业地为合同成立的地点；没有主营业地的，其经常居住地为合同成立的地点。当事人另有约定的，按照其约定。

第三十五条 当事人采用合同书形式订立合同的，双方当事人签字或者盖章的地点为合同成立的地点。

第三十六条 法律、行政法规规定或者当事人约定采用书面形式订立合同，当事人未采用书面形式但一方已经履行主要义务，对方接受的，该合同成立。

第三十七条 采用合同书形式订立合同，在签字或者盖章之前，当事人一方已经履行主要义务，对方接受的，该合同成立。

第三十八条 国家根据需要下达指令性任务或者国家订货任务的，有关法人、其他组织之间应当依照有关法律、行政法规规定的权利和义务订立合同。

第三十九条 采用格式条款订立合同的，提供格式条款的一方应当遵循公平原则确定当事人之间的权利和义务，并采取合理的方式提请对方注意免除或者限制其责任的条款，按照对方的要求，对该条款予以说明。

格式条款是当事人为了重复使用而预先拟定，并在订立合同时未与对方协商的条款。

第四十条 格式条款具有本法第五十二条和第五十三条规定情形的，或者提供格式条款一方免除其责任、加重对方责任、排除对方主要权利的，该条款无效。

第四十一条 对格式条款的理解发生争议的，应当按照通常理解予以解释。对格式条款有两种以上解释的，应当做出不利于提供格式条款一方的解释。格式条款和非格式条款不一致的，应当采用非格式条款。

第四十二条 当事人在订立合同过程中有下列情形之一，给对方造成损失的，应当承担损害赔偿责任：

（一）假借订立合同，恶意进行磋商；

（二）故意隐瞒与订立合同有关的重要事实或者提供虚假情况；

（三）有其他违背诚实信用原则的行为。

第四十三条 当事人在订立合同过程中知悉的商业秘密，无论合同是否成立，不得泄露或者不正当地使用。泄露或者不正当地使用该商业秘密给对方造成损失的，应当承担损害赔偿责任。

第三章　合同的效力

第四十四条 依法成立的合同，自成立时生效。

法律、行政法规规定应当办理批准、登记等手续生效的，依照其规定。

第四十五条 当事人对合同的效力可以约定附条件。附生效条件的合同，自条件成就时生效。附解除条件的合同，自条件成就时失效。

当事人为自己的利益不正当地阻止条件成就的，视为条件已成就；不正当地促成条件成就的，视为条件不成熟。

第四十六条 当事人对合同的效力可以约定附期限。附生效期限的合同，自期限届至时生效。附终止期限的合同，自期限届满时失效。

第四十七条 限制民事行为能力人订立的合同，经法定代理人追认后，该合同有效，但纯获利益的合同或者与其年龄、智力、精神健康状况相适应而订立的合同，不必经法定代理人追认。

相对人可以催告法定代理人在 1 个月内予以追认。法定代理人未作表示的，视为拒绝追认。合同被追认之前，善意相对人有撤销的权利。撤销应当以通知的方式做出。

第四十八条　行为人没有代理权、超越代理权或者代理权终止后以被代理人名义订立的合同，未经被代理人追认，对被代理人不发生效力，由行为人承担责任。

相对人可以催告被代理人在 1 个月内予以追认。被代理人未作表示的，视为拒绝追认。合同被追认之前，善意相对人有撤销的权利。撤销应当以通知的方式做出。

第四十九条　行为人没有代理权、超越代理权或者代理权终止后以被代理人名义订立合同，相对人有理由相信行为人有代理权的，该代理行为有效。

第五十条　法人或者其他组织的法定代表人、负责人超越权限订立的合同，除相对人知道或者应当知道其超越权限的以外，该代表行为有效。

第五十一条　无处分权的人处分他人财产，经权利人追认或者无处分权的人订立合同后取得处分权的，该合同有效。

第五十二条　有下列情形之一的，合同无效：

（一）一方以欺诈、胁迫的手段订立合同，损害国家利益；

（二）恶意串通，损害国家、集体或者第三人利益；

（三）以合法形式掩盖非法目的；

（四）损害社会公共利益；

（五）违反法律、行政法规的强制性规定。

第五十三条　合同中的下列免责条款无效：

（一）造成对方人身伤害的；

（二）因故意或者重大过失造成对方财产损失的。

第五十四条　下列合同，当事人一方有权请求人民法院或者仲裁机构变更或者撤销：

（一）因重大误解订立的；

（二）在订立合同时显失公平的。

一方以欺诈、胁迫的手段或者乘人之危，使对方在违背真实意思的情况下订立的合同，受损害方有权请求人民法院或者仲裁机构变更或者撤销。

当事人请求变更的，人民法院或者仲裁机构不得撤销。

第五十五条　有下列情形之一的，撤销权消灭：

（一）具有撤销权的当事人自知道或者应当知道撤销事由之日起 1 年内没有行使撤销权；

（二）具有撤销权的当事人知道撤销事由后明确表示或者以自己的行为放弃撤销权。

第五十六条　无效的合同或者被撤销的合同自始没有法律约束力。合同部分无效，不影响其他部分效力的，其他部分仍然有效。

第五十七条　合同无效、被撤销或者终止的，不影响合同中独立存在的有关解决争议方法的条款的效力。

第五十八条　合同无效或者被撤销后，因该合同取得的财产，应当予以返还；不能返还或者没有必要返还的，应当折价补偿。有过错的一方应当赔偿对方因此所受到的损失，双方都有过错的，应当各自承担相应的责任。

第五十九条　当事人恶意串通，损害国家、集体或者第三人利益的，因此取得的财产收归国家所有或者返还集体、第三人。

第四章　合同的履行

第六十条　当事人应当按照约定全面履行自己的义务。

当事人应当遵循诚实信用原则，根据合同的性质、目的和交易习惯履行通知、协助、保密等义务。

第六十一条　合同生效后，当事人就质量、价款或者报酬、履行地点等内容没有约定或者约定不明确的，可以协议补充；不能达成补充协议的，按照合同有关条款或交易习惯确定。

第六十二条　当事人就有关合同内容约定不明确，依照本法第六十一条的规定仍不能确定的，适用下列规定：

（一）质量要求不明确的，按照国家标准、行业标准履行；没有国家标准、行业标准的，按照通常标准或者符合合同目的的特定标准履行。

（二）价款或者报酬不明确的，按照订立合同时履行地的市场价格履行；依法应当执行政府定价或者政府指导价的，按照规定履行。

（三）履行地点不明确，给付货币的，在接受货币一方所在地履行；交付不动产的，在不动产所在地履行；其他标的，在履行义务一方所在地履行。

（四）履行期限不明确的，债务人可以随时履行，债权人也可以随时要求履行，但应当给对方必要的准备时间。

（五）履行方式不明确的，按照有利于实现合同目的的方式履行。

（六）履行费用的负担不明确的，由履行义务一方负担。

第六十三条　执行政府定价或者政府指导价的，在合同约定的交付期限内政府价格调整时，按照交付时的价格计价。逾期交付标的物的，遇价格上涨时，按照原价格执行；价格下降时，按照新价格执行。逾期提取标的物或者逾期付款的，遇价格上涨时，按照新价格执行；价格下降时，按照原价格执行。

第六十四条　当事人约定由债务人向第三人履行债务的，债务人未向第三人履行债务或者履行债务不符合约定，应当向债权人承担违约责任。

第六十五条　当事人约定由第三人向债权人履行债务的，第三人不履行债务或者履行债务不符合约定，债务人应当向债权人承担违约责任。

第六十六条　当事人互负债务，没有先后履行顺序的，应当同时履行。一方在对方履行之前有权拒绝其履行要求。一方在对方履行债务不符合约定时，有权拒绝其相应的履行要求。

第六十七条　当事人互负债务，有先后履行顺序，先履行一方未履行的，后履行一方有权拒绝其履行要求。先履行一方履行债务不符合约定的，后履行一方有权拒绝其相应的履行要求。

第六十八条　应当先履行债务的当事人，有确切证据证明对方有下列情形之一的，可以中止履行：

（一）经营状况严重恶化；

（二）转移财产、抽逃资金，以逃避债务；

（三）丧失商业信誉；
（四）有丧失或者可能丧失履行债务能力的其他情形。
当事人没有确切证据中止履行的，应当承担违约责任。

第六十九条 当事人依照本法第六十八条的规定中止履行的，应当及时通知对方。对方提供适当担保时，应当恢复履行。中止履行后，对方在合理期限内未恢复履行能力并且未提供适当担保的，中止履行的一方可以解除合同。

第七十条 债权人分立、合并或者变更住所没有通知债务人，致使履行债务发生困难的，债务人可以中止履行或者将标的物提存。

第七十一条 债权人可以拒绝债务人提前履行债务，但提前履行不损害债权人利益的除外。

债务人提前履行债务给债权人增加的费用，由债务人负担。

第七十二条 债权人可以拒绝债务人部分履行债务，但部分履行不损害债权人利益的除外。

债务人部分履行债务给债权人增加的费用，由债务人负担。

第七十三条 因债务人怠于行使其到期债权，对债权人造成损害的，债权人可以向人民法院请求以自己的名义代位行使债务人的债权，但该债权专属于债务人自身的除外。

代位权的行使范围以债权人的债权为限。债权人行使代位权的必要费用，由债务人负担。

第七十四条 因债务人放弃其到期债权或者无偿转让财产，对债权人造成损害的，债权人可以请求人民法院撤销债务人的行为。债务人以明显不合理的低价转让财产，对债权人造成损害，并且受让人知道该情形的，债权人也可以请求人民法院撤销债务人的行为。

撤销权的行使范围以债权人的债权为限。债权人行使撤销权的必要费用，由债务人负担。

第七十五条 撤销权自债权人知道或者应当知道撤销事由之日起 1 年内行使。自债务人的行为发生之日起 5 年内没有行使撤销权的，该撤销权消灭。

第七十六条 合同生效后，当事人不得因姓名、名称的变更或者法定代表人、负责人、承办人的变动而不履行合同义务。

第五章　合同的变更和转让

第七十七条 当事人协商一致，可以变更合同。
法律、行政法规规定变更合同应当办理批准、登记等手续的，依照其规定。

第七十八条 当事人对合同变更的内容约定不明确的，推定为未变更。

第七十九条 债权人可以将合同的权利全部或者部分转让给第三人，但有下列情形之一的除外：
（一）根据合同性质不得转让；
（二）按照当事人约定不得转让；
（三）依照法律规定不得转让。

第八十条 债权人转让权利的，应当通知债务人。未经通知，该转让对债务人不发生效力。

债权人转让权利的通知不得撤销,但经受让人同意的除外。

第八十一条 债权人转让权利的,受让人取得与债权有关的从权利,但该从权利专属于债权人自身的除外。

第八十二条 债务人接到债权转让通知后,债务人对让与人的抗辩,可以向受让人主张。

第八十三条 债务人接到债权转让通知时,债务人对让与人享有债权,并且债务人的债权先于转让的债权到期或者同时到期的,债务人可以向受让人主张抵销。

第八十四条 债务人将合同的义务全部或者部分转移给第三人的,应当经债权人同意。

第八十五条 债务人转移义务的,新债务人可以主张原债务人对债权人的抗辩。

第八十六条 债务人转移义务的,新债务人应当承担与主债务有关的从债务,但该从债务专属于原债务人自身的除外。

第八十七条 法律、行政法规规定转让权利或者转移义务应当办理批准、登记等手续的,依照其规定。

第八十八条 当事人一方经对方同意,可以将自己在合同中的权利和义务一并转让给第三人。

第八十九条 权利和义务一并转让的,适用本法第七十九条、第八十一条至第八十三条、第八十五条至第八十七条的规定。

第九十条 当事人订立合同后合并的,由合并后的法人或者其他组织行使合同权利,履行合同义务。当事人订立合同后分立的,除债权人和债务人另有约定的以外,由分立的法人或者其他组织对合同的权利和义务享有连带债权,承担连带债务。

第六章 合同的权利义务终止

第九十一条 有下列情形之一的,合同的权利义务终止:

(一)债务已经按照约定履行;

(二)合同解除;

(三)债务相互抵销;

(四)债务人依法将标的物提存;

(五)债权人免除债务;

(六)债权债务同归于一人;

(七)法律规定或者当事人约定终止的其他情形。

第九十二条 合同的权利义务终止后,当事人应当遵循诚实信用原则,根据交易习惯履行通知、协助、保密等义务。

第九十三条 当事人协商一致,可以解除合同。

当事人可以约定一方解除合同的条件。解除合同的条件成就时,解除权人可以解除合同。

第九十四条 有下列情形之一的,当事人可以解除合同:

(一)因不可抗力致使不能实现合同目的;

(二)在履行期限届满之前,当事人一方明确表示或者以自己的行为表明不履行主要债务;

（三）当事人一方迟延履行主要债务，经催告后在合理期限内仍未履行；

（四）当事人一方迟延履行债务或者有其他违约行为致使不能实现合同目的；

（五）法律规定的其他情形。

第九十五条 法律规定或者当事人约定解除权行使期限，期限届满当事人不行使的，该权利消灭。

法律没有规定或者当事人没有约定解除权行使期限，经对方催告后在合理期限内不行使的，该权利消灭。

第九十六条 当事人一方依照本法第九十三条第二款、第九十四条的规定主张解除合同的，应当通知对方。合同自通知到达对方时解除。对方有异议的，可以请求人民法院或者仲裁机构确认解除合同的效力。

法律、行政法规规定解除合同应当办理批准、登记等手续的，依照其规定。

第九十七条 合同解除后，尚未履行的，终止履行；已经履行的，根据履行情况和合同性质，当事人可以要求恢复原状、采取其他补救措施，并有权要求赔偿损失。

第九十八条 合同的权利义务终止，不影响合同中结算和清理条款的效力。

第九十九条 当事人互负到期债务，该债务的标的物种类、品质相同的，任何一方可以将自己的债务与对方的债务抵销，但依照法律规定或者按照合同性质不得抵销的除外。

当事人主张抵销的，应当通知对方。通知自到达对方时生效。抵销不得附条件或者附期限。

第一百条 当事人互负债务，标的物种类、品质不相同的，经双方协商一致，也可以抵销。

第一百零一条 有下列情形之一，难以履行债务的，债务人可以将标的物提存：

（一）债权人无正当理由拒绝受领；

（二）债权人下落不明；

（三）债权人死亡未确定继承人或者丧失民事行为能力未确定监护人；

（四）法律规定的其他情形。

标的物不适于提存或者提存费用过高的，债务人依法可以拍卖或者变卖标的物，提存所得的价款。

第一百零二条 标的物提存后，除债权人下落不明的以外，债务人应当及时通知债权人或者债权人的继承人、监护人。

第一百零三条 标的物提存后，毁损、灭失的风险由债权人承担。提存期间，标的物的孳息归债权人所有。提存费用由债权人负担。

第一百零四条 债权人可以随时领取提存物，但债权人对债务人负有到期债务的，在债权人未履行债务或者提供担保之前，提存部门根据债务人的要求应当拒绝其领取提存物。

债权人领取提存物的权利，自提存之日起5年内不行使而消灭，提存物扣除提存费用后归国家所有。

第一百零五条 债权人免除债务人部分或者全部债务的，合同的权利义务部分或者全部终止。

第一百零六条 债权和债务同归于一人的，合同的权利义务终止，但涉及第三人利益的除外。

第七章 违约责任

第一百零七条 当事人一方不履行合同义务或者履行合同义务不符合约定的,应当承担继续履行、采取补救措施或者赔偿损失等违约责任。

第一百零八条 当事人一方明确表示或者以自己的行为表明不履行合同义务的,对方可以在履行期限届满之前要求其承担违约责任。

第一百零九条 当事人一方未支付价款或者报酬的,对方可以要求其支付价款或者报酬。

第一百一十条 当事人一方不履行非金钱债务或者履行非金钱债务不符合约定的,对方可以要求履行,但有下列情形之一的除外:

(一)法律上或者事实上不能履行;
(二)债务的标的不适于强制履行或者履行费用过高;
(三)债权人在合理期限内未要求履行。

第一百一十一条 质量不符合约定的,应当按照当事人的约定承担违约责任。对违约责任没有约定或者约定不明确,依照本法第六十一条的规定仍不能确定的,受损害方根据标的的性质以及损失的大小,可以合理选择要求对方承担修理、更换、重作、退货、减少价款或者报酬等违约责任。

第一百一十二条 当事人一方不履行合同义务或者履行合同义务不符合约定的,在履行义务或者采取补救措施后,对方还有其他损失的,应当赔偿损失。

第一百一十三条 当事人一方不履行合同义务或者履行合同义务不符合约定,给对方造成损失的,损失赔偿额应当相当于因违约所造成的损失,包括合同履行后可以获得的利益,但不得超过违反合同一方订立合同时预见到或者应当预见到的因违反合同可能造成的损失。

经营者对消费者提供商品或者服务有欺诈行为的,依照《中华人民共和国消费者权益保护法》的规定承担损害赔偿责任。

第一百一十四条 当事人可以约定一方违约时应当根据违约情况向对方支付一定数额的违约金,也可以约定因违约产生的损失赔偿额的计算方法。

约定的违约金低于造成的损失的,当事人可以请求人民法院或者仲裁机构予以增加;约定的违约金过分高于造成的损失的,当事人可以请求人民法院或者仲裁机构予以适当减少。

当事人就迟延履行约定违约金的,违约方支付违约金后,还应当履行债务。

第一百一十五条 当事人可以依照《中华人民共和国担保法》约定一方向对方给付定金作为债权的担保。债务人履行债务后,定金应当抵作价款或者收回。给付定金的一方不履行约定的债务的,无权要求返还定金;收受定金的一方不履行约定的债务的,应当双倍返还定金。

第一百一十六条 当事人既约定违约金,又约定定金的,一方违约时,对方可以选择适用违约金或者定金条款。

第一百一十七条 因不可抗力不能履行合同的,根据不可抗力的影响,部分或者全部免除责任,但法律另有规定的除外。当事人迟延履行后发生不可抗力的,不能免除责任。

本法所称不可抗力,是指不能预见、不能避免并不能克服的客观情况。

第一百一十八条 当事人一方因不可抗力不能履行合同的,应当及时通知对方,以减轻可能给对方造成的损失，并应当在合理期限内提供证明。

第一百一十九条　当事人一方违约后，对方应当采取适当措施防止损失的扩大；没有采取适当措施致使损失扩大的，不得就扩大的损失要求赔偿。

当事人因防止损失扩大而支出的合理费用，由违约方承担。

第一百二十条　当事人双方都违反合同的，应当各自承担相应的责任。

第一百二十一条　当事人一方因第三人的原因造成违约的，应当向对方承担违约责任。当事人一方和第三人之间的纠纷，依照法律规定或者按照约定解决。

第一百二十二条　因当事人一方的违约行为，侵害对方人身、财产权益的，受损害方有权选择依照本法要求其承担违约责任或者依照其他法律要求其承担侵权责任。

第八章　其他规定

第一百二十三条　其他法律对合同另有规定的，依照其规定。

第一百二十四条　本法分则或者其他法律没有明文规定的合同，适用本法总则的规定，并可以参照本法分则或者其他法律最相类似的规定。

第一百二十五条　当事人对合同条款的理解有争议的，应当按照合同所使用的词句、合同的有关条款、合同的目的、交易习惯以及诚实信用原则，确定该条款的真实意思。

合同文本采用两种以上文字订立并约定具有同等效力的，对各文本使用的词句推定具有相同含义。各文本使用的词句不一致的，应当根据合同的目的予以解释。

第一百二十六条　涉外合同的当事人可以选择处理合同争议所适用的法律，但法律另有规定的除外。涉外合同的当事人没有选择的，适用与合同有最密切联系的国家的法律。

在中华人民共和国境内履行的中外合资经营企业合同、中外合作经营企业合同、中外合作勘探开发自然资源合同，适用中华人民共和国法律。

第一百二十七条　工商行政管理部门和其他有关行政主管部门在各自的职权范围内，依照法律、行政法规的规定，对利用合同危害国家利益、社会公共利益的违法行为，负责监督处理；构成犯罪的，依法追究刑事责任。

第一百二十八条　当事人可以通过和解或者调解解决合同争议。

当事人不愿和解、调解或者和解、调解不成的，可以根据仲裁协议向仲裁机构申请仲裁。涉外合同的当事人可以根据仲裁协议向中国仲裁机构或者其他仲裁机构申请仲裁。当事人没有订立仲裁协议或者仲裁协议无效的，可以向人民法院起诉。当事人应当履行发生法律效力的判决、仲裁裁决、调解书；拒不履行的，对方可以请求人民法院执行。

第一百二十九条　因国际货物买卖合同和技术进出口合同争议提起诉讼或者申请仲裁的期限为4年，自当事人知道或者应当知道其权利受到侵害之日起计算。因其他合同争议提起诉讼或者申请仲裁的期限，依照有关法律的规定。

分　　则

第九章　买卖合同

第一百三十条　买卖合同是出卖人转移标的物的所有权于买受人，买受人支付价款的合同。

第一百三十一条 买卖合同的内容除依照本法第十二条的规定以外，还可以包括包装方式、检验标准和方法、结算方式、合同使用的文字及其效力等条款。

第一百三十二条 出卖的标的物，应当属于出卖人所有或者出卖人有权处分。

法律、行政法规禁止或者限制转让的标的物，依照其规定。

第一百三十三条 标的物的所有权自标的物交付时起转移，但法律另有规定或者当事人另有约定的除外。

第一百三十四条 当事人可以在买卖合同中约定买受人未履行支付价款或者其他义务的，标的物的所有权属于出卖人。

第一百三十五条 出卖人应当履行向买受人交付标的物或者交付提取标的物的单证，并转移标的物所有权的义务。

第一百三十六条 出卖人应当按照约定或者交易习惯向买受人交付提取标的物单证以外的有关单证和资料。

第一百三十七条 出卖具有知识产权的计算机软件等标的物的，除法律另有规定或者当事人另有约定的以外，该标的物的知识产权不属于买受人。

第一百三十八条 出卖人应当按照约定的期限交付标的物。约定交付期间的，出卖人可以在该交付期间内的任何时间交付。

第一百三十九条 当事人没有约定标的物的交付期限或者约定不明确的，适用本法第六十一条、第六十二条第四项的规定。

第一百四十条 标的物在订立合同之前已为买受人占有的，合同生效的时间为交付时间。

第一百四十一条 出卖人应当按照约定的地点交付标的物。

当事人没有约定交付地点或者约定不明确，依照本法第六十一条的规定仍不能确定的，适用下列规定：

（一）标的物需要运输的，出卖人应当将标的物交付给第一承运人以运交给买受人；

（二）标的物不需要运输，出卖人和买受人订立合同时知道标的物在某一地点的，出卖人应当在该地点交付标的物；不知道标的物在某一地点的，应当在出卖人订立合同时的营业地交付标的物。

第一百四十二条 标的物毁损、灭失的风险，在标的物交付之前由出卖人承担，交付之后由买受人承担，但法律另有规定或者当事人另有约定的除外。

第一百四十三条 因买受人的原因致使标的物不能按照约定的期限交付的，买受人应当自违反约定之日起承担标的物毁损、灭失的风险。

第一百四十四条 出卖人出卖交由承运人运输的在途标的物，除当事人另有约定的以外，毁损、灭失的风险自合同成立时起由买受人承担。

第一百四十五条 当事人没有约定交付地点或者约定不明确，依照本法第一百四十一条第二款第一项的规定标的物需要运输的，出卖人将标的物交付给第一承运人后，标的物毁损、灭失的风险由买受人承担。

第一百四十六条 出卖人按照约定或者依照本法第一百四十一条第二款第二项的规定将标的物置于交付地点，买受人违反约定没有收取的，标的物毁损、灭失的风险自违反约定之日起由买受人承担。

第一百四十七条　出卖人按照约定未交付有关标的物的单证和资料的，不影响标的物毁损、灭失风险的转移。

第一百四十八条　因标的物质量不符合质量要求，致使不能实现合同目的的，买受人可以拒绝接受标的物或者解除合同。买受人拒绝接受标的物或者解除合同的，标的物毁损、灭失的风险由出卖人承担。

第一百四十九条　标的物毁损、灭失的风险由买受人承担的，不影响因出卖人履行债务不符合约定，买受人要求其承担违约责任的权利。

第一百五十条　出卖人就交付的标的物，负有保证第三人不得向买受人主张任何权利的义务，但法律另有规定的除外。

第一百五十一条　买受人订立合同时知道或者应当知道第三人对买卖的标的物享有权利的，出卖人不承担本法第一百五十条规定的义务。

第一百五十二条　买受人有确切证据证明第三人可能就标的物主张权利的，可以中止支付相应的价款，但出卖人提供适当担保的除外。

第一百五十三条　出卖人应当按照约定的质量要求交付标的物。出卖人提供有关标的物质量说明的，交付的标的物应当符合该说明的质量要求。

第一百五十四条　当事人对标的物的质量要求没有约定或者约定不明确，依照本法第六十一条的规定仍不能确定的，适用本法第六十二条第一项的规定。

第一百五十五条　出卖人交付的标的物不符合质量要求的，买受人可以依照本法第一百一十一条的规定要求承担违约责任。

第一百五十六条　出卖人应当按照约定的包装方式交付标的物。对包装方式没有约定或者约定不明确，依照本法第六十一条的规定仍不能确定的，应当按照通用的方式包装，没有通用方式的，应当采取足以保护标的物的包装方式。

第一百五十七条　买受人收到标的物时应当在约定的检验期间内检验。没有约定检验期间的，应当及时检验。

第一百五十八条　当事人约定检验期间的，买受人应当在检验期间内将标的物的数量或者质量不符合约定的情形通知出卖人。买受人怠于通知的，视为标的物的数量或者质量符合约定。

当事人没有约定检验期间的，买受人应当在发现或者应当发现标的物的数量或者质量不符合约定的合理期间内通知出卖人。买受人在合理期间内未通知或者自标的物收到之日起2年内未通知出卖人的，视为标的物的数量或者质量符合约定，但对标的物有质量保证期的，适用质量保证期，不适用该2年的规定。

出卖人知道或者应当知道提供的标的物不符合约定的，买受人不受前两款规定的通知时间的限制。

第一百五十九条　买受人应当按照约定的数额支付价款。对价款没有约定或者约定不明确的，适用本法第六十一条、第六十二条第二项的规定。

第一百六十条　买受人应当按照约定的地点支付价款。对支付地点没有约定或者约定不明确，依照本法第六十一条的规定仍不能确定的，买受人应当在出卖人的营业地支付，但约定支付价款以交付标的物或者交付提取标的物单证为条件的，在交付标的物或者交付提取标的物单证的所在地支付。

第一百六十一条　买受人应当按照约定的时间支付价款。对支付时间没有约定或者约定不明确，依照本法第六十一条的规定仍不能确定的，买受人应当在收到标的物或者提取标的物单证的同时支付。

第一百六十二条　出卖人多交标的物的，买受人可以接收或者拒绝接收多交的部分。买受人接收多交部分的，按照合同的价格支付价款；买受人拒绝接收多交部分的，应当及时通知出卖人。

第一百六十三条　标的物在交付之前产生的孳息，归出卖人所有，交付之后产生的孳息，归买受人所有。

第一百六十四条　因标的物的主物不符合约定而解除合同的，解除合同的效力及于从物。因标的物的从物不符合约定被解除的，解除的效力不及于主物。

第一百六十五条　标的物为数物，其中一物不符合约定的，买受人可以就该物解除，但该物与他物分离使标的物的价值显受损害的，当事人可以就数物解除合同。

第一百六十六条　出卖人分批交付标的物的，出卖人对其中一批标的物不交付或者交付不符合约定，致使该批标的物不能实现合同目的的，买受人可以就该批标的物解除。

出卖人不交付其中一批标的物或者交付不符合约定，致使今后其他各批标的物的交付不能实现合同目的的，买受人可以就该批以及今后其他各批标的物解除。

买受人如果就其中一批标的物解除，该批标的物与其他各批标的物相互依存的，可以就已经交付和未交付的各批标的物解除。

第一百六十七条　分期付款的买受人未支付到期价款的金额达到全部价款的五分之一的，出卖人可以要求买受人支付全部价款或者解除合同。出卖人解除合同的，可以向买受人要求支付该标的物的使用费。

第一百六十八条　凭样品买卖的当事人应当封存样品，并可以对样品质量予以说明。出卖人交付的标的物应当与样品及其说明的质量相同。

第一百六十九条　凭样品买卖的买受人不知道样品有隐蔽瑕疵的，即使交付的标的物与样品相同，出卖人交付的标的物的质量仍然应当符合同种物的通常标准。

第一百七十条　试用买卖的当事人可以约定标的物的试用期间。对试用期间没有约定或者约定不明确，依照本法第六十一条的规定仍不能确定的，由出卖人确定。

第一百七十一条　试用买卖的买受人在试用期内可以购买标的物，也可以拒绝购买。试用期间届满，买受人对是否购买标的物未作表示的，视为购买。

第一百七十二条　招标投标买卖的当事人的权利和义务以及招标投标程序等，依照有关法律、行政法规的规定。

第一百七十三条　拍卖的当事人的权利和义务以及拍卖程序等，依照有关法律、行政法规的规定。

第一百七十四条　法律对其他有偿合同有规定的，依照其规定；没有规定的，参照买卖合同的有关规定。

第一百七十五条　当事人约定易货交易，转移标的物的所有权的，参照买卖合同的有关规定。

附录 C 汽车产业发展政策

(2004 年 5 月 21 日起施行)

为适应不断完善社会主义市场经济体制的要求以及加入世贸组织后国内外汽车产业发展的新形势，推进汽车产业结构调整和升级，全面提高汽车产业国际竞争力，满足消费者对汽车产品日益增长的需求，促进汽车产业健康发展，特制定汽车产业发展政策。通过本政策的实施，使我国汽车产业在 2010 年前发展成为国民经济的支柱产业，为实现全面建设小康社会的目标做出更大的贡献。

第一章 政策目标

第一条 坚持发挥市场配置资源的基础性作用与政府宏观调控相结合的原则，创造公平竞争和统一的市场环境，健全汽车产业的法制化管理体系。政府职能部门依据行政法规和技术规范的强制性要求，对汽车、农用运输车（低速载货车及三轮汽车，下同）、摩托车和零部件生产企业及其产品实施管理，规范各类经济主体在汽车产业领域的市场行为。

第二条 促进汽车产业与关联产业、城市交通基础设施和环境保护协调发展。创造良好的汽车使用环境，培育健康的汽车消费市场，保护消费者权益，推动汽车私人消费。在 2010 年前使我国成为世界主要汽车制造国，汽车产品满足国内市场大部分需求并批量进入国际市场。

第三条 激励汽车生产企业提高研发能力和技术创新能力，积极开发具有自主知识产权的产品，实施品牌经营战略。2010 年汽车生产企业要形成若干驰名的汽车、摩托车和零部件产品品牌。

第四条 推动汽车产业结构调整和重组，扩大企业规模效益，提高产业集中度，避免散、乱、低水平重复建设。

通过市场竞争形成几家具有国际竞争力的大型汽车企业集团，力争到 2010 年跨入世界 500 强企业之列。

鼓励汽车生产企业按照市场规律组成企业联盟，实现优势互补和资源共享，扩大经营规模。

培育一批有比较优势的零部件企业实现规模生产并进入国际汽车零部件采购体系，积极参与国际竞争。

第二章 发展规划

第五条 国家依据汽车产业发展政策指导行业发展规划的编制。发展规划包括行业中长期发展规划和大型汽车企业集团发展规划。行业中长期发展规划由国家发展改革委员会同有关部门在广泛征求意见的基础上制定，报国务院批准施行。大型汽车企业集团应根据行业中长期发展规划编制本集团发展规划。

第六条 凡具有统一规划、自主开发产品，独立的产品商标和品牌，销售服务体系管理一体化等特征的汽车企业集团，且其核心企业及所属全资子企业、控股企业和中外合资企业所生产的汽车产品国内市场占有率在 15% 以上的，或汽车整车年销售收入达到全行业整车销售收入 15% 以上的，可作为大型汽车企业集团单独编报集团发展规划，经国家发展改革委组织论证核准后实施。

第三章　技术政策

第七条　坚持引进技术和自主开发相结合的原则。跟踪研究国际前沿技术，积极开展国际合作，发展具有自主知识产权的先进适用技术。引进技术的产品要具有国际竞争力，并适应国际汽车技术规范的强制性要求发展的需要；自主开发的产品力争与国际技术水平接轨，参与国际竞争。国家在税收政策上对符合技术政策的研发活动给予支持。

第八条　国家引导和鼓励发展节能环保型小排量汽车。汽车产业要结合国家能源结构调整战略和排放标准的要求，积极开展电动汽车、车用动力电池等新型动力的研究和产业化，重点发展混合动力汽车技术和轿车柴油发动机技术。国家在科技研究、技术改造、新技术产业化、政策环境等方面采取措施，促进混合动力汽车的生产和使用。

第九条　国家支持研究开发醇燃料、天然气、混合燃料、氢燃料等新型车用燃料，鼓励汽车生产企业开发生产新型燃料汽车。

第十条　汽车产业及相关产业要注重发展和应用新技术，提高汽车的燃油经济性。2010年前，乘用车新车平均油耗比 2003 年降低 15% 以上。要依据有关节能技术规范的强制性要求，建立汽车产品油耗公示制度。

第十一条　积极开展轻型材料、可回收材料、环保材料等车用新材料的研究。国家适时制定最低再生材料利用率要求。

第十二条　国家支持汽车电子产品的研发和生产，积极发展汽车电子产业，加速在汽车产品、销售物流和生产企业中运用电子信息技术，推动汽车产业发展。

第四章　结构调整

第十三条　国家鼓励汽车企业集团化发展，形成新的竞争格局。在市场竞争和宏观调控相结合的基础上，通过企业间的战略重组，实现汽车产业结构优化和升级。

战略重组的目标是支持汽车生产企业以资产重组方式发展大型汽车企业集团，鼓励以优势互补、资源共享合作方式结成企业联盟，形成大型汽车企业集团、企业联盟、专用汽车生产企业协调发展的产业格局。

第十四条　汽车整车生产企业要在结构调整中提高专业化生产水平，将内部配套的零部件生产单位逐步调整为面向社会的、独立的专业化零部件生产企业。

第十五条　企业联盟要在产品研究开发、生产配套协作和销售服务等领域广泛开展合作，体现调整产品结构，优化资源配置，降低经营成本，实现规模效益和集约化发展。参与某一企业联盟的企业不应再与其他企业结成联盟，以巩固企业联盟的稳定和市场地位。国家鼓励企业联盟尽快形成以资产为纽带的经济实体。企业联盟的合作发展方案中涉及新建汽车生产企业和跨类别生产汽车的项目，按本政策有关规定执行。

第十六条　国家鼓励汽车、摩托车生产企业开展国际合作，发挥比较优势，参与国际产业分工；支持大型汽车企业集团与国外汽车集团联合兼并重组国内外汽车生产企业，扩大市场经营范围，适应汽车生产全球化趋势。

第十七条　建立汽车整车和摩托车生产企业退出机制，对不能维持正常生产经营的汽车生产企业（含现有改装车生产企业）实行特别公示。该类企业不得向非汽车、摩托车生产企业及个人转让汽车、摩托车生产资格。国家鼓励该类企业转产专用汽车、汽车零部件或与其他汽车整车生产企业进行资产重组。汽车生产企业不得买卖生产资格，破产汽车生产企业同时取消公告名录。

第五章　准　入　管　理

第十八条　制定《道路机动车辆管理条例》。政府职能部门依据《条例》对道路机动车辆的设计、制造、认证、注册、检验、缺陷管理、维修保养、报废回收等环节进行管理。管理要做到责权分明、程序公开、操作方便、易于社会监督。

第十九条　制定道路机动车辆安全、环保、节能、防盗方面的技术规范的强制性要求。所有道路机动车辆执行统一制定的技术规范的强制性要求。要符合我国国情并积极与国际车辆技术规范的强制性要求衔接，以促进汽车产业的技术进步。不符合相应技术规范的强制性要求的道路机动车辆产品，不得生产和销售。农用运输车仅限于在3级以下（含3级）公路行驶，执行相应制定的技术规范的强制性要求。

第二十条　依据本政策和国家认证认可条例建立统一的道路机动车辆生产企业和产品的准入管理制度。符合准入管理制度规定和相关法规、技术规范的强制性要求并通过强制性产品认证的道路机动车辆产品，登录《道路机动车辆生产企业及产品公告》，由国家发展改革委和国家质检总局联合发布。公告内产品必须标识中国强制性认证（3C）标志。不得用进口汽车和进口车身组装汽车替代自产产品进行认证，禁止非法拼装和侵犯知识产权的产品流入市场。

第二十一条　公安交通管理部门依据《道路机动车辆生产企业及产品公告》和中国强制性认证（3C）标志办理车辆注册登记。

第二十二条　政府有关职能部门要按照准入管理制度对汽车、农用运输车和摩托车等产品分类设定企业生产准入条件，对生产企业及产品实行动态管理，凡不符合规定的企业或产品，撤销其在《道路机动车辆生产企业及产品公告》中的名录。企业生产准入条件中应包括产品设计开发能力、产品生产设施能力、产品生产一致性和质量控制能力、产品销售和售后服务能力等要求。

第二十三条　道路机动车辆产品认证机构和检测机构由国家质检总局商国家发展改革委后指定，并按照市场准入管理制度的具体规定开展认证和检测工作。认证机构和检测机构要具备第三方公正地位，不得与汽车生产企业存在资产、管理方面的利益关系，不得对同一产品进行重复检测和收费。国家支持具备第三方公正地位的汽车、摩托车和重点零部件检测机构规范发展。

第六章　商　标　品　牌

第二十四条　汽车、摩托车、发动机和零部件生产企业均要增强企业和产品品牌意识，积极开发具有自主知识产权的产品，重视知识产权保护，在生产经营活动中努力提高企业品牌知名度，维护企业品牌形象。

第二十五条　汽车、摩托车、发动机和零部件生产企业均应依据《商标法》注册本企业自有的商品商标和服务商标。国家鼓励企业制定品牌发展和保护规划，努力实施品牌经营战略。

第二十六条 2005年起，所有国产汽车和总成部件要标示生产企业的注册商品商标，在国内市场销售的整车产品要在车身外部显著位置标明生产企业商品商标和本企业名称或商品产地，如商品商标中已含有生产企业地理标志的，可不再标明商品产地。所有品牌经销商要在其销售服务场所醒目位置标示生产企业服务商标。

第七章 产品开发

第二十七条 国家支持汽车、摩托车和零部件生产企业建立产品研发机构，形成产品创新能力和自主开发能力。自主开发可采取自行开发、联合开发、委托开发等多种形式。企业自主开发产品的科研设施建设投资，凡符合国家促进企业技术进步有关税收规定的，可在所得税前列支。国家将尽快出台鼓励企业自主开发的政策。

第二十八条 汽车生产企业要努力掌握汽车车身开发技术，注重产品工艺技术的开发，并尽快形成底盘和发动机开发能力。国家在产业化改造上支持大型汽车企业集团、企业联盟或汽车零部件生产企业开发具有当代先进水平和自主知识产权的整车或部件总成。

第二十九条 汽车、摩托车和零部件生产企业要积极参加国家组织的重大科技攻关项目，加强与科研机构、高等院校之间的合作研究，注重科研成果的应用和转化。

第八章 零部件及相关产业

第三十条 汽车零部件企业要适应国际产业发展趋势，积极参与主机厂的产品开发工作。在关键汽车零部件领域要逐步形成系统开发能力，在一般汽车零部件领域要形成先进的产品开发和制造能力，满足国内外市场的需要，努力进入国际汽车零部件采购体系。

第三十一条 制定零部件专项发展规划，对汽车零部件产品进行分类指导和支持，引导社会资金投向汽车零部件生产领域，促使有比较优势的零部件企业形成专业化、大批量生产和模块化供货能力。对能为多个独立的汽车整车生产企业配套和进入国际汽车零部件采购体系的零部件生产企业，国家在技术引进、技术改造、融资以及兼并重组等方面予以优先扶持。汽车整车生产企业应逐步采用电子商务、网上采购方式面向社会采购零部件。

第三十二条 根据汽车行业发展规划要求，冶金、石化化工、机械、电子、轻工、纺织、建材等汽车工业相关领域的生产企业应注重在金属材料、机械设备、工装模具、汽车电子、橡胶、工程塑料、纺织品、玻璃、车用油品等方面，提高产品水平和市场竞争能力，与汽车工业同步发展。

重点支持钢铁生产企业实现轿车用板材的供应能力；支持设立专业化的模具设计制造中心，提高汽车模具设计制造能力；支持石化企业技术进步和产品升级，使成品油、润滑油等油品质量达到国际先进水平，满足汽车产业发展的需要。

第九章 营销网络

第三十三条 国家鼓励汽车、摩托车、零部件生产企业和金融、服务贸易企业借鉴国际上成熟的汽车营销方式、管理经验和服务贸易理念，积极发展汽车服务贸易。

第三十四条 为保护汽车消费者的合法权益，使其在汽车购买和使用过程中得到良好的服务，国内外汽车生产企业凡在境内市场销售自产汽车产品的，必须尽快建立起自产汽车品牌销售和服务体系。该体系可由国内外汽车生产企业以自行投资或授权汽车经销商投资方式建立。境内外投资者在得到汽车生产企业授权并按照有关规定办理必要的手续后，均可在境内从事国产汽车或进口汽车的品牌销售和售后服务活动。

第三十五条 2005 年起，汽车生产企业自产乘用车均要实现品牌销售和服务；2006 年起，所有自产汽车产品均要实现品牌销售和服务。

第三十六条 取消现行有关小轿车销售权核准管理办法，由商务部会同国家工商总局、国家发展改革委员会等有关部门制定汽车品牌销售管理实施办法。汽车销售商应在工商行政管理部门核准的经营范围内开展汽车经营活动。其中不超过九座的乘用车（含二手车）品牌经销商的经营范围，经国家工商行政管理部门依照有关规定核准、公布。品牌经销商营业执照统一核准为品牌汽车销售。

第三十七条 汽车、摩托车生产企业要加强营销网络的销售管理，规范维修服务；有责任向社会公告停产车型，并采取积极措施保证在合理期限内提供可靠的配件供应用于售后服务和维修；要定期向社会公布其授权和取消授权的品牌销售或维修企业名单；对未经品牌授权和不具备经营条件的经销商，不得提供产品。

第三十八条 汽车、摩托车和零部件销售商在经营活动中应遵守国家有关法律法规。对销售国家禁止或公告停止销售的车辆的，伪造或冒用他人厂名、厂址、合格证销售车辆的，未经汽车生产企业授权或已取消授权仍使用原品牌进行汽车、配件销售和维修服务的，以及经销假冒伪劣汽车配件并为客户提供修理服务的，有关部门要依法予以处罚。

第三十九条 汽车生产企业要兼顾制造和销售服务环节的整体利益，提高综合经济效益。转让销售环节的权益给其他法人机构的，应视为原投资项目可行性研究报告重大变更，除按规定报商务部批准外，需报请原项目审批单位核准。

第十章 投 资 管 理

第四十条 按照有利于企业自主发展和政府实施宏观调控的原则，改革政府对汽车生产企业投资项目的审批管理制度，实行备案和核准两种方式。

第四十一条 实行备案的投资项目：

1. 现有汽车、农用运输车和车用发动机生产企业自筹资金扩大同类别产品生产能力和增加品种，包括异地新建同类别产品的非独立法人生产单位。

2. 投资生产摩托车及其发动机。

3. 投资生产汽车、农用运输车和摩托车的零部件。

第四十二条 实行备案的投资项目中第 1 款由省级政府投资管理部门或计划单列企业集团报送国家发展改革委员会备案；第 2、3 款由企业直接报送省级政府投资管理部门备案。备案内容见附件二。

第四十三条 实行核准的投资项目：

1. 新建汽车、农用运输车、车用发动机生产企业，包括现有汽车生产企业异地建设新的独立法人生产企业。

2. 现有汽车生产企业跨产品类别生产其他类别汽车整车产品。

第四十四条 实行核准的投资项目由省级政府投资管理部门或计划单列企业集团报国家发展改革委审查，其中投资生产专用汽车的项目由省级政府投资管理部门核准后报国家发展改革委员会备案，新建中外合资轿车项目由国家发展改革委员会报国务院核准。

第四十五条 经核准的大型汽车企业集团发展规划，其所包含的项目由企业自行实施。

第四十六条 2006年1月1日前，暂停核准新建农用运输车生产企业。

第四十七条 新的投资项目应具备以下条件：

1. 新建摩托车及其发动机生产企业要具备技术开发的能力和条件，项目总投资不得低于2亿元人民币。

2. 专用汽车生产企业注册资本不得低于2000万元人民币，要具备产品开发的能力和条件。

3. 跨产品类别生产其他类汽车整车产品的投资项目，项目投资总额（含利用原有固定资产和无形资产等）不得低于15亿元人民币，企业资产负债率在50%之内，银行信用等级AAA。

4. 跨产品类别生产轿车类、其他乘用车类产品的汽车生产企业应具备批量生产汽车产品的业绩，近三年税后利润累计在10亿元以上（具有税务证明）；企业资产负债率在50%之内，银行信用等级AAA。

5. 新建汽车生产企业的投资项目，项目投资总额不得低于20亿元人民币，其中自有资金不得低于8亿元人民币，要建立产品研究开发机构，且投资不得低于5亿元人民币。新建乘用车、重型载货车生产企业投资项目应包括为整车配套的发动机生产。新建车用发动机生产企业的投资项目，项目投资总额不得低于15亿元人民币，其中自有资金不得低于5亿元人民币，要建立研究开发机构，产品水平要满足不断提高的国家技术规范的强制性要求。

6. 新建下列投资项目的生产规模不得低于：

重型载货车：10000辆；

乘用车：装载4缸发动机50000辆；

装载6缸发动机30000辆。

第四十八条 汽车整车、专用汽车、农用运输车和摩托车中外合资生产企业的中方股份比例不得低于50%。股票上市的汽车整车、专用汽车、农用运输车和摩托车股份公司对外出售法人股份时，中方法人之一必须相对控股且大于外资法人股之和。同一家外商可在国内建立两家（含两家）以下生产同类（乘用车类、商用车类、摩托车类）整车产品的合资企业，如与中方合资伙伴联合兼并国内其他汽车生产企业可不受两家的限制。境外具有法人资格的企业相对控股另一家企业，则视为同一家外商。

第四十九条 国内外汽车生产企业在出口加工区内投资生产出口汽车和车用发动机的项目，可不受本政策有关条款的约束，需报国务院专项审批。

第五十条 中外合资汽车生产企业合营各方延长合营期限、改变合资股比或外方股东的，需按有关规定报原审批部门办理。

第五十一条 实行核准的项目未获得核准通知的，土地管理部门不得办理土地征用，国有银行不得发放贷款，海关不办理免税，证监会不核准发行股票与上市，工商行政管理部门不办理新建企业登记注册手续。国家汽车产品认证管理部门不受理生产企业和产品准入申请。

第十一章 进 口 管 理

第五十二条 国家支持汽车生产企业努力提高汽车产品本地化生产能力，带动汽车零部件企业技术进步，发展汽车制造业。

第五十三条 汽车生产企业凡用进口零部件生产汽车构成整车特征的，应如实向商务部、海关总署、国家发展改革委员会报告，其所涉及车型的进口件必须全部在属地海关报关纳税，以便有关部门实施有效管理。

第五十四条 严格按照进口整车和零部件税率征收关税，防止关税流失。国家有关职能部门要在申领配额、进口报关、产品准入等环节进行核查。

第五十五条 汽车整车特征的认定范围为车身（含驾驶室）总成、发动机总成、变速器总成、驱动桥总成、非驱动桥总成、车架总成、转向系统、制动系统等。

第五十六条 汽车总成（系统）特征的认定范围包括整套总成散件进口，或将总成或系统逐一分解成若干关键件进口。凡进口关键件达到或超过规定数量的，即视为构成总成特征。

第五十七条 按照汽车整车特征的认定范围达到下述状态的，视为构成整车特征：

1. 进口车身（含驾驶室）、发动机两大总成装车的；
2. 进口车身（含驾驶室）和发动机两大总成之一及其余三个总成（含）以上装车的；
3. 进口除车身（含驾驶室）和发动机两大总成以外其余五个总成（含）以上装车的。

第五十八条 国家指定大连新港、天津新港、上海港、黄埔港四个沿海港口和满洲里、深圳（皇岗）两个陆地口岸，以及新疆阿拉山口口岸（进口新疆自治区自用、原产地为独联体国家的汽车整车）为整车进口口岸。进口汽车整车必须通过以上口岸进口。2005年起，所有进口口岸保税区不得存放以进入国内市场为目的的汽车。

第五十九条 国家禁止以贸易方式和接受捐赠方式进口旧汽车和旧摩托车及其零部件，以及以废钢铁、废金属的名义进口旧汽车总成和零件进行拆解和翻新。对维修境外并复出境的上述产品可在出口加工区内进行，但不得进行旧汽车、旧摩托车的拆解和翻新业务。

第六十条 对进口整车、零部件的具体管理办法由海关总署会同有关部门制定，报国务院批准后实施。对国外送检样车、进境参展等临时进口的汽车，按照海关对暂时进出口货物的管理规定实施管理。

第十二章 汽 车 消 费

第六十一条 培育以私人消费为主体的汽车市场，改善汽车使用环境，维护汽车消费者权益。引导汽车消费者购买和使用低能耗、低污染、小排量、新能源、新动力的汽车，加强环境保护。实现汽车工业与城市交通设施、环境保护、能源节约和相关产业协调发展。

第六十二条 建立全国统一、开放的汽车市场和管理制度，各地政府要鼓励不同地区生产的汽车在本地区市场实现公平竞争，不得对非本地生产的汽车产品实施歧视性政策或可能导致歧视性结果的措施。凡在汽车购置、使用和产权处置方面不符合国家法规和本政策要求的各种限制和附加条件，应一律予以修订或取消。

第六十三条 国家统一制定和公布针对汽车的所有行政事业性收费和政府性基金的收费项目和标准，规范汽车注册登记环节和使用过程中的政府各项收费。各地在汽车购买、登记和使用环节，不得新增行政事业性收费和政府性基金项目和金额，如确需新增，应依据法律、法规或国务院批准的文件按程序报批。除国家规定的收费项目外，任何单位不得对汽车消费者强制收取任何非经营服务性费用。对违反规定强制收取的，汽车消费者有权举报并拒绝交纳。

第六十四条 加强经营服务性收费管理。汽车使用过程中所涉及的维修保养、非法定保险、机动车停放费等经营服务性收费，应以汽车消费者自愿接受服务为原则，由经营服务单位收取。维修保养等竞争性行业的收费及标准，由经营服务者按市场原则自行确定。机动车停放等使用垄断资源进行经营服务的，其收费标准和管理办法由国务院价格主管部门或授权省级价格主管部门制定、公布并监督实施。经营服务者要在收费场所设立收费情况动态告示牌，接受公众监督。

公路收费站点的设立必须符合国家有关规定。所有收费站点均应在收费站醒目位置公布收费依据和收费标准。

第六十五条 积极发展汽车服务贸易，推动汽车消费。国家支持发展汽车信用消费。从事汽车消费信贷业务的金融机构要改进服务，完善汽车信贷抵押办法。在确保信贷安全的前提下，允许消费者以所购汽车作为抵押获取汽车消费贷款。经核准，符合条件的企业可设立专业服务于汽车销售的非银行金融机构，外资可开展汽车消费信贷、租赁等业务。努力拓展汽车租赁、驾驶员培训、储运、救援等各项业务，健全汽车行业信息统计体系，发展汽车网络信息服务和电子商务。支持有条件的单位建立消费者信用信息体系，并实现信息共享。

第六十六条 国家鼓励二手车流通。有关部门要积极创造条件，统一规范二手车交易税费征管办法，方便汽车经销企业进行二手车交易，培育和发展二手车市场。

建立二手车自愿申请评估制度。除涉及国有资产的车辆外，二手车的交易价格由买卖双方商定；当事人可以自愿委托具有资质证书的中介机构进行评估，供交易时参考；任何单位和部门不得强制或变相强制对交易车辆进行评估。

第六十七条 开展二手车经营的企业，应具备相应的资金、场地和专业技术人员，经工商行政管理部门核准登记后开展经营活动。汽车销售商在销售二手车时，应向购车者提供车辆真实情况，不得隐瞒和欺诈。所销售的车辆必须具有《机动车登记证书》和《机动车行驶证》，同时具备公安交通管理部门和环境保护管理部门的有效年检证明。购车者购买的二手车如不能办理机动车转出登记和转入登记时，销售商应无条件接受退车，并承担相应的责任。

第六十八条 完善汽车保险制度。保险制度要根据消费者和投保汽车风险程度的高低来收取保费。鼓励保险业推进汽车保险产品多元化和保险费率市场化。

第六十九条 各城市人民政府要综合研究本市的交通需求和交通方式与城市道路和停车设施等交通资源平衡发展的政策和方法。制定非临时性限制行驶区域交通管制方案要实行听证制度。

第七十条 各城市人民政府应根据本市经济发展状况，以保障交通通畅、方便停车和促进汽车消费为原则，积极搞好停车场所及设施的规划和建设。制定停车场所用地政策和投资鼓励政策，鼓励个人、集体、外资投资建设停车设施。为规范城市停车设施的建设，建设部应制定相应标准，对居住区、商业区、公共场所及娱乐场所等建立停车设施提出明确要求。

第七十一条 国家有关部门统一制定和颁布汽车排放标准，并根据国情分为现行标准和预期标准。各省、自治区、直辖市人民政府根据本地实际情况,选择实行现行标准或预期标准。如选择预期标准为现行标准的,至少提前一年公布实施日期。

第七十二条 实行全国统一的机动车登记、检验管理制度,各地不得自行制定管理办法。在申请办理机动车注册登记和年度检验时,除按国家有关法律法规和国务院规定或授权规定应当提供的凭证(机动车所有人的身份证明、机动车来历证明、国产机动车整车出厂合格证或进口机动车进口证明、有关税收凭证、法定保险的保险费缴费凭证、年度检验合格凭证等)外,公安交通管理部门不得额外要求提交其他凭证。各级人民政府和有关部门也不得要求公安交通管理部门在注册登记和年度检验时增加查验其他凭证。汽车消费者提供的手续符合国家规定的,公安交通管理部门不得拒绝办理注册登记和年度检验。

第七十三条 公安交通和环境保护管理部门要根据汽车产品类别、用途和新旧状况商有关部门制定差别化管理办法。对新车、非营运用车适当延长检验间隔时间,对老旧汽车可适当增加检验频次和检验项目。

第七十四条 公安交通管理部门核发的《机动车登记证书》在汽车租赁、汽车消费信贷、二手车交易时可作为机动车所有人的产权凭证使用,在汽车交易时必须同时将《机动车登记证书》转户。

第十三章 其 它

第七十五条 汽车行业组织、中介机构等社会团体要加强自身建设,增强服务意识,努力发挥中介组织的作用;要积极参与国际间相关业界的交流活动,在政府与企业间充分发挥桥梁和纽带作用,促进汽车产业发展。

第七十六条 香港特别行政区、澳门特别行政区和台湾地区的投资者在中国内地投资汽车工业的,以本政策的有关规定执行。

第七十七条 在道路机动车辆产品技术规范的强制性要求出台之前,暂行执行国家强制性标准。

第七十八条 本政策自发布之日起实施,由国家发展改革委员会负责解释。

附件一:名词解释

一、道路机动车辆——在道路上行驶的,至少有两个车轮,且最大设计车速超过每小时6公里的各类机动车及其挂车。主要包括汽车、农用运输车、摩托车和其他道路运输机械及挂车。不包括利用轨道行驶的车辆以及农业、林业、工程等非道路用各种机动机械和拖拉机。

二、汽车、专用汽车、农用运输车、摩托车——《汽车产业发展政策》所称汽车是指国家标准 GB/T 3730.1—2001 中第 2.1 款定义的车辆,包括汽车整车和专用汽车;所称专用汽车是指国家标准 GB/T 3730.1—2001 中第 2.1.1.11、2.1.2.3.5、2.1.2.3.6 款定义的车辆;所称农用运输车是指国家标准 GB18320—2001 中定义的车辆;所称摩托车是指国家标准 GB/T 5359.1—1996 中定义的车辆。

三、产品类别——按照国家标准定义的乘用车、商用车和摩托车及其细分类,其中:

(一)乘用车细分类为:

轿车类:国家标准 GB/T 3730.1—2001 中第 2.1.1.1~2.1.1.6 款定义。

其他乘用车类（包括多用途车和运动用车）：国家标准 GB/T 3730.1—2001 中第 2.1.1.7~2.1.1.11 款定义。

（二）商用车细分类为：

客车类：国家标准 GB/T 3730.1—2001 中第 2.1.2.1 款定义。

半挂牵引车及货车类：国家标准 GB/T 3730.1—2001 中第 2.1.2.2、2.1.2.3 款定义。

四、新建汽车、农用运输车、车用发动机投资项目——新建汽车整车、专用汽车、农用运输车、车用发动机生产企业（含中外合资企业），现有汽车整车、专用汽车、农用运输车、车用发动机生产企业（含中外合资企业）变更法人股东以及异地建设新的独立法人生产企业。异地是指企业所在市、县之外。

五、项目投资总额——投资项目所需的全部固定资产（含原有固定资产和新增固定资产）投资、无形资产和流动资金的总和。

六、自主产权（自主知识产权）——通过自主开发、联合开发或委托开发获得的产品，企业拥有产品工业产权、产品改进及认可权以及产品技术转让权。

七、汽车生产企业——照国家规定的审批程序在中国关境内合法注册的汽车整车、专用汽车生产企业（包括中外合资、合作企业）。

八、国内市场占有率——某一集团（企业）全年在国内市场整车销售量占全部国产汽车销售量的比例。

附件二：汽车投资项目备案内容

备案内容应包括：

一、汽车生产企业或项目投资者的基本情况、法定地址，法定代表姓名。近三年企业经营业绩和银行资信。

二、投资项目建设的必要性和国内外市场分析；产品技术水平分析和技术来源（产品知识产权说明）；项目投资总额、注册资本和资金来源；生产（营业）规模、项目建设内容；建设方式、建设进度安排。

三、中外合资、合作企业的外方合资、合作者基本情况，包括外商名称、注册国家、法定地址和法定代表、国籍、外方在华投资情况及经营业绩。本投资项目中外各方股份比例，投资方式和资金来源，合资期限。

四、外方技术转让、技术合作合同。

五、投资项目的经济效益分析。

六、环保、土地、银行承诺文件及所在地政府核准建设文件。

七、地方政府配套条件及优惠政策。

参 考 文 献

[1] 庄继德. 汽车系统工程[M]. 北京：机械工业出版社，1997.
[2] 庄继德，叶福恒. WTO与中国汽车工业[M]. 北京：北京理工大学出版社，2002.
[3] 程诚，庄继德，等. 汽车服务系统工程[M]. 北京：人民交通出版社，2005.
[4] 庄蔚敏，庄继德. 汽车政策法规与汽车产业发展[M]. 北京：北京理工大学出版社，2006.
[5] 张开旺，庄继德，等. 汽车技术法规与法律服务[M]. 北京：机械工业出版社，2006.
[6] 李兴虎. 汽车环境保护技术[M]. 北京：北京航空航天大学出版社，2004.
[7] 林运莲，等. 汽车消费法律对策[M]. 长沙：湖南科学技术出版社，2003.
[8] 高松，庄继德，等. 汽车性能优化[M]. 北京：机械工业出版社，2008.
[9] 张国方，等. 汽车服务工程[M]. 北京：电子工业出版社，2004.
[10] 中国汽车工程学会. 汽车安全技术[M]. 北京：人民交通出版社，2004.
[11] 王克涛. WTO的法律规则与中国的汽车工业[J]. 上海汽车. 2000(6).